糧

——政治的身体の哲学——

Les Nourritures : Philosophie du corps politique

コリーヌ・ペリュション◉著

服部敬弘
佐藤真人
樋口雄哉
平光佑◉訳

萌書房

凡例

一、本書は、Corine Pelluchon, *Les Nourritures. Philosophie du corps politique*, Éditions du Seuil, 2015. の全訳である。

一、原文の « » は「 」である。

一、原文の（ ）は（ ）である。なお、訳者が必要に応じて原語を付記した場合にも（ ）を用いた。

一、原文の[ ]は［ ］である。

一、訳者の補足を付記した場合、〔 〕を用いた。

一、原文のイタリック体は、書名・紙誌名を示す場合『 』で括り、強調を示す場合、傍点を付した。

一、大文字の単語は〈 〉で示した。ただし、語の関連を正確に示すために〈 〉を使用した箇所もある。

一、原文でローマ字表記された日本語は〈 〉で示し、ルビを振った。

一、訳者の判断で原文にはない —— を補った箇所もある。

一、引用文中の強調（イタリック及び傍点）は特に断りのない限り、引用元の原著者によるものである。

一、本書で引用されている文献については、邦訳がある場合はそれを参照し、初出時に訳書を掲示した。なお、訳文については適宜変更を加えた。

糧——政治的身体の哲学——＊目次

凡例

糧

――政治的身体の哲学――

〈食べる〉とは何か。この〔自己への〕取り入れの換喩を、どう処理すべきだろうか。〔……〕《Il faut bien manger〔正しく＝善く＝とにかく＝たくさん＝美味しく、食べなければならない〕》が第一に意味しているのは、自己のうちへと取り込み（prendre）、含み込む＝理解する（comprendre）ことではなく、むしろ学ぶこと（*apprendre*）と食べるものを与えること（*donner* à manger）、すなわち、他者に‐食べるものを‐与えることを‐学ぶこと（apprendre-à-donner-à-manger-à-l'autre）である。決して自分だけで食べないこと。これが、《Il faut bien manger》という規則である。それは、無限の歓待の掟である。〔……〕それ〔《Il faut bien manger》という格言〕が語るのは、掟、欲求、あるいは欲望であり、〔……〕食い気、飢え、そして渇きであり、〔……〕他者を経験しながら、他者を自己と同一化し、同化吸収し、内在化し、理念的に理解すること、〔……〕口や耳や視線をも通っていく言葉で他者に話しかけること、声であると同時に法廷でもある掟を尊重すること、こうしたことを始めなければならない、まさにそのときに、他者を尊重することである。〔……〕他者の尊重において見事に洗練されるのもまた、「正しく食べること（bien manger）」あるいは「〈善〉を食べること（le Bien manger）」の一つの仕方である。〈善〉もまた食べられる。善を食べなければならない（il faut le bien manger）。

ジャック・デリダ「「正しく食べなければならない」
あるいは主体の計算」（『中断符』）

序論

「初めに飢えがあった」。レヴィナスは『捕囚手帳』の中でこう書いている(1)。したがって、身体こそわれわれの経験の出発点である。身体は、自分が意味全体の起源だと思い上がる意識をたしなめる。そして身体によって、われわれは実存の物質性を考察することへと導かれる。というのは、飢えの本源的で原初的な性格は、実存の本質が投企の概念に基づいて理解されるのではない、ということを示しているからである。われわれは感性的世界に身を投じている。ただ、感性的世界には、人間だけが住まっているわけではなく、またもっぱら人間だけがこの感性的世界を支えているわけでもない。

問われているのは、人間と他の生物のあいだの区別ではない。メルロ゠ポンティにとって重要であった行動の概念だけでも、現代哲学による今日ではよく知られた努力を思い起こすには十分である。その努力とは、他の生物種に事物とは根本的に異なる道徳的身分規定を付与し、動物を単に生きるだけの存在としてではなく、もう一つの実存として考えようとする努力である(2)。自由を絶対的開始及び自然からの離脱とみなすあらゆる哲学や機械論は、生命を存在論的に取るに足りないものとして矮小化してきたが、生命にはもはやこの存在論的な貧しさがない。こうした生命の再評価と相俟って、苦痛と快楽に対する感受性としての感性（sensibilité）が、考慮されるようになった。また、感性的なものが復権し、それはもはや混濁した表象と同一視されることはない。世界についての考え方そのものが、この生物についての現象学や動物行動学者たちの取り組みによって豊かなものとなったのである。自然と文化の境界、自由と本能の境界が変動したのは、彼らの取り組みのおかげである。

われわれは、日々の行動において、以上の成果からすべての帰結を引き出してはおらず、それは、動物たちと関わる場面で、依然として暴力がはっきり残っていることからも明らかだが、それでもこれらの成果は、一つの理論的な達成ではある。しかしながら、人間の自由には、さらには倫理にも、〔まだ〕十分に問われていない次元がある。それは、次のような事実である。すなわち、私の自由が世界において、また自然に対して行使されるというだけでなく、私は自然的であると同時に人為的な環境（milieu）に浸っており、私はこの環境によって、すなわち空気、光、食料、労働、光景によって、生きている――言い換えれば、これらを糧にしている――という事実である。ところで、「〜によって生きている」主体の身体性を勘案するならば、人間を自然から分離することをやめ、自然／文化の二元論を克服することによって、生物学的であると同時に社会的かつ自然環境的な実存の諸条件を浮き彫りにする必要があるだろう。

主体の身体性

一九七〇年代に現れた環境倫理学が示したのは、自然を支配しようとするあらゆる企てが、いかにわれわれが実存の諸条件に依存している事実に対して無理解であったかということである。環境倫理学は、ある人間の表象に反対した。それは、人間を、自然に対して外在的な存在とみなし、支配者の中の支配者とみなし、自然環境――その価値と目的は人間による利用と不可分である――に対して能動的に働きかけるものとみなす、そのような人間の表象である。しかしながら、この哲学――それとして思い浮かべられるのが、アルド・レオポルドに続くアングロ＝サクソン系の環境倫理学であろうと、ハンス・ヨナスの未来の倫理学であろうと――は、エコロジストたちが真剣に取り組む社会的政治的企てに対して、概念的土台を提供しうるような存在論を提示することはなかった(3)。

エコロジーが「生産と消費の拡大とは別の意義を人間の生の中心に置き、それを追うだけの価値があると人間たちに認められうるような生の別の目標を提出する、想像力による創造(4)」の出発点であるためには、おそらく、エコロジーが実存哲学の中心に位置づけられなければならなかったのである。ところで、今日、環境哲学は、人間中心主義／環境中心主義の対立をめぐる紋切型の議論を乗り越えてはいるが、その環境哲学でさえ、モノの所有をわれわれの生の中心に据えた行動様式とは異なる行動様式を呼びさますことに成功していない。それゆえエコロジーは、個人にとっても、集団にとっても、依然として周辺的な関心事のままなのである。

エコロジーは、他者、労働、身体、自分自身との関係を改善することに成功していない。なぜなら、エコロジーはわれわれの生の外部にとどまっているからである。同様に、生物圏の保護、未来世代〔将来世代〕が良質な自然環境を享受する権利、そして他の生物種の利益〔といった問題〕は、われわれの政治の定義をほんのわずかに変えただけである。政治とは、いつまでも今の人間たちと諸国家にだけ関わる、両者のあいだのゲームとして考えられているのである。自然環境に関する諸々の争点を真剣に取り上げることによって、民主主義の形が実際に変わるということはなかった。事実、熟議の審級が刷新され、〔政治への〕市民参加がより強化され、諸々の政策が考案される仕方が、その内容と立案過程という二面において同時に一新されるには至っていない。社会契約の諸条項〔義務内容〕は、エコロジーが再考を促しているにもかかわらず、何も変わっていない。〔相変わらず〕今の人間たちに損害を与えることだけが、私の自由に対する唯一の制約なのである。

どこであっても、エコロジーが二次的問題になることを食い止めることはできなかった。エコロジーが抱える分野横断的で地球規模の長期的な争点を、バラバラに細分化された政策の中で扱うことはできない。こうした政策においては、ある分野において講じられた措置が他の領域において講じられた措置と矛盾してしまう。結局、エコロジーが、資本主義[5]の代替物となりうるような、経済的発展モデルのアイデアを提供することはついになかった。資本主義は、本性上、主体性と人間同士の関わり方の面で災厄を招くものであるのと同時に、自然環境に対する敬意を欠いたものでもある。自然があらゆる営為に課す外的な諸限界を一切考慮しない過剰生産の原理に基づく資本主義は、マーケティングと広告のおかげで、真の欺瞞を保っており、常に新しく常に満たされない欲求を生み出し続けている[6]。

エコロジーを正しく考察することができないというわれわれの無能力は、不可避というわけではない。この無能力は、エコロジーが、実存についての哲学的問いから切断されたままであるという事実によって説明される。自由の哲学は、社会契約論から実存主義に至るまで、大地に住まうということがわれわれにとって意味しているものの重要性を十分に認識してこなかった。環境倫理学について言えば、その寄与は、建設的であるというよりは批判的なものである。環境倫理学は、道徳と権利の根拠を再び問いに付しはしたが、社会的かつ政治的な生のすべての領域に浸透することはなかった。環境倫理学がわれわれの行動を変えることに成功しなかったのは、エコロジーを人間の条件に結びつけず、もっぱら理性だけに訴えかけたからである。

エコロジーと実存について考え、人間の自由を世界の内と自然の内にあるものとみなす哲学的反省の目論見は、ある存在論を練り上げることである。それは、自由の哲学や『存在と時間』でハイデガーが展開した実存論的分析論のような存在論とは異なる存在論である。人間は、自然的であると同時に文化的な現実――それを人間は糧としている――に帰属しているのだが、本書の主眼は、このような帰属を表す実存の諸構造、あるいは実存論的諸構造を取り出すことである。本書で強調点が置かれるのは、責任の主体が他の人間や他の生物種との関係において、また自然の利用に際して、何をすべきか、何をすべきではないか、ではもはやない。われわれは、主体の哲学から、ある存在論へと移行する。この存在論は、自分の環境や他の実存者たちと相互作用する人間という、実存者の根源的諸構造を記述した後に現れる。私がそれによって生きるところの諸事物は、対象として与えられるのでも、道具として与えられるのでもない。私がこれらを利用するときでさえ、そうではない。これらの諸事物が描き出す地平において、有用性と生産は第一義的ではない。したがって、これらは「糧〔nourriture〕」と呼ばれるのである。

人間の実存の意味、自由についての考え方、時間性についての考え方は、「〜によって生きる」と切り離すことのできない実存範疇〔実存のあり方を表す概念〕を探究したときに初めて、刷新される。こうした実存範疇は、身体性の哲学の延長上にある。身体性の哲学は、現代の一部の現象学者たちによって練り上げられ、また拙著『破壊された自律』と『傷つきやすさの倫理の基本原理』(7)の中で素描されたものである。主体の身体性についてのこの反省を深めれば、西洋の思想家たちが人間の条件を記述する際にしばしば脇に置いてきたある次元を、考察の中心に組み入れることになる。そのときにはエコロジーが、ある根源的な欠落を意識するための出発点となるだろう。

「エコロジー〔écologie〕」は、ギリシア語で家、家宅、ハビタット〔habitat〕を意味するオイコス〔*oikos*〕と、言説、理性そして学を表すロゴス〔*logos*〕に由来する。エコロジーとは、生物が生き、産み殖やされる諸々の環境についての研究である。エコロジーは、生物たちの実存の環境と条件についての学である。この生物たちとは、人間たちと諸々の動物——これらは苦痛を感じるという意味で感性的な存在である——、諸々の植物——これらは周囲の環境と相互作用し合う——、ならびに、諸々の生態系《エコシステム》——これらは有機体ではなく、刺激反応的でもないが、自ら発展し、回復能力をもち、この回復能力は、われわれの土地開発の仕方次第では脅かされることがある——である。エコロジーは、われわれが環境に能動的に関わりながら、それと同時にこうした環境と他の生物に依存しているという認識と、一対になっている。この分野は、われわれの実存の諸条件とは何か、またわれわれはどのように大地に住まうべきかについて共通して問う、数多くの専門領域や科学の交叉点上にある。(8)

〔フランス語の〕habiter〔住まう〕という動詞は、それだけで、われわれが先に言及した、自然／文化の二元論を告発するのに十分である。この動詞は、人間の世界が、この世界の諸々の違いにもかかわらず、土壌〔sol〕、元基〔élément〕、生態系、気候から独立しているわけではないことを示唆している。地理学もまた歴史——社会集団や社会闘争の歴史に限定されない——において中心的役割を担っている。habiter はラテン語の「ハビターレ〔*habitare*〕」に由来し、このラテン語は、～であり続けること（demeurer）、しかじかの存在の仕方（habituari）、しかじかの習慣（habitude）をもつことを意味する。[9] この語が、どこかに在留すること、一つの住居（demeure）を占めることを指すようになったのは、一〇五〇年以降のことでしかない。habitatは、もともと植物学や動物学の語彙に属しており、植物が自然界で占めているテリトリーのことである〔「生育地」ないし「生息地」としてのハビタット〕。この語は、一九八一年以降、地理学的な環境、すなわち、動物であれ植物であれ、あらゆる生物種の生態学的地位を名指すのに用いられている〔「生息環境」としてのハビタット〕。habitatは、生物の研究者にとって、「どのように生活しているかを示す最終的な表現」であり、地理学的環境について、また形態学的性格と習性について、様々なことを教えてくれる。[10] そして最後に、habitation（*habitatio*）とは、住居（demeure）のことであるが、自分の場所の確保を可能にする生活習性（habit）のことでもある。この語は、住宅や居宅である以前に、ハビトゥス（habitus）、すなわち、ある個体が自律的な仕方で住宅や居宅に対し自分を位置づけることを可能にする枠組み全体を指している。

したがって、住まうこと（habitation）とは「滞在する場所を形成する過程」であり、この過程を実行する諸々の個体による「ゆっくりとした、予見不能な占有の産物」であり、「これに結びついた行為、記憶、アイデンティティの複合的総体」を指し示している。[11] また、住まうことは、「進化という旅路を共に旅する仲間」[12] である他の生物種と共に住まうこと（cohabitation）についても反省するよう促すだろう。それに加えて、都市と農村の住環境の破壊は、知の伝承の問題や、祖先から伝え残された郷土に対する敬意をめぐる問題を提起するだろう。

したがって、われわれは、エコロジーについて語り、オイコス、すなわち大地に生きるもの（terrien）の家宅を真剣に取り上げるなら、どのようにして責任をもって資源を利用していくかという問いにとどまることはできない。確かに、この〔責任ある資源の利用という〕重要な問題は、人間が自らの生活と経済的発展にとって有用な資源を引き出す環境として考えられた自然環境に関する、あらゆる問いの中心にある。しかしながら、私はどう大地に住まうのか、どう他の生物種と共に住まうか、あるいは住まわないかを考えること、資源〔資財〕ではなく糧について語ること、こうしたことは、どんな環境哲学よりも先へと進むことである。それは、持続可能な発展という道とは確実に異なる、一つの道を選ぶことである。

哲学的反省がエコロジーに触発されるとき、哲学的反省は、経済成長と、生物圏の保護ないし生物圏が有する限られた資源の管理と、社会的正義との調停に取り組む、と宣言するわけではない。むしろ哲学的反省は、道徳から、農業、教育、経済、都市化、建築を経て美学に至るまで、実存のすべての次元を結びつける。倫理とは、様々な存在の道徳的身分規定についての問いというよりはむしろ、実存の立場表明である。倫理は、主体についての反省、そして他人と主体との関係についての反省と切り離せない。それはまた、他者たちの実存によって主体の自由が問いに付されることとも切り離せない。というのも、私は他者から糧の獲得手段を奪ってはならないし、こうした他者に劣悪な生活を強いてはならないからである。

倫理は、実存の基本構造を明るみに出す第一哲学と分離できない。このような倫理は、行為の自由に対して私が課す諸限界に、本質的に関わっている。行為の自由は、自らの発展――それは経済的発展でもある――を目指した行為、生存のための闘争行為の自由である。エコロジーは、特殊な諸研究のうちの単なる一領域であるどころか、反対に、今日まで倫理と政治の根拠となっていた哲学に刷新を迫る。エコロジーは、自律〔のあり方〕を一から作り直すことと一対になっており、この作り直された自律は、「真の自由、〔……〕単に社会的な行動のルールだけでなく、自然環境に対する自分の行動に際してわれわれが採用するルールにおいても必要とされる、自己制約」[13]である。こうして、エコロジーは、新たな社会契約への道を開くのである。

エコロジーを哲学の問題とみなし、オイコスについて考えることは、人間を人間以外の生物種と同種とみなすことではない。確かに、動物たちは、互いに異なる種に属している場合も含めて、共感するし、互いに助け合うこともある。だが、一定の動物種や植物種が、他の種の絶滅によって自らの実存が脅かされていることを知ることができるとしても、この絶滅を嘆き悲しむことができるのは人間だけである。さらに、人間のテクノロジーの力は、動物の器用さをはるかに凌いでいる。この力は、その規模の大きさを考えても、また、それがもたらす影響のうちのいくつか――こうした影響は今日では何千年も続き、数え切れない数の生物に及んでいる――がもつ取り返しのつかない性格を考えても、かつての技術とは比べものにならない。しかし人間には、他の生物種や未来世代に配慮しうるという能力もある。これが定義する責任は、同情とは反対に、私がその責任を負うべき者たちが直接私の目の前にいることを必要としないような責任である。われわれの活動が何万もの、いや何百万もの人々に影響を及ぼす場合のように、あるいは、われわれの行為が未来の諸個人の生活の条件を抵当に入れている場合のように、われわれの責任は、われわれの識別能力さえも、さらには表象能力さえも超えて広がっているのである。

エコロジーによって、われわれは、自分の実存の諸条件を正しく考察する。こうして、われわれがそれによって生きているところのもの、われわれに作られるだけでなく、われわれを作り上げているものについて考えるのである。このようなエコロジーによって、われわれは人間を主体として、自然を対象として表象することをやめることになる。われわれの実存は、われわれがそれに依存しているところのものから分離できないだろう。それゆえ、人間を抜きにして自然を考えることはできないし、人間が数世紀にわたってどう自然を変形してきたか――場所への眼差しとしての風景がわれわれに教えているように――を抜きにして自然を考えることはできないのである。本書の目標は、存在している様々なものへどのような身分規定を与えるか、またこうしたものをどう正当に利用しうるかという問題に結びついた、環境倫理学を提示することではない。本書の目標は、エコロジーが「～によって生きる」についてわれわれに教えてくれることを考察に組み入れた実存の哲学を提示すること、そしてこの哲学から出発して新たな社会契約の彫琢へと結びついた政治の仕組みを演繹することである。

この新たな社会契約は、生物圏の保護、未来世代の利益、及び他の生物、とりわけ動物の尊重、これらが政治の中心に据えられねばならない以上、周知の社会契約とは異なっている。それら〔生物圏の保護、未来世代の利益、他の生物の尊重〕は、このように国家の新たな義務を規定する。そして、単に制度上の革新を引き起こすだけでなく、反権力、政治文化、統治者と被統治者の関係、政治の綱領及び政治的討論の内容と内実、市民と市民の代表者の育成についての考え方に、変化をもたらすだろう。さらに、ルソーの『社会契約論』のように、まず何よりも政治的権利〔国制法〕の諸原理を対象とするこの政治理論においては、身体性と「〜によって生きる」の哲学から生じた〈糧の現象学〉が、社会契約論者たちにとって自然状態の仮構《フィクション》が果たしたのと同じ役割を果たすのである。

「〜によって生きる」とは、空気、光、映画、散歩、労働、恋愛、睡眠、都市、農村によって生きると同時に、美味しいスープによって生きることである。われわれの環境は本質的に混成的である。実存の条件と「〜によって生きること」について反省することは、われわれの志向性を逃れるものに注意を払う身体性についてのあらゆる哲学の中ですでに行われてきたものである。しかし、この反省をかつてないほどに深化させるきっかけが、エコロジーの中にある。というのは、単に身体の変質に注目するだけでは不十分だからである。身体の変質は、傷つきやすさ（vulnérabilité）の倫理の核心にあって、他者の貧窮や壊れやすさ（fragilité）としての傷つきやすさと、他者への開けや他者に対する〔他者のための〕責任としての傷つきやすさとのあいだの強固な結びつきを強調していた。確かに、私には他者に対する責任があり、また私が他者に心を動かされ、他者に起こることに無関係でいられないのは、私が傷ついた主体だからであり、苦痛と老化を感覚できる主体、独りきりの状態や見捨てられた状態で死ぬことを望まない主体だからである。しかし、われわれの反省の中に、壊れやすさ、身体の変質、心的現象の不完全性だけでなく、次の事実、すなわち、われわれがそれによって生きるところのものはわれわれを制約しているのではなく、喜ばせているのだ、という享楽（jouissance）〔享受〕の事実をも考え合わせるならば、何が起こるだろうか。われわれがそれによって生きるところのものとは、私が味わうデザートであり、私がその美しさに感嘆する風景であり、私の心身を和らげる海の水、他者の愛、〔飼い慣らすのが最も難しいものも含めた〕動物のような私と同類の存在、私を高める芸術、私が在留する街であり、そして知的であると同時に身体的な労働、また知的であるときでさえ身体的な労働である。

糧〔という語〕が指しているのは、われわれがそれによって生き、われわれが必要としているもの、われわれが浸っている環境、われわれが手に入れるあらゆるもの、われわれがそうしたものを手に入れる仕方、交易、流通、さらには移動や居住、営みの条件となっている技術であるが、この語はさらに生態系《エコシステム》をも指している。生態系《エコシステム》は、生物群集――言い換えれば、そこに実存しているが、われわれが普段気づかない生物たち――と、こうした生物の物理的化学的特質によって定義されるビオトープ〔生息環境〕とによって構成されている。自然／文化の二元論に収まらないこの〔糧という〕呼称を用いるなら、自然を道具的価値しかもたない資源〔資財〕としてのみ考えることはもはやできないのである。

事物は、技術の対象も含めて、われわれに対してただ道具として提供されるだけではない。それらはわれわれの実存の条件である。表象のこのような転覆は、世界についての現象学的な考え方の中に、とりわけメルロ＝ポンティにおいて、すでに見られたものである。彼は、自己についての意識と世界についての意識のあいだの相互性を明らかにし、知覚同士の絡み合いを強調した。しかしながら、われわれは「糧」について語ることで、ある哲学へと向かってさらなる一歩を踏み出すことになる。この哲学において、実存は「ある対象との関係であり、生の糧となり生を満たすこの関係との関係[14]」である。

そこから、「外的な」環境、糧の他性、森林や湖、植物、季節、街、道路、食べ物といったものを考えるときの、別の考え方が生じる。これから考えるのは、これら諸々の元基（élément）〔始原的なもの・エレメント〕の中での、またそれらと共にある、私の実存である。こうした元基は、私が利用する単なる資源ではなく、また、私が意志をそれに対して、それに抗して行使するところの非我でもない。さらに、私の実存のこうした諸条件は、他者たちの実存の条件でもある。こうした条件は、時間と共に作り上げられたものだが、その時間とは、人間の技術と歴史と共に経過した時間にとどまらず、進化の時間でもある。主体の身体性についての分析は、とりわけ誕生に関して見ることになるように、ただちにわれわれを間主観性へと導く。われわれは、糧との関わりによって他者たちとつながり、さらに糧は、諸々の生物種のあいだの相互依存を際立たせることになる。

さらに、生きるために私が必要とするものは、それによって私が生き続けることができるという意味では、私を作り上げているものだが、同様に、そしてとりわけ、それが私の実存に価値を与えているという意味で、より正確に言えば、私に味わい（goût）や趣を与えているという意味でも、私を作り上げているものである。生の価値は、私が用いる事物の質についての判断から帰結するのではなく、またこうした事物のエネルギー性能についての判断から帰結するのでもない。生の価値は、私にとって事物にはどのような味わいがあるのか、私がどのようにそれらを身体に取り込みつつ生を愛するのか、にかかっている。必要を感じ生き続けるあいだに、この体験が消失するのは、私が貧苦に喘いでいるときだけである。事物の使用と、身体への取り込みという事物の究極の目的とを切り離すなら、私は、事物と取り結ぶ関係を手放してしまうことになる。この関係こそ、享楽という関係である。

糧の世界における生は、享楽である。なぜなら、私は生きることに喜びを感じるからである。認識し、自己を気遣うよりも前に、また、私に価値があると思われるものに対して意味を与えつつ時間の中に自己を投企するよりも前に、私は生を愛しているからである。私は、自由であるよりも前に、生への愛である。この生への愛は私の自由を包み込んでいる。この生への愛は、私がそれによって生きるところのものが私に喜びを与えるという事実の中に表れている。「生への愛は、存在することへの気遣いには似ていない(15)」のであり、それは、存在することの幸福なのである。生は、愛される。生はそれ自体が目的である。しかしながら、問題になっているのは、欲求に釘づけにされた実存ではない。貧苦のために、享楽ではなく生活の必要に迫られるのは、生が窮乏した生の場合である。飢え、寒さ、やむにやまれぬ労働のせいで、私は、ただ再び労働へ戻るためだけのエネルギーを回復すべく、糧へと飛びつくのである(16)。

糧の世界における生が、生への愛であると言うことは、次のように言うことである。すなわち、自らの存在において存在の意味が問題であるところの存在〔現存在〕の実存にとって、その根本構造は、事物がこの存在〔現存在〕に対して有する味わいや趣、事物の美しさ、そして事物の中でも彼の気に入るあらゆるものである、と。したがって問題は、享楽を倫理に対置することではなく、人間がいかに大地に住まうかを理解可能にするこの〔享楽という〕次元の重要性を考えることである。エピクロスの美点の一つは、彼が幸福と徳とのあいだの結びつきを際立たせたことである。しかし享楽は、このエピクロスにおける平穏な快楽とは別のものであり、本書では、それは味わいと美的感性的快楽〔喜び〕を指している。それは、芸術だけの特別な快楽ではなく、生の全領域におけるわれわれのあり方の特徴を表している。

レヴィナスとは違って、われわれは、自己との関係から他者及び他者たちとの関係への移行、享楽の次元から倫理の次元への移行の中に、断絶があるとは考えない[17]。確かに、享楽は道徳的ではない。享楽はエゴイズムの震えである。それは、「飢えた腹はまったく耳をもたない」という諺で市井の人々の知恵が表現している通りである。さらに、まさに他者の実存は、私の自由を問いに付す。他者の欲求こそ、自由への当然の権利、ないし自由への確信とレヴィナスが呼ぶものを問いただすのであり、したいことをやり、欲しいものを消費するという私の権利を問いただすのである[18]。人間の権利の哲学でさえ、他者の権利が私と社会に対して要求するものからあらゆる結論を導くわけではない。自由について否定的な考え方を支持していても、われわれは総じて、一人の他人、さらには複数の他人と他の生物種が要求する諸々の義務――このどれもがすべてわれわれの貪欲さに対して課された制限である――よりも、われわれがそれぞれ手にしている諸々の権利の方を認めがちである。

したがってレヴィナスは、感性的世界と糧の世界について語り、また、飢えた人間の傷つきやすさを強調することによって、次のような哲学に断固反対していると言えるだろう。それは、人間を第一に自由として考える哲学であり、選択する能力、選択を変えることのできる能力として自由を定義する哲学である[19]。こうした哲学においては、自己への気遣いは、他人への危惧や、私が存在する権利をめぐる答えのない問い――「陽が射している私の場所」は、「すでに私によって虐げられ飢えを強いられている他の人間のための場所を不当に奪ったもの」[20]かもしれないという恐れ――に遮られることはない。この意味で、いずれは死が訪れる他者、また糧を手に入れられなくなることもありうる他者が、私を享楽から引き剥がすということ、あるいはレヴィナスが言うように、他人が〔師として〕「私に教える」ということは否定できない。それに対して本書の目標とは、こうした他人との対面関係（le face-à-face）以前に、私は、糧に関わっているという時点で、すでに倫理の中に身を置いているということを示すことなのである。

たとえ私が外見上、他人に出会っていなくとも、他者と他者たちは、私が糧としているところの、自然的であると同時に人為的でもある環境の中に現前している。私が糧を消費する仕方は他者たちに影響を及ぼす。より根源的には、糧に対する私の関係は、それ自体が実存の立場表明であり、これは倫理に属している。もし人間が、空気のような、自らが浸っている諸元基を糧にしているのなら、倫理は、他の人間たちとの関係には局限されない。倫理が考慮すべきは、われわれが依存しているものであり、われわれが今日それによって生きるところの環境を作った諸々の存在であり、またこの環境を保ったり糧をわれわれと共有したりするあらゆるものである。加えて、倫理とはすでに、われわれが糧に対して打ち立てる関係の中にこそ、探し求められねばならないものなのである。

倫理とは、人間であれ、人間でないものであれ、他者たちと私との関係が属する次元であり、この関係は、糧とわれわれとの関係によって確立される。私が資源やエネルギーを利用する仕方、一定の農作物の生産を促進する仕方、糧を摂取する仕方において、私はすでに他の人間たちとの関係の中にある。私は彼らの営為を支え、またそのことによって彼らの生を支えている。あるいは、私の活動は彼らに対して、何らかの影響を及ぼしており、また今後も及ぼすだろう。この影響は、それが日常的な選択の産物であるだけに一層決定的である。私が消費した時点ですでに、私が商品を買い、自動車で移動し、吸い殻を地面に捨てたりしながら世界の中で行動した時点ですでに、私は倫理の中に身を置いている。他者との対面関係よりも前に――この他者とはその外在性ゆえに倫理の源泉である他者、言い換えれば、すぐさま私を倫理へと導く他者であり、他者のもつ諸々の質についての客観的評価とも認識とも、さらには承認を求めて闘争する自由の戯れとも一切関係のない次元へと導く他者である——、つまり私を責任ある者として指名する他人の顔との出会いよりも前に、まず糧の世界がある。私と糧との関係こそ、倫理の本源的場所なのである。

このように倫理を捉えるからといって、このことは、他人との関係が動物や樹木との関係とは区別されるという事実、またそれは道徳的規範によって規定され、私はこの規範を常に他の生物種に適用できるわけではないという事実に対して、何か変更を迫るものではない。しかしながら、倫理は、他人と私との関係の次元にはとどまらない。倫理は、私と糧との関係にも依存しているのである。何しろ、糧はひとりでに落ちてはこない。糧は他人の労働を必要とし、他の人々や他の生物種との共有という問題を突きつける。道徳、政治、エコロジー、美学といった、普段はバラバラの諸領域を、或る実存の哲学とその根拠である存在論へ統合するためには、正義——われわれが大地に住まい大地の美しさを保護する仕方が倫理と政治とに属しているという事実——について考察する必要があるだろう。さらに、われわれが糧を享受（jouir）しているとき、あるいはわれわれが糧の破壊により、キャリコット曰く、まるで「世界がわれわれの身体であった(21)」かのように深く傷つくとき、糧がわれわれにとっていかに重要かを考察する必要があるだろう。

世界を糧とみなすからといって、例えば私が食料を摂取し、消化し、そこからエネルギーを引き出すときのように、いかに外部が内部に取り込まれるかを説明するための単純なイメージを用いているわけではない。食を参照することによって、生物学的なものと文化的なもの、親密性と集団性、私的領域と社会的生、個人の嗜好と家族の意向という二分法を乗り越えようとする一つの哲学が姿を現すのである。さらに、飢えの中心性を主張することによって、人間の壊れやすさ、苦痛に対する人間の感受性、そして糧の欠乏が、結果として衰弱と死をもたらすという事実を際立たせるだけではない。この主張によって、「あらゆる事物に『意味付与する』という意識に与えられた特権に対する永続的な異議申し立て(22)」である身体について、徹底的に反省することになるのである。

しかしながら、傷つきやすさの倫理のように、受動性だけが強調されるわけではない。享楽、目と口の快楽、味わい、新たなものへの欲求、こうしたもののおかげで、われわれがどれほど実存の条件に依存しているかについて、理解を改めることができる。さらには、美的感性的なものを倫理の中心に据えることによって、あるいはそこへ据え直すことによって、大地に住まうことがわれわれにとって何を意味するかについても、理解を改めることができる。仮に味覚（goût）〔趣味〕が、感覚の一つでもなく、〔ブルデューのように〕社会階級への個人の帰属を意味するものでもなく、カントにおける心情（*Gemüt*）[23]のように、感覚を心と精神に結びつけるものであったとしたら、われわれは、果たして生態系の解体を、風景の破壊を、そして工場畜産によって動物たちに課されるひどい生活条件を容認するだろうか。

われわれが自らの実存の条件に依存しているということは、われわれが他者に依存しているということ、あるいはむしろ、われわれが他者を、他者の身体を、他者の労働を、他者がもつ知を、そして他者がもつ技術知をわれわれが必要としているということでもある。高速道路を利用するとき、橋を渡るとき、読書をするとき、われわれは決して独りきりではない。自己に先立つ他者たち、自己と同時にいる他者たちが、こうした活動を可能にしている。しかしながら、この相互依存は、食べるという行為において、明白になる。そしてこの明白さが、この〔食べるという〕社会的自然的事実にパラダイムとしての性格を付与しているのである。

実際、食べることとは、常に、他者と共に、かつ他者を通じて食べることである。なぜなら、私が消費する食料は、私が知っている人であろうとなかろうと、その食料を料理した誰かによって、あるいは、私がそこから果実を採取するところの木を植えた誰かによって、準備されているからである。食料は、穀物の生産と収穫を前提し、それゆえそれは、農業、流通、グローバル経済によって成り立っている。主要食糧の価格、すなわち人間と家畜向け食用穀物の価格を、収穫量と在庫量に応じて決定しているのは、このグローバル経済である。〔食べるという〕日常的な行為には、料理法、文化、そしてわざわざ時間を取って料理し、世代から世代へとレシピを伝えてくれた女性や男性の寛大さ、こうしたものが関わっているだけではない。私が食べる物も、私が食べたり、あるいは糧を得るためにそれを殺すのを拒んだりする物も、そこに関わっているのである。

われわれは、十分意識していようといまいと、何かを食べるたびに、他の人間や生物に対して責任を負う。食を通じてわれわれは、人間以外の存在も含めた、自分以外のあらゆる存在とつながり、生産と交換のサイクルや輸送手段と関係する。食べることは、学問領域のあいだのあらゆる区切りに対して異議申し立てをすることであり、自分の立場を表明することであり、さらには、倫理と政治へと一挙に身を置くことである。物質と精神との境界は消失することになる。それは、宗教的な習わしにおけるのと同様である。宗教的な習わしにおいては、タブーと禁令が糧を摂取するという行為を常に取り囲んできたし、とりわけある動物の肉を食べることに関わる場合はそうであった。かくして倫理と正義についての空虚な議論を乗り越えていったレヴィナスは、精神性とは「飢えに苛まれた第三世界」に糧を与える所作であると主張し、それに関連して「崇高な物質主義」について語るのである[24]。

食べるという行為についての現象学に照らして見たとき、人間は、他の生物から隔てられた存在とは言えなくなるだろう。生物も人間と同じように自らの糧を探し求めているからである。とはいえ、テーブル作法、晩餐がもつ社会的でコンヴィヴィアル〔会食的〕な次元、無食欲症〔拒食症〕や肥満症のように糧との関係に起因する病理、こうしたものだけでも、人間と動物のあいだにある諸々の差異を示唆するには十分である。「われわれは、『美味しいスープ』、空気、光、光景、労働、観念、睡眠によって生きている[25]」と考えること、そしてこうした営みの中でそのつど、過去、現在、未来の他の人々や、われわれから遠く離れて生きている人々と取り結ぶつながりに訴えること、しかもその際、われわれが他の生物種と築く関係も忘れないでいること、こうしたことは、まさに、ハイデガーの実存論的分析論とは対照的な仕方で実存の諸構造を記述するべく、歩みを進めることである。

実存論的分析論の再検討——存在論と政治

主体の身体性を明るみに出すことはすでに、ハイデガーの存在論を批判することである。しかしさらに、実存が気遣いによって定義されるという考えは、享楽の次元が強調されるやいなや、打ち砕かれる。われわれは、生き残るために必要なものをほとんどもっていないときを除けば、生きるために食べるのではない。

われわれは、息をするために息をし、飲み食いするために飲み食いし、避難するために避難し、われわれの好奇心を満たすために勉強し、散歩をするために散歩する。これらはすべて、生きるためにするのではない。これらすべてが、生きることなのである。生きることは、一つの真摯さである[26]。

糧が道具や燃料として解釈されうるのは、搾取の世界においてでしかない[27]。レヴィナスがこのように書いたのは、道具や有用性がハイデガーにおいて事物の使用と事物の行き着く先——すなわち、充足や快楽——を覆い隠していることを指摘した後である。要するに、糧という、われわれを他の人間や他の生物種に結びつけるものについて語ることによって、実存とエコロジーを、一つの水準で——それは倫理の水準だけでなく、存在論の水準でもある——結節させるならば、われわれが構築する哲学は、対自の哲学のようなものではありえない。自己の実存のための気遣いは、享楽と満足に包まれている。生への愛は投企に先立つのだが、このことが意味するのは、〈死に臨む存在〉が、糧の現象学においては、ハイデガーのように根源的で本源的なものではないということである。さらに、事物を糧として摂取するという事実、こうした事物がなくなるかもしれないという懸念、よい実存の条件を手に入れるために私が実行しなければならない労働と努力は、私を孤独から引き離す。私はただちに世界の中に身を置くのだが、この世界は、単に人間たちの世界であるだけではない。この環境は、私の自由のための単なる踏み台でもない。それが指し示しているのは、他の人間たち及び他の生物たちとの（意識されていると同時に意識されていない）つながり、われわれが引き受けた彼らとの関係、あるいは、彼らに対する依存的なつながりを否定することで可能になる、彼らを搾取する仕方である。またこの環境は、食物連鎖の頂点に位置する人間の傷つきやすさを際立たせる。人間は、魚に害を与える公害の影響、あるいは鳥や家畜が感染したウイルスの影響を被ることもある。

さらに、われわれの時間は、より広大な時間と絡み合っている。それは歴史の時間であるだけでなく、自然の時間でもある。それは、われわれ一人ひとりにとって、四季が移り変わる時間や昼夜が交替する時間でさえある[28]。夜に活動し昼に眠る人たちでさえ、休息する必要がある。彼らは、光、空気、水を必要とするのと同じように、この〔昼夜の〕交替を必要としているのである。人間の時間性に関するハイデガーの考え方は、この現実を顧みていない。本来的時間性は、自らの実存の不可能性の可能性を起点とした自己の投企であるという考え方が明かしているのは、次のような自由の哲学ではないだろうか。すなわち、死の可能性、偶然性、事実性、あるいは匿名性への自己喪失といった、人間の条件の特徴が考察されるとき、自然、気候、環境、そして他の生物たちとの相互依存といったわれわれの実存の他の条件はいずれも捨象されるとみなす自由の哲学である。

ハイデガーの現存在は決して飢えない、とレヴィナスは繰り返し書いている[29]。飢え、乾き、寒さに震える存在は、自由を自己の征服として考えない。この存在にとって重要なのは、これ以上欠乏に喘ぐことがないこと、快楽〔喜び〕を感じること、生を味わうことである。ハイデガーがこの次元を度外視することと、彼が実存を生から分離し、ほとんどもっぱら実存の「脱‐自的」次元だけを取り上げながら人間の時間性を考えることとは、一体になっていないだろうか。われわれが存在者に付与する有用性や目的に基づいてハイデガーが定義する手許存在や眼前存在と、唯一「脱‐自」し、実存しつつ世界の構造と存在の意味とを開示する現存在とのあいだに彼が打ち立てた区別を、どう考えるべきだろうか。

人間の傷つきやすさ――これは、われわれの身体の変質だけでなく、他者への開けと他者への責任をも際立たせる受動性の現象学を指し示す――を考察したのは、レヴィナスである。また、哲学が人間と動物を対置することによって、獣たちを道徳的共同体から排除しながら道徳の諸限界について思考し、主体の主権を打ち立てた、このプロセスを脱構築したのは、デリダである。彼らに続いて、われわれは、糧の現象学によって、依然として主体の哲学やハイデガーの実存論的分析論の根拠となっている諸カテゴリーを改めて吟味し、別の存在論を彫琢することを試みるのである。

この存在論は、人間の本質について語りうるという意味での、存在に関する一つの学説ではない。形而上学が――キリスト教のように神学的なものであれ、アリストテレスのように宇宙論的なものであれ――人間の本来性を言明したり、人間の特徴を理性的動物とみなしたり、あるいは存在についての目的論的な考え方に照らして人間の達成度を測ったりする学説として理解されるなら、そのような形而上学の終焉は、既成の事実である。食べるという行為において見られるように、人間が生物学的であると同時に文化的でもある営為へ身を投じているのだとすれば、人間には、不変の本質という意味での本性はない。したがって糧の現象学は、実存の哲学であっても、実存主義ではない。そうであれば、なぜ存在論というのだろうか。ハイデガーにおけるように、人間の存在する仕方、人間の実存する仕方が存在の諸構造を開示し、存在を了解することを可能にするからだろうか。

この問いに対する答えは、否定的である。というのは、実存は存在を目指してはいないからである。レヴィナスにおけるように、われわれが関わっているのは実存者であって、実存ではない。実存者は糧によって生き、他者と出会う。実存者は、本質的にも第一義的にも世界了解ではない。実存者は世界と共にあり、感覚することにおいて事物と接触している。加えて、レヴィナスがすでに初期の著作以来展開してきた受動性と「～によって生きる」の現象学は、認識の優位や認識の特徴である支配という態度と縁を切っている。すでに見たように、身体性の強調と顔の公現の記述によって明らかとなる諸々の意義は、これまでの哲学において支配的であった意義とは根本的に区別される。それは、行為に対する認識の優位を考えようと、あるいは社会契約の諸理論――こうした理論は、自分たちの共存を可能にし社会性を相互利益に基づかせるような諸規則を決定する個人から出発して、倫理と政治を再構築する――を考えようと、あるいはハイデガーを考えようと、同じことである。

ハイデガーは、プラグマタ〔事物・道具〕を起点にして現実を記述する。このプラグマタは、人間の行為であり、学的認識に先行するものであり、また彼によれば、事物がわれわれにどう与えられるかに基づいている。ハイデガーの世界の特徴は、技術、労働、実存することへの現存在の気遣い、社会性〔共同存在〕である。そこでは、待遇〔配慮〕によっては誰も、自らの死の可能性を還元不可能な孤独において引き受けなければならないという必然性から、解放されることはない。レヴィナスにとっては、自我が、自己自身、他者、そして他者たちと保っている関係は、存在了解ではない。このことによって、レヴィナスが存在の学としての存在論を拒絶し、倫理を第一哲学と主張したことが正当化されるのである。

さらに、受動性と「～によって生きる」の現象学は、感性的なものと身体性の哲学であり、この哲学は、主体性についての独創的な考え方へと導く。この哲学は、他者への責任が自己性を構成すると考え、最終的には『存在するとは別の仕方で』で練り上げられた、身代わり（substitution）の概念へ行き着くのだが、それはある意味で一つの存在論である。この哲学は、現在の契約説の特徴となっているものとは別の政治理論の基礎を考えるよう促す。それは、地球温暖化や生物多様性に関する昨今の議論や国際関係において参照軸となっている人間の諸権利の解釈の特徴となっているものとも別の基礎である。

もちろん問題は、ウーシアについての学を展開することでも、形而上学に立ち返ることでもない。というのも、顔の単独性と他者の超越は次のことを含意しているからである。すなわち、この他者は、私がこの他者について見るもの、知るものから逃れるということ、そして人類という類であれ概念であれ、〈同〉へのどんな還元からもこの他者は逃れるということである。さらに、ハイデガーが用いる意味での存在論が問題なのでもない。というのも、自己の身体や他者に対する実存者の関係から生じる諸々の意義は、志向性を起点にした世界了解や、人間そして一人の現存在の、本質上自らの実存を気遣う諸行為を起点にした世界了解から生じる諸々の意義よりも豊かであり、多様だからである。

レヴィナスの現象学が興味深いのは、この現象学の特徴が、自己と他者との本源的関係へと遡る運動にあるからであり、さらにこの運動において、身体が物質性を起点として捉えられているからである。〔レヴィナスにおける〕母性の記述において見られるように、またそれだけでなく、主体性を「傷つきやすさ」として定義する『存在するとは別の仕方で』において頂点に達する受動性の現象学において見られるように、身体とは責任の場である。この身体性の哲学は、存在論に属している。[30]この存在論は実存することの意味を明らかにするのだが、それはハイデガーの『存在と時間』や後期の著作の中心にもあるような、実存することの意味とは異なっている。ところで、本書の企図は、実存の哲学を彫琢することである。この哲学は、「〜によって生きること」を思惟しながらも、元基及び糧としての世界と自ら呼ぶもの[31]についての反省から、政治に関する帰結を引き出すことはなかったレヴィナスの努力を、さらに先へと進める。それゆえに、この糧の現象学は、ある意味では——この意味を明確化するのが重要ではあるが——一つの存在論なのである。

「〜によって生きる」と糧の世界とに結びついた実存範疇の記述によって、倫理、政治、法制度に革新をもたらすことができるはずである。こうした革新が、目下の自然環境をめぐる危機に立ち向かうことを後押ししてくれるだろう。この危機は、資源の危機だけではない。この危機は、身体や労働に対するわれわれの関係、われわれの主体性にも関わっている。そしてそれは、個人が共通世界に参加しうる可能性を示している。たとえ人間の固定した不変の本質は、倫理と政治の参照軸とはなりえないとしても、われわれは、次のような普遍主義を考えることはできる。それは、一集団の道徳的宗教的な考え方を押しつける、威圧的で堅牢な道徳とは一線を画する普遍主義である。

この普遍主義は、糧の現象学とわれわれの実存についての省察とが前提する、世界概念の深化に結びついている。

それは、個人が自身のライフスタイルの変化を受け入れるためのいくつかの指標を提供することができる。このライフスタイルの変化は、自然環境をめぐる危機を食い止め、別の成長モデルを登場させるために必要な変化である。主体についての哲学が、自分の生きようとする意志の中心に、他の人々や他の生物種に劣悪な生を課すまいとする気遣いを組み入れるよう、個人を促すこともあるだろう。しかし、そのような哲学以上に、一つの存在論を彫琢することは、自由と歴史についての哲学がなおざりにしてきた、ある実存の意味を明らかにするという点で、倫理や法制度や政治に関する諸カテゴリーの刷新に取り組む大規模な試みの序章となりうるはずである。そうした諸カテゴリーの刷新は、われわれの成長モデルが逢着する袋小路から抜け出すために必要なものなのである。

したがって本書の第一部では、存在論を中心に扱い、主体の身体性と人間の条件についての反省を「〜によって生きる」と糧の現象学の中に組み入れる。人間が自分の住まう自然的かつ人為的な環境からどのように糧を得ているかを分析することによって、味わい（goût）という語で、そして美的感性的なもの（l'esthétique）という語で普段指し示されているものを新たに定義し刷新することを可能にするような諸々の意義を明らかにすることができるだろう。またこうした意義によって、農業と文化の結びつきを再定義し、さらに都市計画と建築の地位について考えることもできるだろう。他の生物たちと共に住まうことは、オイコスについてのあらゆる反省の中心にあるのだが、われわれはその点を強調することで、動物に関する問題が、主体の道徳的〔精神的〕変化において占める位置を浮かび上がらせる。この主体の道徳的変化は、ルソーが言うように、社会契約を確固としたものにするのに欠かせないものである[32]。というのは、社会的紐帯が結ばれたり解かれたりし、また個人が義務の意味を理解するのは、まさに人々の心の中だからである[33]。

本書第二部は、社会契約の諸条項の定式化を試みる。われわれがこの中で改めて取り上げる政治問題は、エコロジーと動物に関する問題を国家レベルで議論すべきだと考える人々に対して提出されるような政治問題である。そこで重要になるのは、次の点を示すことである。すなわち、社会契約という考えにはまだ意味があるものの、この考えの出発点は、もはや——契約説、すなわちホッブズからロールズに至るまで、社会秩序が諸々のエゴイズムの戯れを起点にして再構築されると考える者たちによって表明される契約説のように——自らの内的自由へと逃避する個人ではない、という点である。個人が、自己充足するのではなく、自己や糧との関係の中で、過去・現在・未来の他の人々や他の生物たちとすでに関わっているとすれば、そしてそのような個人の上に社会秩序を基礎づけるとすれば、このような社会秩序を生み出すことができるのは、どのような規則なのだろうか。われわれは、第一部で展開される糧の現象学から、政治的次元の結論を引き出しつつ、熟議と参加〔政治参加〕の条件に関する提案を示す。この提案は、民主主義を改良しうる提案である。そのために、以下のことを試みるつもりである。すなわち、個人の教育と世論の形成という場面で政治的文化が変化するためには、何が必要なのかを明らかにすること、また、自然は単なる土台という役割を果たすことはありえず、歴史の舞台装置として考えられうるものでもないということが明らかになったとき、コスモポリタニズムが有する意味とは何かを明示することである。

第一部　糧の現象学

われわれは「美味しいスープ」、空気、光、光景、労働、観念、睡眠などによって生きている。これらは表象の対象ではない［……］。われわれがそれによって生きるところの事物は用具ではないし、語のハイデガー的意味における道具でさえない［……］。これらはいつも［……］享楽の対象であり、すでに装飾され、粉飾された「味覚（goût）」に提供されている。［……］構成されたものが［……］ここではその意味を横溢しており、構成の只中で、構成するものの条件になる。意味からの横溢は、食という語で固定されうる。

私が生きている世界は、思惟及びその構成する自由と差し向かうもの、ないしこれらと同時的なものであるだけでなく、思惟を条件づけ、それに先行する。私が構成する世界は私の糧となり、私を浸す。それは食物〔栄養〕であり、「環境（milieu）」である。

エマニュエル・レヴィナス『全体性と無限』

第一章　〈～によって生きる〉

生きることは、〈～によって生きること〉（vivre de）である。この動詞の他動詞性が意味するのは、われわれの実存が物質性から分離できないということだけではない。それはまた、感覚すること（sentir）がもつ本源的な性格を指し示している。感覚することとは、諸事物に囲まれたわれわれの生、諸事物と共にあるわれわれの生であり、これは一つの能力と混同されえない。感覚を混濁した観念とみなすことを拒否することで、また感性的質に――空の色に、花の香りに、料理の味わいに――それら固有の価値、すなわちわれわれが生きている世界を開示し、世界に存在するわれわれを開示するという価値を認めることで、感覚を復権させるという点にのみ、認識の領域から感覚を引き離す意味があるわけではない。感覚することとは、根源的には、諸事物と接触してあることであり、自分を感覚すること、自分を体験することである。それゆえひとは、常に個別的である諸感覚を、意識の出来事と同一視できないままに、さらには定義上対象に関わる知覚とも同一視できないままに、世界との関係の諸変化を生きているのである。(1) 感覚することとは、世界と共に存在すること、世界を共感的に体験することである。(2)

したがって、身体性を重視して人間の条件を記述することは、結局、表象への異議申し立ての道を歩むことである。

この異議申し立ては、フッサール以来、現象学の企てであった[3]。しかしながら、〔レヴィナスの言う〕「表象の没落」、そして表象によって主観と客観、意識と世界とのあいだに作り出される分割の終焉は、世界を糧として検討する際に最も明瞭となる。世界の有する糧という性格を主張することは、世界がノエマには還元されえないということ、すなわち意識の意味付与作用によって構成された内容には還元されえないということである。世界は、私の功利的評価によって示されるよりもはるかに豊饒である。より正確に言えば、世界は完全には構成されえないということである。というのは、世界における構成不可能なもの、客観化を免れ、知覚も知をも免れるものが、われわれの感覚によって、次のようなものとして開示されるからである。それは、感覚の有する最も特殊で根拠を欠いたものであり、感覚の中でも決して認識に従属しないものである。さらにそれは、ハイデガーの道具のような実践的働きや欲求ではなく、快楽〔喜び〕を指し示すものである。したがって、知覚から区別される感覚は、享楽の次元に属している。換言すれば、われわれは単に意識の地位に身体を位置づけることに甘んじるのではなく、構成の領域そのものを徹底的に問いに付すのである。

享　楽

享楽とは、世界の実在が有する余剰を示すものである。この余剰は、世界が完全に構成可能というわけでないということ、世界について、一つの食物〔栄養〕について語るように語ることができるということを教えている。享楽は世界の元基的な（élémental）構造を呼び覚ます。「享楽において、諸事物は元基的質へと回帰する[4]」。しかも、私の感覚内容を構成する第二次性質が、客観的実在に忠実かどうか、私の外にあるとみなされた現実に忠実であるかどうかを知ろうとしなくとも、諸事物は元基的質へと回帰するのである。感覚は対象を目指すのではないし、超越的対象を参照する認識や知覚と同じ領域に属しているわけでもない。それでも、感覚には固有の真理がある。もっと言えば、レヴィナスが言うように、〔固有の〕真摯さがある。そしてそれは、私を満足させる内容への付着の中にある。『全体性と無限』の著者は、感覚に関するデカルトの哲学を賞賛しているが、デカルトの言うように、私は世界の中にあって感覚によって自らの方向を定め、自分にとって有用で都合のよいもの、自分が好むものを知ることができる。[5] 感覚の中には外在性はない。というのも、私は形相なき諸々の質の総体——レヴィナスが元基と呼ぶところのもの——の中に浸っているからであり、元基の感性的物質性が周囲世界に対して先立つということは、情感的な内容が周囲世界に先立つことを意味するからである。[6] 感性〔感受性〕は元基に食い込んでいるのである。

食べるという行為が典型的に示している、この「事物への食い込み」は、構成されるものが構成するものへ変化すること、〔私によって〕構成された世界が私の実存を条件づけるものへと転換することを表している。[7] これこそ、レヴィナス現象学の独特な貢献である。フッサールにとって志向性は、依然、構成する主体を構成される対象から区別する一義的関係を指している。こうしたフッサールと一線を画して、レヴィナスは徹底的に主体の感受性を主張し、世界に対する私の依存と、私が構成し浸るところのこの世界の豊饒さとを際立たせる。

享楽はこの余剰を表現しているのだが、同時に、私と世界との合致ないし調和の形式をも示している。それは、あたかも容易く幸福になれるかのようであり、またあたかも幸福とは、われわれが認識していようと、忘れてしまっていようと、この容易さのことであり、われわれの糧となる諸事物の中でこのように自己満足することであるかのようである。快楽があるのは、生き続けるための手段にすぎない内容がただちに目的として追い求められるから、つまり「この目的の追求が今度は目的になる」[8] からである。世界は食物〔栄養〕である。そして糧を摂取するという事実は、諸事物への本源的な関わり方、すなわち享楽という関わり方を物語っている。この関わり方において、私は生きるために食べるのではなく、食べることこそが生きることなのである。したがって、私は生きるために必要なものを探し求めるが、ただちに——そうすることが私の生を満たし私を充足させるがゆえに——私は自分を生かすこの営為そのものを糧とする。幸福が記述しているのは、依存における自存である。この依存が自我の至上性へと変わってしまうのは、自我が自分を生かす諸事物の中で独り悦に入っているからである。実際、これら諸事物が「常に必要以上のものであり、生の恵みをなしている」[9]からこそ、自我を生かしてくれるのである。

確かにこの幸福は、不安を抱えている。なぜなら、糧が足りなくなるかもしれないからである。生の内容は、生の価値をなしていたり、生の貧窮を強調したりするのだが、そうした内容は私の存在ではない。生の内容は私という実体とは別のものであり、私は労働することによって、これらを獲得したり消化したりしなければならない。したがって、私の幸福は脆いものであるかもしれないし、私の実存は不安定であるかもしれないのだが、しかし私の実存は、本源的に被投性という様態にあるものとして考えられるべきではない[10]。そうではなく、世界を食物として示し、糧のもつ他性について考えることは、「生は常にすでに愛されてしまっている」と断言することであり、事物に対する最初の関係は享楽の関係であると断言することである。生きるという端的な事実に結びついた幸福なるものが存在しているのである[11]。諸々の社会的条件のせいでこの幸福に接近できなくなったり、この幸福が脅かされたりすることはある。しかしながら、レヴィナスが『全体性と無限』において気遣いの存在論に対置した享楽の分析論は、ハイデガーが人間の一次的ないし本源的な状況を悲劇的なものと考える仕方に反論するのである。

〔ハイデガーに反して〕被投性の派生的性格ないし副次的性格を浮き彫りにすることは、飢えや栄養失調に苦しむ何十億もの人々の困窮を否定するどころか、社会的経済的仕組みの不正を非難することである。この点については、後ほど世界的な食糧危機が問題になる際にもう一度触れることになるだろう。この食糧危機は、食料不足や人口増加に起因するのではなく、われわれの経済の機能不全を表しており、われわれの政治的責任を際立たせる。さしあたって重要なことは、しばしば西洋の思想家たちになおざりにされてきた実存の諸構造を解明しうる身体性の哲学を彫琢することによって、享楽の実存論的性格を強調することである。

享楽が「世界の元基的本質を発現」させるということは、「快楽主義的な道徳の永続的な真理」の証である。「欲求の充足の背後に、この充足がそれに対して一つの価値を獲得するようなある次元を探す」のではなく、「快楽の意味そのものである充足を、終極とみなす」ことが必要である。[12] この快楽主義の真理は、次のことを前提している。それは、人間を抽象的な仕方で考察しないということ、すなわちまず人間からその実存の物質性を切断し、次に欲求を、人間の自由を制約するもの――これが人間的条件の特徴が悲劇的であることの証左なのだが――とみなすことはないということである。主体の身体性を本当に重視するならば、欲求を単なる欠如と考えることはもはやできないし、われわれの力能に課された局限はわれわれの被投性を反映しているのだと考えることもできない。したがって、こうした感覚の哲学に由来する快楽主義は、死に取り憑かれた思考を背景にしているのではないし、自分の意志を阻む障害に遭遇していなければ享楽できたかもしれない生と〔現実の〕生が異なることを悔やむ無念さに取り憑かれた思考を背景にしているのでもない。

したがって、享楽することとは元基に触れること、世界の元基的構造を明らかにすることだと言うことは、エピクロスの快楽主義とは区別された快楽主義を導入することである。エピクロスの快楽主義は、諸々の限度を守って初めて意味をもつ。ひとは、苦しまないでおくために自分の欲望をこの限度内に抑制しておかねばならないのである。快楽主義を一つの知恵とする古代哲学とは違って、ここでは、快楽主義の諸々の表象を検討することが問題ではない。手許にあるただ一つの善、すなわち目下の善を享受するために、またミシェル・オンフレ――彼にとって、タナトスと対比される快楽主義的天使は挑戦的な表情を見せるのだが――のように、「最後のきらめきに至るまですべて焼き尽くされてしまっているであろう身体[13]」を死に委ねるために、自分の生を飾ったり享楽の技法を培うことが問題でもない。ここで語ろうとしている快楽主義は、自我の努力や道徳ではない。この快楽主義が意味するのは、われわれが世界と世界の内容に対して有している本源的な関係である。それはよく生きるためにわれわれがなすべきことではない。しかしながら、次のような点において、この快楽主義とオンフレの快楽主義との共通点を認めることができる。それは、オンフレの快楽主義が、人間を身体へと、さらには胃袋へと再び下降させようとしているという点である。

重要なことは、感覚において、とりわけすべての感覚の中で表象から最も隔たっている味覚において表現される、世界と人間との関係を記述するために、快楽主義をあらゆる道徳から遠ざけることである。実際、私がリンゴをかじり、食物が私の舌の上に置かれ、私がこの食物を摂取し身体に取り込み、自分を再び元気にしてくれるエネルギーをそこから汲み取るとき、私は、事物との関係、環境との関係、そして世界や私の真のあり方を表現する関係の中に身を投じているのである。

それゆえ、こうしたあり方を析出しそれを定式化するために、われわれがまるで空虚を充たすためにしか食べないかのように、欲求の中に欠如を見るのはやめにしよう。われわれに享楽を得させる身体が敵ではないというだけでなく、それに加えて、世界は糧なのである。たとえ幸福が〔苦痛の〕猶予であるとしても——なぜなら糧は不足するかもしれないのだから——、幸福はそれ自体で、一人称で生きられる成就であり、元基の異他性ないし他性と不可分の高揚感である。この元基は、私の味覚に合い、私の力を回復させ、私をますます生き生きさせるのである。人間の生は、まず初めに、そして本質的に、あたかも死へと向かう絶望的な行程であるかのようには表象されない。人間の生を計画や宿命の実行と考えても、実存の意味を捉える助けにはならない。それは、このように考えても、われわれの世界内存在〔世界の-内に-存在すること〕——それは〈事物と-共に-存在すること〉であり〈大地に住まうこと〉である——の解明を可能にするような根源的諸構造を提示する助けにならないのと同様である。

享楽を一つの実存範疇として考えることとは、グルメなエゴ(ego gourmand)を発見することである。グルメなエゴは、グルメなコギトでもある。このエゴにとって欲求とは、まず実存への気遣いであるのではなく、糧への欲求である。この糧への欲求は、すぐさま糧から得られる快楽に変わり、次いでこの快楽の追求、そしてこの快楽を一層強烈ないし繊細にするものへの追求へと変化する。このときわれわれは、自分の実在、ないしこの実在の具体性——具体性(concrétude)〔という語〕は語源的にわれわれを成長させわれわれを作り上げるものを指している——の最も近くにいる。

こうした糧へのこだわりは、特に無食欲症〔拒食症〕と過食症が問題になるときにその困難が分析されることになるだろうが、それは世界へのこだわりである。こうした糧へのこだわりは、遊戯に似ている。このこだわりは、死に対する戦いを超えた、生の豊饒と、生きることに注がれたエネルギーとを表している。リクールによれば、幼い動物や子どもが戯れているのを見ていると、生の始まりは、危険や均衡というものを超えたところにあり、生とは豊饒なものだという考えが湧いてくる。「生とは、死なないことを超えた一つの存在の仕方である[14]」。世界への原初的な関係の特徴は、否定性ではなく、享楽であり、享楽とは、一種の「実存に対する無頓着さ[15]〔気遣わないこと〕」である。生きることとは、「目的や本能の緊張を顧みずに戯れること。すなわち、何かによって、しかもこの何かが一つの目標という意味をもつことなく〔……〕生きること、単なる戯れ、ないし生の享楽[16]」である。

　たとえ料理術や美食術にあっては、味覚〔味わい・趣味〕が洗練された快楽を追求するよう鍛えられ、またこうした快楽がわれわれを生まれた当初のあり方や動物性よりも高みへと上昇させるとしても、快楽と幸福とのあいだのつながり、食欲と生きようとする欲とのあいだのつながりを忘れないことが重要である。同様に、世界がもつ糧という性格に対するこの種の信頼を見誤らないようにすることも必要である。われわれはこの信頼を最初からもっており、生きることはもともとこの信頼を示している。母乳を飲む新生児が、乳房あるいは哺乳瓶に夢中になり、自らの存在全体、魂全体を乳を吸うことに傾注している光景は、内容への付着を含意する生へのこの本源的信頼が何でありうるかについて、一つの考えを与えてくれる。新生児のグルメな性格——これはまた動物にも見出されるが——、鎮められるべき飢えと渇きを表すその差し迫った訴え——あたかもこの訴えは世界がただちにこの飢えと渇きを充たすよう命じる命令であるかのようである——、死なないために必要な滋養を摂取するという欲求を超えた、この飢えと渇き、そして最後に、食べた後に感じる、胃袋が満たされたという単なる事実以上のものであるこの安らぎ、これらは世界への元始的な関わり方を示している。こうしたことが例証しているのは、感受性〔感性〕が元基へと入り込んでいるということであり、欲求と世界とのあいだの調和である。われわれは初めからこうした調和があることを期待しているのである。

享楽において、「私は糧をがつがつとかじり、世界を豊かさとして受け入れる」[17]のであり、そのとき私は、自分が最初から世界と一体化していたことを知る。この世界は、それによって私が生きるところの内容を私に提供する。乳児は、元基における生――それが感受性である――を体現している。私は、享楽において、世界の元基的本質を発見し、表象や概念、また一般に構成の領域を免れる、世界の諸々の味わいを発見する。そして生とは、どんな障害に遭遇しようとも、またどんな危険が待ち受けていようとも、生への愛であるということを私は知っている。生きることとは、〈～によって生きること〉であり、〈～によって生きること〉とは、享楽することなのである。

グルメなコギト

思惟する主体の背後にあるグルメなエゴは、自分の実存を気遣う現存在よりもはるかに差し迫ったものであり、現存在よりもはるかに元基に没入しており、自己を自由として表象することで生物へと結ばれるよりもはるかに深く生物へと結ばれている。このようなグルメなエゴを考えることは、感覚の確実性にその真理を復権させるだけではない。それは、新たな光に照らして五感それぞれの地位を評価し直すことでもある。このグルメなエゴは、精神と感官とのあいだの紐帯ゆえに、グルメなコギトでもある。哲学の伝統の中で見ることと触れることに与えられてきた優位性に対して、世界を味わうことが対置されることになる。呼吸すること、肌で風を感じること、寒さや暑さを感じること、大地の上に身を置くことが、われわれ一人ひとりにとって何を意味するのか。このことについての記述を、味覚と嗅覚に対して付け加えなければならない。

身体性は、その厚みと物質性において、すなわちレヴィナス〔を読むラウル・モアティ〕が「存在者の重荷（charge ontique）」と呼ぶものにおいて捉えられる。存在者の重荷は、外部世界において光り輝いて現れる現象のどんな構成よりも、どんな表象よりも、暗い夜に沈んでいる。こうした身体性についての考察は、われわれが自らの諸感覚と一体となったということを含意しているわけではない。世界は私の表象と相関的なのではない。世界は、認識の一対象として世界を現れさせる意識の能作によって完全に構成されたり解読されたりするものでもない。世界は、隅々まで可視的というわけではなく、諸感覚を通じてわれわれが統握しうる潜在的地平を内包している。世界をこのように捉えることができるのは、視覚だけを、あらゆる感覚を統べるパラダイムへと仕立て上げるのが不可能だからである[18]。

視覚は認識のモデルであり、世界の客観化ないし表象という関係のモデルである。〔視覚において〕乗り越え可能な空間が開かれ、この空間によって、私が諸事物を対象として構成し、これらを取り扱うことが可能となる。視覚はこのようにして手を促し、諸事物を掴ませ、そうすることで諸事物は対象となる。そして手は、これらの事物を理解し（comprendre）〔まとめて掴み〕、これらの事物と他の事物との関係の中で、これらの事物に意味を与える。このときわれわれは、ハイデガー的な世界の中にいる。それは、趣向性（*Bewandtnis*）と指示関係（*Verweisung*）の体系によって他の対象を参照させられた諸道具（*Zeuge*）、手許にある（*zuhanden*）諸対象〔存在者〕の世界である。この周囲世界は、私の行為によって作り上げられ、技術によって変形する世界である。ところで、われわれはすでに、「道具の体系であるよりも前に、世界〔は〕糧の総体〔であった〕[19]」ということを示した。

しかしながら、味覚（goût）の中心性〔味覚が感覚の中心にあること〕を主張できるようにするには、また口の神秘、すなわち食べたり話したりキスをしたり笑ったりするときにわれわれの口元を通るものの神秘について掘り下げられるようにするには、次のことを理解しておくことが重要である。それは、構成する主体と構成される対象――意識と世界――とのあいだに区別を打ち立てるだけにとどまらず、さらに世界を、われわれの意志に抵抗するものないしわれわれの力能に屈するものとみなす哲学が、なぜ視覚と触覚に対して与えられた特権と不可分なのかを理解することである。また、人間と世界とのあいだの関係についてのこのような考え方は、社会性についての一定の考え方、すなわち諸々の主体を周囲世界の統御や支配に向けて互いに競争し合うものとするような表象とも連動している。そしてこのような表象が土台となって、諸々の〔社会〕契約上の義務が定義されるのである。

陰に陽に現代の倫理や政治の根拠となっているこれらの表象を、別の第一哲学に、すなわちエコロジーの基礎となりうる第一哲学に置き換えようとする場合、これらの表象を明るみに出すことが肝要である。というのは、本書の目標は、イデオロギーや宗教に何も負っていない存在論から出発して、すなわち、世界との本源的関係を記述する糧の現象学に基づく存在論から出発して、社会契約の諸条項〔義務内容〕を定式化することだからである。ところで、主体の哲学と存在論――これこそ今日、社会契約の基底として機能し、エコロジーをわれわれの生活と政治の中へ組み入れる際の困難をもたらしているものなのだが――に対して異議を唱えるためには、視覚だけでなく触覚に対して与えられてきた地位についても吟味しなければならない。触覚は、世界を私の努力に抵抗するものとして指し示す。味覚〔味わい〕を一つの実存範疇として提示し、糧の現象学からグルメなコギト――本書第一部を通じて段階的に彫琢しようとするのはこれである――を浮き彫りにする前に、メーヌ・ド・ビランの哲学への短い迂回が必要である。

『感覚論』の著者コンディヤックが彫像のフィクション――コンディヤックはこの彫像に五つの感官をそれぞれ順番に与えてゆく――によって証明したのは、触覚こそが、個人に対して身体をもっているという感情を与えるということである。彫像が手を自分の身体の一部分へ当てることによって感じる固さの感覚は、彫像に、この身体が手の圧力に逆らいうるものであると認識させる。[20] 相互に排除し合う二つの事物、相互浸透しえない二つの物体を現前させるこの固さの感覚のおかげで、魂は外部へと出ていく。彫像がある物体に触れたとき、硬さの感覚に逆らうのが彫像自身ではない場合、彫像は〔自己とは〕別の物体があることを発見する。コンディヤックは、どのようにしてわれわれが自分の身体――われわれが離れられないもの――を認識するのかを自問し、手とはそれによってわれわれが自分の外側の現実に到達することができ、自分が体験する諸感覚に結ばれた身体の様々な部分を局所化できるところの器官だと考える。仮にこの器官がなければ、人間は純粋な諸感覚の単なる媒質にすぎないであろうし、〔例えば〕嗅覚に還元される印象的主観性と言えるだろう。またこの人間は、自分の外側にある現実を指し示す能力をもたないだろう。触覚のおかげで、自分の身体と自分以外の物体とを区別することができるようになると、彫像は、世界経験によって与えられる快苦の感覚に身を任せながら、自分にとって快い一定の糧を追い求め、不快なものを避けることを学ぶのである。[21]

とはいえ、コンディヤックは、手がどのようにして動かされるのか、われわれの運動の起源とは何か、という謎を解決するには至っていない。ところで、メーヌ・ド・ビランはこのアポリアを克服しようとする。『思惟の分解論』の中でビランは、運動を意志的触覚によって、すなわち努力によって説明する。[22] ビランは、志向的関係ではない一種の直接的自己経験によって手が自己自身を認識する仕方を、手が諸物体——手はその表面を意志的に運動している——を認識する仕方から区別することで、自我が純粋に受動的な感覚の座ではないことを示すのである。

それどころか、ある本源的な身体性があって、後にミシェル・アンリが言うように、身体に自己自身と各々の力能を所有させる、本源的身体の自己開示のようなものが存在するのである。したがって、生ける身体とは根源的な「私はできる」(Je peux)〔我能う〕であり、私はたえずこの「私はできる」を用いており、またこの「私はできる」によって移動したり、私のものであるこの身体を内側から動かしたりすることができる。アンリがここから結論するのは、生とは自己触発であるということ、言い換えれば、生はまず世界と世界の抵抗とを感得するのではなく、生は自己へのこの非志向的関係、自己自身を感得するという事実を前提しているということである。[23] したがって運動の起源を、コンディヤックにおけるように、主体の印象可能性の中に探し求める必要はない。ビランの直観に忠実であるなら、思考すべきは、むしろ運動の全力能の肉(chair)への内在である。この内在こそ、身体を原初的記憶の場としているのである。[24] この原初的記憶は、われわれが普段話題にしている志向的記憶よりも根源的である。というのも、原初的記憶は、「私はできる」にたえず抵抗する有機的身体を指し示すと同時に、この「私はできる」の起源である本源的身体性をも指し示すからである。

アンリの自己触発の哲学が主張するのは、われわれの感官の諸印象はわれわれの肉に関わっているということ、そして肉による身体への働きかけが、人間のあらゆる行為の、すなわち、人間と世界との元始的な関係のパラダイムである、ということである。この関係は、志向的ないし「脱‐自的」関係ではありえない。アンリはメーヌ・ド・ビランに賛辞を送っているが、それはアンリには、ビランの現象学が、本源的身体性がそれであるところの自己の直接的感得に光を当てているという点で、とりわけラディカルであるように思われるからである。だが、それでもアンリは、世界を私の努力に抵抗するものとみなす必要はないと強調する。皮膚についての記述――諸感覚は、この皮膚を通してたえず絡み合い、交わり、変様する――は、この問いを掘り下げるための、特に興味深い方途であった[25]。しかしながら、アンリはこれを最後まで追究してはいない。

皮膚とは、自我と世界とのあいだの多孔質な境界である。私は自分の皮膚の中で、心地よさを感じたり、あるいは居心地の悪さを感じたりしながら存在しており、しかも私はこの皮膚を服のように脱ぐことはできない。それゆえ皮膚とは、われわれが初めから、アンリが「肉」と呼ぶところの自己自身の中へ、このように据えつけられていることの証である。肉は、志向的構成の結果ではありえない。肉は与えられる。この肉においてこそ、われわれは世界を感覚するのである。しかしながら、『受肉』の著者が、さらに進んで、皮膚の現象学がそうであろうところのものとは別の観点を、すなわち世界に対する感受性ないし透過性を強調しなかったことは、残念と言えるかもしれない。

この観点がとりわけ判然とするのは、われわれが寒さを感じるとき、そして凍てつく風から身を守るために避難場所を見つけたり暖かい服を着たりしなければならないときである。われわれの感性〔感受性〕は、この皮膚の水準での実存について証言している。このような実存において、外的な諸事物は隔たったままであるのではなく、またわれわれの上をただ滑っていくだけではない。鳥肌が立つときや、泳ぎながら海水に触れる心地よさを感じるときのように、外的な諸事物は、まさにわれわれに触れるのである。「触覚とは、各自性についての体験が最も強制的な仕方で成就されるところの感官である」とすれば、私の身体を他の物体から分離する皮膚は、私をこれらの物体と接触させるものでもある。このことから、「いかなる意味においても、私と世界との関係が欠けることはない[26]」ということを皮膚は教えてくれる。しかしながら、感官が「パトス的要素を欠いている」のではないという事実を示す皮膚以上に、食べるという行為は、世界へのこの没入を例証している。この没入は、構成するエゴと構成される世界とのあいだに境界を設けるどんな哲学からも、われわれを遠ざける。身体への取り込みは、この境界を根本から揺るがすのである。『受肉』の中でアンリは、フッサールに依然はっきりと伺える超越論的図式とは見事に一線を画しているのだが、そこでは飢えや食についてほとんど何も書かれていないというのは、驚くべきことである。というのは、食べるという行為はそれだけで、主体の身体性を思惟した現象学者たちが退けようとした諸前提に対して、異議を唱えるのに十分だからである。こうした諸前提は、世界に対する関係をもっぱら「脱-自的」とみなす考えであり、私が世界を構成するとみなす考え、世界は徹底的に構成可能なのだとみなす考え、私は自分の肉を構成できるとみなす考え、そして現実とは私の努力に抵抗するものであるとする行為論に照らして世界との関係を考えるべきだとみなす考えなのである。メーヌ・ド・ビランの努力の哲学に同意することなしにコンディヤックの感覚論を乗り越えるためには、存在者の胃袋まで降りていき、努力よりもむしろ注意〔の概念〕――注意は事物を前にした貧窮を含意している[27]――についてもっと考究するべきであった。それだけでなく、能動/受動、努力/抵抗の対概念を無効にするような世界との関係を示す、味覚の意味を評価する必要があったのである。

メーヌ・ド・ビランの功績は、自己触発に光を当てた点にある。しかし彼が、事物と世界とを、力としての私の実存に抵抗するものとみなすとき、エルヴィン・シュトラウスが、そして後にアンリ・マルディネがパトス的契機と呼ぶものを捉え損なっている。彼らがパトス的契機と呼ぶものは、われわれがここまで感覚することについて述べてきたことを要約するものである[28]。感覚することとは、世界内存在〔世界の-内に-存在すること〕であるよりも、むしろ〈事物と-共に-感覚すること〉(sentir-avec-les-choses)である。同時にそれは、〈自己を感覚すること〉であり、諸事物の現前である。「世界が黄色の中で鳴り響く」――この黄色をゴッホは描いたのだが――ときのように、諸事物はしかじかの質を有したまま、私のためにそこに存在しているのである[29]。パトス的契機とは、それによって「われわれが、知覚されたあらゆる対象よりも前に、ヒュレー的与件と交流する」ところの「〈感覚すること〉の内的次元」である[30]。

パトス的契機は、諸事物が元基的構造に回帰する享楽を論じた際に見たような、最も本源的な体験の状態に属しており、したがって世界を私の努力に抵抗するものとして体験することとは何の関係もない。

後ほどわれわれは、この糧の現象学における実存範疇の一部をなす大地への定位の問題、さらに続いて場所（lieu）の問題に取り組むが、その際に問題となるのは、風景（paysage）である。風景はパトス的契機に対応し、感覚が知覚から区別されるように、風景は地理から区別される。風景に言及することは、美的感性的なものを一つの実存範疇とする思惟に帰着する。[31] しかしながら、このような風景への注視以上に、味覚〔味わい〕がわれわれに教えてくれるのは、感性的世界の深さであり、身体性と世界とを結ぶ紐帯である。この世界は、完全には主題化しえない。なぜなら、世界は数学的な客観化や技術的な客観化に還元不可能だからであり、われわれが行為する際の単なる踏み台でもないからである。さらに、食物の風味、また何かを玩味するとき——特に視覚的な快楽や香りのように——すべての感官が駆り出されるという事実、そして食欲と生きようとする欲望とのあいだの関係、美味しいものを享楽する技法としてのグルマンディーズ（gourmandise）〔食道楽・美食愛〕と感受性とのあいだの関係、これらはわれわれに味覚の中心性を主張するように促すのである。

したがって、糧の現象学は、世界がもつ糧という性格、世界の豊饒さ、そして世界が目、耳、口、手に感じさせる快楽〔喜び〕を際立たせる。糧の現象学によれば、われわれが記述すべきは口〔唇〕である。口とは、われわれがそれによって様々な仕方で世界を味わい讃える器官である。糧の現象学と努力の哲学がどれほど隔たっているかを示すためには、メーヌ・ド・ビランの『思惟の分解論』の一節を引いてもよい。この中でビランは、指が一本だけ備わっている手を想像し、その指先には外的物体を感知しない尖った爪がついていると想像する。[32]

この器官〔尖った爪をもつ手〕は、物体の延長を感覚することはないだろうが、それでも物体の固さは感じるだろう。メーヌ・ド・ビランはそこから、物体が本質的に延長によって定義されるわけではないこと、そして世界とは私の努力に抵抗するものであることを主張する。尖った指〔爪〕をもつこのビランの主体は、「連続的な仕方で動くことはできず、ただ、反復された行為〔能動〕の系列によってのみ、そして固い平面上のある点から別の点へといわば飛び移るようにしてのみ動くことができる」[33]。続いて、この主体〔尖った爪をもつ手〕に、触れている対象の表面をなぞる能力が付与される。そして最後に、この主体は、固い表面に張りつくことができるように、かつ物体に覆いかぶさることはできないように、拡張される。このような仕方で、この主体は様々な仕方で観念を組み合わせ、さらに現実に存在するものの本質を、意志が規定する行為〔能動〕に対して物体が対置する抵抗の力として定義するに至る。

哲学的に実に秀逸なこの議論が前提する私と世界との関係の布置に対して、糧の現象学は、グルメなコギトを対置する。〔努力の哲学における主体のエンブレムは手であるのに対し〕グルメなコギトのエンブレムは、胃袋であるよりもむしろ、口腔である。口腔は、ビランの尖った指〔爪〕と何の関係もない。アンリの自己贈与の哲学もまた、口の意義を把握するためにわれわれが選ぶ道ではない。確かに、アンリによる肉の哲学は、現出の現象学とはっきり一線を画している。現出の現象学によれば、あらゆる感官は、われわれをいわば外部へと投げ出すからである。しかしながら、肉の哲学は〈生〉の思想において完成し、この〈生〉の思想は、最終的に〈受肉〉の神秘へと向かう。こうして肉の哲学は宗教の方へと逸れていく。特に肉の哲学は、世界及び世界との関係を出発点とする内在の思想とは別のものになってしまうのである。

世界は、その現出において、すなわち〔表象という〕光の中で生じる諸現象において、統握されるだけではない[34]。だからこそわれわれは、〔表象には現れない〕夜の出来事〔とレヴィナスが呼んだもの〕を探査することから始めたのである。この夜の出来事が示しているのは、〈世界と-共に-存在すること〉の意味を開示する存在論である。今や問題は、糧の現象学の特徴である間主観性の次元を導入することである。糧の現象学にとって、世界は非-我でも、私の能動に対する抵抗でもなく、「他者の現前[35]」である。口腔や口はこの現象学のエンブレムである。この現象学は、構成の領域を再び問いに付し、認識や知覚、能動を特徴とする志向性とは異なる志向性を明らかにする。この現象学が参照するのは、文化や伝統であり、言語や象徴の領域である。このようにして口腔は、コンディヤックの感覚論へと立ち戻りたくなる誘惑――あらゆる快楽主義に内属する誘惑――からわれわれを引き離すのである。

口腔は器官であるとは言いがたい。歯、唇、舌、副次的な粘膜は存在しているが、口腔は空洞なのである。しかしながら、まさにここから、諸々の求心的運動と遠心的運動が始まる[36]。私は食物を自分の口元へ運び、食物は口の中でなくなる。私は煙草を吸い、友人の頬にキスをし、言葉を発したり叫んだりするし、また微笑みながら両親を迎え、相手の侮辱的な発言には傷ついて口を尖らせたり口を歪ませたりしながら言い返す。この放射的な口は、自我を努力とみなしたり、世界を〔努力への〕抵抗とみなすことはない。放射的な口が描くのは、諸々の営為を通じてわれわれを実存の中心に据える、世界との関係である。こうした営為においては、料理や性愛、芸術におけるように、生物学的なものと象徴的なもの、親密性と社会性、自然と文化、物質と精神とが一体となるのである。

味覚

口とは、身体と世界、主体と社会、私と他者たち、個人と自然、人間と動物のあいだにある諸々の関係と交換の、多彩で動的なネットワークの中心点である。口をたった一つの機能に帰着させることはできないし、食べるという行為を、栄養摂取へ還元することもできない。そのようなことをするのはまるで、われわれの成長を可能にする食物を同化吸収することだけが問題であるかのように、すなわちジャン・アンテルム・ブリア＝サヴァランが表現するように、まるでわれわれを「保存し、生命の小さな蒸散が原因となり引き起こす喪失を埋め合わせる[37]」ことだけが問題であるかのように考えるようなものである。より正確に言えば、われわれの〔身体の〕機構に適した食物を追求することは、それ自体、一つの複合的な現象を指し示している。実際、もし「味覚とは、われわれの感官のうち、味がする物体を感知するよう定められた器官の中にこれらの物体が引き起こす感覚によって、われわれをこれらの物体へと関係づけるものである[38]」ならば、この感覚機能を、糧〔食べ物〕を賞味する能力や、糧を検知し受容する能力に限定することはできない。

身体的人間にとって、味覚〔を司る器官〕は、「人間が風味を識別する器官[39]」である。この定義によってわれわれは、味覚を他の感覚から分離された感覚とみなすどころか、すぐさま味覚の中心性を主張することへと導かれる。そして、この定義によってわれわれは、味覚の生理学的次元と、脳に関するだけでなく知的で文化的でさらには芸術的でもある次元のあいだの結びつきを際立たせるのである。賞味する際、すべての感官が刺激されている。例えば、嗅覚印象、レトロネーザルな印象〔口腔から鼻腔後部を経て鼻腔内に伝わる香りについての嗅覚的印象〕、体感の印象、視覚印象といった印象の強さ、また食べ物の食感や、さらには食べ物をかじるときにそれが立てるカリカリという音や食べ物が歯の下で立てるパリパリとした音〔の強さ〕などは、その証である。

さらに、味覚の物理的側面を考慮するときには、即座に味覚の精神的で知的な側面も考慮に入れざるをえなくなる。したがって、味覚とは、快楽を介して、自己保存を促すものであると同時に、「自然が提示する様々な物体の中から、食べ物として利用するのに適したものを選択する助けとなる[40]」ものである。ところで、味覚を刺激するのは確かに飢えと渇きである。しかしそれだけでなく、ある食べ物を賞味したときに体験した快楽の記憶、そしてこの快楽の追求も、味覚を刺激する。また、この快楽をより強烈で繊細にしようとする努力、装飾や演出や儀式――これらは食べることの快楽から食卓の快楽、食事の快楽への移行を示す標識である――によって快楽を倍増させようとする努力もまた、味覚を刺激するのである[41]。

したがって、食欲について考えるなら、グルマンディーズについても考えなければならないだろう。食欲とは「モニター」であり、「食べたいという欲求の第一印象[42]」である。それは飢え〔空腹感〕が個人を苛む前に、「胃の中のちょっとした物憂さと軽い疲労感」によって告知される。しかしながら、お腹が減り始めたときや、今まさに食べようとしているときにわれわれがしている日常的な経験とは、欲望という経験である。われわれは単に胃を満たすことを欲するのでも、われわれの〔身体の〕機構に必要な栄養分を摂取することを欲するのでもない。われわれは、自分を喜ばせる糧を欲望する。だからこそブリア゠サヴァランは、グルマンディーズを大食や貪食と区別するのである[43]。

あまりにも早く食べ、消化不良を起こすに至るまで貪り食い、酩酊してしまう人は、食べ方も飲み方もわかっていない。そのような人は、食べ物をじっくり味わっているのではない。食べ物を腹に詰め込んでいるのである。そのような人は、さくらんぼの丸みをじっくり眺めたり、ワインの色合いを評価したり、一皿の盛り付けで用いられている色の調和に注目したり、セイタンの肉〔グルテンミート〕が咀嚼後に口の中で溶けるのを楽しんだりしながら、食べ物を賞味したり食べ物の元基的本質を光り輝かせるための時間をかけない。そのような人はさらに、食事を取り巻いて創り出されている気分も、会食者（convive）たち――会食者とは定義上一緒に食べる人たちのことである――の現前に結びついた雰囲気も楽しまない。反対に、グルマンディーズを一つの徳へと高めることに意味があるとすれば、それは、グルマンディーズが、食べる快楽〔喜び〕をコンヴィヴィアリティ〔会食すること〕へと結びつけるからである[44]。食事が表現するのは、糧の共有であり、それは財の共有であるだけでなく、コミュニオン〔共同〕である。男女問わず、皆同じ場所、同じテーブルの周りに集う。そして他者たちと共に、世界が有するより原初的であると同時により洗練されたものを囲んで、世界との関係を体験するのである。この特権的なひとときは、ありとあらゆる情事、色事、誘惑にも適したひとときである。

英語やドイツ語、ラテン語にはグルマンディーズに当たる語がなく――というのも、グルマンディーズ（gourmandise）を*gluttony*〔大食漢〕や*Lüsternheit*〔好色家〕や*gula*〔食道・味覚〕という語で理解されるものと混同することなど論外だからである――、ブリア゠サヴァランが誇りとしているように、この語は、コケットリーという語と同じく、フランス起源の語であると思われる[45]。このグルマンディーズとは、生きる技法であり、したがって他者たちと共に生きる技法でもある。グルマンディーズとは「味覚をくすぐる諸対象への、情熱的な、理知的な、あるいは習慣的な好み[46]」である。われわれは食べる必要があるが、同様にわれわれは正しく〔よく゠美味しく〕食べることを、言い換えれば、食べ物に味わいを与えることを欲する。正しく食べなければならない（il faut bien manger）。だが、善（bien）と悪もまた食べられる[47]。というのは、後でライフスタイルや食習慣に由来する政治上の諸帰結〔という問題〕を取り上げるとき、そして、糧を摂取するという行為に内属する倫理的意味を析出するときに見るように、他の人々や他の生物たちに悲惨な生を強要しないことが重要だからである。倫理学〔という語〕が指示しているのは、日常生活や経済や文化に付随する――倫理学はこれらのものにかすかな希望を与えたり、そのアリバイとなることもあるだろう――、それらとは別の特殊な学問領域ではない。倫理学は、ある存在論の中心に書き込まれている。われわれは、糧の現象学を彫琢していく中で、この存在論を徐々に明確にしていく予定である。したがって、ここでわれわれは、糧の味（goût）を、味気なさと対置させながら考えることから始めよう。

クロード・レヴィ＝ストロースが書いているように、人間は、食生活に関する二つの重大な危難を乗り越えなければならなかった。すなわち、「糧の不足と糧の味気なさ〔である〕」。というのは、満足に食べるだけでは充分ではないからである。フランスの諺が見事に言い表しているように、『パンの味を失う〔死ぬ〕（perdre le goût du pain）』ことがないようにしなければならない[48]」。料理とは、一式の食事を作る技法〔芸術〕である。一式の食事が、身体に必要なものを提供し、さらに生きようとする欲を維持し掻き立てる快楽に支えられた欲求を増大させる。したがって、ブリア＝サヴァランが望んだように、美食術〔美味学・ガストロノミー〕を一つの学問にするというのは、大げさなことではないだろう[49]。

ブリア＝サヴァランは、自分の主著に「超越的美味学についての省察」という雄弁な副題を与えており、ガステレアを一〇人目のミューズだと考えている[50]。同様に、料理とは技術（technique）であると同時に、技術知（savoir-faire）であり、化学と栄養学に関する諸々の知識に結びついた学知であり、形、感性的質、そして「美的（esthétique）〔感性的・美学〕」という語の語源であるアイステーシスに関わる芸術（art）〔技法〕でもある。われわれが普段料理をその中に分類するマイナー・アートと美術〔ファイン・アート〕との分離は、ひとたび味覚とは何かが理解されると、もはや適切ではなくなる。感覚に立ち戻り、感官を総動員させるこの味覚においてこそ、生理学的なものから精神的なものへの移行、生物学的なものから社会的なものへの移行、自己保存へのエゴイスティックな欲求からコンヴィヴィアリティ、さらには〈エロス〉への移行が起こるのである。

　しかしながらわれわれは、美食術――それは「味覚の享楽を司る」ものであり、また「世界は生なしでは何ものでもな」く、「すべての生きるものは糧を摂取する」以上、「世界の支配権を要求することが許される」ものである――を、料理とそのミューズとの礼賛という道において追跡するよりも、味覚が体験をその総体において表現するという事実を強調しつつ、味覚の分析を深めていきたい[51]。味覚が有するこの総体性という性格は、食欲と生きようとする欲望のあいだに存在する緊密な結びつきがどれほどのものかを示してもいる。この性格は、われわれが自分の考えを伝える際の表現にはっきり表れている。例えば、われわれの生は無味乾燥だとか、ある関係にスパイスを加える必要があるとか、人生の機知（sel）〔塩気〕が彼の魅力だとか、ある快楽がきつい（âcre）〔酸味のある風味をしている〕とか、ある苦痛が辛い（amer）〔苦い〕といったことを告白するときに見られるように、料理に関する比喩は〔フランス語には〕豊富にある[52]。ところで、われわれには、料理術としてのキュイジーヌ（cuisine）について語る理由がもう一つある[53]。

　正しく食べることとは、正しく生きることであるが、それを手に入れるには作法が必要である。それは、行儀作法（savoir-vivre）と呼ばれるものである。しかしながら、食卓の作法は、行儀作法だけを基準にするわけではない。行儀作法は、しばしばエリートたちの思惑によって変えられてしまう[54]。それは、良いマナーを身につけていない人たち、すなわち趣味（goût）の基準を定める支配階級のマナーをもたない人たちに対して差別的である。われわれは、糧の世界との関係、アイステーシス――それはわれわれの食べ方が関わっている原初的で内奥的な古層である――との関係を評価するために、こうした社会学的考察を二次的なものとみなす。そうすることで、食をめぐる作法はもはや、ブルジョワジーと大衆とのあいだにある社会生活の分断（だけ）を物語るものではなくなるのである。

　確かに、一方では、高い質を求め、美食学（gastrosophie）をもち、審美的な生活を送っているということ、他方では、栄養豊富な食べ物への好みがあり、量に気を遣うということが、一つの分かれ目をなしていて、この分かれ目を基準にして、知的職業の属する上流階級と、中間階級からなる多様な層は、区別される。[55] ピエール・ブルデューが示したように、「趣味（goût）は、世界や他者や身体との関係がもつ他の次元——そこで各階級に特徴的な実践哲学が実現するのだが——に対して独立していることはありえない[56]」のである。同様に、テーブルマナーや身だしなみや服装に関わる行儀のよさは、一つの「社会的所産」である。この「社会的所産」は諸々の慣習行動を形成するのだが、これらの慣習行動もまた、一種の身体化を指し示しており、この身体化によって文化は自然へと転じるのである。[57] とはいえ、この社会階層の下で、あるいはこの階層を通じて、各人が生に対して、あるいはむしろ生きることに対して有する関係もまた表現されているということに変わりはない。

行儀のよいこと（savoir vivre）〔生き方を心得ていること〕とは、生きようと欲すること、どのようにして生きるべきかを弁えていることである。そして、生きることに快楽〔喜び〕を見出しつつ生きることである。そのためには、生活に窮したり、感覚を遮断することで、享楽が感じられなくなることがあってはならない。感覚が、生命維持機能へ縛りつけられるか、あるいは、ダイエットへの強迫や、余裕のない生活に伴う数々の日課や労働によって統制された不自然なルールに縛られるとき、感覚は遮断されてしまう。正しく生きることは、正しく＝美味しく食べることの中に間違いなく反映されているのである。

こうした主張は、料理を芸術の地位へ高めようとする人々に、信用を与えるだけではない。ブリア＝サヴァランが推奨するように、味気ない人、陰気な人、つまらない人から、友人にしたくなるような食道楽（bon vivant）〔いい人〕を識別するための「美食家判定器」を使い続けるエリートたちの快楽主義への誘惑があったとしても、こうした誘惑を超えて、食欲と生きる味わい〔味覚〕とを結びつけ、食習慣と〔享楽する術という意味での〕行儀作法とを結びつけることで、教育と文化における味覚〔味わい〕の地位について問うことへ導かれるのである。[58] ブルデューが言うように、ひとは、無食欲症や過食症のような一人称で体験される摂食障害に直面するよりも前に、〔一人称的ではなく〕社会的な次元にとどまっている。しかしながら、われわれが食習慣を分析しながら記述しようと努めるのは、社会的決定論というよりも、むしろ身体や他者たちや世界に対する人間の関係である。目指すべきは、今日生じているような、食べることを栄養摂取へ還元してしまう傾向に潜む、実存論的で存在論的な不調を理解することなのである。

食べるということ、そして食欲を有し、また美味しい食事を友人たちと共にする余裕を有し、足りなくなるという恐怖で不安になったり、太るかもしれないという危惧に取り憑かれたりすることなく、正しく＝美味しく食べるということ、すでにこれだけでよい生の証だということに、誰も異を唱えないだろう。個人はバランスと健康を享楽する。しかし、世界中の人々がこのバランスと健康にあやかっているわけではない。およそ三〇億の人々が飢えや栄養失調に苦しんでいるということ、そしてたえず節食していたり、摂食障害を抱えている少数の人々を除き、豊かな国の住人たちは次第に肥満になってきているということを思えば、そうである。糧との平穏な関係は非常に稀であって、だからこそ、食の乱れが表現している自己や世界との関係について問うことができるのである。

こうした不調の心理学的起源や社会的起源について問うよりも、ここでは、味覚〔味、趣味〕が人間の生に占める地位や果たす役割について吟味した方がいいだろう。問題としては、心理学者や社会学者の問題と同じである。しかし、糧の現象学のパースペクティヴを通して問われているものやその方法からは、次のことが示唆されている。すなわち、一定の生き方や食物の取り方に現れている世界や身体との関係を理解するために、われわれは味覚の意義を強調するということである。つまり、今日、日々の生活の中で、料理がこれほどまでに芸術とは似ても似つかぬものになっているのはなぜか、ということである。

特別な機会やレストランへの外出、何らかの出来事の祝宴を除き、昼食や夕食がめったに栄養の摂取以外の食事にならないのはなぜか。まるで食事が祝祭であるためには例外的な出来事が必要であり、食事はそれ自体において祝祭ではないかのようであるのはなぜなのか。テレビの前で間食したり、オフィスでサンドウィッチを急いで食べたりしながら、食べるという行為の本来のあり方を壊すこと、これは、味覚を生理学的次元だけに還元してしまう、味覚の遮断を示す兆候なのではないか。

おそらくわれわれの感覚は、事物の元基的本質を目覚めさせるどころか、それ自体、享楽の領域から脱落してしまっており、欲求――それは埋めなければならない空虚や欠如として感じられる――の充足へと還元されてしまっているのである。この場合、食べることは穴をふさぐこと、欠損を埋めることになっている。〔欲求の〕充足が快楽や喜びを伴わないときにはこの欠損はますます大きくなり、また満腹感を得るために食物をたえずがつがつと喰らわなければならないときにもますますこの欠損は大きくなる。ひとは糧を敵のようなものとして扱い、食べることを自らに禁じてしまう。もしそうなれば、食べることは、充足させなければならない欲求となるだろう。しかし、それは時間を無駄に浪費させる行為になっている。それは一つの罠のようなものである。つまり、身体を極限に至るまで支配しようる意志の勝利を肯定するために否定される、必要性である。そのとき、ひとはこの身体をそのものとして愛することはない。身体は、非難や警告のように、やせ細った姿で衆目に晒されるのである。この場合、食べることは、幸福も他者も欠いた、空腹を満たしたり空腹を紛らわせたりする行為になり果てていると言える。豊かな国で生きるわれわれが糧と取り結んでいるこの困難な関係において、われわれは一体、何を失ったのだろうか。

この問いに答えて、われわれは味覚〔味わい〕を失ったのだ、と言うためには、味覚の中心性と、味覚が総体的な仕方で体験を表現するという事実について、先ほど述べたことを思い起こす必要がある。われわれは日常的な営為の中で、味覚〔味わい〕を失った。なぜなら、われわれは糧としての世界との接触を失ったからである。われわれは、世界が糧であったということを忘れてしまった。なぜなら、われわれは〈感覚すること〉から切断されているからであり、世界の諸対象を操作し客観化しながら表象しているからである。われわれはもはや自分の感覚を信用しておらず、自分の頭が経験の出発点であると考えている。先ほど言及された感覚の遮断がもつ意味とは、このようなものである。

束縛のない自由な享楽や永続的な恍惚を推奨することが重要なのではない。自分の身体の中へ、すなわち、私と世界の接点へと降りて行き、〈事物と‐共に‐存在すること〉を捉えることが重要なのである。この〈事物と‐共に‐存在すること〉は、感覚することのパトス的契機を話題にした際すでに見たように、〈他者たちと‐共に‐存在すること〉

でもある。世界の喪失は、世界についての味覚の喪失でもあり、われわれが今ここで遂行している一つひとつの日常的所作において実存がもちうる風味の喪失でもある。この喪失は、われわれを自己の外へと投げ出す。そしてそれは遺棄状態〔投げ出されてあること〕という感情を掻き立てる。反対に、この感情は芸術によって、また風景を眺めることによって和らげられる。このことは、芸術が慰めであるということを意味しているわけではない。芸術作品は、〈我が家〉へ、内在へ、すなわちわれわれが世界から元基的本質を解放し、自分が生きていることを実感できるところへと連れ戻す。こうして芸術作品が〈世界と－共に－存在すること〉を表現するとき、われわれは、最も深遠な現実であるにもかかわらず大抵の場合失われている何かを、この芸術作品を通じて、取り戻すのである。

このような仕方で芸術について語りながら、美的感性的なもの〔美学〕――これはヘーゲルが論じたような一つの学問ではなく、感覚を育む感性的質や形態を探究することである――の実存論的性格を際立たせることは、芸術を生から切断された営みにすることではない。そのような営みは、もっぱら休日の気晴らしのためだけの営みであって、スノビズムの刻印を押された社交にすぎない。この社交を通じてわれわれは相手の文化レベルを値踏みするのである。したがって、実存において芸術が占める地位と芸術の真理とに注目しながら、芸術について語ることは、芸術と生とのあいだには分断などないことを示唆することであり、ましてやマイナー・アートと美術とのあいだにはそのような分断はまったくないということを示唆することでもある。

塗りたくられた絵がすべて芸術作品であるわけではない。というのは、こうした絵は、アイステーシスの水準で何かを伝えてはいるものの、他者たちに関わる世界、他者たちに対して何か本質的なものを露わにする世界を出現させる能力をもっているわけではないからである。反対に、絵画は料理と同じだと言っているのでもない。われわれの主張は、むしろ次の点にある。すなわち、絵画も料理もファッションも、多様な仕方で、しかも素朴な感覚の次元で、事物が現前していることを表しているという意味では、いずれも芸術に属している、という点である。なお、こうした事物の現前に気づくのは、志向性を逃れる運動というよりも、むしろ新たな志向性の形式と言える。

食を通じて、志向性の変化、すなわち構成されたものが構成するものへと変わる変化が明らかになる。それと同様に、私が絵を発見しこの絵の美しさを判断する際に行う、対象を特定する働きは、作品からの働きかけを通してでしか可能ではないのであり、このような仕方で芸術作品は、私の「糧になる（nourrir）」のである。作品は、私の中の最も普遍的で内密で内奥の部分にある〈感覚すること〉へと訴えかける。そうして言葉によって表現可能でも汲み尽くすことはできない様々な情動のコミュニケーションと共有、すなわちコミュニオンが成立するのである。味覚〔趣味判断〕においては、身体と精神、口蓋と判断という二つの要素が参照されることから、ここで地の糧と霊〔心〕の糧について語ることができるだろう。さらに、この二重の参照関係から、芸術と食卓とを対比することも許される。おそらく茶の湯ほど、この対比について考えたものはかつてなかったであろう。

茶の湯

岡倉天心の著作『茶の本』の中で扱われる茶道について語る際、これを審美的な生活を送ることだ、と解釈するのは誤解である。茶の湯は、間違いなく〈世界の-内に-存在する〉〔世界内存在〕ための技法、あるいはむしろ〈諸事物と-共に-存在する〉、〈他者たちと-共に-存在する〉ための技法なのである。それに加えて、茶の湯において表現される知恵は、他人のうちに、小さいものの偉大さ――これは自分の中の偉大なものの小ささを感じていなければ確信することができないものである――を認めるよう促すことで、パスカルが制度的偉大さと呼んだものを相対化することになるだろう。(59) この知恵は、民主主義の真精神を固く統一してもいる。〔岡倉天心にとって〕民主主義の真精神は、それを奉じる人々には等しく味覚〔味わい〕を解する特別な人間になる能力が備わっているということを肯定することへとつながるのであり、また各々の瞬間がもつ唯一無二の価値を考察することへとつながるのである。

人間のあらゆる行為は、それに関わるのが人間であれ、他の生物であれ、自然環境であれ、重要である。だからこそ茶道は、次の三つの道徳上の特徴を奨励することから切り離せないのである。〔その三つの特徴とは、第一に〕まごころ――これは、人間の生のすべての領域と、花々、木々、動物たちといった、そこで出会うすべての者たちに及ぶものである。〔第二に〕清潔――これは、場所、心、精神を清めることを前提する。〔第三に〕静寂――これは、各人が規律と儀式の枠組みのおかげで自己を再発見することを可能にする。

それゆえ、あたかも〈生の術〉と気品が、他人との区別の基準を確立するための人目を引く術、自分を他者と比較する術に成り下がってしまったかのように、〈茶の湯《ちゃのゆ》〉をエリートのライフスタイルの指標だと考えるのは誤りである。茶道をそのように提示するひとは、茶道の精神をなす内在の哲学をまったく無視している。内在の哲学は、個人の平等を肯定すること、自分の卑小さを意識することと不可分であり、謙虚さの教えと一体なのである(60)。憐れみ〔同情〕、つましさ、慎み、これらは一つの思想の中で相俟っている。この思想は、もっぱら道教の信徒だけのものではない。たとえこの思想が不完全と左右非対称を強調する仕方が、西洋人の進歩と美についての考え方と対照的であるとしても、この思想には普遍的な次元が含まれているのである(61)。

茶道は、民主主義の理念を奨励している。茶室に行き渡る平等性は民主主義の理念の証である。もしそうであるなら、この調和が意味しているのは、いかなる規則もないということではない。それは例えば、この儀式を構成するものに対して実に細やかに注意が払われているということ――各人に、そして最も富める者にでさえ、身をかがめることを要求する〔茶室の〕出入り口から、各々の参加者が占める位置、そして季節に合わせた花の選択と配置の仕方に至るまで――を知れば、確信されることである。茶の点て方それ自体、実に細やかな規則に従っている。この規則は、ひとが現在の瞬間に集中すること、気ぜわしさを見せたり、今ここで起こっていること以外のことを考えたりしないということを求める。諸々のしきたりから、時間の配分と間《ま》が決まる。まさにこの時間の配分と間《ま》によって、生にとって本質的だとみなされるもの対して敬意を払うことができるのである。この生にとって本質的なものとは、現在の瞬間や調和であり、またやり取りの所作すべてに注がれる注意である。したがって、規律やあらかじめ念入りに決められた客の席次——これと同じく正客と次客それぞれの位置と役割も念入りに決められている——は、われわれに「真の自由——世の面倒ごとから離れて十分に人間的な次元で自分たちを再発見する自由[62]」を提供するのである。

確かに、茶の湯を西洋へ輸入するのは難しい。加えて、エキゾチシズムだけでは、われわれが他の文明——自分たちがまさに消費しようとしている動物に対し敬意を表するのを決して忘れない未開と呼ばれる民族を含む[63]——に見出して羨むような、自分の身体や世界の事物や他者たちを尊重する関わり方ができるようになるわけではない。しかしながら、われわれは茶道についてのこの省察を敷衍することができる。というのは、この省察によって、〈諸事物と-共に〉という生き方や〈他者たちと-共に〉という生き方に見られるあり方と、われわれの食習慣に見られるごく日常的なあり方とが、どれほど隔たっているかを知ることができるからである。

子どもたちはもはやヴァニラが豆果だということを知らず、また子どもたちに魚の絵を描くように言うと切り身を描いてしまう。こうした事実を確認するとき、ひとは、知的水準や技術上の器用さ〔の問題〕としては片づけられない、何か本質的なものが失われたのだ、と考える。同様に、食品製造の工業化が進む現場を目の当たりにし、またアグリフード産業で製造されたあらゆる料理、農薬と除草剤にまみれたあらゆる果物や野菜——今日ではこれらがある種の癌の悪化の要因であることが立証されている——をスーパーで見かければ、人々が何を食べるかについて意に介しておらず、自分の身体も気遣っていないように映るのは、当然であるように思われる。

要するに、工場畜産において「益獣（animal de rente）」と呼ばれ、短く悲惨な生涯を通してずっと忌まわしい条件に置かれたままである動物たちが苦しみに喘いでいること、また、畜産業者が常に最小限のコストで最大限の食肉や牛乳を生産するよう圧力をかけていることは、経済発展モデル——それは今や限界に達し、期待する効果を生み出していない——の抱える病というだけではない。これらはまた、食品製造に従事する人々や動物に対する敬意が完全に欠如していることの証でもある。フォアグラ——数週間にわたる強制給餌の末に病んだ肝臓——を食べながら新年を祝うことは、この苦しみと拷問とを身体の内に取り込むことである。これは、茶の湯の精神である尊敬、憐れみ、つましさと対照的であり、ネイティヴアメリカンのチムシアン族が、殺した動物に敬意を表し、「『辱められた』魚が戻ってこなくなる」事態を避けるために実践する諸々の儀式と、実に対照的である。

しかしながら、工場畜産の異常な条件を限定的に告発し、植物衛生剤〔植物病や害虫の防除剤〕を販売する企業の手先となった農業を非難したからといって、われわれがはまり込んだ袋小路に気づくわけではない。そのためには、われわれの経済発展モデルの危機——この危機は、後述の通り、食糧危機によって鮮明に示されている——は、味覚の危機である、と言うことも必要である。したがってわれわれは、経済発展モデルの危機を、感覚の遮断に結びつける。この感覚の遮断のせいで、快楽主義が放縦という意味にはとどまらないということが、誰にもわからないのである。

快楽主義は、最も複雑な最古層の感覚を通じて、他人と意思疎通しながら実存を味わうことである。それゆえ快楽主義は、自己、他者及び自然環境を尊重することと切り離すことができない。善い性質や礼儀正しさ、その他、〈他者たちと‐共に‐存在すること〉と〈世界と‐共に‐存在すること〉をより快適で調和的にする、あらゆる細かな徳目と同じように、快楽主義は、コンシデラシオン〔顧慮・敬意〕なしには理解不可能である。コンシデラシオンは、「汝が何であるか、誰であるか、どのようにあるか」について知ることを要求し、〔そのようにして〕自己〔の認識〕から世界へと向かう——しかも、その際、自分は母親の胎内から裸のまま産み落とされたということを忘れずにそうするのである[64]。味わいという感覚を失った人間には、もはや自分がどんな悪を犯したかがわからない。そのような人間には世界が頽廃していくことが見えず、彼は風景の破壊や種の絶滅を容認し、資源開発を押し進めてしまう。資源開発は人間開発〔搾取〕と不可分であり、飢饉と戦争へと至らしめるものである。〔それに対して〕味の感覚を育む人間は、まず糧を作る人々、土地を耕す農家、動物に対して敬意を抱くことから始める。次に、自分の子どもたちに、ごく幼いうちから、料理し、客をもてなすことを教える。このような人間は、自分の本来あるべき姿を取り戻した人間である。この出発点なしに、倫理と正義を考えることは不可能である。

地上にいるという条件、局所化、誕生

主体の身体性を重視することで、地球〔大地〕への現存在の定位について考えることへも導かれる。現存在は、そこに（la）存在する〔現存在する〕よりも前に、ここに（ici）、元基によって支えられて存在する。地球への定位は主体性のあらゆるイニシアティヴに先立っているのだが、それと同様に、局所化が、運動を、すなわち、そちら（là-bas）へと向かう移動を可能にする。さらに、われわれがその上で身を支える（se tenir）〔身を置いている〕地球（Terre）は物体ではなく、惑星以上のものである。リクールが明確に述べているように、地球には実存論的な意義がある。「それは、世界へのわれわれの身体的投錨がもつ神話的名称である」[65]。だからこそフッサールは、地球は動いていない、と書くことができたのである[66]。

この主張は、天動説を覆して地球は不動ではなく太陽の周りを回っていることを示したガリレイの科学と矛盾しない。この主張が記述しているのは、むしろ身体性の現象学的起源である。すなわち、地球は、他の惑星と同じような一惑星ではなく、不変の箱舟《アルケー》であり、地盤であり、さらにはそれを起点にあらゆる運動が起こる根元的な住処なのである[67]。運動と静止が意味をもつのは、まさにこの地球に対してである。自分が飛び立つ鳥であるとか、遠くの惑星に向けて離陸する飛行機のパイロットであるとか想像するときでさえ、私はこの地盤を起点にしてそう想像する。動物やすべての存在者の運動は、この「地上にいること」[68]を特徴とする私の構成的発生を起点にして初めて意味をもつのである。

地球は、運動する可能性を有しながら空間の中で静止しているのではなくて、〔……〕地球はあらゆる運動と、運動の様態としてのあらゆる静止の意味を可能にする箱舟《アルケー》なのである。それゆえ、地球が静止しているというのは、運

動の一様態ではない[69]。

われわれが歩く空間において、物体の運動と静止は、参照関係の中心であるわれわれの肉（Leib）〔身体〕に基づいているが、それと同様に、地球は、根元的な住処であり、あらゆる意味付与の条件かつ起源である。地球についての元始的経験において、われわれの肉は、ミシェル・アンリがすでに示したように、移動しているのでもなければ、静止しているのでもなく、「私がじっとしたままであろうが、私が歩いていようが、私の肉〔身体〕は中心であり、静止している諸物体も動いている諸物体もすべて私の周りにある[70]」。

フッサールがすぐさま「私は動くことのない地盤をもっている」と言い足すことができるのは、この地盤を物体と捉えるべきではなく、運動と静止の住処と捉えるべきだからである。地盤としての地球と、私がそこから出発して空間を構成するところの私の肉とのあいだの類比が正当化されるのは、両者がともに根元的なものだからである。それゆえ、「私の肉〔身体〕が根元的肉〔身体〕というまったく唯一無二の存在意味を失うことができず、あらゆる肉〔身体〕が自分の存在意味の一部を、この根元的肉〔身体〕から引き出してくるのと同様、地球は、根元的な住処ないし世界の箱舟《アルケー》としての意味を失うことができない[71]」。

最後に、この元始的地球は、万人にとって同一の地球であり、この地球は唯一無二である、とフッサールは書いている。「一つの人類、一つの地球が存在するだけである[72]」。実際、現象学が地球と空間を物理学と幾何学から解放する。そして、現象学は、地球と空間の根元的構成を記述するとき、われわれが肉〔身体〕を備えていることや地上にいるという条件から出発し、あるいはフッサールが言うように、この〈地上にいること〉から定義されるわれわれの〈構成する生〉から出発するのである。この一九三四年のテキストを書いたフッサールの場合のように、ある根本的な現象学を選択しつつ、体験の最も根元的な層へと立ち返るならば、われわれは次のことを理解する。それは、われわれが地上にいるという条件によって、あたかも人間がそこへ－投げ出されて（jeté-là, *dahingeworfen*）いたり追放されていたりするかのような遺棄状態を、根元的なものとみなすことには決してならない、ということである。さらに、われわれが地球〔地上〕にいるという条件ではなく、地球への定位について語るならば、次のことに気づくだろう。それは、われわれは誰もが、今いる大地の上で身を支えている〔身を置いている〕ということ、対象であるだけでなく、対象を経験する際の土台でもある地盤の上に二本の足で立っているということ、そして、地盤は「この『支えられた姿勢（tenue）』による私と場所との関係が思惟〔や労働〕に先立つ[73]」事態を描いている、ということである。

言い換えれば、一つの実存範疇としての大地への定位を考慮することによって、われわれが主張したいのは、実存するというのは、自分では支配できない状況という前提条件を引き受けることを意味する、ということである。「人間の実存は、人間を常にすでにはみ出してしまっている[74]」。食物と場所（lieu）の存在意味は、ノエマや表象の対象という構造をもちえない。食物と場所は、糧としての世界を典型的に示す二つの実存範疇なのである。

確かに、ハイデガーはすでに、世界内存在について語ることによって、実存に対する表象の至上性に対して異議を唱えることができた。しかしながら、表象を脅かすことにおいて『存在と時間』が本質的段階に到達していたにせよ、次のことは認めなければならない。それは、ハイデガーは〔神による〕遺棄の存在論的解釈としての被投性を強調するがゆえに、当初は、住まうことについての思惟を捉え損ねた、ということである[75]。一九二七年の著作での世界内存在は、大地に住まうこと、場所を住まいとして整えることとはどういうことなのかについて、依然として省察していないのである。

その上、主体の重量、すなわちレヴィナスが言うような、主体が大地へ定位することで抱える重みによって、思惟は、〔『存在と時間』の〕事実性と手を切ることになる。思惟は、物質的な出発点をもち、「ここ」へとつなぎとめられる。「ここ」は、思惟の土台だが、避難場所、折り返しでもある。『全体性と無限』では、住居についての考察に先立って、定位と局所化〔の概念〕に言及されるが、これら定位と局所化によって、われわれの条件に限界が課されているという不条理な事態が表現されているわけではなく、この二つの概念によって、〈我が家〉（chez-soi）を見つけて、安全な状態にいられるという可能性が示されているのである。[76] 起源とは、私が支配力を行使できないものである。そして環境（milieu）とは、私を浸し、私を保護するものである。食と場所の実存論的性格を明るみに出すことで、人間を感受性の中にしっかりと位置づけたからといって、起源を支配できないという人間の無力さが、人間の条件の悲劇的な性格を表すものとして解釈されるわけではない。

『力能と起源』と題されたテキストの中で、レヴィナスは、ハイデガーにおいて顕著に見られる、遺棄状態の本源的性格を主張することと力能〔可能〕の領域とのあいだの結びつきを分析している。[77] ハイデガーにとって、有限性には根拠としての性格がある。有限性に抗うことや有限性を否定することは、有限性から逃避することである。しかしながら、現存在にとって、自分が自分の実存の根拠ではないということは、存在論的に定められた欠如であり限界である。この欠如によって、われわれの条件がもつ不条理性と悲劇性が浮き彫りになる。『存在と時間』の著者にとって、実存が条件づけられているということ——これが事実性とみなされる——は、私がいなくなる〔死ぬ〕ということである。私が自己の最も固有の可能性である死へと自己を投企しつつ、孤独の中で自己を開示することを選び取る場合を除いて、そうである。加えて、自分で自分の誕生を選んでいないという事実は、私の偶然性を示しているだけでなく、私の力能を制約するものとして定義された私の事実性をも示している。自分で自分の誕生を選んでいないという事実は、レヴィナスが書いているように、力能の観念とその根底にある自由の観念とがこのような思想の中で享受している特権のせいで、一つのスキャンダル〔つまずき〕として解釈されている。[78] このように実存について考えることは、有限性について考えることだが、それは、糧としての世界がもつ意義も、誕生がもつ意義も、捉え損なっている。というのは、こうした考え方は、「力能の強迫観念」と切り離すことができないからである。[79] それに対して、誕生の意義は、それがわれわれの力能に課された限界を表している点にではなく、それが主体性の中心に、さらには身体性に、間主観性を導入する点にある。こうしてわれわれは、世代間のつながりについて考えることができるのである。同様に、局所化が「ここ」を参照しているということを忘れて、世界内存在を〈そこに〔現に〕-存在すること〉

〈être-là〉であると考えてしまうと、〔議論の〕焦点を遺棄と投企へと合わせてしまうことになる。ハイデガーは主体の身体性についての思想を展開しなかったし、彼にとって実存は、感受性の中で捉えられてはいないが、それはまさに、彼が実存の物質性を徹底的に考え抜かなかったからである。彼が実存を気遣いとみなすことができた理由は、以上のことから説明される。

伝統的に哲学は、〈感覚すること〉を解釈する際、生物を無視しがちであったのは、すでに見た通りである。感覚は、知覚とみなされるか、さもなければ、ヒュームのように、単なる刺激〔印象〕とみなされるかのいずれかである。このような考え方は、生物を考慮していない。感覚とは、世界の中で方向づけられた存在者、世界を感じ自分の身体的実存の中で自分自身を感じる存在者の快苦を表現しているにもかかわらず、そうなのである。[80] それゆえひとは、エルヴィン・シュトラウスが書いているように、〔自分で刑を執行しておきながら〕今しがた切断した〔罪人の〕頭がもはや胴体の上に乗っていないことに驚く死刑執行人のような状況にあるのである。[81]

同様に、現象学が、場所についての真正の思想を展開することなく、またその手始めに大地への定位と局所化——いずれも〈今〉と〈ここ〉、さらに覚醒と睡眠との差異に基づくのだが——を分析することがなければ、そのような現象学は不完全な現象学のままである。つまり、産み落とされてあることの意義について省察しない現象学は、実存を、遺棄／力能、事実性／覚悟性の対概念に照らして思惟することしかできないのである。そのような現象学は、自由の哲学に行き着いてしまう。この哲学では、個々の道徳的行為主体に対して、また現代政治理論の基盤となる社会性の考え方に対して、別の思想——社会契約の中に自然や動物、未来世代をも包括しうる思想——を対置することはできないのである。それに対して、新たな実存範疇を明らかにし、自分たち自身との関係を更新する諸々の意義を解明することを通じて、身体性の哲学を彫琢していくならば、われわれは、政治の問題を改めて捉え直すことができるだろう。

主体の「ココ性（hiccéité）」、ないしは主体の〈ここ〉、及び主体が産み落とされてあるという事実、両者はいずれも実存範疇である。それは、われわれを力能〔可能〕の領域から引き剥がし、個人かつ集団として実存する人間に新たな視座を開く実存範疇である。実際、主体の位置〔定位〕である「ここ」とは、主体の局所化でもあり、自らが住まい整える空間ないし場の中で主体が占める場所でもある。ところで、「私は、自分の〈ここ〉にとっての他者たちと共に存在する[82]」。換言すれば、「私は、自分のいる場所でしか他人と‐共に‐存在することができない」のであり、私が覚醒しているという条件でしか、また彼らの現前がリアルに感覚されているという条件でしか、「他人と‐共に‐存在することができない[83]」。したがって、〈感覚すること〉を重視することは、〔今という〕現在と〔ここという〕局所化とを重視することなのである。

「感覚するとき、どんな事物も、そこに〔現に〕、私に対して存在している」のであり、それらは「私に対して存在し、何らかの仕方でそこに〔現に〕ある通りにしか存在しない[84]」。問題は、事物の即自ないし真理を捉えることではない。〈感覚すること〉は、私に対して現実に存在するものは何かを明らかにする[85]。何かを見ることは、この何かを私自身の世界内存在の一契機とみなすことである。現実的なもの（réel）〔という語〕は、世界の中で起こったことを指しているのではなく、私に起きたことを意味している。感覚の確実性は、感覚と知覚の違いに基づいているが、この二つの働きに対して、われわれはまったく同じ関係にあるわけではない。「感覚することが認識することに対してもつ関係は、叫び声が語に対してもつ関係と同じである」とエルヴィン・シュトラウスは書いている[86]。語は、私が居合わせていなくても意味をもちうるが、「叫び声は、イマココデ（*hic et nunc*）聴いている人だけに届く」からである[87]。同様に、風景〔主観的な知覚世界〕というものは、地図を見たときに把握される空間のような、座標に従って切り分けられ、体系化された地理学的空間〔客観的な認識世界〕とは区別される。「風景の中で、われわれは一つの地平に取り囲まれている。われわれがどこに行こうとも、その地平はわれわれと共に移動する〔……〕。われわれがいる場所は、決して全体を包括することがない[88]」。言い換えれば、「ある風景を目の前にしているとき、私はこの風景の前にいるのではなく〔……〕、私の背後には、すべての地平が現前している。遠くにあるものはすべて、私の近くにあるものへと統合されているのである」[89]。

それに対して、われわれが誰かに道を尋ねたり、私が地図を用いたりするとき、「私は自分の〈ここ〉を、地平を欠いたある空間の中の一つの場所として定める」[90]。私の基準となる地図上の点は、恣意的に固定されたものだが、ひとたびこの点が出発点として定められれば、この点は絶対的な点になる。私が自分の経路を進むとき、私の位置は常に、この経路が全体の中でどこに位置づけられるかに応じて決定されることになる。それに対して、私が風景の中にいるときは、事情が異なる。風景にいるときの私の現在地は常に、私はまだ動くことができるという事実に基づいて、自分に最も近い位置から決定されるからである。この場合、私は全体を俯瞰して自分の位置を決めることができない。「見失う」(être perdu)というのは、ひとが行動障害や幻覚に見舞われたときのような比喩的な意味〔「自分を見失って気がふれる」〕でも用いられるが、文字通りの意味〔「道を見失う」〕では、社会空間という体系的に秩序立った脈絡から切り離されてしまっていることを意味する。それはまた、もはや地理が風景を起点に展開されなくなってしまったがゆえに、社会学的に見れば、場所を見失うということでもある。〔そうなると〕ひとは、もはや自分の進むべき道に戻ることができなくなるのである。

われわれは、正常であれば、自分の最も主観的な感覚と風景の地平から距離を置き、主観的なものを、客観的に定められた脈絡の中に位置づける。その結果、われわれは共通世界に出会い、「地理を把握している」のである。しかし、精神病によって示されているのは、〔世界の中での〕方向づけと、風景を変換する体験の解釈がうまく機能しない場面である。「主体は感覚するときにしか自己を把握できない」[91]以上は――〈感覚すること〉は身体の働きであり、共感的な働きとしての〈世界と-共に-存在すること〉を表している――、幻覚とは、〈感覚すること〉が根本的に変様した事態であって、知覚や判断が機能障害に陥ることではない。

幻覚とは、正常な感覚領域内で生じる病理学的イメージではなく、「病的に変質した感覚領域で生じる病的イメージ」[92]である。病人は、〈感覚すること〉の共感的な働きがうまく機能せず、変様しているために、苦しんでいる。変質しているのは、まさにこの病人と世界との相互関係であり、彼はまるで〔普通は距離を置いているはずの〕風景にとどまっているかのようである。彼は、この風景の地平の中にあって、通常の言葉で繰り広げられた地理学的空間を、この風景から引き出しているかのようである。[93]ウジェーヌ・ミンコフスキーが示し、エルヴィン・シュトラウスが引用しているように、精神病患者たちは「自分の風景の地平の中で生きているのだが、そこで彼らは、画一的な印象――しかもこの画一性は動機づけられておらず根拠づけられてもいない――によって支配されている。これらの印象はもはや、事物からなる世界の一般的秩序の中や、言語がもつ意味の一般的文脈の中に組み込まれていない〔……〕。病気が進行すれば、思考の一貫性の欠如、地理学的空間の漸進的喪失による言語行為の完全な損傷、風景の荒廃による情感的自失状態〔といった症状〕が現れる[94]」。

世界の中で方向を定めることは、物質的な意味と社会的な意味とを有しており、〈感覚すること〉の水準から見れば、私と世界がいかに相互関係しているかを表しているが、こうした方向づけについて今しがた言われたことに照らせば、定位が一つの実存範疇であることがわかる。受動性／能動性の対概念は、主体を空間と時間の中に書き込むこの〔定位という〕本源的現象の特徴とはなりえない。〈今とここ〉(*hic et nunc*)の「と(*et*)」が意味するのは、ひとがあちらへ行ったり世界の中で方向を定められたりするのはまさに〈ここ〉(*hic*)を起点にしてであり、そしてこの〈ここ〉は今(*nunc*)でもあって、未来へのあらゆる投企の出発点である、ということである。この〈ここ〉は、本源的な意味での追放や遺棄ではない。世界に自分の場所を見つける際の困難と、一部の人々が抱く、完全に見失っている〈être perdu〉という感情は、〈感覚すること〉によって規定される世界との原初的関係に基づいている。こうした世界との関係のパトス的契機については、すでに繰り返し強調されてきたところである。

〈感覚すること〉は、私が世界に接触していることの証である。この接触は、明確に言語化され、全体的文脈ないし共通世界へと道を開くが、何よりもまずそれは、身体を通じて感じられる。同様に、住まうことは、大地への定位について考えることによって初めて理解されるのである。住まうこととは、家屋、住居をもつということ、世界の視線と喧騒から逃れて自分の内奥に身を退くことができるということ、自己にとどまってあることができるということである。住居によって、われわれは、生活に必要な物や、労働した結果を手に入れることができる。[95] そして最後に、住居が与える安心と〈我が家〉(chez-soi)があるからこそ、誰かをもてなすことができるのであり、歓待することは、迎え入れることの物質的条件と道徳的(ないし精神的)条件があって初めて可能となるのである。[96]

この直前の数行の中に、レヴィナスによる住居についての分析があることに気づくだろう。『全体性と無限』の著者は、大地への定位と多産性とを結びつける。そして、彼が明言するところによれば、われわれが地上にいるという条件と大地への定位は、〔能動的〕力能〔可能〕の領域に書き込まれるどころか、産み落とされてあるという事実に基づいているのである。多産性とは、産み落とす者(母ないし父)の観点から自己を位置づけつつ、間主観性を自己の身体性から直接思惟する仕方である。レヴィナスのようにこの多産性を強調する代わりに、ここでは、生まれてある者の観点から自己を位置づけつつ誕生を記述することにしよう。[97] このようなアプローチを取ることで、われわれは、誕生の意味を取り出すことができるし、また力能の強迫観念を特徴とする思惟に対して誕生を対置するすべてのものを指し示すことができるだろう。

リクールが『意志的なものと非意志的なもの』の中で誕生〔という主題〕に割いている数頁は、生まれてあることについての分析が身体性の哲学にもたらすものを見事に示している。これまでわれわれは、糧の現象学の基本原理をいくつか取り出してきたが、この糧の現象学とは、実際は、〈感覚すること〉についてのラディカルな現象学である。この現象学は、場所(lieu)と環境(milieu)〔風土〕、さらには住まわれ整えられる空間を扱う次章で、補完されることになるだろう。こうしたものは、食と享楽と共に、われわれが糧と呼ぶものを支える二つの次元を代表している。しかしながら、実存の諸構造の記述が完全なものとなって、この記述が生態学的現象学への道を切り拓くには、誕生と死を取り上げる必要がある。[98] 食べ、大地に住まう諸々の存在は、生物である。言い換えれば、こうした存在は、生まれ、死ぬ。ところで、誕生についての反省が存在論にもたらすものは、まず何よりも、次の事実に結びついている。

それは、〈感覚すること〉とは違って、〔誕生においては〕一人称でなされる経験が問題ではない、という事実である[99]。この局面は、私の実存の意味と自由に与えられる地位とについて多くのことを教えてくれる。この局面はまた、過去、現在、未来の他の人々に対して私がどう関係しているのかについて、解き明かしてくれるだろう。

われわれはまったくの独力で自らを世界に置く〔生まれる〕のではないとか、われわれは自分の誕生を主導するのではないとか言うだけでは十分ではない。重要なのは、われわれが自分の生に属するすべての出来事をそれに負っているところのこの重大な出来事〔誕生〕が、単なる記憶ではないと認めることである。私は体験という次元を離れて、他者が私に語る物語を通じてでしか、誕生について何かを知ることができない以上は、この客観的出来事の傍観者の立場に身を置かねばならない。一般に、私は常に自分の誕生の後にいる。というのは、私は自分が意志的に行為できるのに先立って、すでに世界に身を置いているからである。「私は生きた自分を見出すのであり、私はすでに生まれてしまっている[100]」。すべてはあたかも、私が誕生する誕生と、私の行為や自由が誕生する誕生という、二つの誕生があるかのようである[101]。

さらに、二つの生に対する私の依存は、単に二つの自由への依存なのではない。単に他者たちが私のために私が実存することを意志したのだと言うことはできない。すなわち、「厳密には彼らはそれを意志したのではない。というのは、私を此岸へ投げ放ったのは、偶然と本能と他人の自由との化け物じみた共謀であるということを、私はよく知っているからである[102]」。私は両親から自らの本性を、つまり、成長の法則、有機体の原理を受け取ったのである。「生まれるというのは、遺伝という資産を他人から受け取ることである[103]」。

私の祖先たちはいわばドナーなのだが、彼らは私を、一種の「生物たち〔生けるもの〕の臍帯的つながり」の中で、家系という系譜へと、さらには種という系譜へと送り出したのである。したがって、「私の血統は、自分の〔祖先へ向かう〕上昇としてではなく、祖先の〔子孫へ向かう〕下降として説明される[104]」のであり、より正確に言えば、祖先たちからの下降として説明されるのである。私の存在を説明することは、私を疎外することである。というのも、「私は自己自身から離れて、自分の王国の外側の存在、すなわち祖先の中に自分を位置づける[105]」からであり、私は祖先を起点に結果の連鎖を下降していくからである。これらの結果は、「実に厳密な仕方で偶然を例証するものであるという点で注目すべきであ」り、その偶然とは、クルノーのように、「独立した因果系列との遭遇によって」定義される。「私は偶然の結果として現れるのである[106]」。

祖先たちは私の実存の根拠である。私の背後には、いくつもの実存が蠢《うごめ》いている。確かに、実存するというのは、自己にとって、自己の実存の中心、そこを起点にして「彼の下流と上流が広がる[107]」ところの中心であるということである。ひとは、自分の祖先を原因として語る代わりに、自分は誰それに由来するのだと言うだろう。自己意識とは、自分がそれであるところのものを、すなわち「私の身にぴったりとまとわりついている」私の性格をも、私が統合し、引き受ける行為である。それゆえ、生きることとは、リクールが言うように、私には捉えられない限界、私の誕生という限界を引き受けながら、「生まれてあることに同意すること」、諸々の幸運と苦難とを含めた生に同意することである[108]。

私の意識は、誕生の後に私が行うこと、すなわち私の行為を対象とする営みであり、いつも私の初発を捉え損ねている〔私の初発に遅れている〕。なぜなら、私が「私は存在する」と言うとき、私はいつもすでに生きることを始めてしまっているからである。このことが意味するのは、コギトが本質的には産み落とされたコギト（cogito engendré）だということである。ところで、私が自分のことに気づくよりも私の初発が先立っているということは、次の事実によって複雑になり、豊かになる。それは、この先行性が、私の生の背後にいる諸々の生、つまり諸々の男性や女性に基づいている、という事実である。私は、目の前で彼／彼女らと出会うことは決してない（というのも彼／彼女らは私と同時代にはいないからである）し、私は彼／彼女らのことを知らない（というのも彼／彼女らの数はあまりに多いからである）のだが、彼／彼女らはある点では、私の中に存在する。彼／彼女らは全員同じ一族に属しているわけではないが、遠く過去へ遡れば、人類という同じ一族を形成しているのである。

それゆえ、産み落とされたコギトが他の人間とつながっているのは、単にこのコギトが他の人々のおかげで生きているから、あるいはレヴィナスのように、このコギトが一人の他者――自分とは別の他者であり、自分の同一性を構成する他者、自分を父や母にする他者――を産むことによって自己を発見するからではない。間主観性や間世代的なつながりは、産み落とされたコギトの中心（cœur）〔心臓〕に、内奥（sein）〔胎内〕に、肉の中に刻み込まれているのである。なぜなら、このコギトは自分の祖先を通じてすべての人々につながっているからである。リクールが誕生について行っている分析から引き出すことができる教えとは、このようなものである。

さらに、実存の中に自ら定位するのではなく、世界の中にすでに置かれてしまっており、「私は存在する、私は実存する」と言うよりも前に常にすでに生まれているということ、このことは、実存は力能と対立するがゆえに悲劇的なものだと主張することではなく、われわれは決して独りきりで世界に存在するのではない、と言うことである。われわれは常に自分自身よりも老いている。というのも、われわれはどんなことであれ、何かを実現するよりも前にすでに〔生まれて〕いるからであり、われわれの誕生は、自ら意志的に開始するものすべてに先立っているからである。それと同時に、われわれは常に自分自身よりも若い。それは、誕生が、われわれには掴むことのできない限界であり、同意することによってでしか把握できない限界だからである。そしてこのことから、リクールは次のように書いている。「誕生がわれわれから逃れていくこの経験は、まさに当の経験の乏しさそのものゆえに、豊かなのである」[109]。

したがって、未来だけが重要なのではなく、さらには自分が〔子を〕産み落とすことができるということだけが重要なのでもない。過去もまたわれわれを規定しているのである。過去のすべての人間が私を根拠づけているとすれば、レイシズムは不条理である。というのも、現在の人々は最終的には誰もが偶然の所産であり、人民、国民、人種のあいだの境界をあいまいにする混交の事実だからである。さらに、人間相互の義務は、われわれが祖先に負っているものを考慮に入れた義務でもある。言い換えれば、コギトが本質的に産み落とされたコギトであるとすれば、このことは、社会契約が、同時代の人々のあいだだけの相互利益や互恵性によって形成されるなどというのはありえない、ということを意味しているのである。

われわれが政治の問題を取り上げる際に勘案すべきは、未来世代の利益だけではない。単に生まれてあるという理由だけで、われわれは、祖先に対して、また同一の巨大な一族に属するすべての人間たちに対して敬意を払うべきだという義務は、人間の義務の一部であり、何らかの仕方で、法律の中に反映されなければならない。こうしたことが意味するのは、われわれの先祖を代表する国会議員が必要だということではない。しかしながら、公害や自然環境の破壊という重荷を未来世代に背負わせることが正当化されないのと同様、われわれに伝え残された自然や文化の遺産を傷つける農業や建築を擁護することもまた正当化されることはない。ただ過去を顕彰し、自由のために戦った人たちの遺徳を讃え、悪の犠牲者を忘れないようにしたからといって、歴史に関わったことにはならない。歴史は、われわれが肉であるということの中に、そして、われわれがどう糧を利用するかということの中に、現前しているのである。

誕生についてのこの省察によって、生まれて-あることを一つの実存範疇とみなし、産み落とされたコギトについて語ることができる。この省察から引き出しうる最後の教えは、死の意味に関わっている。〔子を〕産み落とすということ、したがって自らの実存の彼方へと、自己の彼方へと自己を存続させるということ、これは常に人間存在の根源的な欲望の一つだと考えられてきた。プラトンの『パイドロス』や、レヴィナスが多産性と父子関係を強調する仕方のことを考えても、また日常的な経験に照らしてみても、子どもをもちたいという欲望こそ、人間たちが死に対する勝利を勝ち取ることができると断言する際の最もありきたりな形であるように思われるのは当然である。しかしながら、われわれのアプローチが浮き彫りにするのはこの現実ではない。産み落とすという観点ではなく、むしろ産み落とされるという観点から自分を位置づけること、そして多産性ではなくむしろ誕生を記述すること、それは、死の定めがもつもう一つの意味を取り出すことである。実際、自己の消失に抗って自己を存続させるためにはわれわれは〔子を〕産み落とす必要があると言うことは、存在が〈死に臨む存在〉であると仮定することである。しかし、糧の現象学において第一義的なのは、死ではなく、生なのである。

グルメなコギト、そして産み落とされたコギトは、死への恐怖と延命への欲望に取り憑かれてはいない。それよりも、このコギトにとっては、住まうことができる世界——そしてこの世界を他者たちが今後各々の仕方で作り上げていくことになる——を構築することへの欲望の方が重要なのである。しかし、生きることが、〈〜によって生きること〉、つまり、〈感覚すること〉、〈世界と-共に-存在すること〉、〈他者たちと-共に-存在すること〉だと理解するや否や、そして自分の肉の中に過去の諸々の生の拍動を認めるや否や、ひとは自らの生きる快楽〔喜び〕と自らの享楽によって、他者たちに痛みや不幸を与えたくないと思うようにもなる。快楽主義とは放縦ではない。また、生に倫理が必要であるというのではなく、生とはそれだけですでに倫理的なものなのである。実存とは、ひとが今ここで行う一つひとつの所作において、すでに倫理的立場表明である。それゆえ、産み落とされたコギトを気遣うことは、自己を表現することでも、他者を利用して自分が生き延びることでもない。なぜなら、このコギトの動物的身体は死ぬからであり、彼のことは大抵の場合忘れられるからである。糧の現象学の主体は、世界がずっと住まうことのできるものであることを願う。そして、自分の子や孫であろうとなかろうと、未来の人間たちが、立派に振る舞うことを願うのである。それは、彼らこそ、美しい風景を作り上げ、持続可能な都市を築き上げるからであり、自分たちが味覚〔味わい〕を失っていないことの証となる文化を発展させることができるからにほかならない。

第二章　空間、環境、他の実存者たち

人間と大地のあいだには、エリック・ダルデルが存在の「地理性」と呼んだものを示す具体的な関係が成立している。この〔地理性という〕表現は、われわれが局所化されているという事実、われわれが常にどこかしらにいるという事実を指しているだけではない。それはまた、客観的な知に先行しこれを支える「地理的懸念」をも表現している。(1)国内のあちこちを動きまわろうが、どこかしらに根を下ろそうと努めようが、空間とは実存の本質的な次元であると認めざるをえない。ダルデルが続けて言うように、実存は、ある地平や方向を見定め、実存者に近づき、安楽なものであれ波乱に富んだものであれ、また確実なものであれ不確かなものであれ、何らかの道のりを辿っていく。

われわれは、自分の体験を記述するために空間の比喩を用いる。曲がりくねった道、険しい道、人生行路、横道、彷徨、寄り道、乗り越えるべき峠、辛い坂道、社会的上昇〔出世〕。人間について言えば、近しい人、疎遠な人、近寄りがたい人。空間の比喩をこれほどたくさん使うのは、偶然ではない。これらのイメージは、次のことを示している。すなわち、大地とは、われわれがそこへ向かい、そこを経由し、それを目印とする、具体的な空間だということである。この意味で、実存するとは、大地の上に立っているということである。

歩行は、実存のこの空間的次元——この次元は単なる局所化を超えて、「私」と世界とのあいだのつながりを際立たせる——に気づかせてくれる。人間とは、根源的に、歩く存在である。人間が大地の上に定位しているというだけではない。それに加えて、人間には世界を踏査する必要がある。そして人間は、世界と出会ったときに驚きを覚える。この驚きによって、人間は、自分を位置づけ、自分がどこにいるか、物事が自分の周りで日々どう動いているかを知ることもできる。歩くとは、自分の両足の下に地面があることを感覚することであり、また地面と接触している自分を感覚すること——国内の至るところを移動しながら自分に出会うことである。移動する必要があるということは、実存が、〔時間の〕投企である以前に、〔空間の〕拡張だということである。実存は、時間性であると同時に空間性なのである。

心臓が鼓動するとき心拡張と心収縮が相補的であるのと同じように、足で一歩進むためには、足を上げ、地面につけなければならない。移動する必要があるということは、住まうこと（*oikon*）、住居（*oikos*）をもつこと、あるいは少なくとも、〔われわれを〕迎え入れる場所に滞在する必要があることとも連関している。実存の空間的次元は、客観的空間の占有——それを具体的に示すのにふさわしい例は駐車場に駐車中の車である——という意味での用地（*Stelle*）と同義ではない。われわれに必要なのはむしろ、場（*Ort*）である。それは、われわれに場所（*Stätte*）を作り与えることで、空間（*Raum*）、つまり住まわれた空間となる。[2]

存在の地理性、風土《エクメーネ》と風土性《メディアンス》

〔ダルデルにとって〕地理的空間は、幾何学の抽象的ないし同質的空間と異なり、歓待的と見られたり敵対的と見られたり、近いものと見られたり遠くのものと見られたりする。なぜなら、地理的空間を支えているのは空間化の働きであり、空間を占有し空間を発見し空間の中で自分を発見する諸存在だからである。この自己の発見には、場所が局所化には解消されない意味をもつことが示唆されている。場所の本質は、われわれがどのようにしてそこにいるのか、その場所をどう感じるかに従って規定される。とすれば、人間と場所は相互依存の関係にあると言える。というのは、場所は特定の個人から生じ、個人の方もまたその場所に基づいて生きているからである。したがって、われわれは場所（lieu）から風土（milieu）〔環境〕へと移行する。というのも問題は、座標系の中に表示可能で、他の場所との関係に依存した位置からなる基本的な空間的統一を記述することではなく、人間と大地の広がりとの関係、すなわちオギュスタン・ベルクが「風土《エクメーネ》」と呼ぶものを考えることだからである。

風土《エクメーネ》は生物圏（biosphère）を前提しているが、それに解消されるわけではない。つまり、風土《ミリュー》〔環境〕は、自然的ないし生態学的な自然環境（environnement）と同一視できないということである。より正確に言えば、風土《エクメーネ》――ベルクはこの語を女性名詞として用いている――という概念は、人間と居住区《エクメーネ》とのあいだの生態学的関係の研究で扱われるものではない。ベルクの省察は、存在論的水準に位置づけられる。この水準は、人々と国とのあいだの相互領有という性格を際立たせる水準である。したがって、テリトリー〔領域・領土〕とは、組織化、支配、追放といった戦略を含む何らかの活動過程の結果と同じではない。テリトリーとは、単に諸々の思惑の体系を地表の一部分へ投影したものではない。風土《ミリュー》の有する自然的で生態学的な次元は、テリトリーについての考え方――それはテリトリーを対象とするパワーゲームに基づいているが、それでもこの考え方は依然抽象的である――の中に解消されてしまうわけではない。とはいえ、ベルクが「メタバシス」を、すなわち文化が自然に対して自立しているかのような錯覚を告発するとしても、彼は決定論――それによれば、土壌と気候が人間とその生き方に与えうる影響が単純化されてしまう――を推奨するわけでもない。

人間が風土《ミリュー》と出会う形に、一定の偶発性が含まれるというだけではない。それに加えて、住まうことを定義している相互領有という関係は、〔人間と風土を〕共に設立することである。われわれの諸表象が風景を規定し、われわれは自分たちの自然環境を、自分たちがそれを理解する仕方に応じて整備する。逆に、われわれは自然環境をこの整備に応じて知覚する。それゆえベルクは、主観／客観の二項対立を超え出るこの関係が、本質的に通態的（trajectif）であると宣言するのである。

日本の社会は、歴史を通じて、自然を自分たち自身の述語〔感覚の仕方、考え方、言い方、行為の仕方〕に基づいて解釈してきたが、これらの述語は、日本列島という土台を起点に構築されている。(3)

「通態（trajection）」〔風土という個人的かつ集団的な次元が相互生成する働き〕が指しているのは、この歴史的過程である。この過程から帰結する現実は、恣意的なものでも、また完全に規定されたものでもない。この現実は、本質的に偶発的である。つまり、「これ〔現実〕は別様でもありえたが、歴史と風土《ミリュー》に従って現にそうなっている」(4)ということである。

それゆえわれわれは、自然的であると同時に現象的であり、生態的であると同時に象徴的な自然環境を、まさに風景として把握するのである。こうして、人間の風土《ミリュー》についての研究ないし「風土学（mésologie）」〔環境学〕が、依然として自然／文化、客観／主観の二元論から脱却しきれていない自然ないし自然環境についての研究に取って代わることになる。風土学の強調点は、人間を大地の広がりへ結合する関係に置かれる。この術語〔風土学（mésologie）〕は、ギリシア語のメソス（*mesos*）、すなわち風土（milieu）〔環境・中間の場所〕（ラテン語ではメディウム（*medium*））と、ロゴス（*logos*）、すなわち言説、学とに由来している。この術語〔環境学〕は、一八六五年、医者で統計学者であるとともに人類学者でもあったルイ＝アドルフ・ベルティヨンによって紹介された。だが、すでに一八四八年六月、生物学会設立に際して、シャルル＝フィリップ・ロバンが、この術語を今日「社会的生態学」と呼ばれるものと近い意味で用いている。(5)

この語〔社会的生態学〕は、次の事実をよく表している。すなわち、環境《ミリュー》は、ある地域の自然の諸性格〔大気、気候、水文学）と同時に、慣例、習慣、習俗、制度を含む自然環境の社会的側面にも関わっているという事実である。一年遅れて登場したにもかかわらずより大きな成果を上げた生態学という術語よりも、環境学〔風土学〕という術語の方が、まさに「人類全体」が「自分たちの環境〔風土〕の中に組み込まれている」[6]ということを示唆してくれる。諸事物は、今のわれわれをわれわれたらしめているものを、その具体的な姿で集約的に表現する。この具体性は、主観／客観関係とは異なり、むしろ人間と環境〔風土〕との共‐設立、すなわち両者の共‐成長（*cum-crescere*）を意味している。それは、環境〔風土〕が有する関係論的な本質を浮かび上がらせる。その上、この具体性は、世界とわれわれとの関係が有する象徴的次元、諸々の技術、及び人間社会の生態学的土台のあいだの相互作用を明確に表している。

　風土《エクメーネ》とはこの生態‐技術‐象徴関係（rapport éco-techno-symbolique）を指しており、この関係は必然的に、風土《エクメーネ》がそこから浮かび上がるところの生物圏を前提している。風土《エクメーネ》が有するこの存在論的構造は、ルロア＝グーランの業績と日本の哲学者和辻哲郎の思想とを同時に参照しつつ規定される。ルロア＝グーランは、『身ぶりと言葉』の中で、ヒト化、人類化及び人間化の過程を、すなわち、動物的身体、技術、そして象徴による事物の主観的変形とに基づく三重の相互生成を記述している[7]。風土《エクメーネ》は生物圏から立ち上がる。それはヒト化、人類化及び人間化のあいだの相互作用の過程から生まれる。風土《エクメーネ》というこの人間の営みは、例えば水田を作り出すといった、空間の中で何らかの活動を繰り広げることである。水田は、肥沃な土壌を左右する水利システムに見られるように、集団で継続的に整備を行う必要がある。それゆえ水田は、集団的管理と累積的な社会資本とを含む遺産であって、それをまったくの私有財と単純に考えることはできない。水田は、本質的に伝承されてゆくものなのである[8]。

　場所は、その具体的意味から、すなわち、人々、事物、記号が「一緒に大きくなる」個々の風土《ミリュー》と歴史から分離されるのではなく、むしろある二重の現実を有している。というのも、場所は、トポス（*topos*）、地図上の空間、ないし自然環境に属すると同時に、コーラ（*chôra*）に属しているからである。場所とはつまり、実存論的なのである[9]。トポスとコーラのこの対比を、ベルクはプラトンの『ティマイオス』から借りているだが、コーラがもちうる意味はこの対比に汲み尽くされない。デリダは『コーラ（*Khôra*）』と書き、この語の前に定冠詞を置かない。それはまるで、一つの場所を与え、迎え入れるものではあるが、それ自体はいかなる場所にもなく、感性的なものも知性的なものも、あらゆる類を混ぜ合わせるこの受容体ないしこの収容の場が、固有名に似ているかのようである(10)。ユダヤ教における口にすることができない神の名であれ、見出しがたい場所――ソクラテスはこの場所を占拠しているのではなく、この場所から自分の名に応答している――であれ、そのような固有名に似ているかのようである。コーラ（*chôra*ないし*Khôra*）が指しているのはある素材である。それぞれの物語が他の物語の容れ物ないし収容の場となる『ティマイオス』のように、この素材は、常にある刻印を受け入れる用意ができており、素材を保存したり、素材から物語を作ることができる原初的記憶に基づいている(11)。

風景とは、風土《エクメーネ》の展開である。つまり、風景はコーラに依拠している。さらに風景は、単に個人によって占拠されたり、そこから収益を得ることだけを目的にしてその風土的現実を考慮せずに開発する集団によって占有されたりするような単なる場所として考えることはできない。こうしたことは、すでに見たように、水田の場合に特にはっきりする。しかしながら、風景が有するこの風土という性格は、他の現実に移し換えることができる。そうした現実とは、単にモノ（objet）――つまり、一人ないし複数の個人が自分の実存のための手段として利用する彼らの私有財――であるだけではない。それは、歴史的に伝承されてきた遺産でもあり、われわれの個人的実存と集団的ないし風土的実存との継ぎ目に当たるのである。

風土《ミリュー》、あるいはより正確に言えば風土性（médiance）――この語はわれわれの現実の両面、すなわち個人的な部分と、風土《エクメーネ》の生態‐技術‐象徴的構造からなる部分とを表している――についての反省は、近代の西洋思想及びハイデガーが『存在と時間』で彫琢した存在論とは縁を切っている。ベルリン滞在中の一九二七年夏に早速この著作（『存在と時間』）を読んだ和辻は、この著作への反発から、『風土』を執筆するに至った。和辻がハイデガーを非難するのは、ハイデガーが空間性に十分な重要性を認めておらず、また実存を個人の実存としてしか理解していないという点に対してである。
われわれは、空間を捨象できず、また歴史的過程――ベルクが通態と呼ぶもの――を含む空間への〔われわれの〕挿入を捨象できない、というだけではない。それに加えて、個人の身体は、一六七九年のヘイビアス・コーパス〔人身保護令状〕のように、個人の人格と同一視されないのである。身体そのものは、人格と共に生きて死ぬ動物的ないし個別的身体であると同時に、個々人の死の定めを超越した風土的身体としても捉えられるべきものである。ハイデガーは、空間性を考慮せず、〔個人的で集団的な〕人間の実存の二重性格も考慮しなかったからこそ、『存在と時間』において、風土性と結びついた歴史性を具体的に示すことがなかったと言えるだろう。(12)

風土的身体は、ルロア＝グーランが社会的身体と呼んだものと一致する。この社会的身体とは集合的なものであり、動物的身体の一定の機能を外在化し展開する技術的で象徴的なシステムによって構成されている。またこの身体は、われわれの実存の生態学的基盤に依拠している。風土性《メディアンス》は〔和辻の〕「風土性《ふうどせい》」という日本語の仏訳であって、この風土性《メディアンス》について和辻は、自著の序言において「実存の構造的契機」であると述べている。われわれの風土性《メディアンス》は、人間存在をなす両側面間（すなわちメディエターテス（*medietates*）〔場・中間領域〕であり、「メディアンス（médiance）」はこれに由来する）の動的で意味生成的な関係を表現している。(13) 近代の存在論は、自己‐設立的な主体についての思惟を特徴とし、個人が死ぬときにすべてが消失すると考えるのだが、これとは逆に、和辻の思想は、自然環境が人間の一部であること、動物的身体の後も風土的身体が生き続けることを示す。したがって、現存在を死への存在〔死に臨む存在〕とみなすのではなく、風土性《メディアンス》は、むしろ和辻が生への存在〔生に臨む存在〕と呼ぶものと切り離せないのである。(14)

風土性《メディアンス》において、存在の超個人的な部分は個人と共に死ぬわけではない。おそらくこの部分は、われわれがこの世に束の間のあいだ生きていることに意味を与えるものでさえあるだろう。思惟と人間存在〔実存〕の意味を把握する際の出発点は、一人の個人（〈ひと〉）だけでなく、人間の風土《ミリュー》〔中間〕の研究にも置かれる。風土性《メディアンス》を人間存在の構造契機として考えるということは、〈間《あいだ》〉を考慮すること、すなわち、人間とその風土《ミリュー》との関係、生態‐技術‐象徴的自然環境への人間の挿入、及び他の人々との〈間柄《あいだがら》〉について考えることを含んでいる。倫理は、諸個人の相互関係だけに関わるのではなく、〈人間《にんげん》〉に関わっているのであり、〈人間《にんげん》〉〔という概念〕は、人間存在のこの二重性格を考慮することを求めている(15)。

人間存在を個人の次元と社会の次元で、より正確に言えば風土的歴史的次元で捉えるならば、時間性と空間性は一致する、と和辻は明言する。「人間存在の空間的・時間的構造が明らかにせられるとき、人間の連帯性の構造もまたその真相を呈露する(16)」。人間存在の有限／無限という二重性格を主張することによって、人間たちが社会の静的な構造としてではなく動的な運動の体系として構築する様々な形態の共同態と結合態とが展開される。

それと同時に、倫理と政治がもはや個人の結合にではなく、〈人《ひと》〉のあいだにある空間〔〈間《あいだ》〉〕に関わる以上、つまりは〈よのなか〉と〈世間《せけん》〉とに関わる以上、倫理と政治の意義もまた、新たな観点から明らかにされる(17)。現代哲学の主要な問題の一つである世界の意味は、ハイデガーの存在論や、現代の社会契約の基礎となっている近代や現代の諸理論とは別の形で考えられる。〈人間《にんげん》〉という日本語は、人間ないし人類を指すが、個人としての人間を指すだけではない。この語の起源と意味についての研究は、われわれが、個人の実存とその自由にのみ注意を向ける思惟の枠組みを脱却し、「世界内存在」の意味を〔新たに〕理解する際の手がかりになるだろう。

実際、人間存在は、単に人間学的な*Man*ないし*Mensch*〔人間〕であるだけではない。文字の上で「人と人のあいだの空間」を意味する〈人間《にんげん》〉という字面にはっきり表れているように、この語は、日本人が中国から受容した仏教経典においては、ながらく「世間」や「世の中」という意味で用いられてきた。その後、この語は人を意味するようになった。ところで、中国から日本人に伝えられた詩、格言、諺において、人間存在〔〈人間《にんげん》〉〕は常に世の中という意味をもっている。さらに、「「よのなか」について言われることはすべてその中に住むところの人に通用する(18)」。

換言すれば、人間存在は、部分として把握されると同時に、世の中への帰属に基づくその全体において把握される。〈なかま〉という日本語についても同じで、この語は団体を指すのだが、たった一人のなかまを表現するのにも用いられる。連中、ともだち、兵隊、若衆のような一連の日本語もすべて同じである。例えば〈郎党《ろうどう》〉は、家来〔の一団〕と、この団体に属する個人とを名指すのに用いられる。日本人によるこうした表現の用法は、「人間の存在において、部分に全体があり、全体において部分がある」[19]ことを示しているのである。

それゆえ、「よのなか」を意味していた〈人間《にんげん》〉が、今日ではこのよのなかで生きる人も指すということは驚くに当たらない。これは、第一の意味が忘れられてしまったということではない。反対に、この語の起源を勘案すれば、人間存在がよのなかであると同時に人であるということが理解される。〈人間《にんげん》〉という日本語の二つの語義は、最終的に、人と人との共同態と社会的生とを指し示している。個人としての人間は、根源的に社会とは異なるものではあるが、それにもかかわらず、この社会の部分をなしているのである。人間存在はこの弁証法的な構造によって、すなわち対立的なるものの統一によって生きているのだ、と和辻は明言する[20]。

〈人間《にんげん》〉という日本語は人と同時に世の中ないし共同態を指すのだから、この語は「アントローポス（anthrōpos）〔人類〕」とは異なっており、世界内存在の意味は、ハイデガーが『存在と時間』で記述するようには考えるべきではないということを前提している。ハイデガーが世界内存在を記述するために、志向性の構造を存在〔実存〕の中心へ移し替えるのはもっともであるとしても、和辻によれば、世界内存在を諸々の道具との相互作用に関する何かとして解釈するのは間違いである。このような現象学的存在論においては「人と人との交渉は人と道具との交渉の陰に隠れ[21]」るに至る。

それに対して、カール・レーヴィットのようなハイデガーの後継者たちは、この存在論に、人間学《アントロポロギー》を対置しようと試みている。この人間学は、人間同士の関係を扱い、世の中に有ること〔世界内存在〕を他の人々と共に、ないしは他の人々と一緒に存在すること、つまり「互いにかかわり合うこと」として理解する。この視座によって倫理への道が開かれる。というのも、世の中に有る〔実存する〕ことは「人が相互にふるまい合う態度を取る[22]」ことを意味し、この態度は「人の根本態度、根本的身持ち、すなわちEthosをふくむ」からである。世の中とは、間人間的な関係の世界、社会性ないし世間性の世界なのである。

同様に、〈世《よ》の中《なか》〉という日本語の意味の分析に際して、和辻は、〈世《よ》〉が社会と世代という意味も同じようにもつことを指摘し、時間的推移と、空間的なもの、すなわちひとがそこから遁れ出たり渉り歩くような何かを想起させるだけでは満足しない。彼はさらに、In-der-Welt〔世界内〕の日本語訳〔〈世《よ》の中《なか》〉〕は、〈世《よ》〉を〈間《あいだ》〉と〈中《なか》〉のような語彙へ結合することを前提するのだと述べる。ところで、こうした語彙は「inとは異なって、単に空間的な意味のみならずまたハイデッガーにおけるごとき道具との交渉関係のみならず、さらにきわめて明白に人間関係を言い現わす[23]」のである。

これらの語は、人間関係の動的な性格を示している。この関係は、事物同士の関係のような、主観の統一において成り立つ客観的関係ではない。

> それは主体的に相互にかかわり合うところの「交わり」「交通」というごとき、人と人との間の行為的連関である。人は主体的に行為することなしにはいかなる間、仲にも存在し得ぬとともに、また何らかの間、仲においてでなければ行為することもできない[24]。

それゆえ、件の関係〔間《あいだ》〕は、「主体的行為的連関としての生ける動的な間[25]」であると考えなければならない。

糧の現象学を彫琢しようとしているわれわれとしては、すでに糧の現象学には、次のような考え方が含まれていることを示唆した。すなわち、過去、現在、未来の他の人間たち、他の生物たちと、日常的な行為の中で接触している主体を、関係的なものとみなす考え方である。われわれにとって、この〈世間《せけん》〉〔世界〕と〈世《よ》の中《なか》〉〔共同態〕という概念には、*Welt*ないし「世界」という語を使用する際には消失してしまいがちな空間-時間的意味を維持するという利点がある。世界と共同態の概念は、しばしばまるで客観的自然に属する事物の総体へ解消されるかのように理解されてしまうからである。ところで、〈世間《せけん》〉や〈世《よ》の中《なか》〉という日本語には、主体的に広がったものとしてたえず移り変わるものという意味が保存されている。ここに、歴史への準拠と人間の社会的かつ自然環境的次元への準拠とが再び見出される。「言い換えれば、世間、世の中とは、歴史的・風土的・社会的なる人間存在である」[26]。

〈存在《そんざい》〉はもはや*Sein*、*einai*、*esse*、*être*と一致しない。というのは、〈存《そん》〉とは主体的な自己保持、自己を生の中に維持する行為であり、これは亡失や忘失に対置されるからである。行為的で主体的な仕方で自己を維持する存在は、同一化可能な実体となり、それ自体であり続け、また亡失に転じることもある。〈在《ざい》〉は「主体がある場所にいること」[27]を表す。この語は去るという観念、すなわち自ら一方の場所を去って他方の場所へ向かうことに対置され、場所にいる能力を指す。この場所とは常に社会的な場所である。〈存《そん》〉は主体の自己把持を意味し、〈在《ざい》〉は人間関係においてあることを意味する。したがって〈存在《そんざい》〉とは、「まさに間柄としての主体の自己把持、すなわち『人間』が己れ自身を有つことである。われわれはさらに簡単に、存在とは『人間の行為的連関』であると言い得るであろう」[28]。

　それゆえ存在〔という語〕は、主体的であると同時に実践的で動的な人間存在の構造を表現するのであり、その中で歴史とわれわれの生の社会的かつ自然環境的次元とが組み合わされるところの、行為的連関〔間柄〕を指し示す。存在する（exister）〔外に出る・実存する〕とは、単に自己の外に出て世界――それが道具の世界であろうと、社会的世界であろうと、自己の自由のための踏み台として定義された自然環境であろうと――へと向かうことにあるだけではない。確かに主体は常にすでに何かに向かっているが、この何かを、意識によって思念された志向的対象と考えるのは誤りであろう。例えば寒さを通じて、主体／客体の図式に再び陥ることなく、また世界をノエマと同一視することもなく、風土性《メディアンス》が指す自然的なものと社会的なものとの組み合わせを際立たせながら、世界内存在を思惟しうる仕方を理解することができるのである[29]。

　寒さを感じるとき、この感じは、寒気に向かって関係を起こす一つの点ではない。寒さの感じは、すでにそれ自身関係である。まさにこの関係において寒さが見出されるのである。寒さとは、単に私の意識の出来事なのではなく、私の主観的体験の一契機、私の存在〔実存〕の一契機である。寒いというのは、私が自分の感じの中にとどまっているのではなく、また私が寒さを思念しているのでもなく、寒気が私を捉えているということである。寒さの感じはいかにして外気の冷たさと関係しうるかと問うとき、問いはうまく立てられていない。というのは、このような〔両者を独立したものとみなす〕問いは、外に出る〔実存する・存在する〕という語が指す私と世界との関係について誤解しているからである。寒さを感じるとき、私はすでに外気の冷たさのもとに宿っている〔住まう〕。私は寒さに関わっており、私が寒さにおいて見るのは私自身である。さらに、私は私だけに向き合うのでなく、〈我々〉へと合流するのである。

寒さ、雨、雷雨、風のような現象の只中で、われわれは自己を了解する。外に出る〔実存する・存在する〕ことにおいて、あるいは諸々の存在様態において存在了解する（*verstehen*）のは、現存在ではない。われわれは、寒いときに身体を縮こまらせたり、暖かい着物を着たり、傘を開いたりしながら、風土において自己を発見する〈自己《じこ》発見性《はっけんせい》〉[30]。寒さへの関わり、すなわち、われわれが風土の中で有する独特の了解は、寒さを避けるあらゆる種類の手段を通じて、個人の側からも社会の側からもわれわれを取り囲んでいる。われわれは、祖先以来の永いあいだの了解の堆積を積み重ねている。例えば、諸々の家屋の様式が、このことを示している。家屋の様式は、家の建て方を決定する。そして家屋の様式は、家の建て方が風土と関わって初めて決まることを示しているのである。

風土から分離された歴史がないのと同じく、歴史から分離された風土もない。和辻はこう書いた後、そうしたことを明示できるのは、人間存在の根本構造、すなわち風土性を起点にしてのみであると付言する。槌《つち》は社会で使用する靴を作るのに用いられるが、このように、道具は「〜のためのもの」である。しかしながら、道具は「何のため」と、人間存在から出てくるこの「ための連関」を常に指示している[31]。風土は人間存在を客体化する。人間は風土において自己を了解する、つまり、自己を発見する。例えば、朝、爽やかな気分で目覚め、近くの人に、いいお天気で、と挨拶するときがそうである[32]。生き生きとさせるこの爽やかさは物でも、物〔例えば朝〕の本性でもなく、〈あり方《かた》〉、すなわち、自己を了解し、われわれの〈間《あいだ》〉で挨拶を交わす仕方である。われわれが朝の爽やかな空気の中に一緒に出て、そこで一定のあり方をするとき、あるいは、春に日本の学生たちが咲き誇る桜の下を散歩したり、その下で宴会を催したりするときもそうである。

われわれは、歴史と風土を背負っており、「風土の型が人間の自己了解の型である」(33)。具体的な人間存在は、常に所与の時代と場所に固有の行動様式の中に位置づけられている。こうしたことから、われわれが土着の思想を支持するというわけではない。それは、人間と風土のあいだの本質的に偶然的なつながりについてすでに言われたことを想起すれば、そして、人間存在が行為的、主体的、そしてとりわけ動的な連関であることを理解すれば、すぐにわかることである。人間と世界のあいだの関係についての考え方、つまり、すでにその生態‐技術‐象徴的構造を強調した風土《ミリュー》についての考え方は、何ら静的なものを含んでいない。どんな決定論的な解釈も、人間たちの実存の仕方、条件、そして習俗を単なる気候と土壌の帰結としてしまうのだが、このような解釈が錯誤であるのと同様、土着の思想と風土性との混同は、分析に堪えない。

和辻の現象学はそのある種のナショナリズムから非難されうるものではあるが、重要なのは、この現象学を硬直したものにしないことである。例えば、『風土』の見事な一節を参照してもいいだろう。その中で和辻は、夏が単に、あるいは本質的に、気温の高さや日光の強さに結びついているのではないと書いている。実際、秋や冬の日に晴れていて気温が高くても、それだけでは今が夏だと感じさせるのに十分ではない。夏の中にいると感じるためには、「夏の気分」が必要である。生い茂った草木のあいだで虫がにぎやかに鳴いているのを聞かなければならないし、あるいは、鳥が木から木へと飛び移って果樹園や菜園から果実をついばむのを目にしなければならないのである。季節はどんな天候かによって定義されるのではない。季節は人間の存在様態なのである。「夏の『気分』を除いて夏はない」(34)。人間は夏として限定されたあり方〔実存の仕方〕をもつ。したがって、飛行機に乗って暑い国に行き、われわれが自分の周りに、この夏の気分を、そして夏の音と夏の色とを確認するならば、たとえ大晦日であっても、われわれはすぐさま自分が夏にいるように感じる。そのとき、自分のホテルに辿り着いてわれわれがまず初めにするのは、明るい色の薄手の服に着替えることである。

住まうこと、建てること、耕すこと

空間化の実存的性格についての反省を深めようとするならば、われわれは、空間化だけでなく、住まうことについても記述しなければならない。というのは、個人は前もって与えられた空間の中に位置づけられるのではなく、空間に住まうからである。個人は、まるでどんなところでもどんな仕方でも関係なしに入居できるかのように、過酷な天候を避けるための避難所を必要としているだけではない。個人は、定位できる場所がなければ、心静かにはいられない。場所とは一つの土台《ベース》である。なぜなら、身体性をもつ主体は、とりわけ眠りの場合によく見られるように、定位であり、局所化だからである。

眠りは土台としての場所との関係を再び確立する。眠るために横たわりながら、あるいは隅で丸くなりながら、われわれは場所に身を委ねる——この場所はわれわれの逃げ場になりわれわれの土台になる。〔……〕眠るとは、場所が有する保護的な効果との接触関係に入ることである(35)。

住まうことは単に住居、「我が家」に基づいているだけでなく、場所を住まいとして整備する仕方——そしてこれが空間を組織化する——、すなわち、私の〈事物と-共に-かつ-他者たちと-共に-存在すること〉をも含意している。住まうとは、常にある意味で人間たち及び動物たちと共に住まうことであり、彼らのあいだに、そしてわれわれのあいだに境界を引くことである。それは、ハイデガーが言うように、建物や街を建設することによって、あるいは地上で居住し存在する際の区画を限定する場所を築き上げることによって、事物のあいだにわれわれの滞在地を建て、整えることである。

住まうことは、さらに次のことを前提している。すなわち、ひとが存在や事物のあいだにあるものを思惟し、ひとが外側と内側、閉域（ないし囲い）と開け、自然と文化、農村と都市、休息（ないし折り返し）と労働（ないし外出）のあいだにある関係を把握することである。実際、どこかへ住まうことによって静かに暮らすことができたとしても、私は、牢屋のように自分の家に引きこもらずに、外に出かけることができなければならない。同様に、他者と他者たちを迎え入れることができるためには住居をもつことが必要であるとしても、私が被る雑居状態によって内奥性と歓待性とが共に不可能となっているなら、私は真に自分の家に住まっているとは言えない。結局のところ、どこかへ住まうとは、〈我が家〉へ帰る可能性をもったまま、そして帰宅の瞬間に歓喜しながら、自分を他の文化、他の世界へと開くことができるということである。

したがって、ひとが場所を——風景であれ居住地であれ——環境《ミリュー》とみなしてそれを住まいとして整備する仕方、労働し身体と精神に糧を与え移動する仕方についても語らなければ、住まうことについて語るのは不可能である。ところで、場所を築き上げ、空間を住まいとして整備することは、ハイデガーが示したように、建てることを介して行われる。ハイデガーが『建てること、住まうこと、考えること』の中で、住まうためには建てなければならず、建てることはすでに住まうことであると書くとき、彼はあらゆる建築が住まうことであると言いたいのではない。住まうことは、われわれが地上で存在する仕方を露呈させると言いたいのである。「建てる（*bauen*）とは、根源的には、住まうという意味である。〔……〕建てる、*buan*、*bhu*、*beo* は、ドイツ語の〔私が〕ある（*bin*）に相当する[36]」。古ドイツ語へのこの参照は、〈住まうこと〉のラテン語の語源（ハビタシオ）について、そしてこの語がもつ習慣（habitude）と身のこなしとの関わりについてすでに言われたことを想起させる。われわれが地上に存在する仕方が住まうことである。住まうことは、ハイデガーにおいては、「四方域」（天と地、神々と死すべき者たち）の概念からわかるように、神々の前にあり続けること、死すべき者として地上に存在すること、つまり天の下で存在することを前提する[37]。住まうとは、囲い、手入れをする、大地を耕し場所を築き上げる、という意味での建てることである。場所とは、定義上、四方域に場所を整えるものであり、幾何学的延長とみなしてはならないし、経済的、社会的、文化的実践に由来する単なる土地とみなしてはならない。

したがって、空間性の検討は、糧の現象学を〈住まうこと〉の現象学へと向かわせる。こうしたことが意味するのは、農業と文化を切り離すことや都市空間と農村とを切り離すことは、もはやまったく適切ではないということである。〈住まうこと〉の思想によって、都市をビオトープとして考えるようになるはずである。そして次の文脈の中へ、建築を位置づけるように、あるいは位置づけ直すようにもなるはずである。すなわち、建物に住まう諸々の行為者によって規定される文脈であり、またそれだけでなく、商業施設や老人ホーム、保養地、学校が建設される場所の特徴としての自然環境や気候によって規定される文脈である。反対に、どこかへ住まうとは、単に入居すること、すなわち屋根の下に身を寄せることではない。それは、一人の住人であること、一人の居留者であることである。この住人は、自分が住まう場所に関する諸々の意思決定に関わっている。当人が市民でもある場合、自分が所属する国に関わることであれ、都市に関わることであれ、村落に関わることであれ、この住人はこうした意思決定に参加するのである。〈住まうこと〉をめぐる反省の政治的次元は、都市化《アーバナイゼーション》がもたらす社会的帰結や、地域格差、ゲーテッド・コミュニティ[38]、一定の住民のゲットーへの追放について考えれば、はっきりする。さらにこの反省は、原初的な意味をもっている。住まうとは、どこかに存在する権利をもつということ、用地への権利、自分のためのものである場所への権利をもつ者であるということである。それは、時効のない諸権利が認められていると同時に、社会的文脈へと組み込まれている被保護者であるということである。都市は、一六世紀においては、城壁と建物の総体（*urbs*）を指すと同時に、住人のあいだで成立した一種の連合によって定義された政治的共同体（*civitas*）を指している[39]。同様に、住人とは、実質的にどこかへ居留する者である。それに加えて住人は、権利と義務の主体としての実存以外に、そのアイデンティティが、本人のいる場所や環境に結びついた者である。そしてこの環境は、場所よりも必然的に広大となるが、この環境に対応して場所は定義される。つまりこの環境とは、社会的文脈である。

したがって、市民たちが住居をもてるよう、彼らがそこに住まう（*wohnen*）ように不動産を建てること、これは、次のような思想に抗うことである。すなわち、それは都市、建物、農業を、そこで生きる行為者たちから独立に理解する思想であり、それらの環境《ミリュー》、あるいはそれらの風土性《メディアンス》から独立して理解する思想である。この「脱土壌的（hors-sol）」思想は、ハイデガーが一九五四年のテキストにおいて明示的に語り始めた〈住まうこと〉の意味を取り逃している。なぜなら、ハイデガーにとって、住まうことは建てることであるとしても、彼はまた、次のようにも付言するからである。「住まうことができるときにのみ、われわれは建てることができる。［……］建てるとは、住まわせることである(40)」。

第三のグローバリゼーションと言うべき現象以降の都市と農村の変化を理解しようとするならば、〈住まうこと〉についての分析をさらに掘り下げる必要がある。このグローバリゼーションは、次のような事実を特徴とする。それは、今日では人類の五〇％が都市で生活している、という事実である(41)。それは、メガシティの出現、及び国家の役割の縮小とそれに伴う経済のグローバル化から生じた事実であり、またバーチャルなものを新たな空間とみなして現実との関係に変容をもたらした、新たなテクノロジーの出現から生じた事実である。目下の哲学的作業は、完全に工業化された農業生産や、購入飼料による屋内での〈脱土壌的な〉給餌と飼育が、どれほどの錯誤に晒されてきたかを測定し、諸々の風景が作り出されてきた中で重要な役割を果たした農業の意味を奪回しようと企図するものである。

最後に、このアプローチを通じて、テリトリーを住まいとして整備し、空間を管理しようとするあらゆる思想に対して距離を取ることができる。それはまた、都市の政治の一部をなすはずである社会的、文化的、自然環境的、実存的諸次元を明らかにすることにもつながるはずである。それは、農村の将来についてのあらゆる反省に関しても同様である。現象学は、都市化《アーバナイゼーション》について語ることはなく、発展のプログラムを通じて農村の過疎化や農民の貧困と戦うことはない。その代わり、現象学は、マルディネに見られるように、住まうことと建てることがどう結びついているかを記述するのである。このフランスの哲学者が示すように、住まうとは、世界に住まうことである。ひとはこの世界に存在する理由があるし、この世界でひとは共に住まう。そしてこの世界では、外と内、私的と公的、内部と外部が共鳴する。[42] こうした考えは貴重である。なぜなら、この考えは、身体性と〈〜によって生きる〉の哲学の中心に〈住まうこと〉を書き込むことによって、そして共同性や公共圏についての考え方を刷新することによって、〈住まうこと〉をめぐる問いがもつ政治的側面と存在論的側面とを一緒に手にすることにつながるからである。

今やわれわれは、次のように言うことができる。すなわち、われわれがそのいくつかの性格を取り出してきた糧の現象学にとって、共通空間を構成しうるものについて政治的に反省する際の出発点とは、身体である、ということである。〈住まうこと〉は、局所化と結びついた身体的経験であるというだけでない。それに加えて、空間、都市、交通、あるいは風景についてのわれわれの経験は、まず初めに肉を通じて体験されるのである。混み合った地下鉄の車内で感じる息苦しさの感じのことを考えてもよい。自由が奪われているとき、疎外されていると感じ、また苛立ちや怒りを覚えるものだが、それは何よりもまず、身体的自由が奪われていると感じることである。反対に、ヨーロッパ人の多くがニューヨークに初めて、あるいは久しぶりにやってきて、何でも取り込んでしまうこの街——そこではすべてがどこかの川岸に通じており、交通、雑踏、喧騒が、〔自分を〕圧倒する代わりに、一層生き生きとしているという感情ないし錯覚を引き起こすのだが——を数時間歩くときに感じる興奮、これは、まず初めに肉体的な感覚である。都市とはまずリズムである。このリズムは身体を駆け巡り、感覚のもつパトス的契機へと送り返される。[43] この感覚を通じてわれわれは、自身の〈世界と-共に-存在すること〉を感じるのである。この「リズムの経験——リズムが『場所をもっている（avoir lieu）〔生じる〕』かのように、われわれが〈そこ〉でリズムと出会う経験——は、〈感覚すること〉の次元（と〈感覚すること〉によるコミュニケーション）に属している。〔……〕リズムとはアイステーシスの真理である」[44]。

自由の感情もしくは〔何かから解放されない〕幽閉の感情は、われわれの技術の使用にも左右される。というのは、いくつかの道具はコンヴィヴィアルでなく、逆生産性を引き起こすからである[45]。イヴァン・イリイチは「道具が目的となるという倒錯」をこのように〔逆生産性という語で〕名指している。このような道具のもつ効果は、一定の限度を超えると、道具が生み出そうとしていた効果とは逆のものになってしまう。これは例えば、個人の可動力を増大させるはずだった自動車によって、渋滞で身動きが取れなくなり、結果的に個人の移動が滞ってしまうといった場合に見られるものである。諸々の道具と制度の逆生産性によって、独占が生み出され、イリイチがエキスパートや専門家を指して〔人間を〕不能にする職業と呼ぶものが生じる。このような逆生産性は、「ひどい幽閉状態」へと導くのである。個人の自律を危険に晒すこの道具の倒錯に対して、イリイチは「コンヴィヴィアリティ〔自立共生〕」を対置する。

　イリイチにおいてコンヴィヴィアリティは、まず初めに、逆生産性を引き起こすことのないモノや制度を形容する。しかしながら、この語が人間たちを指すことはないとしても、それでもこの語は、ブリア＝サヴァランにとっての第一の意味、すなわち、会食者のあいだで食事を共にする喜びへとこの語を結びつけていたあの〔会食するという〕意味を、完全に失っているわけではない。コンヴィヴィアルな道具の使用、自律、及び経験の共有――それはまず初めに空間の共有である――のあいだの関係は、サイクリングを例に示すことができる。

　実際、自転車は、交通を混雑させず〔大気を〕汚染しない以上、自転車がもたらすとみなされているものとは逆のものを生み出すことはない。さらに自転車によってわれわれは、走破した空間を自分のものにすることができる。われわれは、自動車に乗っているとき、そして飛行機に乗っているときにはなおさら、空間を消去しながら風景を通過するが、自転車に乗っているときは、自動車や飛行機に比べて非常にわずかな距離しか走ることができない。しかし、そのときわれわれは、空間と親密で身体的な関係を結んでいるのである。われわれは、自動車や飛行機と同じ距離を同じ時間で進むことはできないのだから、われわれの生きられた空間は、自動車や飛行機よりも小さい。しかし、われわれが住まう空間は拡大する。住まうという営み（art）は、それが家であれ、場所に居続ける仕方であれ、「自分の痕跡の中に滞在すること」である。それは、「日常を通じて、風景の中に織りなされた生活の様々な変化や広がりを描く[46]」ことである。たとえ束の間どこかに存在するだけだとしても、私は一つの場所に住まい、この場所を糧とすることができる。

それと同時に、次のような変化も身体的な経験である。すなわち、場所が、消費の対象で溢れ返った、どこを見ても同質的な空間へと変わってしまうこと、場所が場所ならざる場所へと、また材料へと変わってしまう変化である。この場所ならざる場所において、ひとは、共通感覚〔常識〕を失ったと感じ、特定の場所や時間に固有の知、場所によって織り上げられた知を失ったと感じるのである。不条理の感情は、対象によって邪魔をされ、すぐに向きを変えられてしまうわれわれの感覚に由来する。われわれはもはや自分の感覚によって現実に近づくことができない。なぜなら、感覚的質は、われわれが世界に肉を通じて帰属していることを表しているのだが、この感覚的質が、すぐに大量のイメージ、コマーシャル、騒音へと吸収されてしまうからである。こうしたものによってわれわれは、自分自身から目を背けてしまうのである。反対に、コンヴィヴィアル〔自立共生的〕な都市とは、官能的で快楽主義的な都市である——ただし、快楽主義とは、際限のない欲望を指すのではなく、感官への信頼、表象ではなく肉を通じて感覚された世界の元基的構造に対する信頼を指している。

まさにわれわれが場所に対してもつ関係のこの官能性について十分に考察しなかったからこそ、数多くの建築家や都市計画家がとりわけ一九六〇年代以降に作り上げた数々のプロジェクトや計画は、期待されたような成功を収めなかったのである。建物が建築家の技巧や妙技を称え、この建物が人々に住まわれるためにあるということが忘れられているとき、また建築が、場所を築き上げる技法——それは住まうべき空間の行為者と自然環境的条件への配慮と風土《エクメーネ》への依拠を前提する——ではなく、一つの知的操作となるとき、そのようなときにはまず間違いなく、建造物は劣化し、何年か経てば解体を迫られるだろう。一般に、存在する形や仕方としての〈住まうこと〉について考えることなく、人々をただ収容しようとするだけの建設プロジェクトは、失敗する運命にある。なぜなら、イリイチが「人間のガレージ」と呼ぶものの中に居続けることに、個人は耐えられないからである。

まさにこれがバルセロナで起こった。一九七八〜一九七九年に建設され、ジタン〔スペインのジプシー〕向けのカン・トゥニス地区公営住宅の事例である。[47] 名高いＦＡＤ賞を一九七九年に獲得したこのプロジェクトは、単純な建造物と外部スペースをもつ住宅がひとまとまりに一列に並んだものを計画していた。ところが、建設されてから一〇年経ってみると、建物はすべて完全な荒廃状態に陥っていた。どの中庭でもゴミが山積みになり、麻薬の取引のせいで地区には非行がはびこっていた。この失敗の理由は、カン・トゥニス地区がバルセロナ自治港法人に帰属する空地の上に建てられたことを知れば、はっきりとする。

ここは、一九九二年のオリンピックのために計画された高速道路の建設で余った区画だった。この土地は、ムンジュイックの丘のふもと――そこには見事な墓地があり、そこから美しい地中海を望むことができる――と、街の港湾地区とのあいだに位置していた。したがって、カン・トゥニス地区は港周辺の道路に隣接し、空地に囲まれ、ムンジュイックの丘と墓地からは高速道路によって隔てられていた。地区の入り口にはトンネルがあったから、街に辿り着くには道路とトンネルを抜けて自動車のあいだを縫うように進まなければならなかったし、しかも人が住む最寄りの市街地までは六〇〇メートルもあった。標準的で、よく整っていたとはいえ、どこでもない土地（*nowhere's land*）に設置された住宅という選択肢もまた、一族で移動して生活する人々には合っていなかった。それゆえ、カン・トゥニス地区が二〇〇四年にブルドーザーによって完全に解体されたと聞いても、驚くべきことではない。

大都市の諸変化に関して、街と都市計画との関係は、住まうという営みと「人間のガレージ」との関係と同じだと言うことができる。この計画は、場所を流動性――これは現代の都市の特徴であり、限界の消失や社会の細分化、断絶を引き起こす――に委ねることではない。[48] クロード・レヴィ＝ストロースは『悲しき熱帯』でカラチを記述しながら、早くも一九五〇年代から、都市がその諸限界を無限に押し広げれば無関係と無関心の王国になるはずだと指摘していた。[49] したがって、現代の都市の特徴の一つである都市の無秩序な拡大（スプロール現象）には、選別的な内輪性や地区の高級化が伴うのである。パリに見られる通り、社会的混成は消失傾向にあり、住み分けされた真の領域《テリトリー》が出現して、これによって郊外の一部の地区の住人はそこにとどまることを余儀なくされているのである。urbs〔城壁と建物の総体〕とcivitas〔住人らの政治共同体〕との不一致は、都市という共通空間において交流する仕方や一体となる仕方を市民性と結びつけるものが衰退していくことからも明らかである。[50]この不一致はまた、イリイチがその著作の最後で、技術の時代からシステムの時代への移行と呼んだものによっても説明される。技術の時代では、ひとは、道具と制度の逆生産性に直面する。システムは、使用者をプロセスの中へと統合する。欲求を抱くのは、個人ではなく、システムなのである。われわれの行動と選択を規定する専門家による助言を受けながら、われわれは、システムの欲求に応じて行動したり、反応したりする。したがって、われわれの行動と選択は自律的なものではなく、経済成長や都市への集中、消費といった命令を下す技術‐経済的秩序に従って定義されるのである。[51]

イリイチは、生きられた身体に対する技術の諸効果を分析しながら、都市を出会いと疎外の逆説的場所として描写する。消費財は、地域固有《ヴァナキュラー》の生きたつながりをこの逆説的場所に移し変えてしまう。たとえイリイチがそのように表明していなくとも、彼の分析は、都市の〈ネメシス〉とは何でありうるかを考える手がかりとなる。[52]それは、都市化《アーバナイゼーション》に対して街が復讐することを表しているだけではない。[53]都市化《アーバナイゼーション》は、産業革命と産業的思考様式、すなわち計画化、規制、空間の〔住宅地域、工業地域などの〕土地利用区分への細分化の産物として一九世紀に生まれたものである。ひどい幽閉状態を生きている閉じ込められた人間を記述することによって、イリイチはメガシティの一定の住人がおそらく感じているものと一致する状況を記述している。[54]こうしたことは、他方では都市や産業に美しさがあるということを排除しない。もっとも、このような美しさにあやかることができるのは、ボードレールの遊歩者のように、そぞろ歩きする暇があり、労働や家、因習から逃れられない幽閉状態には置かれていない者である。

この幽閉状態には、もはや息ができない感じが伴い、巨大なマシーンの下でたえずストレスを蒙っている感じが伴う。このマシーンの初期の目的は、教育することであり、教育、研究、医療、文化を組織化することであった。この幽閉状態は、ネット上のコミュニティが提示する諸々の可能性をもってしても弱まることがないし、バーチャルなものによるこれらの可能性の無限の増大によっても弱まることがない。この幽閉状態は、単に諸々の視座の不在に起因するだけではないし、また本質的にそうなのでもない。むしろそれは、感覚機能の喪失から生じる。それは、もはや自分の感覚機能を通じて自分自身や他者、世界へと結びつけられてはいない状態である(55)。

感覚機能の喪失は、イリイチがシステムの時代と呼ぶものの表れの一つである。諸々の可能性は存在するが、それらはいわば一揃いの記号や歯車、ネットワークに組み込まれている。われわれを魅了し、他の場所へと移転させ移動させるような意味をもつ予想外の特異な出来事よりも、ヘーゲルの言う悪無限、無限進行、同一物の無限の反復の方が、こうした可能性に近い。この可能性は本当は可能性ではない。というのも、それは思いがけないものとして体験されることはないからである。したがって、われわれは自分の実存に感動することはない。なぜなら、実存することを幸福に感じるためには、思い描きうる可能性を超えた、期待していなかったものに遭遇することができなければならないからである(56)。これをマルディネは「超受動性（transpassibilité）」と名づけている。それは、実存の基本構造である。この基本構造は、期待されるもの、さらに追求されるものさえも超えた、思いがけないものの可能性だけでなく、どんなものを表象するよりも前に、あるいはどんなに些細な決意をするよりも前に、自分の感覚で心の底から感動させられる能力、つまり、胸を打たれうる能力を含んでいるのである(57)。

それと同時に、イリイチはこうも書いている。「われわれの世界がどの程度住めないものになっているかは、コモンズ〔共有地〕の破壊の帰結を示している(58)」。コモンズというのは、商品の生産のためではなく、自分の生活のために使用することができるように、慣習法上の権利によってすべての住民が利用を保証されている土地を指している。そしてこのことこそ、共同体において尊重の念を起こさせるのである。したがって、イリイチは、〔一方で〕脱受肉化、すなわちコミュニケーションと共通感覚の断絶、地域固有《ヴァナキュラー》の知の喪失と、〔他方で〕〈場所ならざる場所〉への解体とを結びつける。この〈場所ならざる場所〉とは、消費財としての画一的空間であり、ネット空間や〔カステルの言う〕フローの空間といった非‐空間を反映する余暇空間としての画一的空間である。人任せの常態化、溢れんばかりの規

範、「見世物《ショー》の王国」は、依存と他律を助長し、自己喪失と同時に自己閉塞でもある自己幽閉感を増大させる。(59)

イリイチが医療的ネメシスとその医原的効果について行ったことを都市〔の問題〕に置き換えれば、今度は均り合い、すなわち所与の期間、どこかの場所に適していてちょうどよいものに支えられたコンヴィヴィアルな都市とは、どのような都市でありうるかを想像することができる。あたかも、われわれは自分の良識とプロネーシス〔思慮〕とを発展させる能力を失っていたかのように、すべての物事が進んでいる。プロネーシスとは、アリストテレスが『ニコマコス倫理学』第二巻で、そのつど中庸を心がける節度ある人間の特徴として、思慮の徳を指すために語っているような意味で理解される。われわれは、経験によって、そして節度ある人を模倣することによって節度をもつようになる。しかしそれだけでなく、気高く有徳な行為をして喜びを覚えることによっても、節度をもつようになる。この喜び〔快楽〕は、生得的ではないが自らの本性に反しない一つの性向を身につけた一人の存在の努力を賞賛する喜びである。諸限界へと立ち返ることと、人間たちが自らの考える能力と行為する能力を再び我がものとすることは、両立するのである。

コンヴィヴィアリティはまた、自分の感覚機能に対する、人間たちの信頼を貫いている。感覚機能こそ、われわれと場所との関係を最も確実に解き明かしてくれるものである。そうであるなら、われわれは、自分が閉じ込められている檻を意識し、別様にも生きられるという可能性を意識しながら、様々な経験に依拠することができる以上は、〔感覚の〕危機が〔われわれを〕解放してくれる効果をもたらすことがある。諸限界の喪失とそれが引き起こすひどい幽閉状態は、知覚を傷つけることになる。しかし、そこでもはや脱土壌的ではない思想を再発見することで、伝統に基づいた秩序と方向性を取り戻すことができる。この秩序は一つの場所に結びつき、住人の意思に支えられた秩序である。

これが意味するのは、多様な経験に依拠することが有益だということではない。諸経験は確かに、そこで可能な限りよく生きられるように共通空間を組織化する能力が人々に備わっていることを立証している。こうした経験によって触発されることもあるだろう。だが、コンヴィヴィアルな都市の模範はないし、適用すべき一連の秘訣というのもない。例えば、メガシティの全住民に、今日ブルックリンでなされているように、建物の屋上でガーデンニングするよう促すのが問題なのではない。ニューヨークのこの行政区画では、土地を耕し野菜や果物を栽培しても、それに従事する人々の食料需要をすべて満たすにはほど遠い。むしろ、それによって個人は、何らかの活動によって社会的つながりを創り出すことができるのである。その活動を通じて、彼らは、自分が作ったものを目にするのであり、また、少しでも注意深く、また土壌の維持に必要なものについての知識を少しでも獲得すれば、労働によって満足感が得られるはずである。コンヴィヴィアルな形で住まい建築するためには、概して、すでにそこにあるものを自分のものにする必要がある。まさにこのようにして、一つの文化の中で善いとされてきた、一つの場所の記憶を豊かにしている諸々の知と実践を参照することができるのであり、また諸々の徳を再発見することができるのである。こうした徳は、労働、手仕事、住まう営み、服を着る営み、糧を口にする営みの中で表現された徳であり、抽象的な惑星の上で実践されるものではなく、むしろこうした営為によって残されてきたものを通じて豊かになった、共通の具体的土壌の上で実践される徳である。[60]

一九六〇年代と一九七〇年代にフランスで建設された低家賃住宅（HLM）は、イリイチが「人間のガレージ」と呼んでいたもの、そして、それに伴う一連の問題、すなわち、孤立化、抑鬱状態、非行、社会から見捨てられたという感情、下流化という問題を例証している。こうした問題に対して、抑圧によって応じたり、充実した生活を送るにはスポーツに打ち込むだけで十分だと考えて応じたりしても無駄である。反対に、パリのポルト・ドゥ・サントゥアン近くのボワ・ル・プレートル通りで実施された試みは、公営の賃貸高層住宅を生活にふさわしい場所へと変えるための一定の基準を確立することに成功した事例である。[61] 自然と触れ合う機会を増やし、共同のテラスや庭を作ることで屋外にプライベート空間を確保することによって、普通、集合住宅では車両スペースに当てられる空間が、完全に様変わりする。共用スペースを活用することで、社会的つながりを強めることもできる。そして最後に、管理人や建物のメンテナンスを担うひとを雇用することで、人間的な関係が生まれ、共同体の成立に一役買うことになるだろう。〔建築家ユニット〕ラカトン&ヴァッサル（Lacaton & Vassal）やフレデリック・ドゥリュオ氏は、サン=ナゼールのラ・シェネ地区で、住民との共同会議の後に同様の提案をして、その結果、明るい見通しを得ている[62]。人間たちが自然との近さを感じられることで、さらには、他の生物たち――彼らを眺めていると驚きが湧き出てくるものである――が微笑ましく行き来するのを目にすることで、注目すべき道が開かれる。というのは、この道は、諸々の可能性を開き、つながりを生み出し、このようにして個人を幽閉から抜け出させるからである。

当然、無からの創造が問題なのではない。「われわれがそこでできる限りよく生きることができるようにわれわれの世界を維持し、永続させ、修繕する[63]」よう努める人々は、男女問わず、建築家であれ、都市計画家であれ、景観デザイナーであれ、様々な行為者のニーズに対応しながら、文脈依存的なナラティヴ・アプローチを採用している。しかしながら、この歩みは、別の理由からも脱土壌的思想に対置される。この歩みは、それ自体一つの歴史の果実である、社会的自然環境的な風土《ミリュー》を考慮することだけを含意するのではない。この歩みは、都市もその領域に取り込んでいる。そのようにしながら、この歩みは、農村と都市のあいだの断絶を解消するのである。この断絶は、農村を工業化し、リゾート地へと変貌させ、農夫（paysan）の仕事を軽視してきた。農夫こそ、作家が本を一頁ずつ書いて筋を組み立てていくように、数世紀かけて一パグス（pagus）〔古代ローマの村落単位〕ずつ風景（paysage）を作り上げてきたにもかかわらず、である[64]。

風景の概念以外に、自然／文化、内／外、農村／都市の二元論を乗り越えられる概念はない。この大地の表面に刻まれた〔風景という〕形象は、人間の営為の産物で、しかも常に意識的ないし意志的なわけではないのだが、これは、パンゴー（*pango*）という動詞に由来する。この動詞は、ラテン語の農業用語に由来し、「杭を立てる、打ちつける」ことを意味していたが、後に意味を広げ、「限界づけること」を意味した。「地方（pays）」〔故郷・田舎・国〕という語は、人間の作った区切られた空間を指すまでは、もともと、あるパグス（*pagus*）、つまりは、ある村落ないし集落の住人を指していた。風景〔paysage〕は地方〔pays〕の住人、とりわけ、農夫〔paysan〕によって形成される。彼らは多少とも耐久性のある〔自然という〕基底材の上に、何らかの形を彫り、刻み、削り、溝をつけ、線を引いて後世へと残し、またこれらの形に（〔paysage の〕«-age»によって表現されている）ひとまとまりの外観を与えたのである。

風景が、人間の労働とは独立に、目の届かないところで、それ自体において存在することはありえない。しかしながら、風景についてまったくの主観的な定義にとどまるのは無駄であろう。そんなことをするのは、あたかも窓を通して風景に変わる家の外には、現実性や厚みがないとみなすようなものであり、また土壌とは無関係に場所について考えることができるとみなすようなものである。確かに、近代絵画は、風景とは近くの対象の背後に地平を展開する遠近法に従って見られるものだという考えを広めた。だが、風景を絵画的なものへと還元したり、風景の主観的次元を過大評価することは、この風景を取り巻く土壌、領域《テリトリー》、及び生きた風土《ミリュー》を忘れることであり、風景の気候的な特質をないがしろにすることである。

風景〔というフランス語〕の概念のもつ豊かな含意を把握するために、〔風景への〕五つの入り口として、以下の五つの視点に従ってこの概念を捉えることができる[65]。風景は、景観デザイナー、建築家、園芸家、社会学者、地理学者、生態学者、画家、そして哲学者の興味を同時にひくのだが、これは、一つの文化的表象と見られており、この文化的表象の中では、主体の眼差しやそれを涵養した絵画〔風景画〕に結びついた、主観的次元が浮き彫りになるとされる〔第一の視点〕。風景はまた、住まわれた領域《テリトリー》でもあり、この領域《テリトリー》は、ある集団がこの場所で発展させた実践と習慣の総体との関係において把握される〔第二の視点〕。風景は、都市空間と農村空間の形成が、形態論的、気候的全体の内部に置き直されるようなシステム複合を指すこともあり〔第三の視点〕、また、どんな形態の対象化にもそぐわない一種の感性的経験を指すこともある〔第四の視点〕。最後に、〔風景は〕何らかの計画をめぐる情勢や背景のことでもある〔第五の視点〕。この五つの視点は複数の合理性が組み合わさったものである。すなわち、美的、道具的、道徳的、政治的、そして対話的（あるいは、共同生活の原理が構築される象徴的枠組みに関する）合理性である。これらの視点に立つことで、都市空間とそれを取り巻いている農村空間とを分離するのではなく、領域《テリトリー》、土壌、及び生きた風土《ミリュー》とに統合された形で、都市について考えられるようになるはずである。

都市とその領域《テリトリー》とのあいだの関係を織りなす文脈の中で思考するようになれば、ひとは抽象的な土地計画や都市化に反対することだろう。都市化は、これから造成しようとしている場所――社会的であると同時に自然的でもある場所、都会的であると同時に自然的でもある場所――について何も知らない専門家たちの頭の中で生まれてくるものである。創造することは、〔無からの創造ではなく〕すでにそこにある何かを参照することである。ジャン＝マルク・ベスが書いているように、「それは、すでに目の前にあるのに目を向けられていないものを加工して仕上げること」なのである。哲学者が文章を書きながら自分の思想を発見し、それを表現しようとして実行する努力の末にそれを認識するのと同様、「景観プランナーは、そこに存在するものを見るために、存在するものを発見するために建設しなければならない。自分が何を望んでいるのか、何を描こうとしているかを知るためには、図面を引かなければならない」(66)。したがって、プロジェクトは、領域《テリトリー》を表象し領域《テリトリー》を描出することによってそれを考案するのである。しかしながら、「考案されたものは、同時に領域《テリトリー》に現れているのだが、それは、そのときまで見られたり知られたりしていなかったものとして現れているのである」(67)。

景観プランナーが入り組んだ地形を可能性へと変えて自然を生かしながらプロジェクトを進めるこの仕方は、住まうことについてこれまで述べてきたことにつながるものである。これは、建築の哲学にインスピレーションを与えるかもしれない。建築については、次の点を理解する必要がある。すなわち、プロジェクトの論理とは、真理の論理ではなく便宜の論理であり、それは、正しいプロジェクトと間違ったプロジェクトがあるからではなく、〔その土地に〕不向きなプロジェクトとそうではないふさわしいプロジェクトがあるからだ、という点である(68)。プロジェクトの主要な基準が、経済効果という基準だけというのはありえない。プロジェクトに携わる人間は独りきりではなく、これらの場所に住まう人間たちと向き合っている。それに加えて、彼は自然環境にも関わっているのである。

したがって、専制的な姿勢、すなわち自然をかたどって外から物質〔質料〕を支配しようとする〔プラトンの〕デミウルゴスのような態度は、別の態度に、すなわち、水先案内人や同伴者の態度、さらには無為の思想の態度へと置き換えられることになる。アグロエコロジーを取り上げる際に見るように、人間は自然に寄り添い、自然を拡張し、自然を模倣する。〈住まうこと〉の現象学は、〈共に住まうこと〉についての反省でもあり、外側と内側、内部と外部、農村と都市のあいだにある諸関係についての反省でもある。この現象学は、こうして必然的に人間と自然との関係について、すなわち、農業とそれが文化の中で占める地位について問うことへと導くのである。

　すでに見たように、建てることが大地を耕すことでもあるとすれば、反対に、農業（agriculture）は文化（culture）の一部である。ラテン語のコレーレ（*colere*）は、大地を耕すことと、「文化」という語で理解されているものとを指す。この語と、「風景」の語源から蘇る、農業と文書〔刻まれた形〕のあいだの類比によって、農業と精神的ないし芸術的営為とのあいだの人為的区別は無効となる。われわれが彫琢しようとしている身体性と〈〜によって生きる〉との哲学は、人間の生の基盤、食、風景に基づく農業についての考察を避けて通ることができない。それだけでなく、われわれの糧の現象学の本質的主題の一つである〈住まうこと〉の意味を検討することによって、都市開発やその特徴である還元主義の考え方とは逆に、都市を生態学的サイクルの中へ再び導くことができるはずである。

　都市とは、メソポタミアの農業から無産階級の労働を経て炭素資源の開発に至るまで、都市を支えてきた自然の力を、都市の城壁の外へと排除することと切り離すことができない。ところで、いかに風土《エクメーネ》が住まいとして整備されてきたかを考えるならば、ひとは都市性（urbanisme）と農業とのあいだのつながりを強調せざるをえない。このつながりは、しばしばないがしろにされてきたが、強固なものである。このつながりは、食料依存という点や、都市によるゴミの廃棄、周辺地域への工業生産拠点の移転という点から説明されるだけではない。まして、様々な見世物《ショー》、サービス、財といった、農村では楽しむことのできないものを提供する都市の魅力――加えて農村では孤独が人々を、特に老人を絶望に至らせることもある――を過小評価することが問題なのでもない。農業と文化、自然と社会のあいだに近年見られる分断を問いに付す反省が目指すのは、生態系が多様な人間的営為とどのような関係を結んでいるかを浮き彫りにすることである。このことは、農村にも都市にも適用される。

「パーマカルチャー」がもつ深い意味とはこのようなものである。この語は単に、食料自給を保証し、持続可能な繁栄と幸福のための手段を発展させようと努める、永続的ないし持続可能な農業だけを指すのではない。それに加えて、「パーマカルチャー」の目論見は、脱土壌的モデルとは異なる文化モデルを推奨することである。様々な潮流を含むこのプロジェクトは、資源を枯渇させ、汚染し、都市の内部にも、都市と農村のあいだにも、常に格差を増大させる産業システムの危機に対する反動として、一九七〇年代末に生まれたものである。

熱力学的エネルギー、及び都市と周辺地域を分離する還元主義的アプローチ――この都市が、パリの例のように、実に豊かで農業のさかんな盆地に建設されている場合も含む――へと結びついた都市計画の認識論的根拠は、崩れ去っている。パーマカルチャーは、脱土壌的モデルである産業発展というモデルの諸前提と対立すると同時に、集約農業とも対立する。集約農業は、石油化学製品を利用して広大な面積にわたって穀物を栽培し、単作を強いるため、必ず大地の生命を死滅させるからである。パーマカルチャーは、従来とは異なる農業形態だけでなく、都市形態も促進する。〔それによれば〕ハビタットとは、単なる生息環境にとどまらず、「よく生きること」を共有した社会で糧を摂取する可能性をも含意するはずである(69)。

したがって、都市での農業は、コンヴィヴィアルな都市を建設するための手がかりとなる。そのような都市自体は、どんなところでもどんな土壌の上でも関係なしに建てられるコンクリートの王国としては構想されないであろう。しかしながら、このプロジェクトの意味は、自然のカルチャーをめぐるパーマカルチャーの推進者たちの考え方を詳しく見ることによって理解されるのである。このプロジェクトの意味は、いくつかの点で、「わら一本の革命(70)」について語る福岡正信の正しさを証明してくれる。パーマカルチャーの擁護者たちは、アグロエコロジー――これは生物の水先案内人を意味している――を選択する人々とは異なる。無為を奨励し堆肥でさえも拒絶する福岡と、アルバート・ホワードやルドルフ・シュタイナー、ハンス・ピーター・ラッシュとのあいだには、いくつかの違いがある。とはいえ、彼らのアプローチは、いずれも同じ精神を共有しており、そこからわれわれは農業の哲学について語ることができるのである。(71)

農業は、人間の知を構成するものの一つとして考察される。そして、農業は世界の文化を指すものである。世界(monde)は、*mundus*という語の語源を思い起こすなら、女性の装い、身繕いのことであり、この世に現れる均整美という観念に由来する。その場合、農業は、糧〔食糧〕の公正な生産、及び公正な糧〔食糧〕の促進とみなされるだろう。この公正な糧は、その産地ゆえに、またそれが人間にふさわしいものであるがゆえに、健全な糧とも言われる。農業は、土壌に留意することとも切り離せないものである。土壌は、肥沃な大地の条件であり、人間の生にとって本質的なものだからである。

有機農業であれ、福岡の自然農業であれ、このタイプの農業は、肥沃な土壌、腐植土、森林サイクルを重視する。堆肥を使用したり、様々な穀物を同時に栽培したり、森林農業《アグロフォレストリー》をしながら、人間がどのような形で自然のサイクルを模倣するにせよ、自然のアプローチは常に動的であり、農業は生物との関係とみなされる。ところで、植物のような生物が栄養素を必要とするとしても、化学肥料を使用して植物に栄養を投与するということにはならない。大地を維持するためには、肥沃な大地の保存や回復から始めることになるだろう。肥沃な大地は有機物のサイクルと不可分なのだから、重要なのは、これらのゴミをそのサイクルへと返すこと、もしくは、福岡——彼のアプローチはラディカルである——のように、大地に手を加えないことだろう。

したがって、農業《アグリカルチャー》とは、二重の意味で、自然のカルチャーである。すなわち、農業は自然を維持するという意味において、また農業は自然を知るという意味において二重である。この後者の意味は、土壌に留意することから始まる認識が、自己の認識でもあるという意味である。それは、実存することが、ある土壌の上に定位することであるという事実を想起させる。土(humus)と謙遜(humilité)は対になっている。だからこそ農業は、知の一部なのである。

農業を考慮しなければ、知はありえない。ミシェル・セールが書いているように、文化の終焉は、農業の終焉と共にやってくる(72)。逆に、哲学を刷新し、自然／文化の二元論を克服して主体の身体性と〈～によって生きること〉を重視する哲学の努力は、農業に対する関心の高まりを示している。

最後に、〈住まうこと〉の現象学は、農業を〈～によって生きる〉の哲学の中心に据え、エコロジーと実存を有機的に関連づけようと試みるものである。ただ、もし動物についての反省によってこの現象学が深められないとすれば、この試みは不十分なままだと言えるだろう。動物というのは、飼育したり自分に付き添わせたりするために家畜化した場合でも、あるいは森林を開発したり都市を造成したりビルを築いたりする際の人間の営みにおいて配慮すべき空間に生息している場合でも、いずれにせよ、われわれと共に住まう動物である。問われるべきは、人間と動物との関係であり、人間が動物と共に住まう仕方である。われわれはほとんどの場合、自分たちが占拠する空間は処女地ではなく、人間だけのためのものでもないということを知らずにおり、家畜化によってわれわれが背負った責任を忘れている。このことを踏まえ、われわれは、畜産、狩猟、漁業といった実践やその他の形態の動物の利用に光を当てることができる。そして、われわれが他の生物たちと共に形成する混成共同体の全構成員に対してさらなる公正を保証する政治プロジェクトとは、どのようなものになるかを問うことができるのである。

以下では、多様な仕方で人間に関わる動物を尊重することとはどのようなことか、またこの場合、正義はどのような形態を取りうるかを定義してみよう。そうして権利と正義の関係論を彫琢することにしよう。その後でわれわれは、糧を摂取するために動物を殺すことが正当かどうかを問うことができるだろう。畜産物の消費を断つ決断を下す人々の動機を分析するためには、動物の死を正面から直視する必要がある。重要なことは、多くの場合産業モデルに由来している畜産と屠殺をめぐる目下の状況について考察することである。しかしそれだけでなく、肉食の意味について問うことも重要であり、人間がその肉を消費しその皮革を利用する動物と、人間が食べずに埋葬する動物とのあいだにある、肉食によってもたらされた断絶について問うこともまた重要である。

感情移入、動物とのコミュニケーション、共通世界の共有

「われわれが動物たちに出会うのは感覚の世界においてである。というのは、世界は人間と動物によって共有されているからである。まさにこの世界の只中で、われわれは動物を理解するのであり、そして、さらにずっと意義深いことであるが、動物はわれわれを理解するのである」[73]。われわれが動物と共に形成している共同体は、〈感覚すること〉の次元で行われているコミュニケーションに根ざしている。動物は、自分たちの世界への確信や現実への接近が反省されたり表象されたりせずとも、一人称で経験される主観性、体験、善をもっている。動物との出会いによって、彼らを機械と同一視するのをやめるだけではない。この出会いはまた、次のことを示している。それは、動物が、単なる道徳的受動者ではないということである。道徳的受動者というのは、それに対してわれわれは義務を負っているが、彼自身は何を必要としているかわからず、またそれをわれわれに理解させることもできないような存在のことである。

　動物は、個性をもった存在であり、表象能力をもたない主観性を備えている。動物の中には、感覚を介してわれわれとコミュニケーションするものもある。諸々の関心を有してこれらを他人へと伝える主体であるためには、またフッサールが言うように、現出させる力をもつためには、世界を表象する必要も、「我思う」という自己表出を伴う必要もない[74]。さらに、自己自身の生の観察者である必要もないし、世代間の連鎖の中での自分の位置を意識し、フッサールが『イデーン』第二巻において、自我となって生（共同的生を含む）を手にするための呼び声とみなしたものを受け取る必要もない。さらに、動物が「私」と言うことができないということが、自我構造（*Ichstruktur*）を有する際の妨げになることもない[75]。私の猫が何か鳴き声を上げて食べ物をねだったり、別の鳴き声を上げてドアを開けるようねだったりするときのように、動物は人間に訴えかけ何かを要求することもある。この猫が我《エゴ》ではあっても我思う《エゴ・コギト》でな

いからといって、この猫が私を眼差すという事実、この猫が私の眼差しを眼差すという事実が何ら変わるわけではない。したがって、以上のことが意味するのは、単にこの猫が私に対して実存しているだけでなく、私もこの猫に対して実存しているということである。またデリダ風に言うなら、もし私は自分が猫に見られているのを見たことがあるとすれば、私がこの猫を見ているとき、この猫も〔私に見られているのを見ることが〕できるということである[76]。

したがって、動物たちは実存するのであり、このことは、動物たちが自分たちの環境を構成しているということを意味している。〔カンギレムによれば〕生きるとは、人間と同じく動物にとっても、「光を放射することであり、それ自体が指示対象になれば必ず元々の意味を失ってしまうような準拠中心から出発して、環境を有機的に構成すること[77]」である。動物たちは人間が見るように世界を見るわけではないが、彼らもまた、自分の環境世界の中心であり、他の生物たちとコミュニケーションを行っている。ただ一つの世界、すなわち、生物の世界としての共通世界（*Mitwelt*）しかないというだけでなく、それに加えて、われわれには「動物の心的生を追理解し、継続してより完全な経験へともたらすという課題[78]」がある。動物の心的生が人間のそれから隔たっているとしても、われわれが彼らの生を認識することができなければ、われわれの世界には「本質的な未規定性」があることにならないだろうか、とフッサールは問うている[79]。

こうした知は、行動概念の分析を経由する。行動とは、有機体に内在する一つの可能性を有機体の外側へ投企することである。環境において生物は、それぞれ固有のやり方で自己の開花を可能にするものを採取する。したがって、複数の生物に適合した複数の環境ないし環境世界（*Umwelt*）があり、これらの生物は環境世界に応じて、世界を、知覚器官に対応した世界〔知覚世界（*Merkwelt*）〕と、行為に対応した世界〔作用世界（*Wirkwelt*）〕とに切り分ける[80]。ヤーコプ・フォン・ユクスキュルは、環境世界の観念を自然環境（*Umgebung*）の観念から区別し、環境世界が、有意義性の圏域（*Bedeutungskreis*）であることを示す。ある知覚性格は、それに対応する行為性格も見出さなければ、この有意義性の圏域に入ることができない。動物に当てはまる環境世界を理解したいと望むなら、この動物にとって有意義なものしか環境世界へ入れてはならない。人間の環境世界だけが世界ではない。それと同時に、各々の世界が数ある環境世界のうちのありふれた一つだ、と言うこともできないのである。

したがって、世界とは、動物と共有される世界であるが、これは、われわれが動物を〔よく〕理解できるということを意味しないし、われわれが直接、彼らの心的生へアクセスできるということを意味するのでもない。感情移入を定義する際に見るように、われわれは、自分と自分が感じるものとを起点としてしか動物の行動を解釈できない。だからと言って、生物が存在した瞬間から、世界が並置された部分からなる物質ではなくなるということに変わりはない。メルロ＝ポンティが言うように、「それ〔世界〕は行動の現れるところに開かれる[81]」のである。生物のこの規範性によって、生物は新たな状況に対して新たな反応を示すことができるのであり、また、あるものが自分に適しているかどうかを情感的ないしパトス的なやり方で把握することができる。こうした規範性は、動物たちの行為を条件反射の総体へと還元するパヴロフ理論では十全に表現できないのである。

動物と共に暮らす人であれば誰でも、動物の体毛や羽の裏側には〈誰か〉がいること、自分の犬や猫の実存する仕方は、何らかの意味をもっていることを知っている。各々の動物は、自由の表徴である行動がその周りに組織化されるところの一つの中心である。人間と同様、各々の動物は本質的に好奇心をもち、自ら渡り歩く世界の方へと向いて、目的を目指して進んでいる。それゆえ、動物たちの行動の理解を可能にするのは、因果性のカテゴリーではなく、意味のカテゴリーである。動物たちは「我思う〔エゴ・コギト〕」とは言わないにもかかわらず、世界への一定の関わり方をもつ受肉した心的エゴである。だからこそ、メルロ＝ポンティは動物たちに関して、個性をもったもう一つの実存と言うのである[82]。したがって、伴侶動物〔ペット〕との関係だけでなく、豚、牛、鶏との関係においても、何かが、こうした動物たちのあいだで、そして動物と人間とのあいだで、起こっているのである。

こうしたコミュニケーションは、われわれが〔動物の〕「キネステーゼ体系」〔感覚と運動〕に触れたとき、容易に行われる。動物のキネステーゼ体系は、人間のキネステーゼ体系と異なるものではない。われわれが一匹の犬――その表情に富む目と身体運動は一定の情動を表している——と交わす諸々の情感的やり取りが激しくなることもあるのは、そのためである。反対に、われわれは虫たちに対してはなかなか心を動かされない。というのは、虫たちの身体性及び周囲世界と人間のそれとのあいだの差異があまりにも大きいために、虫たちを理解するのは容易ではないからである。

フッサールが一九二一年のテキスト「正常性と動物種」の中で書いているように、伝達の共同体（*Mitteilungsgemeinschaft*）は、感情移入の共同体（*Einfühlungsgemeinschaft*）に結びついている。[83] 伝達するためには、最低限の共-感、ないし同-感の能力がなければならない。だからこそわれわれは、たとえ自分の犬と同じようには自分の情動を表現しないとしても、犬に共-感することができ、また同様に、犬はわれわれが悲しんでいるかどうかを知ることができるのである。[84] ということは、ある動物たちが人間の顔の表情と似たような顔の表情をもっていて、この類似が数々の思い違いの源泉となることもある。こうした思い違いは、大型類人猿に見られる現象である。大型類人猿が口元を後方へ引きつらせて歯を見せると、われわれは彼らが好意的に微笑んでいるという印象を受けるが、彼らはこの顔の表情によって恐れと降伏の意思を表現しているのである。

したがって、たとえ私が、人間であれ動物であれ、他者を理解し、様々な程度で他者とのコミュニケーションを確立することができるとしても、それでも他者の内面に入ることはできない。感情移入は融合を意味するわけではない。そうではなく、感情移入は、私を他人——それが人間であれ動物であれ——から隔絶する隔たりを示している。この隔たりこそ、フッサールが『デカルト的省察』第五省察の中で示したように、まさしく感情移入の可能性の条件なのである。

感情移入は、〈感覚すること〉の次元に位置づけられる。しかし、感情移入は依然として理解〔悟性〕の能力に従っている。なぜなら、他者の諸情動を内から把握する能力（*Einfühlung, empatheia*）〔感情移入〕は、私が他者についての情報を集め、他者に快や不快を与えたりするものを知り、さらには、他者の境遇を改善するために私にできることを想像すること（共感《シンパシー》）を可能にするからである。私が他者にしてあげられる援助は、私にふさわしいものが、私と異なる有機体には必ずしも適してはいないということを理解することを前提する。[85]〔確かに〕感情移入には感情的同一化が作動している。そして、この同一化は、人間でも大型類人猿でも、敵対関係の中で薄れてしまうが、こうした同一化の消滅は非人間化を表している。[86]とはいえ、感情移入は、知性の一様態を指している。それに対して、憐れみは情感性の一様態と言えるだろう。

言い換えれば、感情移入は、隔たりと同時に、私と他者とのあいだの一定の類似を前提している。それは、感情移入が可能であるためには、他者が主観性であることを私が認める必要がある限りで、そうである。感情移入とは、見ている身体に、感情移入的転移によって、意識の形式を帰属させることであり、また、身体が一つの肉であり、賦活された身体（*Leib*）であって、賦活されていない物体（*Körper*）ではないとみなすことである。私はこのようにしてその身体に自己自身を感覚する能力（*Leiblichkeit*）〔身体性〕を付与するのである。

フッサールは同じテキスト〔『デカルト的省察』〕の中でも、「正常性と動物種」と同じように、動物が他性の一形式であるかどうかという問いに取り組み、想像変様という彼の方法に従って、極端な事例から引き出された様々な状況を分析している。私は、ある存在が私と似た志向性を備えているとみなす余地を与えるような振る舞いに基づいて、この存在に意識を帰属させる。他者は、たとえ現象の上では異他的であっても、さらには「怪物のような」「異常な」ものであっても、それでも一つの意識でありうるものとして認められる。なぜなら、私は他者に、世界についての可動的「視点」を与えることができるからである。

フッサールが一九二一年のテキストの中で使用している例（上半身しかない人間、盲人、哺乳類）は、次のことを示している。それは、私が他性の形式と意識とをある存在に与える際の起点となる軸を構成するのは、常に私の身体だということである。肉とは「本源的統覚」であり「必要な規範」なのである。[87]まさに想像において私の身体を変様させることによってこそ、私は胴体だけの人間が感覚するものを理解しうるのであり、盲人の知覚体系の変様を表象するのであり、また、動物については一定の変動を認めつつも、それへと感情移入的に志向性を転移するのである。私の身体の正常な変様と異常な変様についての以上の理解によって提起される問題の本質は、規範は複数存在するにもかかわらず、フッサールは私の身体こそ〔唯一の〕規範であると仮定している点にある。

フッサールが『デカルト的省察』第五省察第五五節で「異常性は、〔……〕それに先立つ正常性を土台にしてしか構成されない」と書くとき、彼はこの難点を表現している。この難点は、フッサール現象学の主知主義的で自我論的な性格の証である(88)。動物性を障害のある人間性とみなすこのアプローチは、認識論的な意味をもつだけなのだろうか、それともフッサールのいくつかの節がほのめかしているように、存在論的な意味をもつのだろうか。もしそうであるなら、このアプローチは存在の階梯のようなものへと送り返されるであろう。そしてその頂点には人間が位置している。その場合、人間は、複数の心的階層（*Seelenschichten*）をもち植物的生と運動性と理性とを同時に有する限りで、創造の過程を要約したようなものになるだろう。仮にこのような人間から出発すれば、私は、一定の階層をたどり直して他の生物も理解できるかもしれない。

しかしながら、感情移入の現象の解明について、フッサールが動物を排除する考え方をもっていたかどうかという問いよりも、次の考えの方が興味深い。それは、メルロ＝ポンティも認めているように、「われわれが動物を考えることができるのは、われわれ自身が常にそれであるところの土台を起点にしてでしかない」という考えである(89)。実際、われわれが自身の人間理解を土台にして動物を理解するとすれば、そしてわれわれの世界に属する獣たちを、「人間たちのあいだの感情移入の同化的変様」である感情移入を通じて認識するとすれば、それは何よりも、われわれ自身が限界をもっているから、つまりわれわれの認識能力が有限だからではないだろうか。

確かに、動物は本当に「私の人間性の異常な変異体」であるとフッサールが考えているとすれば、このことが意味するのは、彼が動物の他性を取り逃がしているということ、そして動物を低次の存在とみなさざるをえないということである。フッサールは動物に「欠如している」ものしか動物の中に見ておらず、動物に現実への別の接近の仕方があることを認めない。こうしてフッサールは、デリダの名高い批判に晒されることになる。デリダは、『動物を追う、ゆえに私は〔動物で〕ある』[90]の中で、哲学者たちの言説を分析し、彼らがいかに動物をアロゴンとして扱ってきたか、すなわちいかに動物とは発話しないものであり、言葉で応答せず〔生理的に〕反応するだけだと考えてきたかを分析するのである。しかしながら、人間中心主義のかどで、さらには擬人観のかどでフッサールを性急に非難するよりも、彼のアプローチが投じた光の方を考察すべきなのかもしれない。その光が当てられたのは、感情移入の概念であり、人間が動物と出会うことのできる条件であり、つまり、人間とは異なる種に属する主観性との出会いの条件である。

われわれの意図は、人間が動物と共に形成する共同体とはいかなるものかを定義することであり、何よりもまず、人間が動物を把握する際の特徴である感情移入の形式を明確化することである。ところで、この点に関して重要なのは、フッサールにとって動物は異他的な人間ではなく、具体的で単一の存在として実存しており、人間との個別的関係の中に位置づけられている点に注目することである。さらに、この哲学者に向けられる諸々の批判——彼は動物を「形が損なわれた人間」とみなしているとか、彼は「高次の動物」しか考慮していないといった批判——とは別に、彼の寄与というのは、感情移入の諸段階について語っている点にある。犬、蚊、虱、それぞれに対してもっている人間の共‐感の能力は、いずれも同じというわけではない〔そしてこれは蚊と虱が人間にとって招かれざる客であるという事実とは関係ない〕。人間は、ある動物とは関係できるが、他の動物とは関係できないからといって、動物の道徳的価値について臆断しているわけではないのだとすれば、次のことは明らかである。それは、人間とはそれほど違わない周囲環境や身体性を人間と共有する動物やペットは、われわれがこうした異なる種に属する諸々の主観性と出会える機会をもたらしてくれるということ、さらには、家畜について取り上げる際に見る通り、互恵性を伴った関係を結ぶことのできる機会をもたらしてくれるということである。

感情移入の諸段階についてのこうした問いは、マックス・シェーラーが『共感〔同情〕の本質と諸形式』において行った分析の中心にある[91]。この問いは、アリストテレスの連続性（continuum）〔という考え〕の発展にある、あらゆる主知主義的な考え方から峻別される。アリストテレスの連続性〔連続一体〕は、下位にある狂人と動物に対し、思考能力を備えた人間を階梯の上位に位置づけることになる。シェーラーは、感情移入を無媒介的な情感的把握として記述する。一匹の動物と共-感することは、この動物の身になって考え、動物がどのように感覚するかを問うことではない。それは、この動物に、その現れを通じて出会うことである。われわれが、怒りを想起したり模倣したりせずとも、何らかの行為のうちに怒りを読み取るのと同じように、われわれは、犬が鳴いて尻尾を振るのを見れば、自分がこうした行為をしなくとも、犬の喜びを理解できるのである。まさにこの意味において、シェーラーは、共通の情感的生、つまり個体以前の情感性の統一に基づく原初的基底を仮定するのである(92)。

こうした情感的感性が、人間と一定の動物とのあいだでしか可能ではない伝達の共同体をもたらすとしても、このことは、われわれが情感的やり取りをまったくもたない虫たちが感性をもたず、虫たちのあいだでコミュニケーションすることもできないということを意味しない。フッサールが感情移入をそこへと閉じ込めていた主知主義的図式を乗り越えることは重要ではあるが、それでも、感情移入を憐れみと混同することはできない。憐れみとは、これから見るように、前反省的同一化であり、感情移入の本源的条件である。感情移入は、より原初的な情感的状態に根づいてはいるが、理解〔悟性〕の一様態にとどまっている。他の生物と関わるためには、そしてとりわけ生物をケアするためには、生物を理解し生物と共-感しなければならない。このとき、理解〔悟性〕の働きと同-感とは、分離することなく、結びついているのである。

このことは、獣医の例において見られることである。獣医が担当する患者〔動物〕は、新生児と同様、分節化された言語を話さないし、われわれとは異なった仕方で、自分の情感と苦痛を表現する。動物の行動を観察することによって、彼らはそこに怒り、困窮、恐れ、疲労を読み取らなければならない。この感情移入がなければ、ケアは不可能である。ところが、特に他者が言語を解さない場合、他者と共-感し他者を理解する能力は、例えば、脚が折れるというのはどういう気分なのかと自問しながら、他者の立場に立つことを要求するわけではない。感情移入とは何かを理解するためには、屠殺場へ送られる獣の恐怖を人間も感じることができるのだ、などと信じるのをやめなければならない。動物が、人間と同じように苦しみを表現しないという理由で、動物の苦しみを否定する還元主義もまた問題である。それに対して、感情移入が示唆しているのは、次のことである。すなわち、自分の前にいる動物に世界を感じる固有の仕方があるのを認めることであり、それと同時に、この動物が何を必要としているかを理解するために、われわれにはこの動物に近づく手段が与えられている、ということである。ところで、われわれが使用している言語は、われわれから出発して他人を理解する一つの手段であると言える。

実際、私は、他者の身体で苦しむことができない。また、他者の苦痛と苦しみを感じることもできない。私が他者の苦痛と苦しみをまったく経験したことがない場合、そしてこの他者が別の種に属している場合は、特にそうである。しかしながら私は、他者が苦しんでいるということを、他者による感情表現だけでなく、私がその感情表現を翻訳するために用いる言葉に注意を払うことによっても、知ることができる。したがって、日常的な言葉を通じて開かれる動物への視座は、もはや還元主義的ではない。というのは、言語の文法——それは次の意味で種の障壁を飛び越えるのだが——のおかげで、「目の前の動物が苦しんでいる」と言うときのこの言葉は意味のある言葉だということが示されるからである。それゆえ重要なのは、脚が折れるのはどのような気分かを想像することではなく、われわれが現実を記述する際にしかじかの言葉(「苦しむ」、「意識がある」等)を使用するのはどのようなときかと自問することである(93)。こうした言葉の使用についての検討や、日常言語についての哲学は、次のような道を開いてくれる。それは、動物のために語り、動物がいつ苦しむかを知り、そしてそのようにして、動物と互いによりよく関わり合い、動物の負担を軽減し、手を差しのべ、さらには動物実験を中止する、そのような動物へのアプローチの道である。

感情移入に関する以上の分析によって、憐れみの重要性が失われることはまったくない。憐れみは、他者との関係において主要な役割を果たしている。しかしながら、感情移入が感覚と理解から生じ、私と他者とのあいだの一定の隔たりを前提するのに対し、憐れみはパトス的なものの次元にのみ位置づけられ、本源的なものである。これは、前反省的同一化であり、他のどんな同一化——例えば、われわれが自分を人間という種や何らかの社会集団のメンバーとして認知することを可能にする同一化、人間を他の生物から区別する同一化——にも先立っている[94]。他の生物が無駄に苦しむのを見ることへの生得的な嫌悪感、及び他の生物の苦しみによって苦しむという事実、こうしたものは、われわれ共通の傷つきやすさの核心そのものに触れているのである。

憐れみは、理解と標的型援助〔援助対象を絞る援助〕を可能にする自我と非我の分離に先立っているが、それだけでなく、一部の動物に対する情感的思い入れを一時的に中断する際に生じる〔人間と動物との〕分断にも先立っている。憐れみの停止と同様、こうした防衛機制は、工場畜産という状況の中で生み出される。それは、生産者と消費者が動物を殺してその肉を糧として摂取するために使用する手段の一つでもある。肉食の提起する哲学的問題を明らかにする前に、次の点を示すことが重要である。すなわち、つながりが途絶えること、人間と動物とのあいだにある共生的（symbiotique）理解が途絶えること、さらには憐れみに蓋をすること、こうしたことこそ、工場畜産の特徴である、という点である。

この共生的理解は、追う（suivre）〔続く・近寄る〕ことと逃げることによって定義される。感覚的経験の第一段階は、分離と合一の段階である。というのは、感覚する存在は、自分を一定の他の諸部分と一体化したりそれらから分離したりするようになっているからである。換言すれば、〈感覚すること〉とは、感情移入の経験であり、「魅了したり怯えさせたりするものが帯びる観相学的特徴へと向けられた[95]」〈事物と-共に-感覚すること〉である。同様に、近づくことと遠ざかることの相互運動において展開される二極性は、人間と動物との関係においては本質的である。共生的理解は、この二重の可能性——追うことと逃げること——が提供されていなければ起こりえない。追うことは、動物が逃げることができて初めて意味をもつ。「この二極関係を外から損壊することによって、共生的関係は妨げられ、あるいは破壊される[96]」。

したがって、自由の剥奪はこの二極関係の損壊である。檻に入れられた動物たちは、ひとが近づいてもまったく逃げることができないし、人間の友好的態度を理解することもできない。何も起こらない粗末な環境の中に妊娠した雌豚を閉じ込めるのは、この豚の身体の損壊〔不能化〕である。豚の身体とは、世界と時間とに対する動物の直接的関係の場なのである。足かせをはめられた豚の身体という例は、この豚が感覚の損壊〔不能化〕を余儀なくされていることをも示している。というのも、この豚が被る世界は、あらゆる意味とまではいわずとも、少なくとも食べることと飲むことの意味を奪われてしまっているからである。この雌豚は自分の身体において、感覚機能を発揮できない状態を生きている。豚は、この無力さとこの意味の不在に耐えるために、途方もない忍耐力を費やさなければならない。

最後に、工場畜産においては、動物同士の関係、及び動物と生産者との関係が、すべて破壊されてしまう。雌豚たちがたえず檻の格子に噛みつくといった、よくある行動は、彼女たちの自由な行動が奪われていることの証拠である。一向に時間が過ぎないという経験を余儀なくされた雌豚たちは、このように反応するのである[97]。動物たちの諸々の行動は、彼らの健全さが傷ついていること、自分の環境に働きかける能力が傷ついていることの証である。こうした行動は、彼らの狂気を物語るものではなく——というのも、彼らは現実においてはまともだからである——工場畜産のシステムの不当性を物語っているのである。工場畜産は、動物を破壊し、彼らのあいだのあらゆる関係を禁じ、動物たちを生産の道具へ還元することによってわれわれを非人間化し、新石器時代以来の牧畜の意味と絶縁しているのである。

その証拠に、動物たちとの関係、とりわけ人間に家畜化された(domestiquer)動物、つまり、人間が家(*domus*)に連れて帰って共生してきた動物たちとの関係は、われわれに次のことを教えてくれる。すなわち、動物という他の主観性は、彼らの環境世界の主体であるだけにとどまらず、また、人間と動物によって形成された共通世界の主体であるだけにもとどまらない、ということである。さらに、動物との親密なつながりは、動物に志向性と個性があることを反論の余地のないものにするのであって、こうした志向性と個性を動物に認めることによって、動物との真の出会いへの道が開かれるのである。

家畜は、われわれが付き合う各々の人間と同様、われわれに特別な影響を及ぼす。家畜は同種の生き物と共通する一定の特徴をもっている。この特徴は、諸々の動物行動学的欲求と当の動物種に関係する諸々の規範とに結びついており、この家畜を飼育する際にこれらの欲求や規範を尊重しないのは不当である。だが、家畜にはまた〈同種の生き物と共通する一定の特徴に加えて〉、一つの人格があり、世界との関わり方、人間に関わる唯一無二の仕方があり、そして個人史がある。動物と触れ合うことで、われわれは自分の情動に再び立ち戻って、彼らと〈感覚すること〉の次元でコミュニケーションを行う。またわれわれは、感情移入を通じた出会いという真理や「思惟よりも古い世界とのコミュニケーション」[98]という真理を感じている。その意味では、動物たちこそが、われわれを人間にしてくれるのである。それと同時に、動物たちこそ、われわれの目を、先人たちから伝承された歴史と空間とに向けさせるのである。こうした歴史と空間は、先人たちが動物たちと共に、そして部分的には動物たちのおかげで構築できたものなのである。

畜産動物と伴侶動物に対する人間の支配に終止符を打つために、動物種の家畜化の廃止を提唱する廃止論者の立場を擁護するよりもむしろ、われわれとしては次のように考える。すなわち、こうした動物をめぐる正義と尊重を主張する際、われわれは、人間に対する動物の隷属状態について責任を負うべきであり、隷属状態から生じる動物の傷つきやすさに対して責任を負うべきだ、ということである。それは、動物が人間にもたらすあらゆるものに対して感謝することであり、彼らが必要とするケアを惜しみなく与え、彼らの自由をなるべく制限しないようにすることである。家畜の場合、彼らの自由は、必然的に足かせをはめられる。それは例えば、われわれの猫や犬を見ればわかる。彼らは不妊手術をされているし、われわれは彼らにリードをつけて散歩し、彼らを外出させる際には必ず監視しているのである。われわれの伴侶動物たちに、彼らが開花繁栄できる〈精神的身体的に良好な〉環境を与えてあげようとする思いやりと努力によって、われわれは、家畜化に含まれる自由の相対的剥奪を、道徳的に受容可能な形で埋め合わせることができるのである。

食料や毛を生産するために飼育された動物たちが問題となる場合でも、感謝することには意味がある。ところで、工場畜産の特徴とは、まさしく互恵性がまったくないということである。動物たちは、常に最小限の時間で、より多くのものを、より低コストで生産しなければならない。しかし、彼らの最も基礎的な欲求は満たされないままであり、彼らの動く自由、世界を歩き回りたいという欲望、そして〔他者と〕接触したいという欲求は、決して表現される機会がないまま、彼らは永久に閉じ込められている。

動物たちの存在に配慮し、動物たちとのコミュニケーションを確立する可能性に配慮するとき、われわれは、〈感覚すること〉の水準に身を置くことになる。この水準においてわれわれは、配慮すべき道徳共同体のメンバーとしての動物たちに出会う。彼らの欲求と彼らの生きる欲望を尊重しないこと、彼らに実存の喜び——それは、すでに見たように、本源的なものであり、動物たちは自分にふさわしい環境に移るとすぐに実存の喜びを表に出す——を表現させないこと、それは、われわれと動物たちが出会う共通世界を、疎外された世界にすることである。この疎外された世界で、われわれが幸福を味わうことはほとんどない。というのは、そのとき動物たちは、われわれの実存とは別の、もう一つの実存ではないからである。それに対して、彼らの実存は、実際にはわれわれの実存と混じり合っている。伴侶動物の場合のように、われわれが彼らと情感的つながりを結んでいようと、あるいは、粗放的な牧畜において、生産者が自分の知っている牛たち、この目で生まれるのを見た牛たちに対してもっている愛着が問題であろうと、そうなのである。生産者が牛たちを人為的な形で死へ追いやる事実自体は問題視されるかもしれない。しかし、このことによって、自分の獣たちに対して生産者が感じている愛着の念が無意味になるわけではない。この感情は、生産者の職業と切り離せないものであり、またこの感情を知れば、獣たちが幸せだとわかったときに、生産者が自分の仕事は間違っていなかったと感じるのはなぜかがわかるだろう(99)。

反対に、工場畜産における動物たちは、集約型の労働に対応させられ、たった一つの器官が果たす機能に切り詰められている。彼らは、各々の牛が固有名をもつ伝統的牧畜のように個体としては認識されておらず、生産者が各々の欲求に耳を傾けるのにはあまりにも頭数が多い。専門分化した労働は、人間に自分の動物の傍で時間を過ごすことを禁じている。また、牛が永久に舎飼いされ、生産者が建物に入って来るたびに牛が怯える畜産のように、動物の置かれた生活条件は、動物が叫び声やパニックに陥った動きで反応する以外の仕方で意思伝達することを許さない。檻、闇、鉄格子、過密状態が、彼らの環境世界である。それは、〔彼らを〕閉じ込める世界、彼らが逃げられない世界である。動物を〔人間の〕住処から隔てて囲い入れ、そのようにして動物を農地の住人にも来訪者にも見えなくしてしまう建物を建てることによって、家畜化の意味を変えてしまったシステムは、どんな手段でも利用する。しかしながら、その手段がどんな手段であっても、依然、獣たちの生はわれわれの生と深く混じり合っているのである。

実際人間は、動物を利用する労働によって生きている。人間はそのようにしてパンを手に入れるのであり、彼はこの〔労働という〕営為によって自己形成するという意味において、この営為は人間の糧となる。この〔動物たちを利用する〕営為が彼を満足させようがさせまいが関係なく、彼はこの営為によって自己形成する。また彼が〔依然社会的に価値が置かれる収益目標とパフォーマンス目標に到達できたがゆえに〕この営為に満足していると言おうが、これらの感性的諸存在〔動物〕に課された生の状況を恥じていようが、〔いずれにせよ〕彼はこの営為によって自己形成するのである。諸個人は、獣たちの苦しみによって〔自らが〕（それほどまで）苦しむことがないようにあらゆる種類の戦略を考案するが、屠殺工場の従業員――彼らは生きた獣たちに追いかけられる悪夢を見る[100]――が告白するように、大多数が、トラウマを引き起こすようなイメージに取り憑かれたままなのである。感性的諸存在〔動物〕を虐待するとき、われわれは自分が彼らに対してやっていることに深く傷つかないではいられない。畜産と屠殺によって人間たちと動物たちのあいだのあらゆるコミュニケーションが破壊されるときでもそうである。コミュニケーションが破壊されるのは、数、収益目標、スピードがあらゆる関係を禁じ、生産者と屠殺場で働く職員に無感覚になるよう強いるからであり、あるいは監禁や殺害という状況が動物――病気になったりパニックに陥ったりすると、動物は、生産が遅延したり流れ作業が滞るのを避けるために殺されたり殴打されるのだが――を物象化するからである。

今日われわれには、工場畜産――これが広まったのは第二次世界大戦後だが、〔その実〕一九世紀に誕生した全分野の生産の工業化計画に対応している――が保持できないモデルであることははっきりしている。集約畜産の環境コストは、すでに一九九〇年代から知られているし、このシステムがもたらす経済的社会的な災厄は、今日では反論の余地のない形で現れている。確かに、畜産を工業へと転換させた収益性という目標は必ず挫かれるということは当初から明らかであった。生産者たちはより少ないコストでより多く生産するため、常に事業を拡大しなければならなかったし、負債を負わなければならなかったからである。次第に彼らは、家畜用の飼料や医薬品を売る企業に頼るようになり、家畜に与えられる一日分の飼料や、自分の企業の生産性、雌牛や雌豚の廃用判断をすべき時期をコントロールする技術者に頼るようになっていった。生産者たちもまた、ある経済モデルに結びついたシステムの犠牲者である。その経済モデルは、そこに組み込まれた人間や動物の価値を考慮することが決してない。なぜなら、その唯一の目標は利潤だからである。

このようなシステムは、賃労働者を疲弊させる一方で、消費者を操ることによって彼らを搾取する。というのは、このシステムは、生産物を売りさばくための出口がなければ持続できないからである。したがってこのシステムは、健康に関する議論を用いた、公権力と結託した大規模なマーケティング・キャンペーンによって支えられている。こうしたことは、フランス国内の健康政策の一部に見られるものである。例えば、食肉や動物製品の日常的消費を推奨する政策や、学校の食堂でベジタリアン向けの食事が提供されるのを禁じる政策である(101)。

日常的な食肉消費が求められるのは、自分たちの栄養上の必要と健康とを考慮した結果ではなく、アグリフード産業からの要請の結果であることを、必ずしもすべてのひとが意識しているわけではない。それに対して、インターネット上で出回っている動画のおかげで、このシステムが、動物やそれを飼育し屠殺する人々に対してどんなことを強いているかについては、すべてのひとが知っている。同様に、一九世紀以降都市部の周縁に置かれてきた屠殺場が、極端な暴力が支配する場所であることを知らないひとは皆無である。数多くの獣たちが大抵は長くて辛い旅路の末、水も食べ物もなしに何時間も殺されるのを待っている。恐ろしいスピードの流れ作業の中で、賃労働者は、死にゆく動物に寄り添うことを不可能にするような反復作業をできるだけ速く行うよう強制される。ときとしてこの作業は〔畜獣の〕失神処置規制の実施に逆行するものとなる。こうしたものはいずれも、すべてのひとにとって公然の秘密である。屠殺工場で働く賃労働者は、彼らの身体を早くから消耗させる同一作業の反復のせいで生じた筋肉と骨の痛みに晒されながら、日常的に繰り返される大規模な殺戮を目にするのである。

自分たちの主体性に反する隷従状態を強いられた人間と動物の苦しみ、彼らに対する不正は、感情移入によるコミュニケーションと〈感覚すること〉の次元において感じられる。つまり、世界と彼らとの最も直接的な関係の中心部分が、この次元によって動かされているのである。しかしながら、消費者たちはこうした現実を前にしても、食肉と動物製品の需要を減らすようになるわけではない。個人のライフスタイルの変化がアグリフード産業に重要な影響を与えるかもしれないにもかかわらず、そうなのである。というのは、アグリフード産業は需要に応じる形でしか動かないからであり、こうしたことから、過剰生産によって喚起される浪費がどのようなものであれ、アグリフード産業は、生産物を売りさばくための出口となりうる新たな欲求を常に生み出すからである。

このような指摘をするのは、消費者を罪人とみなすためではない。むしろそれは、人間たち、とりわけ、食料生産者や獣を殺す任務を任されている人々と、動物たちとをつなぐ、共通の悲惨を明るみに出すためである。このような指摘はまた、われわれの個別的な責任を際立たせる。今日の人々に罪はない。現在の資本主義が彼らの作り出したものでないのと同様に、彼らは工場畜産の礼賛者ではない。しかしながら、彼らを作り上げている歴史、そして新石器時代以降は家畜化の歴史でもある歴史から見れば、彼らは、動物への責任を負っているのである。われわれの祖先が一万年前に動物を連れて帰り、人間に依存する存在にし、交配を繰り返すことで改良し、人間に都合のよい形質を獲得させてきたからである。こうした動物はわれわれのあいだにいるのではない。彼らはわれわれと共にいるのである。われわれが彼らに出会おうが出会うまいが、われわれが彼らの肉を食べようが食べまいが、そうなのである。それゆえ、われわれの政治共同体は「人間と動物の政治共同体」である。われわれは、動物たちに対する、そしてとりわけ我が家に住まう動物たちに対する正義という義務を負っているのである。

かくして、歴史とは単に人間の歴史であるだけではない。エリック・バラテが言うように、「動物的観点[102]」を念頭に置きながら歴史を書くことも重要である。われわれの歴史は、共-構成の歴史である。というのは、われわれは、牛や馬、ロバ、羊たちがいなければ、今ある自分にはならなかっただろうからである。想い起こすべきは、われわれとコミュニケーションし共に生きる能力をもつ動物や、相対的におとなしく人に順応する動物でしか実現しなかった家畜化の当初の目的は、肉を食べるために彼らを利用することだけではなかったということである。羊毛のための羊の飼育、土を耕すための動物たちの使用、風景の描画における放牧の役割、戦争における獣たち――馬であれ雄ラバであれ、あるいはまた猫や鳩やネズミであれ――の存在、こうしたものは、人間たちと獣たちの共同作業や家畜化には、複数の役割があることを示している。ただ、だからといって、人間と家畜の共通世界について語る際に、暗黙の家畜契約なるものがあると正当に主張することができるというわけではない[103]。

社会契約は合意を前提する。だからこそ、ホッブズが『リヴァイアサン』第一六章で書いているように、神々や動物たちと契約するのは不可能なのである。その上、社会契約は、この契約にそろって利点を見出す諸存在間の対称性を必要とする。交換は、平等性と互恵性を保証しなければならないし、ギヴ・アンド・テイクのルールを実現しなければならない。ところで、人間が自ら種づけを行って飼育する動物たちに対して、人間は糧〔食料〕や寝床を与えるとしても、人間は動物を人為的に死なせるのであり、彼らが実存を享受できたであろう年齢まで生かしておかないこともしばしばである。それに加えて人間は、動物を依存関係の中にとどめておく。動物はこの依存関係を終わらせることができない。動物たちの大多数は、形質がすでに選別されているため、野生の地で生きる能力をもたない。それだけでなく、彼らには、そもそもこの状況の外へ出る自由がないのである。この自然契約は暗黙の了解だ、という事実から議論を立てるとすれば、それは、次の点を忘れることを意味する。すなわち、家畜化というものが、動物への一定の尊重をその特徴とするとしても、家畜化は動物ではなく人間の利益に即して行われたという点である。家畜化が不可逆的である以上、動物たちは契約を破棄できない。したがって、家畜契約について語るのは正当とは言えないのである。

こうした指摘をしたからといって、国家の義務と政治的権利の原理を定式化する際に、つまり本書で社会契約を彫琢する際に、動物の利益も考慮すべきだということに変わりはない。社会契約は人々のあいだで結ばれるが、われわれと共に道徳・政治共同体を形成する家畜の利益は、共通善の定義の中に含まれるべきである。それと同時に、われわれはあたかも、オランウータン――彼らのハビタット〔生息環境〕はパーム油用のアブラヤシのプランテーションを作るために破壊されている――が存在しないかのように、そしてオランウータンを絶滅させることがわれわれの正当な権利に属しているかのように振る舞うことはできない。動物たちはそこにいる。彼らが単に目の前にいるということだけで、われわれは義務を負うのである。家畜に関して言えば、彼らはわれわれの世界に属しているのである。

自然契約や家畜契約という考えは退けられるべきであることは、次の二つの補足的理由から説明される。この考えは、動物に対する暴力に正当性を与えるものであり、この考えのおかげで、われわれは、工場畜産の難点となっているものに対して、すなわち動物を殺すために動物を飼育するという事実に対して目を閉ざしてしまうのである。たとえ生産者たちが獣たちに好条件を提供している場合でも、この現実を正面から直視しなければならない。牧畜から動物工業への転換によって、家畜契約が破棄されることはなかった。なぜなら、人間と動物のあいだにはそもそも契約などなかったからである。この転換は、人間と、家畜化された動物とのあいだのつながりを破壊した。今動物たちがそこに、われわれと共に、われわれの世界にいるからこそ、彼らはわれわれに諸々の義務を課すのであり、彼らの諸権利を承認するよう求めるのである。これらの権利は、感性的存在〔感覚を有する存在〕という彼らの身分規定だけでなく、快苦〔喜びと苦しみ〕を感じそれを伝達できるような道徳的行為者となる能力にも基づいている。

関係的権利の理論は、虐待、劣悪な処遇、幽閉状態から感性的存在〔動物〕を保護し、感性的存在のもつ普遍的な消極的権利の不可侵性を主張するだけではない。この理論の意義は、権利論が、より大きなプロジェクトの中に組み込まれるという点にある。それは、われわれが人間の兄弟たちに対してもっている義務と、様々な動物たちに対してもっている義務とを混同することなく、混成共同体の全構成員に対する正義について考えるのである。

人間と獣たちは、もはや野生の地に戻ることのできない家畜の場合のように、一つの同じ空間で一緒に暮らしているか、もしくは——われわれと共に生きることを望まない野生動物の例で見られるように——別々の空間を占有しているかのどちらかである。もしくは、人間が、いわゆる境界動物の集団と対面している場合もある。彼らが境界動物と呼ばれるのは、家畜化できないが、キツネやオオヤマネや鳩のように、人間の住居の近隣に居着きながら、そこに自分たちの生育に適した環境を見出しているからである。われわれが彼ら〔境界動物〕を闖入者として扱い、駆除したり排除したりするからといって、それが、彼らには実存する権利がないということの証左にはならない。こうしたことが示しているのは、単に次のことにすぎない。それは、他の生物種と共存すること、そして、中間的な身分規定をもち、人間と共存するのも人間のいないところで生きるのも望まない生物種に対して居住権を認めること、こうしたことに対してわれわれには抵抗があるということである。

ゾーオポリスと動物に対する正義

「ゾーオポリス（zoopolis）」〔人間・動物政治共同体〕について語ることは、われわれが地上におけるただ一つの生物種ではないという事実を重視することである。[104] それゆえ、動物の利益が共通善の定義の中に組み込まれなければならない。確かに、われわれが形成する政治共同体にはルールがあり、われわれはあらゆるものに市民権を与えることができるわけではない。しかしこの共同体は、もっぱら人間たちだけのものというわけではない。これは、われわれが次の点を想い起こせば明らかになるだろう。それは、われわれが彫琢しようとしている政治理論の基盤は、〈感覚すること〉のラディカルな現象学と、身体性、及び〈〜によって生きる〉の哲学である、という点である。

政治共同体を人間の共同体だけに限定することが意味をもつとすれば、それは、人間の知性が、人間以外の生物を服従させることを認めていると考えるときだけである。このような〔服従を認める〕宣言はどこにも見当たらない。聖書の文言の中でこのような宣言に出会うこともない[105]。また、デカルトが動物機械論を主張したからといってデカルトを非難することに時間を費やすことは許されないし、彼を人間中心主義の先導者であるというかどで咎めるなど、もってのほかである[106]。実際、デカルトにとっては、神だけが目的因である。そして、世界がわれわれ人間のためだけに作られたと考えるのは思い上がりなのである。というのは、「真にわれわれのうちにある完全性を認識する代わりに、ひとは、諸々の被造物よりも上位へ身を置くために、被造物がもたない不完全性をそれらに帰属させる[107]」からである。

したがって、自然に対する人間の専制的な地位というのは、比較的最近のものである。というのも、この地位は、産業革命の初期に始まり、二〇世紀後半に絶頂を迎えるからである。この専制的地位は今やその威厳を失ってしまっている。なぜなら、〔第一に〕この専制的地位は、生態系に対して、また社会的経済的次元に対して、惨憺たる結果をもたらしたからであり、〔第二に〕この専制的地位は人間存在についての歪んだ考え方を伴っていたからである。人間存在の実存の物質性とその風土的次元は〔このような考え方においては〕重視されることはなかった。第三の理由からも、われわれは、この専制的地位――これは、生産活動の外側にある限界に対して盲目的で、交換財の意味と諸存在の現実的欲求に無関心な経済の維持にも一役買っている――の諸前提を退けることができる。この第三の理由は、〈住まうこと〉と〈共に住まうこと〉の現象学に基づいており、それは〈〜によって生きる〉の哲学がすでに明らかにした実存範疇の記述から生まれたものである。

実際、生きるとは、「〜によって生きること」であり、〈共に-生きること〉である。ところで、われわれが諸々の風景によって生きており、諸々の植物を糧としているとしても、次のことは明らかである。それは、動物たちの感性と彼らの傷つきやすい自我によってだけでなく、世界を開示する彼らの能力と、彼らとわれわれのあいだに存在する感情移入によるコミュニケーションとによって、動物たちは、単にわれわれがそれによって生きるところのものであるだけでなく、われわれと共に住まうものである、ということである。動物たちはまた、われわれとともに、道徳・政治共同体を形成している。今や問題は、この道徳・政治共同体が含意するものを、権利と義務という観点から明らかにすることである。

そのためには、ウィル・キムリッカとスー・ドナルドソンが擁護する正義論が貴重な手がかりとなる。実際、彼らは、動物には権利があると考える人々によって伝統的に採用されてきた歩みを踏まえている。しかしながら彼らは、消極的権利のリストを作成するだけにとどまるのではない。この権利は、動物の基本的利益の不可侵性を尊重することでそれを保護する権利である。なお、こうした不可侵性が意味するのは、この利益が他のものたちの最大利益のために犠牲にされることはありえないという事実である。彼らはまた、諸権利に関する多様な関係的アプローチを採用しつつ、人間の諸々の義務を具体的に示しながら、動物の積極的権利とは何かを明確に示している。さらに彼らは、動物が不可侵の権利をもつという主張の根拠を、動物が生と世界について主観的経験をもつという事実に求めることによって、この法理論を補強するのである。この理論は、動物解放運動の文献においては古典的ではあるが、その実践的な含意は考察に値する。というのも、そこで問題となっているのは、動物を、幽閉状態、奴隷状態、生体解剖、そして解体から逃れさせることだからである。

『権利論』において、ロナルド・ドゥウォーキンは、権利とは、カードゲームのような、一つの切り札（トランプ）であったことを示した[108]。権利は、それが付与された諸個人を侵害するような状況から彼らを守り、それに立ち向かうことによって、彼らを保護する。ところで、キムリッカとドナルドソンがするように、こうした権利の定義を動物に適用すれば、多くの人間の幸福と引き換えに、わずかの動物の生命を犠牲にすることの正当性を論証する功利主義的アプローチが、すべて退けられることになる。功利主義の快楽計算も、そして、どこまで動物の利用や搾取を容認するかを定める基準を提示する諸理論[109]も、認められないことになる。したがって、動物たちは不可侵の普遍的権利の保有者であると宣言するならば、彼らの基本的権利の尊重を保証するために、ロック風に言えば、彼らの周りに「防御壁」を建てなければならないのである。この立場は、政治共同体の全構成員に基本的権利を付与する平等主義を前提している。『アナーキー、国家、ユートピア[110]』のロバート・ノージックが使用した表現を用いるなら、もはや「動物には功利主義、人間にはカント主義」を採用することはできないのである。

不可侵性がすべての感性的存在に適用されると考えることは、獣たちが人間と同じ権利をもつということではない。あたかも人間の諸権利を動物たちに拡大し、これらの消極的権利と積極的権利を、人間存在に有意味な諸権利に似せて作ることを意味するかのように捉えてはならない。より正確にいえば、〔キムリッカとドナルドソンの〕関係的正義の理論においては、家畜と野生動物は、同じ積極的権利をもつわけではない。というのは、彼らは、権利上同じものを要求できるわけではないからである。しかしながら、すべての動物には、彼らの基本的利益が侵害されるような処遇から保護される権利がある。ところで、不可侵性の原理は、動物が有する主体という資格に由来するのだが、それは、動物が一人称で経験する体験や生は反省されたものではなく、またロールズやハーバーマスの討議モデルのように、こうした体験と生は、動物が討議できるような表象の対象にはならないにもかかわらず、そうなのである。

このような主張は、周縁的な事例、特に次のような人間を考慮する議論と整合的であるだけではない。すなわち、深刻な精神障害に苦しむ人間や、われわれはその人を不可侵の権利を有する主体として考えているのに、〔彼自身は〕世界についての自分の見方を言い表したり、守るべき自分の利益について哲学的に考えたりする能力をもたない、そのような人間である。キムリッカとドナルドソンは、単に種差別を告発しているわけではない。種差別とは、その認知能力がどのようなものであれすべての人間には権利を与えて、苦痛を招く一定の実験からも人間を守っておきながら、それと同時に、この同じ実験が動物に対してなされることについては容認するという立場である。むしろ、賢明にもキムリッカとドナルドソンが強調するのは、不可侵性の意味と起源である。

ある個体が、道徳的身分を備え、彼を搾取するような他者の権利を制限する法的保護を受ける権利があるということは、複合的な推論ができるという彼の能力に由来するのではない。ある存在の不可侵性についての主張は、この存在の主体性の承認に由来する。毛、肌、ないし羽の裏側に誰かがいるならば、すでに彼には不可侵の権利がある。諸々の消極的権利を、人格の所有に限定する必要はない。人格は、古典的には一定の知的能力や自らの格率を普遍化する能力に結びつけられてきたが、傷つきやすい自我が自分の生の主体であるという事実は、それだけで諸権利の保有者であるのに十分なのである。このアプローチの利点は、単にこのアプローチによってわれわれの依存状態〈介助を要する状態〉を説明できるだけではない。なお、われわれは誰しも、自分が実存しているあいだのある時期に、このような依存状態に置かれているが、かといってそのことでわれわれが二流の人格になるわけではない。このアプローチはまた、不可侵性が、相互承認の果実であることを示し、関係を権利理解の出発点にするのである。

動物に消極的権利を認める理論は、それがもたらす帰結ゆえに、つまりは動物の基本的権利を侵害するような多くの行いをやめなければならないために、なかなか受け入れられないでいる。だからといって、われわれが、たとえ異なった道徳的宗教的伝統という背景をもっていても、理論的次元において〈重なり合うコンセンサス〉(overlapping consensus)に達することができるという事実に変わりはない[111]。実際、傷つきやすい存在すべてが自分の基本的権利の保護を受けられるというのは、信仰や依拠する道徳性の源泉がどのようなものであれ、誰に対しても認められるものである。

これは、われわれの身体性の哲学の争点でもある。この哲学は、傷つきやすさを強調し、〈感覚すること〉の現象学に依拠している。そしてこの〈感覚すること〉のもつパトス的次元は、何度も主張されてきた。人間と獣がコミュニケーションするのは、まさにこのパトス的次元においてだ、ということを示した際もそうである。主体性をもつ存在が、生態系、植物、自然にあるものすべてに対して要求されるのとは異なる保護を必要としているのは、誰しも認めるところである。このことは、植物が取るに足りないものだということを意味するわけではないし、感性が植物に適用されないということを意味するわけではない。それは、この場合、環境と相互作用し合う植物の感性と、苦痛や苦しみを感じる動物の感性とを区別すべきだとしても、そうなのである。

人間の行動が原因で植物と生態系が被りうるダメージは、植物や生態系《エコシステム》を自由に利用する人間の権利に対して諸々の制約を課す。こうした制約が示しているのは、人間には、個人的な理由から豊かになろうとして地球を破壊し、他の人間と他の生物種の未来を抵当に入れることなど許されていないという事実である。それゆえ、こうした制約を通じて、人間は、遺産として受け取った大地への居住の仕方について、彼らが担うべき責任へと立ち返ることになる。たとえ植物に非道具的な価値を認め、植物はわれわれだけのためにそこにあるのではなく、われわれだけのために創造されたのではないと考えるとしても、われわれは植物に関しては尊重（respect）と言い、正義（justice）とは言わない。この後者の用語は、人間であれ非人間であれ、大地に住まう、あるいはこれから大地に住まうことになる、肉を備えた〔植物以外の〕他の存在のために取っておこう。〔それに対して〕動物が問題になった時点から、もはや動物が被ったダメージだけでなく、不正（injustice）が問題になるのである。

不正は、人間という種と他の種とのあいだの関係にのみ関わるのではない。不正は、個性を認められた動物と人間それぞれに対しても何らかの意味をもつ。個性について考慮し、苦痛と苦しみに対する感受性としての傷つきやすさを強調し、さらにそのつど世界を唯一無二の仕方で扱いながら実存する事実について考察することから、次のことが帰結する。すなわち、動物は保証されるべき不可侵の基本的権利をもつということ、それに加えて、彼らは積極的な権利を有するということである。こうした権利は、われわれと動物との関係をめぐる分析を通じて明らかにすることができるはずである。

動物の呼び声がするというのは、まさにこの意味においてである。動物はわれわれに語りかける。そして、われわれは、どんな文化に属していても、この呼び声を聞くことができる。動物たちが考慮され、彼らが倫理と正義の対象となる。この真理から何らかの結論を引き出すのは容易ではない。その原因は、われわれの習慣であったり、自分たちの食習慣と余暇活動とを正当化するためにわれわれが拠り所とする物語や寓話であったりする。しかしわれわれは、自分の根源にまで遡れば、つまり〈感覚すること〉の次元へと身を置くならば、この真理が反駁しえない真理であることを理解するのである。

動物たちを傷つきやすい主体として承認することは、彼らの有する不可侵の諸権利を承認することである。したがって、動物を殺すこと、虐待すること、幽閉することは、不正である。ただし、他の手段がない場合は例外である。この留保は、ロールズが『正義論』第二二節で「正義の情況」と呼ぶものに基づいている[112]。この留保は、普遍的な諸権利は絶対的なものではないということを示唆している。ただし、この留保は、動物搾取の許容範囲の理論とは全く関係がなく、〔動物〕実験に必要悪を認める議論とも全く関係がない。権利の不可侵性が正義の情況次第である、ということが意味しているのはただ、私には動物を殺す権利がない、ただし、動物を殺すことが自分の命を救うただ一つの手段である場合や、糧を得るために狩りをしなければならない場合においてはその限りではない、ということだけである。

いわゆる未開社会においては、糧を得るために動物を殺すことは、決して容易ではなかったから、それを神に供えることなく食べるのは禁忌であった、ということを思い出しておこう。この供物の奉献は、言葉を濫用しない限り、儀礼的な供犠(sacrifice)〔生贄〕と同一視することはできない。供犠においては、神に喜ばれるように、失神処置を施さずに羊の喉を切る。この神についてひとは、この神が流血を高く評価し、したがってそれとの交換で、自分の子と財を保護してくれると考えているのである[113]。いわゆる未開部族における供犠の肉が意味していたのは、動物の死によって人間は神の厚意を得られるのだから動物を殺すことは正当だ、ということではない。反対に、供物の奉献が意味していたのは、生を奪い取る行為は、〔正・不正に関して〕中立的なものではなく、それが許されるのは、それが必要とされるときのみである、ということである。われわれの社会では、われわれは果物と穀物をあり余るほどもっており、料理の労を取りさえすれば、獣たちの血を流さずに適切に糧を取ることができる。だから、この社会で暮らすわれわれは、動物の不可侵の権利を尊重し、動物の殺害を例外的にしか認めない正義の情況を支持すべきなのである。

不可侵性の観念が傷つきやすい主体すべてに当てはまり、消極的権利の観念が普遍的承認の対象となりうるとしても、これまでの動物の権利についての考え方がしばしば不十分だったことは確かである。大抵の場合、問題となっていたのは、諸々の実践の非正当性を告発し、さらに、あらゆる形態の動物搾取の廃止を要求することであった。このアプローチは、実践面だけでなく、理論面においても、様々な不都合を呈している。このアプローチは結局、動物の権利の承認を廃止論に結びつけ、さらには、伴侶動物の保持はどんなものでも正当ではないとか、家畜化に終止符を打ち、牛や豚、猫、犬がこれ以上生まれないようにしなければならないという主張に終始してしまう。ところで、不可侵の権利を動物に付与する理論が、結果的に〔動物の権利保護のための〕様々な実践を要求するとしても、この理論は必ずしも家畜化に反対するわけではない。その上、この〔従来の〕歩みは、動物に対する正義の問題を、ただ彼らの消極的権利を配慮するかどうかという問題に限定してしまう。こうした歩みによって、われわれが動物に対してどんな関係的義務をもつべきかを問うことはできないのである。このような欠陥を見れば、なぜこれまで動物の権利についての古典的理論の後に、動物の境遇の実質的改善〔に向けた動き〕が実際に続かなかったかがわかるだろう。この欠陥は、〔動物の〕権利を軽視してきたことの証とも言える。

実際、権利とは本来、諸存在者の存在を表現するのに向いていない。むしろ権利には機能的役割がある。権利は人間同士の関係、そして今の場合、人間と獣との関係を調整するものである。権利とは、しかじかのルールを守らないときにわれわれに今後生じるものを示している。したがって、動物倫理の場合に見られるように、様々な存在の道徳的で法的な身分規定から諸々の義務を派生させるよりも、当該の諸部分のあいだに存在する関係を起点に権利を規定した方が、はるかに適切と言えるのである。この点がとりわけ重要になるのは、法律に積極的内容を与え義務を明示するようなルールを策定しようとする場合である。

キムリッカとドナルドソンの理論が妥当だと思われるのは、この理論が動物の積極的権利を規定し動物に対する人間の義務について考察する際、まさに様々な動物と人間との関係から出発するからである。この理論の前提は、家畜、野生動物、境界動物という区別が設定されるということである。これらのカテゴリーによって、各集団に属する動物に対して道徳的ないし法的な身分を認めることや、彼らのあいだに何らかの序列を確立することが可能となると考えるのは、誤りであろう。むしろ問題は、動物がわれわれに正当に期待できるものは何かを理解することである。ところで、われわれの政治が動物政治《ゾーオポリティーク》〔人間と動物をめぐる政治〕であるとしても、われわれは動物たちと競合する以上、あらゆる動物がわれわれと共生できるわけではない。しかしながら、野生動物や人間のテリトリーを飛び回る渡り鳥を含め、すべての動物が、人間の営為から影響を被っている。それゆえ、それぞれのカテゴリーが守ろうとする利益をわれわれがいかに尊重すべきかを理解するために、この利益とはどのような利益なのかを問うべきなのである。

キムリッカとドナルドソンは、市民《シティズン》、主権共同体の構成員、居留民《デニズン》という区別から着想を得て、先に言及した三つの動物集団〔家畜、野生動物、境界動物〕に付与される権利の中身を規定し、各集団に対するわれわれの義務について考察している。〔第一の動物集団である〕家畜は、同胞‐市民であるとみなされる。同胞‐市民は、人間の周辺に居住する権利をもち、彼らの利益は共通善の定義の中で考慮されなければならない。シティズンシップ理論は、障害者たちが長いあいだ閉じ込められてきた社会的・政治的不可視状態から彼らを解放しようと試みる、ここ数十年のあいだの取り組みによって豊かなものになった。この理論によって、動物の権利を具体的に考えることができるだろう。この理論は、家畜を、権利の受領者でありうるだけでなく、政治的決定に影響をもち〔自己の利益を〕代表されなければならないような道徳的行為主体とみなすからである。こうした重要な取り組みは、動物は消極的権利だけでなく積極的権利も有するということを想定しており、自律と参加〔政治参加〕のカテゴリーを再構築することを要請するのである。

快苦〔喜びと苦しみ〕を感じてそれを伝達できる諸存在がシティズンシップに結びついた権利――例えば、人間のテリトリーに住まう権利、ケアとそれなりの生活条件を享受する権利、さらには集団的意思決定に参加する権利など――をもつことを承認するためには、自律についての主知主義的な考え方を解体しなければならない。この点で特に興味深いのは、障害者が自律していることを主張する際にもち出される、依存的行為主体（*dependent agency*）というモデルである。それは、政治の舞台に自身の声を届けるための認知能力や言語能力を欠いている場合でさえ、ひとは自律しているということを証明しようとするものである。[114]

深刻な認知障害をもつ人々には、諸々の欲望と価値意識があり、彼らは一定の営為の実現に自尊感情を結びつけ、一定の選択に道徳的重要性を与えている。それに加えて、彼らには主張すべき利益がある。公正な国家は、傷つきやすい人々〔弱者〕を彼らがその犠牲者となりやすい法の濫用から保護することによって、彼らの利益を保護することを誓約しなければならない。しかしながら、彼らはしばしば、行為において、自分の欲望と価値意識を表現することに困難を抱えている。したがって、彼らの政治的代表者は、彼らの代わりに意思決定する人々ではなく、彼らの意思を判読し、彼らにふさわしい解決を提案できる能力をもつ人々でなければならない。

このように二重の能力（公理的主体であることと、行為において自らの価値意識を表現できること）として考えられた自律は、発話しない諸存在、あるいは表象主体を欠いた諸存在にも依然として妥当する。それに加えて、彼ら〔の利益〕を代表しうるには、つまり、彼らの意思を尊重しつつ彼らの名の下で語ることができるためには、彼らとの共生的コミュニケーションへ身を置くだけで十分だと思われる。したがって、市民であるためには、自分の見解の形而上学的根拠を明示できるような何らかの人生哲学をもつ必要は必ずしもないし、論証する必要もない。それと同時に、家畜――たとえ彼らが討議〔熟議〕主体ではないとしても、彼らは個性をもった行為主体であり、道徳的身分を有している――のシティズンシップを承認するには、家畜と人間とのあいだのあらゆる相互作用を破壊する損壊空間の中に家畜を閉じ込める代わりに、自己表現やわれわれとのコミュニケーションの余地を家畜に認める必要があるだろう。

キムリッカとドナルドソンの議論に付け加えるなら、家畜たちの利益は、農業と畜産の今後のあり方をめぐる協議で考慮すべき課題だが、これを擁護できるのは、家畜たちをよく知る人々だと言えるだろう。そうすると、ベテランの生産者や動物行動学者こそ、新たな熟議の審級における動物たちのいわば「代表者」となりうるはずである。この審級は、動物たちの同胞-市民としての身分を考察する際に、描かれることになる。なお、この新たな熟議の審級については、本書第二部の民主主義の刷新に関する章で取り上げることとする。

　われわれが生きているうちに、動物を死へ至らせる動物搾取が消えてなくなる日が来ることはほとんどありそうにないとしても、次のことは確かである。すなわち、家畜に対する関係的正義の理論によって、動物を国家の一員に組み込むために必要な制度改革が実現すれば、動物の境遇を改善することにつながるだろう、ということである。幽閉、社会的紐帯の剥奪、麻酔も縫合もしない去勢手術、断嘴《デビーク》、早期離乳、これらはそれぞれ、政治共同体の構成員——彼らはわれわれ人間の兄弟とは同一視できないが、それでも傷つきやすい主体であり、まったく無価値というわけではない——に対する最悪の不公正の証として、全面的に退けられるだろう。彼らはわれわれから何十年分もの恐怖を与えられたことを覚えていないという事実、そして、彼らに託された未来に責任を負うのはわれわれだけだという事実は、われわれと彼らとの関係の不正を一層際立たせることになる。

〔第二の動物集団である〕野生動物に対する正義とは、人間から独立して生きる彼らの権利を尊重することだ、とキムリッカとドナルドソンは書いている。人間は彼らの主権が行使される条件を保証しなければならない。主権は、例えばホッブズに見られる通り、社会と対置され、社会に対して絶対権力を行使する国家のような権威の設立を帰結するとは限らない。野生動物は現実に主権共同体を形成している。というのは、たとえ国家をもっていなくても、大型類人猿や狼は、厳密なルールに従って組織された社会の中に生きているからである。彼らはわれわれと共存したいという欲望を何ら示していないし、われわれの存在は、もしわれわれが彼らのテリトリーを侵すならば、彼らの邪魔になるだけである。野生動物の主権の承認が意味するのは、自分たちの社会組織を自分たちのテリトリー内で維持するという彼らの正当な権利を尊重することは人間の義務だ、ということである。では、こうした主張からどのような義務が生じるのだろうか。

　サーカスで働かせるために野生動物たちを捕獲するとしよう。サーカスの中の方が彼らはおそらくより長く生きられるだろう。しかし、われわれは彼らを同類から隔離し、彼らの自然・社会環境の外へと彼らを連れ出すことを正当化している。こうした野生動物の捕獲は、不正であると言える。野生動物たちを動物園の中に閉じ込めることはどうかと言えば、それが許容されるのは、絶滅の危機に瀕した種である場合、そして、彼らがそこで十分な空間を与えられ、豊かな自然環境に囲まれる場合のみである。野生動物の主権を承認するには、彼らの暮らしを妨害し彼らの周囲環境を破壊しうる騒音公害を抑えることも必要である。加えて、彼らの実存に目を向ければ、われわれの開発する森林には他の生息者もいるということ、大地の占有権は絶対ではないことを認めざるをえない。彼らのテリトリーに侵入し彼らのハビタットを破壊するとき、われわれは彼らに対して、植民者がアメリカ大陸のネイティヴアメリカンにしたのと同じように振る舞っているのである。

最後に、主権がテリトリーに結びついているとしても、それぞれのテリトリーが複数の動物共同体を収容していることは明らかである。とりわけ鳥や魚の場合に見られるように、あらゆる主権は共有されている。敬意をもって動物の主権共同体と共に住まうなら、渡り鳥の渡りの期間中、深夜には高層ビルの明かりを消す必要があることがわかるだろう。これは、ニューヨークで行われていることだが、夜のあいだ月と星を目印に用いる鳥たちがビルの人工的な明かりによって目印を失い、方向を見失った後で〔ビルに〕衝突してしまうことを防ぐためである。

自然災害の場合、そしてそれだけでなく、彼らの生の条件がわれわれのもたらした環境汚染によって脅かされているとき、われわれには、動物たちに自由気ままに生きさせるよう命じる不干渉の義務以上の責任が求められる。こうしたケアと救援の義務とは、必ずしも、保護区《サンクチュアリ》を設定することを意味するわけではない。保護区の中での彼らの生息環境は許容可能なものなのだが、保護区は、何よりも、われわれが後ろめたさを感じないようにするのに役立ってしまっているのである。自然公園や保護区が設定されるのは、われわれがそのハビタットを破壊したり分断したりした動物が飢え死にしないようにするためであり、あるいは、動物の空間を侵食した人間たち——彼らがあまりに多く侵食したせいで、動物は、象の場合のように、人間のプランテーション内で糧を得るようになってしまった——によって動物が殺されないようにするためである。自然公園や保護区があるからといって、われわれは野生動物に対する正義という関係を打ち立てることに成功したということが証明されたわけではない。野生動物の主権を尊重するならば、侵略、植民、搾取は禁じられ、彼らの生に対するパターナリスティックな管理は反対される。というのも、野生動物の主権を尊重することは、同時に、自分たちの社会組織を自分たちのテリトリー内で維持し、自分たちの個体数を調節する能力を彼ら自身に認めることでもあるからである。

これらの指摘によってわれわれは、キムリッカとドナルドソンが居留民《デニズン》に付与される権利に照らして把握するよう〔われわれを〕促すところの、第三の動物集団である境界動物へと導かれる。境界動物は、われわれと関わりたいという欲望を示すことはないが、われわれの住まいの近隣に、そしてときには、齧歯類やリスのように、われわれの家や庭の中に居着くこともある。彼らはわれわれと共に混成的な政治共同体を形成する市民としては考慮されない。このことは、彼らにはそこにいる権利がないということを意味してはいないし、われわれが彼らを排除したり駆除したりすべき闖入者として扱わなければならないということを意味しているわけでもない。にもかかわらず、大抵の場合そうなってしまっている。境界動物はその中間的な身分のせいで特に人間の残忍さの犠牲になっているのだが、こうした身分は、逆に彼らの繁殖——それは彼らが都市や村落で豊富に見出す糧に結びついている——の原因ともなっている。では、境界動物に対する正義という関係をどのように考えるべきだろうか。そして、〔市民ではなく〕移民や難民のような居留民《デニズン》の身分について考察することが、境界動物に対するわれわれの義務の現状分析の手がかりになりうるというのは、どのような意味においてだろうか。

境界動物は多種多様である。というのも、リスやキツネのように、人間のハビタットに適応した種だけでなく、フランスのヌートリアのように、ある環境にもち込まれ、そこに捕食者がいないために著しく繁殖した外来種もいるからである。その上、一部の猫や、それだけでなく、豚や馬の場合にように、祖先に家畜化されていた個体も含まれることがある。ほとんどの場合、境界動物は侵入者とみなされる。彼らが容易に近づくことを許さないこと、一般的に彼らを家畜化できないことは、明らかである。しかしながら、彼らが決まって軽蔑されるのは、彼らを同胞‐市民として扱うことができないからではない。軽率さや衛生観念の欠如から、われわれがときとして彼らの繁殖の原因になっているとしても、われわれが彼らを家へ連れて帰ってきたわけではない。問題は、しばしば不快なものと感じられる彼らの存在に対する対応策が、毒や小銃による駆除や排除だということである。そこで、キムリッカとドナルドソンが述べている通り、たとえ個体数を調節することがあっても、同胞‐居留民《デニズン》である彼らの基本的権利については尊重する必要があるだろう。

境界動物が有する同胞‐居留民《デニズン》という身分が意味するのは、彼らの利益は、われわれの同胞‐市民である家畜のものと同じ資格では共通善の定義の中に含まれない、ということである。われわれには、境界動物の利益をすべて受け入れる義務はないが、彼らがそこにいるからには、彼らが実存する権利を否定することなく、彼らと共に実存することが重要である。これは、例えば齧歯類のことを考えると、必ずしも簡単なタスクではない。ときには彼らを殺すしか解決策がないという状況に置かれることもあるだろう。しかしながら、用心してゴミを管理したり、彼らの襲来や繁殖を防ぐために柵を立てたりすることによって、平和的な共存を実現する正義の情況を目指すことは、われわれの義務なのである。最後に、彼らに〔侵入者という〕烙印を押す代わりに彼らの実存の権利を尊重するだけで、〔一方の〕狩猟者の快楽のために一定の種を有害な種の中に分類する言説と、〔他方の〕齧歯類を糧とするキツネのように、こうした動物が生態学的に大いに貢献していることをしばしば示している現実とのあいだに、どれほどの齟齬が存在しているかを測定できるようになる。さらに、少しでも批判的精神をもつひとなら誰にでもわかることだが、こうした動物の個体数は、生態系と入手可能な糧に応じて自己調節されている。ただし、そのためには狩猟者の欲望を満たすために他の個体をもち込むことがあってはならないし、また動物の個体数増加によって人間の暴力的介入が必要となるような状況を生み出すことがあってはならない。

このように、動物問題の政治化は、正義についての包括的な理論と不可分である。この理論は、不可侵の権利の主張に基づいている。こうした権利は、動物という表象能力をもたない主観性（自己性（*selfhood*））に由来する権利であり、そして彼らが守るべき利益をもち、それを伝達する能力をもつ実存者であるという事実に由来する権利である。動物問題の政治化によって、苦痛と苦しみの感受性としての感性の重要性を〔政治の中に〕組み入れることができるはずである。その際、動物と人間とのあいだで結ばれる依存関係、相互関係、協働関係、主権関係から出発して、われわれの義務を導き出す必要があるだろう。それに加えて、この政治化は、権利と実践の今後の進展にとって無視することのできない諸々の道具を提供してくれるのである。

家畜を動産とし、野生動物をレス・ヌリウス（*res nullius*）〔誰のものでもない物〕とみなしていた民法が進化したとしても、われわれと動物たちとの関係が、今後数年のあいだで根本的に変化するというのは定かではない。食肉の消費は増え続けているし、たとえヨーロッパ人がもっと節制したとしても、動物製品への新興国の需要が長期にわたって食肉産業を維持し続けるだろうし、畜産動物に計り知れない苦しみを与え続けるだろう。その反面、工場畜産はきっと、今日明るみに出ている生態学的社会的経済的袋小路が要因となって、ひとりでに崩壊するだろう。環境破壊と世界的飢餓の問題もまた、個人に食肉消費を減らすよう強いるだろう。こうしたときこそ、動物の境遇を考慮に入れ、この境遇を改善するべく努力する国家とはどのような国家でありうるかを示すテキストが手許にある、ということが重要になるだろう。キムリッカとドナルドソンの関係的正義についての理論の道筋を追跡することは、次のことを思い起こすなら、興味深いことである。すなわち、動物問題は、医療倫理や社会正義〔の問題〕から外れた小さな一群の懸案事項ではなく、より大規模な計画——この計画は、新たな社会契約を彫琢し、ヒューマニズムの刷新を促すことを企図している——の中に組み込まれているということである。

最後に、以上で提示した理論がもたらす実践的な諸帰結が、考慮に値するものであることは明らかである。短期的な民主的コンセンサスの対象となりうる問いを検討する前に、政治的なものの境界上に位置していて、われわれの実存に、その最も内奥において関わっている、次の問いを提起する必要がある。すなわち、野菜や穀物、果物をあり余るほどもっているのに、糧を得るために獣の血を流すことを受け入れるわれわれとは、いったい誰なのかという問いであり、糧としての肉をめぐって、動物の犠牲の上に成り立つ文明について語ることは正当なのかという問いである。

肉食と獣たちへの愛

肉食について語ることとは、食肉のために飼育され、生まれるや否や屠殺があらかじめ予定される動物の死を直視することである。肉食とは、われわれの命がわれわれにとって大切であるのと同じように、自分にとって大切な命をもつ存在の殺害を容認することである。またそれは、次のことを知っておくということである。すなわち、動物が、屠殺場へ連れてこられたときには恐怖を感じること、自分の同類たちの血の匂いから何か怖ろしいことが起こることを予見すること、不安を感じること、そして生きたいと思うからこそ、また逃げられずにパニックになるからこそ、彼は最後まで抵抗するということである。

一部の生産者は、かつて豚を農場で殺すために専門業者を呼んでいた（これは今でも行われることがある）。畜産の一部をなすこの作業を自ら引き受け、銃による屠殺を選んだ生産者の場合、この作業の次に必要となる動物の血抜きと解体の処理については専門業者に任せていた。こうした生産者は、自分が世話をしていた獣たち、大多数の家畜がそうであるが、社会的で温和であったこの獣たちが、もっと長く生きられたということは、よく知っていた。動物を死なせること、しかも、子羊や子牛、そしてそれだけでなく、六ヶ月目で屠殺される加工用の豚のように、まだとても若いのに死なせることは、暴力の極みである。自分の動物を殺す任務を屠殺工場に委ねたからといって、あるいは農場にやってくる専門業者たちに屠殺を任せることで、動物を平穏に死なせるためにできるだけのことをしたからといって、この死なせるという暴力が和らぐわけではない[115]。

自分の動物が生きる条件について気を遣う生産者たちは、できれば彼らが殺される方法もコントロールしたいと思う。まさにこの理由で、今日生産者の中には、動物への尊重と賃労働者の労働条件より収益性を重視するような工場屠殺を拒否する者もある。工場畜産によってもたらされる動物の悲惨と、彼らが耐え忍ぶ惨めな死は、善意ある人々を促して、あらゆる点で不公正なシステムに対抗する何らかの手段を考案させるのに十分な動機となる。

菜食主義もまた、一つの抵抗手段である。菜食主義はしばしば、工場畜産の方法と工場屠殺の方法が露わになった結果もたらされる〔心的〕外傷がきっかけになる。今の生産と屠殺のシステムは、一部の人々が肉や魚を食べるのを拒否する理由となっている。この人々は、キツネが齧歯類を食べるのを許しながら人間に肉食を控えるよう要求するのは矛盾だと主張する人々の議論について知らないわけではない。というのは、無数の動物たちに拷問のような生を強いるシステムの共犯者になりたくないというのが菜食主義の動機だということがわかれば、人間が菜食主義ないしヴィーガニズム〔卵や乳製品も摂取しない菜食主義〕であることと、一部の動物が肉食であること、ないしは動物が捕食者としての身分をもっていることとのあいだには、もはや矛盾はなくなるからである。

しかしながら、今日の文脈と結びついたこの抵抗としての菜食主義とは別に、糧を得るために動物を殺すことを拒否した結果成立する哲学的菜食主義が存在する。哲学的菜食主義と哲学的ヴィーガニズムは、〔肉食を含む〕料理の伝統を問い直し、人間による動物の支配に対立する。こうした哲学的菜食主義と哲学的ヴィーガニズムの意味を明らかにすることは、敵を取り違えて生産者の方を非難しなければならないということではない。生産者たちもまた、産業モデルの犠牲者であり、彼ら自身、抜け出すべき経済の類型から生まれた者である。生産者と食肉の消費者を非難するのは、動物製品の消費を拒否した以上自分は無罪であると信じつつ高みからものを言う立場に立つことでもある。ところで、菜食主義者は牛乳とチーズを消費するが、乳製品は子牛と母牛の早期の分離を、そして子牛を殺すことを前提しているのを忘れることは許されない。さらに、菜食主義の深い意味を分析することは、〔自分の〕内奥の傷を発見することであり、この傷によってひとは、動物問題の人質となりつつ、獣たちの苦しみと人間たちの苦しみが共有される共通世界へと自分を開くのである。

〔人間と動物に対する態度の〕分裂があれば、動物の命を奪うことは、畜産の副産物だとか、殺害とは同一視されえないという理由から、それが正当化されると考えてしまうだろう。動物の境遇に強い意味で関わっている人々には、こうした分裂が存在しない。そのような人々は、獣たちの苦しみに苦しみながら、まさしく、憐れみというこのパトス的契機に位置づけられている。憐れみとは自己触発を指すのではないし、感情移入とは異なり、自己から発するのではない。それは、他者の不幸を感じることに導くような他者の苦しみを理解する運動ではない。憐れみを感じること、そしてその特徴である悲しみは、「我在り」に先行しており、他者からやってくる。したがって、私が自分も無関係ではない苦を前にして他者を気の毒に思うのではなく、私自身を尺度にして理解されるのではない他者が、そのむき出しの現前において、その傷つきやすさにおいて、出会われるのである。だからこそ憐れみとは、他人の他性についての経験であると同時に、即自的な他性についての経験なのである。

憐れみを感じるとは、自分の肉のうちで、自分とは別のものに心を動かされ、心を奪われることである。この運動は、あらゆる表象に先立っている。憐れみの中では、私は「私は……」と言わない。というのは、私は世界の外部にいる傍観者ではないからである[116]。まさにこれが理由で、獣たちの苦しみに苦しむ人々は、同時にまた、これほど多くの苦を与えているのは人間たちであるという事実に苦しむ。どんな推論、正当化、分裂、そして自我と非我の分離によっても、苦しむ他者との原初的な同一化を葬らせることができない人々は、自分たちの同類〔人間〕を非難するのではない。むしろ、動物たちに対して行使された暴力が、汚れなき自分たちの上に、重くのしかかってくるように感覚するのである。

憐れみは倫理ではないが、倫理のパトス的契機であり、倫理の条件である。憐れみとは「私が行為する場所へ私を存在させる他性による召喚に対する同意[117]」である。憐れみがなければ倫理はない。なぜなら、憐れみだけが、他人をすべて自己に帰着させる代わりに、自己の外へ出て他人と真に関わることを可能にするからである。憐れみを感じること——そこで私は、分離された個人から出発するように、自我から出発しないし、自我に再帰することもない——

は、〔われわれを〕共通世界へと開き、エマニュエル・ウセが言うように、悲惨の共同体を出現させる。憐れみは、自分が他の諸存在と共に一つの共同体の部分をなしているのを感覚する運動から切り離せない。それは、生物間の序列を確立し諸々の種を分類する同一化を含む、他のすべての同一化に先立つ同一化である。したがって、この共同体は――自らの利益が尊重されなければ苦しみ、またこの苦しみが、植物や生態系に対してもたらされたダメージとは違って、顔をもっているという意味で――傷つきやすい諸存在すべてを包摂している。憐れみは「存在者の次元で道徳を感情へ引き渡す単なる二次的な心理現象[118]」としてではなく、存在論的な仕方で理解される。こうした憐れみによって、われわれは、あらゆる倫理的関与を条件づけるパトス的契機へと再び降りたつのである。

憐れみによって、われわれは、私と他者、人間と動物のあいだの境界を飛び越える。飛び越えるからといって、屠殺されるのが豚であって人間ではないということが、われわれにわからなくなる、ということではない。憐れみとは、現存在の有する情感の一つの実存論的可能性である。憐れみは感情移入から区別されるだけでなく、利己的利他主義――これによって人間や動物は、他人の苦しみで苦しむこと、他人の叫びを聞くことを避けるために他人を助ける場合がある――からも区別される。したがって憐れみは、われわれに〈感覚すること〉の次元でコミュニケーションし合うことを可能にするのであり、そのときわれわれは、思惟よりも古い真理へと、そして諸科学が、あるいは少なくともダーウィンと動物行動学における研究以来の諸科学がそれなりの正当性を与えている真理へと、再び降り立つのである。憐れみを受け入れることとは、到来するものに対して抑制なしで身を晒すことを受け入れることである。そしてこの受け入れは、他者をその単独性において受け取るわれわれの受容能力の条件であり、それはわれわれの責任を露呈させるものである。他者の苦しみは私を変容する（altérer）〔異化する〕。それは、彼を襲う不幸を私も同様に認識できるからではない。それは、この苦しみが「私の中に、私が自己自身に忠実であり続けるために受け取らなければならない他性を掻き立てる」からであり、「裸で、悲惨さの中にある存在は、他者をその悲惨さの中で受け取る」のである[119]。

おそらくは、動物の実存がむき出しであるがゆえにこそ、動物の苦しみはこれほどまでに、ゾラが獣たちへの愛[120]と呼んでいたものを感じる人々を動揺させるのである。この愛は人間兄弟に対して感じる愛とは混同されず、また償い〔の感情〕とは無関係ながら、過去の不正と歴史についての認識によって強まるように思われるのであるが、この愛がやってくるのはおそらく、獣たちが話さないという事実からであろう。獣たちはコミュニケーションするが、独力で自分を弁護することはできない。それゆえ、妊娠した雌豚の例――彼女らによくある行為は狂気や現実への関係の喪失を意味しているわけではなく、彼女たちが、感覚を不能にする空間の中で生きているという事実を示している――で見たように、獣たちの苦しみは、彼らが閉じ込められているだけに、われわれにとって一層耐え難いものとなっている。彼らは、感覚機能を発揮できない状態に追いやられており、それに加えて、彼らには、人間の囚人とは反対に、逃れるための言葉もなければ、歴史の進歩のおかげで、自分たちの耐え忍ぶ虐待がいつの日か廃止されるだろうという希望もない。それゆえ、動物たちを愛することは、動物たちも考慮されるということ、彼らがわれわれの道徳的配慮の対象になるということを指しているだけではない。この愛は、「われわれにおいて、われわれの人間性の根底を揺り動かす」のである。したがって、私は「〔……〕記憶の根底で、しばしば目覚める大きな悲しみを感じ、一〇年〔……〕前に出会った捨て犬のことを」覚えており、「そうした捨て犬の姿は、話すことができず、現代の町では働いても食べ物にありつけない哀れな生き物の苦しみそのものとして、私の内面に刻み込まれた」のである[121]。

したがって、獣たちへのこの愛は、正義への愛――それは、正義の条件としての憐れみに基づくものである――と密接な関係がある。獣たちへの愛と憐れみは、ひとが〈感覚すること〉の次元に身を置くことを受け入れるときでなければ表現されない。これらは学習されないし、彼の読書からも、彼の反省からも生じない。それでも、かつて非人間化の〔人間として扱われない〕経験をした個人が、自我――特別な世界に属していると確信する自我、あるいは特権的な誰かであると確信する自我――を維持し続ける表象を捨て去ったがゆえに、裸の状態で、他者の悲惨さへの感性を備えて、これまで以上に他者と向き合えるようになっている、というのはありうることである[122]。憐れみは、ルソーが言っていたように、生得的なものに属している。しかしながら憐れみは、消えてしまうこともある。感性の中性化から生じる無感覚化は、さらに、種差別主義者の議論によっても、助長されることがある。この議論は、人間と動物の悲惨の共同体を消してしまい、動物は人間の役に立つためにそこにいるのだとか、人間は動物に対してあらゆる権利をもっているのだ、と思い込ませる議論なのである。

身代わりと表現するほど他者への責任を強調するレヴィナスのカテゴリーを置き換えて、ひとは動物問題の人質である、と言っても言い過ぎではないだろう(123)。動物に起こることについてこれほどまで自分に責任を感じるひとは、自らを罪人であるとも感じる。なぜなら、彼は他の人間たちより優れた位置にいるわけでもなければ、動物の境遇を破壊する産業システムの外部に位置しているわけでもないからである。その上、彼にとっては、豚、牛、鶏の命を奪うことは、たとえそれがきちんとした条件において実行されたとしても、殺害に変わりはない。このことは、人間の殺害と動物の殺害が同じ意味をもつということを意味しているわけではない——これは、ひとが、〔殺される際の〕不安と結果とが〔誰にとっても〕同じものである犠牲者の視点ではなく、殺害者の視点に身を置いたときに確信することである。

『全体性と無限』において、レヴィナスが、殺すとは「支配することではなく、無化すること」であると書くとき、彼が言おうとしているのは、殺害者の悪意は、泥棒の悪意とは別のもので、被害者の顔へ、被害者の他性へと向けられるのであり、殺害者は、この個人が決して実存していなかったということになるようこの他性を消去したいのだ、ということである。まさにこの意味で、殺害とは「理解の放棄」である。なぜなら、殺害者は自分が殺すひとに対して自分に責任があると感じることを望まないから、彼はいかなる場合においても自分が彼の兄弟の番人であると感じないからである(124)。動物の殺害は、人間の殺害と同じ意味をもつわけではない。というのは、妬みが獣に対する暴力の動機になることはほとんどありそうにないからである。妬みとは、他人の幸福や成功によってかき立てられる悲しみであるが、それは、憐れみと逆のものである。この情念は、普通、他の人間に対してしか、とりわけ、感嘆を呼び起こす個人に対してしか感じられない。ところで、畜産動物と人間との関係において憐れみを破壊するのは、妬みではなく、無感覚（insensibilité）である。

われわれは、動物を大量に虐殺しており、その際に経る過程は、屠殺場と強制収容所との類比を正当化しうるものとみなされてきた。しかしながら、動物の大量虐殺と、ユダヤ人のジェノサイドのあいだには、根源的な差異がある。というのは、われわれの目標は、彼らの名前と文化を消去するために、豚を最後の一匹に至るまで絶滅させることにあるのではなく、反対に、彼らを無際限に生産して彼らの肉を無際限に消費することにあるからである。そうするために、こいつらは動物でしかないとか、こいつらはそのために生まれてきたのだとか言いながら、われわれは自分たちの中にある憐れみを押し殺す。われわれは彼らの命など大切ではないと自分に言い聞かせ、こじつけによって、彼らを死なせることを、殺人から区別する。

動物を殺すたびに起こることをできるだけ厳密に境界確定しようとすれば、動物虐殺とショア〔ユダヤ人虐殺〕とを同じとみなすことは困難である。どのような違背が、動物の殺害、とりわけ屠殺工場での殺害の特徴となっているのかを理解するために、わざわざジェノサイドについて語る必要はない。また、われわれが動物に課している暴力を、社会的政治的に可視化するために、ジェノサイドについて語る必要もない。さらに、このように〔動物虐殺とショアとを〕混同してしまうと、ジェノサイドの正確な意味を捉え損ねてしまうことにもなる。というのも、ジェノサイドの本質は、一部の人間に対して、人間である権利を与えないということに存しているからである[125]。たとえ戦争が恐るべきものであったとしても、ジェノサイドによってあらゆる戦争を定義することはできないであろう。

すでに見たように、動物は、われわれと共に道徳的共同体を形成しており、われわれの政治共同体は確かに人間と動物の政治共同体――これは、われわれが動物に対して公正であるということを含意している――なのだが、しかし動物はわれわれ人間の兄弟ではない。われわれが動物に対してもつ愛は、われわれが他の人間、例えば〔自分の〕子どもに対してもつ愛と同じではない。さらに、工場畜産と工場屠殺がその証である動物の客体化と物象化は、他の人間の殺害と同じ類型の暴力を反映してはいない。とある場合には、諸存在は無化され、即座に取るに足りない存在とみなされる。なぜならこの〔殺害の〕過程は、食肉として彼らを足で扱うこと、感謝なしに彼らを利用することを可能にするからである。別の場合には、他者を否定しよう、彼への支配を楽しもうというはっきりとした意志が、犠牲者の抵抗によって興奮させられる。このことは例えば強姦においてもはっきり見られることである[126]。

哲学的菜食主義を採用する人々は、動物の殺害に関わる違背を明らかにしたいと望んでいる。哲学的菜食主義や哲学的ヴィーガニズムを選ぶことは、殺せば必ず罰せられる諸存在と、死なせることが正当化される諸存在のあいだの伝統的な区別に対して非難することである。この区別が正当化されたのは、未開社会においては、ときに他者を狩らなければ糧を得ることができないからであった。〔それに対して〕現代の社会では、穀物を育てることが可能であり、動物性タンパク質をセイタンの肉〔グルテンミート〕や豆腐のような植物性タンパク質に代替することが可能である以上、肉食は必要ではないと言える。

狩猟は現代の社会では余暇活動であり、この社会においてそれは、まれに個体数の調節に役立つだけである。狩猟者たちに殺される運命のキジとイノシシを飼育すること〔及び養殖して野に放つこと〕は、農家にとって有害な不均衡を引き起こす。農家は狩猟者を支持するのだが、農家の農地に侵入する動物の数は、人間が外からわざわざもち込んでいなければ、もっと少なかっただろうということを、農家の人々は必ずしも知っているわけではない。人間の捕食本能を援用する議論について言えば、このような議論は、人間が獣をむさぼりその生肉を食べているのを実際に見て初めて、説得力をもつような議論である。したがって、ひとはプルタルコスと共に、次のことを認めざるをえない。すなわち、肉食は現代の社会において自然なことでも必要なことでもなく、したがって肉食が動物に強いる暴力は不正であり、公正さを欠く[127]、ということである。

言い換えれば、動物の血を流さずとも糧を得ることができるのに、われわれは動物をその肉のために殺し続けているという事実は、これらの感性的存在がわれわれの道徳的共同体の一員であること、及び動物に対する正義という関係を承認することをいずれも拒否しているという事実を示している。哲学的菜食主義は料理の伝統を問いに付すだけではない。この伝統は、〔他の伝統と〕同じく人間が狩猟をしていた遠い過去から続く伝統であり、また、かつて肉と魚を糧とする習慣と、牧畜と漁の成果に対して国とその住人の繁栄を示す何らかの威光を認める習慣とが共に成立したときから、築き上げられてきた伝統である。それに加えて、哲学的菜食主義は、動物と人間との区別――前者は殺してもよいし食べてもよいのに、後者はいかなる供犠の対象にもしてはならない――の上に成り立つ文明の根拠も問うのである。

供犠に言及したからといって、現代の文明の「肉食男根ロゴス中心主義（carnophallogocentrisme）」について語り、動物の供犠が人間性と動物性の境界画定の役割を果たすと示唆するデリダのテーゼに――実際魅力的なテーゼではあるのだが――完全に同意するわけではない[128]。確かに、この肉食男根ロゴス中心主義の論理の本質は、動物の命を奪うことを犯罪とみなすのを拒否することである。その上、この論理は、動物の生の破壊に結びつく暴力を隠蔽してしまう。なぜなら動物は、一八五〇年のグラモン法〔動物虐待を禁じるフランスの法律〕以来、都市に暮らす公衆の面前ではもはや屠殺されなくなったからであり、スーパーマーケットでは、食肉を購入する消費者たちは、包装された製品を見ながら、この製品の元になった動物のことなどもはや考えないからである。食肉消費はこの否定を前提しており、この否定は、生産者と獣を殺す任務を任された人々に関して先述した〔人間と動物に対する態度の〕分裂にも通底している。おそらく人間は〔かつて〕自分たちが殺したり食べたりしてもよい諸存在と、自分たちに「汝殺すなかれ」と言う諸存在とを区別することで、道徳の境界線を引いたのだろう。しかし、かつて肉食をもたらした供犠が、現代でもなお人間主体成立の可能性の条件であると言うことなどできるのだろうか。

哲学であれ、宗教であれ、知的表象の歴史を信用するならば、次のように推察することができる。すなわち、人間の固有性についての言説を維持するためには、人間性の本質を動物性の本質に対置する必要があったということ、また動物の途方もない多様性を消し去るだけでなく、動物を排他的な仕方で定義することによって、動物のことを考える必要があったということである。しかしながら、デリダから着想を得てこのような読み方をしても、コンディヤックやモンテーニュの特異な声を〔われわれが〕忘れるはずはない。そして何よりも、このような読み方は、現在動物にどのような暴力が加えられているかを説明するのに十分ではない。人類は実際、二一世紀において、自分たちの尊厳を擁護するために、獣が劣等だと主張する必要はもはやない。おそらく動物の心的社会的生の複雑さと豊かさについては依然大きく誤解されている。しかし、認めるべきは、動物に対するこうした不正が、彼らを苦痛や苦しみを感じる能力をもたない存在とみなすことから生じているわけではないということである。今日、動物はもはや、人間と対立する絶対的モデルとしては役に立たない。これが意味するのは、たとえわれわれがダーウィンを十分に読んでいないとしても、われわれはやはり彼の教えのいくつかを身に着けた、ということである。

現代の文明の供犠的構造から、人々が依然として食肉を消費している理由が説明されるわけではない。しかしながら、こう言ったからといって、動物と人間の分割線には象徴的意味があるという点、そしてこの象徴的意味は、宗教的儀式において、とりわけ人間の供犠が廃止されている場合の宗教的儀式において見出されるという点は、何も変わらない。聖書で生贄に捧げられているのは、イサクではなく、神がアブラハムの揺るぎない信仰を確かめるために彼を試した後で彼に授けた子羊なのである。同様に、宗教は、食に関する諸々の禁止事項と不可分であり、ユダヤ教とイスラム教に見られるように、動物の殺害方法を規定していることさえある。

しかしながら、断食と食事方法を通じて、信徒は自らの信仰を日常生活の中で実践し、伝統と風習に支えられた共同体への帰属が鮮明になるとすれば、コーランが繰り返し獣への憐れみの重要性を強調していることを想い起こさなければならない。また、ユダヤ教においては、tsaâr baalé haïmという掟が、どんな場合であれ動物に対して理由なく苦痛を課すこと、そして動物をその子と同じ日に殺すことを禁じている。(129) それゆえ、残酷な方法で屠殺の儀式を行うことが、これらの宗教において実際に正当化されているとは言えないのである。

菜食主義は、動物の血の消費を禁じているユダヤ教の伝統に最も適った食形態ではないだろうか。ハラール屠殺について言えば、血抜きを始めた直後に失神させることは——特に羊とは違って、数秒では意識を失わず、一〇分ないし一五分とかかるため、意識がある状態で血抜きされる牛の場合——イスラムによって奨励される動物の尊重に最も適っているだろう。最後に、信仰告白を遵守する際に優先されるのは、精神なのか文字なのかと問わなければならないし、とりわけ、宗教が歴史と文脈に結びついている点が忘れられていないかどうか問わなければならない。コーランを含め、創作とみなされていない宗教的文書は、マイモニデス以来とは言わないまでも、少なくともウリエル・アコスタやスピノザ以来知られているように、そして、聖書学が決定的に確立したように、複数の水準の読解と解釈を許容するのであり、それらを記した人々、あるいは少なくともそれらを伝えた人々について考慮することを要求するのである。

この〔宗教的文書の解釈上の〕進歩は啓蒙思想による進歩で、啓示と対立するのではなく、文書の逐字的解釈と対立するだけである。こうした進歩こそ、供犠という語の濫用に対するわれわれの批判が取り上げるものである。この語が、獣に対する暴力を正当化するのに利用される場合、また一部の個人が伝統や共同体への帰属の名の下で、この獣への憐れみという、どんな思惟にも先立つ普遍的真理に対して、盲目であり続けている場合には、この語は批判される。しかしながらわれわれは、供犠の観念ではわれわれと肉食との関係を明らかにすることはできないと述べるにとどめて、ここからさらに歩みを進めよう。

実際、食肉をスーパーや肉屋で買う消費者が、レヴィ＝ストロースが語っているようないわゆる未開部族の一員のように、自分が殺した動物に対して何かを負っているという感情を抱くことは、ほとんどありそうにない。したがってその場合には、いかなる供物の奉献もいかなる供犠もない。さらに、現代の文明が人間と動物の区別に依拠しており、それゆえこの文明は一つの供犠的構造をもっているのだという考えは、支持しえない。今日ほとんどの人間が、自分たちは進化と無関係の生物種ではないと知っているからである。最後に、われわれのうちの多くのひとが伴侶動物と共に生き、それに家族の一員と同じくらいの注意を払っているという事実は、人間が自分の道徳共同体の一員とそれ以外のものとのあいだに引いた境界が、生物種に基づく基準に応じて決定されているわけではないことを示している。むしろ、われわれが人間や人間以外の存在と確立する関係から、それらをわれわれの道徳的考慮の領域に組み入れたり、そこから排除したりする理由が説明されるのである。

われわれの視点とは相容れない価値論的原理を前提することなく、ある存在の価値をわれわれの判断に依拠させるこの仕方は、先に提示された関係的権利の理論とは無関係である。この理論が含意していたのは、第一に、感性的存在の基本的権利の不可侵性を承認することであった。ある意味で、誰かが価値をもつのは私が彼に価値を認めるときだけだというこの考え方は、次のような極端な暴力についても説明している。すなわち、今日の人間が、よそ者、つまり人間であれ動物であれ、自分の思いやり（affection）の領域に入らせない個人（個体）が相手になると、すぐに振おうとする暴力である。この思いやりの共同体は、普遍的原理と共同体の責任の肯定とに基づくどんな道徳・政治共同体よりも脆い。というのは、道徳・政治共同体は、一人称で自分の生を感じる諸存在の不可侵性を承認することに基づいているので、それは正義への要請を行使するからである。この正義への要請は、普遍的に受け入れられうるし、また正義への要請に対して本源的な基盤となりうるのは、憐れみを感じることである。普遍的原理へと辿り着けないという、今日われわれが抱える困難は、自分自身の外へ出ることができないという困難をも表している。したがって、とりわけ今日の人々は、無関心ないし拒絶を示す場合だけでなく、彼らの思いやりを示す場合にも、しばしば分裂をきたしてしまう。彼らは、優しく接したくなるようなひとが彼らの思いやり共同体の一員であるときは優しさを表すし、虐待されている存在が自分たちの家族でも仲間でもないときには、この上ない冷たさや完全な無感覚を示すのである。

だからこそ、個人は、今日ほとんど誰もが、自分たちの食べる肉は、一度も敬意をもって扱われたことのない動物からやってくるということをわかっていながら、自分たちの食習慣を変えないのである。彼らは動物を憎んでいるのではなく、自分はこれらの感性的存在に起こることに関わっていないと感じているのである。彼らはフォアグラを食べ続けているし、首元が毛皮になっているコートを買う。このような状況を表すのに、供犠という語を使うことはできない。この語は、ある存在が他の命と引きかえに（*pour*）自分の命を犠牲にしたのだという意識、この死は——その悲劇的な局面が消えることはないが——必要だったのだという意識を含意するからである。しかしながら、毛皮産業と食肉は、他の存在の善のために一部の存在を殺すことができるということを仮定している。しかしながら、動物たちの死は必要ではないし、アライグマやキツネの虐殺を通じて成長する者など誰もいない。供犠という語を使うのは、毛皮の場合、そして肉の場合でさえ、正当ではない。これは、正当化不可能なものを正当化することにしか役立たない。正当化不可能なものをそのようなものとして受け入れる方がはるかに誠実である。

われわれは祖先から食に関する一定の実践と習慣を伝承している。これらは、われわれの慣行や慣習において表現され、人間と獣のあいだに境界があることを示している。この境界は、動かすことはできても、完全に排除することはできない。というのも、われわれは、人間と共にあるのと同じように動物と共にあるわけではないからである。しかしながら、重要なことは、伝統の軛を振り払って、動物に対する耐え難い暴力の証である一定の実践を告発することだけではなく、獣をめぐるさらなる考察を示す実践を奨励し、促進することである。

別の食習慣を広めようとするのであれば、何が食肉の代替となるかを知らない個人に、彼らの舌を満足させるベジタリアン料理が存在すること、こうした料理は、申し分なく迅速に提供され、またそれにありつける機会も申し分なくたくさんあることを教える必要がある。それと同時に、重要なことは、生地を作る人間や動物に対する尊重を含み、さらに生態学的に持続可能で、なおかつ経済的に責任のある、そのようなファッションを奨励することであり、しばしば三つの面で広がる企業のグローバル化に抵抗する戦いを奨励することである。こうした発意は——本書第二部の中で説明されるように——啓蒙思想の遺産の中に書き込まれており、この点については、例えば、思想と科学に課された役割や、味覚（goût）の中心性についての主張が示している通りである。

この分析の最後に、近い未来にそうなるものも含め、それを廃止することが〈重なり合うコンセンサス〉の対象になりそうなものを、手短に指し示すことができる。獣の生と死の条件に気を遣う生産者への支援と、動物製品の日常的消費の縮小は、少なくとも理論の面では、われわれの同胞市民の大多数によって受け入れられる措置だと思われる。有機農業と伝統的牧畜への公共支援政策は、特にこれらの目標が、経済、文化、教育、通信を含む横断的な扱いをされる場合、歓迎されるであろう。いかなる動物も、適切に失神処置を施された後でなければ屠殺されるべきではないだろう。

フォアグラのような一部の製品は、言葉を濫用しない限り、動物の幸福と両立しえない。漁業は、資源の枯渇を避けるために、そしてそれだけでなく、漁網にかかる亀、イルカ、そしてクジラの虐殺を避けるためにも、より適切に管理されるべきだろう。猟犬を用いた狩猟——この狩猟は貴族的な理想を思わせ、狩猟者ではない個人の庭に逃げ込んだ鹿を仕留めることを許可する——は、すでにヨーロッパのいくつもの国で廃止されているが、これは、われわれが見習うべき例であろう。それに対して、フランスにおいて野生動物の保護が委託されている強力な各県狩猟家連合の例に見られるように、狩猟者たちが結集して強力なロビー団体を作り、議員に法律を飲ませるのは、社会の民主主義的な動きに逆行するものである(130)。

最後に、闘牛は、たとえそれによって生まれる犠牲が畜産に比べれば非常に少ないとしても、重要な問題をいくつか提起している(131)。この伝統は、雄牛たちに関する誤ったイメージを広めている。雄牛たちは草食性なのであり、つまりは彼らにあるのは、攻撃しようとする性質ではなく、むしろ逃げようとする性質なのである。次のことが理解されると、闘牛士の技は、大したものとは思えなくなるはずである。それは、この動物は、側面に離れてついた両目のおかげで周りを見渡す広い視野をもっているが、前方向の両眼視は制限されており、したがってこの動物が受け取る映像は、ぼんやりとしてあまり精細ではなく、間隔もまともに見積れていないということである(132)。この動物の視覚器官は、一定の対象に注意を集中させるために作られているのではなく、形や動きを判別するために作られているのである。それゆえ闘牛士は、動物の形質をもてあそんでいるのである。例えば、彼がマントを揺らしながら身を避けるときがそうである。というのも、彼は雄牛が動いているものにしか突進しないことを知っているからである。雄牛は、突進する際、頭部を下げて角を前へ向け、続いて頭部を起こして状況を観察する。闘牛士の演戯とは、屠殺場に由来する手順に従って——闘牛は一八世紀に屠殺場で考案された——、雄牛を時間をかけて殺すことなのである。すなわち、死に際の反撃を抑えるために、雄牛に頭を下げさせたまま槍で突いて背面の筋肉を切断することで、雄牛を弱らせ、「頚動脈を、下から包丁で切るのではなく、高貴かつ攻撃的に、エペで切って、それに血を流させる[133]」のである。除角のように、雄牛たちがアリーナへ入場する前にしばしば被る切断処置に加え、次のもう一つの補足的な理由から見ても、責め苦を受ける動物と完全武装した人間とのあいだの不公平な闘いを、近い将来禁止するよう要求せざるをえない。

しばしば闘牛は、イランから来てローマにもち込まれたミトラ崇拝の遺産として紹介され、諸々の〔宗教的〕儀式に、そしてとりわけ、この動物は供犠として捧げられているという考えに結びつく。アフィシオナード〔闘牛ファン〕は、自分たちを獣の友であると言い、自分たちの情熱には、雄牛、とりわけ「ブラボーな（bravo）〔勇敢な〕」雄牛に向けられる感嘆が伴うのだと主張する。彼らによれば、闘牛とは、一人の人間が力と勇敢さ（bravoure）の象徴である一匹の動物と競い合う儀式である。アフィシオナードは、動物から命を奪っておきながら、技巧的に動物を殺しておきながら、死と対峙し動物を尊重するだけでなく、まるで雄牛の血と拷問に贖罪的な価値があるかのように、社会の暴力を中断させているのだと確信している。ところで、そこには交換と贈与があるのだとか、動物が死ぬのは〔同じ言葉で儀式的供犠を正当化する一部のムスリムも言うように[134]〕われわれから暴力を撲滅する手助けとなるためなのだとか言い張って、供犠について語られても、闘牛の場合、ほとんど信じるに足らない。

敬虔なムスリムが、供物とするために連れてきた羊の喉を儀式として掻き切るのに立ち会うとき、彼らはしばしば、アマンディーヌ・フェノの映画に見られるように、涙を流す。彼らの表情が表しているのは、動物を殺して喜ぶどころか、自分の奉献や、神の意に適いたい、あるいは神に援助をお願いしたいという自分の欲望が、この動物にどんなことを強いているかについて、完全に自覚する者が経験する激しい動揺である。ところで、闘牛において道徳的にはるかに問題なのは、動物が虐待される光景を楽しむ群衆の拍手喝采である。憐れみのための余地がまるでないのである。観客が夢中になっているのは、人間による動物の支配を見ることである。今日、動物を道徳的配慮の領域に組み入れる準備が次第に整いつつあることを証示するような、次々と進む改革を目の当たりにし、それを支援することが問題であるときに、この光景を黙認することに果たして矛盾はないのだろうか。

第三章　乱れる食

飢えや栄養失調の問題、及び西洋諸国や新興国における動物製品の需要がもたらす経済的生態学的諸帰結は、倫理と正義が実存の立場表明であることを示す代表的な具体例である。〈～によって生きる〉という事実を存在論的・政治的次元で重視する哲学は、他者の飢えの経験、彼が耐える欠乏状態の経験から出発しなければならない。ここから出発して初めて、抽象〔的思考〕を乗り越えることができるのである。というのは、飢えがもつ差し迫った性格によってわれわれは、自由の哲学の主張から距離を置くからである。自由の哲学は、形式的な権利を特権化し、配分的正義の理論へと導く。確かにこの理論は、豊かな国では有効であり、それ相応に糧をもつ人々に財を分配する場面でも有効である。しかし、極度の貧困に置かれた状況においては、それほど妥当な理論とは言えない。したがって問題は、飢えという絶対的欠乏〔剥奪状態〕を記述し、この絶対的欠乏が個々人に、社会に、そして国際組織にどのような義務を課すのかを理解することである。

倫理の出発点としての飢え

アハロン・アッペルフェルドは、一〇歳頃に強制収容所から脱出することに成功した後、ウクライナの森で過ごした年月を描いた物語の中で、こう書いている。「飢えはわれわれを本能に、言葉以前の言葉に連れ戻す(1)」。飢えの苦痛を感じるひとは、生を感じ取る。この生は、虚飾のないむき出しの生である。なぜなら彼には、埋め合わせとなる夢や幻覚以外に逃げ場がないからである(2)。同様に、ゴミ捨て場を漁ったり物乞いをしたりすると、ひとはすぐさま、何が自分を和らげてくれるか、何が自分の助けになるかを察知する。こうした感官による知は、思惟に先立っている。

飢えには目がある。なぜなら、飢えに耐えているひとは、他者がこれから自分に何か食べ物を与えてくれるのか、それとも反対に、自分をこのままの状態で放っておくのかを見抜くからである。またそれだけでなく、飢えの眼差しというものがあるからである。この眼差しというのは、呼び声である。飢えた者とすれ違う人は誰でも、「食べ物を恵んでくれ」と言うこの眼差しにただ目を奪われるしかない。倫理の源泉とはまさに、他者の身体であり、彼の欲求であり、そしてその物質性において捉えられた彼の実存である。それゆえ、自由の哲学とは袂を分かつレヴィナスが、彼の著作においてあれほど頻繁に飢えに言及しているのは、驚くべきことではない。というのは、あたかも他人との関係が、競争関係ないし闘争関係――その根本争点は承認である――であるかのように、自由として、あるいは意識として、他者が私を尋問するのではないからである。私を審問に付すのは、他者の飢えである。

飢えているひとの眼差しは、まっすぐな眼差しであり、それは胃袋からやってきて、まとわりついて離れない。このまっすぐな眼差しは、私がまるで何にも気づいていないかのように、そして私には無関係であるかのように振る舞うことを禁じるという意味で、私を責め立てる。この眼差しはまた、私が生きている――必要な食料を入手できるがゆえに――安泰な状態についても私を問いただす。ここで、レヴィナスが自分の口からパンを取って他者に与えることについて論じた際、彼が何を述べたかを押さえておく必要がある。他人に対して責任を負うというのは、自分が生きるのに必要なものを、他者に糧として与えるということである。すると即座に、その物質性における他者の実存が、私の内に、私のコナトゥスの中心に入り込む。他者の飢えはすぐさま意識の独白を中断させる。他者の飢えは、白日の下で私の場所を問いただしながら、道徳に騙されることを私に禁じる。

飢えを倫理と正義の出発点とすることによって、倫理と正義の観念がもつ意味は刷新されることになる。このように始めることで、人間と動物の運命の共通点がはっきりするだけではない。そのことによって倫理が、人間同士の関係に、そしてさらには人間と他の生物のあいだの関係に限定されえないということがわかるのである。われわれと糧との関係は、われわれの実存を表す関係であり、この関係によって、実存はまず倫理的実存となる。同様に、正義は、資源の公平な分配である以前に、私が〔何かを〕食べた時点で、何らかの意味をもつ。なぜなら、〔食べるという〕この行為を通じて、私は他者に譲る（あるいは譲らない）場所を示すからであり、他方、私が消費する食物は、特定の生産と流通の形態を後押しすることになるからである。

したがって、八人に一人が栄養不良の世界にあって、倫理や正義という言葉を軽々しく用いることはできない。しかしながら、診断を誤ってはならない。実際、飢えと栄養失調が〔食料〕不足に起因する技術的問題であれば、解決もまた技術的である。農産物を増やし、飢えた人々に食物を送れば十分である。生産至上主義の言説、第二次世界大戦後に農業の生産性を高めることに成功した農法の採用、そして広く行われるようになった遺伝子組み換え作物の使用が、打開策になるだろう。反対に、飢えと栄養失調が貧困に結びつき、何よりも正義の問題を提起しているのだとすれば、この〔飢えと栄養失調という〕状況をもたらしている要因に照準を定める必要がある。このアプローチによって、国際的な経済システムとグローバル市場のルールが告発されることになるからである。

さらに、テレビを売るのと同じように穀物を売ることが正当かどうかを問うためには、食が話題になっている場面で問題となる善の類型を分析することが不可欠である。また、人間に食糧（nourriture）〔糧〕を与えることをその役割の一つとしている農業が、どんな産業とも同一視できないのはなぜかと問うことも重要である。最後に、食習慣が果たす役割も忘れてはならない。食習慣が、食糧生産、流通、分配に与える影響は、私がテーブルについた時点で、倫理と正義に何らかの意味が生じるということを証明しているのである。これら三つの問いを通じて、糧の現象学は、世界的な食糧危機論争に対して特別の寄与を果たすことになる。そこで、農業分野におけるグローバル市場の完全自由化を告発するには、完全自由化がもたらす社会的な打撃の記述だけではなく、食に示されている特殊な善の記述と、農業の意味の検討が必要となるだろう。

次のいくつかの事実を想い起こせば、世界規模の食糧危機がどれほどのものかを把握することができる。二〇一二年一〇月九日付の国連食糧農業機関（FAO）の報告によれば、八億六八〇〇万人が飢えで苦しんでいる。飢えた人々のうち八億五二〇〇万人が発展途上国で生活しており、その数は全世界人口の一四・八％を占めている――発展途上国とは、例えばサブサハラアフリカ〔サハラ以南のアフリカ〕、特にコンゴとエチオピア、またニカラグア、ペルー、ハイチ、近東、アフガニスタン、バングラデシュ、インドネシア、北朝鮮、及びインドの一部の地方がそうである[3]。彼らの大多数は農村の住人、特に、食糧を手に入れる手段をもたない農家である。しかしながら、彼らの国でも食糧は手に入るのである。なぜなら、彼らの国は食料品を生産し輸出しているからであり、また国内の市場では、アメリカ産やヨーロッパ産の鶏肉や穀物が出回っているからである。

今日、一〇歳未満の子どもが五秒に一人、飢えと栄養失調によって命を落としているが、これは〔食料〕不足の結果ではない。飢えと栄養失調は、とりわけ次の事実が原因と考えられる。それは、一部の人々が食糧を手に入れる権利を奪われている、という事実である。その理由としては、彼らの購買力が弱いということや、自国の農業に補助金を出す国々の農産物輸出をグローバル市場が後押ししている、といった点が挙げられる。アフリカの小規模農家は、自分たちの農産物を売りさばくことができず、破産する。離村を余儀なくされた彼らは、スラム街にひしめき合い、そこで、「飢えによって迫害され」、一日に必要なカロリーをかろうじて取るために、ゴミを漁りながら食糧を入手している。[4]

タンパク質、微量栄養素、ビタミン、ミネラルの摂取が不十分で偏ってしまうと、子供たちの脳と体に発育遅延を引き起こし、失明、貧血、脚気、壊血病、クワシオルコルの原因となる。[5] このような栄養摂取の仕方は、子どもたちの体を弱らせ、彼らの体は感染力の弱い感染症に対しても抵抗力を失ってしまう。[6] それゆえ、数週間にわたる断末魔の苦しみの後、栄養不良からくる一連の病気や飢餓性衰弱で死亡する飢えた人々に加えるべきは、栄養失調、あるいは国連が「隠れた飢餓（*hidden hunger*）」[7]と呼ぶものに苦しんでいる二〇億もの人々である。

飲用水がなく、衛生とケアが足りなければ、人々の健康状態はさらに悪化することになる。特に、彼らの出自である「民族の文化的伝統にふさわしい、量質ともに適切で十分な食糧を、直接的にであれ、購入によってであれ、安定して手に入れる」ことのできない人々はそうである。また「身体的精神的で、個人的集団的な不安から解放された、満足のいく尊厳ある生活を保証する」[8]食糧を安定して手に入れることができない人々もそうである。こうして地球に住まう七〇億人のうち、食料への権利が紙の上の権利でしかないひとが、およそ三億人いる。一九四八年一〇月一〇日世界人権宣言の第二五条第一項、及び「経済的、社会的及び文化的権利に関する国際規約」（ＩＣＥＳＣＲ）――この規約は一九七六年に発効され多数の国に批准された――において認められた権利が、踏みにじられているのである。

さらに、洪水や干ばつのような自然災害や紛争も状況を悪化させる。こうした出来事は、それだけで飢饉を生み出すわけではない。飢饉とは、しばらく続くことはあっても、栄養不良や「隠れた飢餓」とは違って、恒常的でも規則的でもない例外的状況である。飢饉の特徴は、一定期間、一定の共同体の人口三〇％以上を襲う急性的な栄養失調、そして死亡率の急激な上昇である。戦争や紛争のない飢饉もありうる。しかしながら、飢饉の突発と対策において最も重要な役割を果たすのは政治組織であり、飢饉に襲われるのは主に、全体主義的な体制をもつ国々である。[9] 最後に、飢えと食料不足との関連性を自明とみなす誤った理解を修正するために、一九四三年のベンガル地方のように、国が大量の農業生産を行なって穀物を輸出しているのに、飢饉が発生することがある例を付け加えておこう[10]。

不足の問題から正義の問題へ——潜在能力アプローチ

飢饉を理解するためには、食料の入手可能性を強調し、マルサスの後に続いて[11]、資源（供給）と人口増加（需要）の不均衡を力説する古典的アプローチを放棄する必要がある。食料供給量の減少（*Food Availability Decline*）という観点からは、飢饉の多様性を把握することはできない。〔こうした観点よりも〕一層概括的な手法は、犠牲者のかたわらに身を置くことによって、そして異なる人口ごとの食料資源への権原を検討することによって、飢饉の原因を分析する手法である。こうした手法は、一つの共同体の全員を襲うわけではないこの災難の原因となっている仕組みを、一層明らかにすることができる、とセンは書いている。

現代世界から飢えを根絶させるために決定的に重要なのは、飢饉の原因を理解することであり、それを単に食料と人口とのあいだの機械的なバランスという観点へ還元しないことである。飢えの分析にあたっては、個人や家族が十分な食料資源を確保しうる実質的な自由から出発しなければならない。彼らは、食料を自分たちで栽培したり（農家の場合）、あるいは市場で入手したりしながら食料を確保している。食料資源が周りに溢れているのに、単純に、所得の喪失によって、食料資源をもはや購入できなくなって、個人が飢饉に陥ることも稀ではない[12]。

飢饉に関して〔食料の〕エンタイトルメントの欠如（*Food Entitlement Decline*）という用語を用いるこのミクロ経済学的アプローチは、食糧危機を所得の低下から帰結する購買力の危機として解釈するにとどまらない。このアプローチは、三つの鍵概念の厳密な結節関係を前提している。

第一の鍵概念は、エンダウメント（*endowments*）〔賦存量〕である。これは、土地、設備、動物、さらには労働、人的資本といった、個人が合法的に所有する資源を指している。エンタイトルメント（*entitlement*）〔権原〕という概念は、ある個人が自らの賦存量《エンダウメント》を用いて合法的に獲得できる諸々の財とサービス（*commodities*）の可能な組み合わせの総体を指す。最後に、エンタイトルメント写像（*entitlement mapping*）〔権原写像〕は、賦存量《エンダウメント》とエンタイトルメントとのあいだの関係を照らし出すものであり、これによって、諸々の資源がどのような交換比率でエンタイトルメントに含まれる財とサービスに変換できるかがわかるのである。

こうした交換過程は、自然との交換である生産によって行われるが、また所得によっても、あるいはさらに、譲渡や相続によっても行われる。個人のエンタイトルメント写像は、社会の法的、政治的、社会的、経済的特質に応じて、また社会における個人の位置づけに応じて変化する。彼のエンタイトルメントは、彼が賦存量《エンダウメント》の喪失（土地の喪失、畑や家畜の群れへの損害、健康問題）を被ったり、労働市場での競争が激しくなったり、あるいは彼の交換条件が市場のルールに応じて変わってしまったりすると、縮減される。この場合彼は、剥奪状態に置かれる。

一九七四年にバングラデシュを襲った飢饉が、洪水から帰結した農業部門における雇用危機から始まったのは、こうした事情による。農村部の職人や農業賃金労働者のような一部の社会層は、他の層、特に都市生活者に比べてはるかに大きな被害を受けた。飢饉を招くメカニズムの分析は、食料生産と流通の問題を関係のネットワークの中に組み入れることを前提する。このネットワークこそ、十分な量の食糧を入手する個人の潜在能力《ケイパビリティ》を決定するものである。というのは、食料供給量は、当人のエンタイトルメントに関わる側面の一つだからである。エンタイトルメント・アプローチは、食料供給量の低下に対して集中して注がれる分析を集約しながら、それぞれ特殊性をもつ様々な飢饉に対する分析を可能にする一般的枠組みを提供する。〔そしてこのアプローチにおいては〕飢饉の社会的次元とその貧困とのつながりがはっきりと浮かび上がるのである。

しかしながら、次の問いはいまだ棚上げされたままである。それは、この貧困の要因が、雇用危機や賦存量《エンダウメント》の喪失のような経済動向に求められるのか、それとも、人間が創り出した政治的経済的諸条件と市場の完全自由化とから結果する構造的問題に求められるのか、という問いである。こうした問いが棚上げされているために、一部の国々やさらには一部の特殊な社会層を襲う飢饉や慢性的な栄養失調を引き起こしうるメカニズムを説明しようとすれば、ただ犠牲者の視点に立つだけでなく、犠牲者と享受者とのあいだの力関係の力学も分析する必要性が生じるのである(13)。

エンタイトルメント・アプローチをこのように拡張すれば、リスクを管理したりリスクに対する自らの脆弱性を減少させたりするための適応戦略を慣習法に求める人々の行動を取り上げることも可能になる。慣習法は発展途上国においてとりわけ重要である。家族内贈与や家族間贈与、譲渡、インフォーマルな信用への訴えといったものは、もっぱら法律主義的なエンタイトルメント・アプローチにおいては考慮されていない。

センはこのような非難を受け、一九八〇年代末、エンタイトルメントを、家族や世帯のレベルで、またそれだけでなく民族集団と共同体のレベルにおいて表現される、よりインフォーマルなルールへと拡大することになる。〔このようなルールがあるところでは〕資源への自由なアクセスは、共有財産の一部である。すなわち、共同地が、ナミビアにおけるように、国家によって所有され、指導者たちによって共同体レベルで管理されており、これを利用する畜産農家はそれゆえ、自分の土地へのアクセスにおいて、その使用料を定める共同体に依存しているのである。それゆえ、地球資源へのアクセスにおいて、インフォーマルな権利は決定的に重要である。

自然災害でもなければ宿命でもない〔飢饉という〕惨事において、西洋人の個人的・集団的責任が示されているとすれば、その可能な解決の一つは、グローバル市場を再編することであり、さらには地域の人々に食糧を供給しうる地場農業を投資によって支援できるようにすることである。目標となるのは、食の安全よりもむしろ食料主権である。というのも、重要なことは、大量の食糧を、輸送手段を度外視して飢えた人々に届けることではなく、各国の食料自給への権利を向上させることだからである。こうしたことは、国際貿易と農業の次元で根本的な改革が行われることを要求し、穀物のような主要農産物を需要と供給の駆け引きに委ねてきたあり方を問い直すことを要求する。

ＦＡＯも含め、数多くの報告書の中で提唱されてきたものとは異なり、単に生産を拡大するだけでは世界的な食糧危機を解決することはできない。食の安全についての将来的なスキームを考案してきた人々の多くは、依然、農業生産を七〇％上昇させれば、二〇五〇年に九〇億の人々に食糧を供給しうる解決策になると見積もっている。彼らは貧困国において、第二次世界大戦後にわれわれの国で緑の革命を成功させた機械や肥料を利用するよう勧め、遺伝子組み換え作物の使用が特効薬になると考えている。ところで、こうした農法によって、土壌は汚染と塩化に晒され、農家は燃料価格の乱降下に対して脆弱となり、彼らは、自分たちが利用する種子の所有者である多国籍企業に従属することになる。

さらにこうした打開策を取るなら、発展途上国の農家が飢えと栄養失調で苦しんでいることを説明する数多くの理由から目を背けることになる。それと同時に、こうした打開策は、この危機的状況から抜け出すのに必要なイノベーションに対して目を閉ざすことを強いるのである。反対に、世界的な飢えを正義の問題として捉え、この状況――もし根本的な変化に着手しなければ、この状況はサブサハラアフリカですでに顕在化している地球温暖化によってさらに深刻化する恐れがある――の維持に一役買っている多様なメカニズムを分析しようとすれば、方法面だけでなく目標面でも、異なるアプローチを取る必要がある。

生産至上主義の言説では、グローバル市場のルールや、食形態の問題、特に食肉消費――食肉需要の増加は、世界で生産される穀物の大半が家畜用であることからも明らかである――の問題は触れられない。豊かな国々がローカルな〔自国向け〕農業への投資を奨励する代わりに、アフリカにおける未使用の耕作適合地を輸出向け農業の開発に利用しているということも触れられない。最後に、発展途上国が、タックス・ヘイヴンに保有される海外資産のせいで、毎年莫大な額の税収を失っていることにも言及されない。ところが、これらの現象こそ発展の妨げなのである。生産至上主義の言説が対象としているのは、ただ貧困の兆候だけである。

それに対して、食料への権利について語ることは、何億もの飢えた人々はわれわれの寄付とは別のものを得るべきだ、と主張することだが、それだけでなく、他の人間が有する存分に食べる権利が、私に何を要請するかについて問うことでもある。したがって、徹底して食を権利として考えるためには、少なくとも、飢えた人々のエンタイトルメントだけでなく、われわれがこの惨事に荷担するのをやめるためにどのような変化に着手すべきかについても、重点が置かれるべきである。以上のような飢えに関する議論に対して哲学が寄与しうるとすれば、それは、次の二つの次元、すなわち貧困の原因究明へと導く経済的政治的次元と、食糧を得る〔糧を摂取する〕行為に直結する意味をめぐる問いとを、関連づけることにある。

食料倫理と食料政策

飢えと栄養失調の問題を政治化し、食料への権利について語ることは、横断的で学際的なアプローチを促すことになる。[14] 生産至上主義の言説が推奨する技術的解決に甘んじることなく、農業モデル、投資、ヨーロッパのＣＡＰ〔共通農業政策〕のような助成金、生活様式、統治方式、発展途上国の農業部門で広く見られる女性差別との闘い、こうしたものを、診断の際だけでなく打開策を検討する際にも考慮に入れることが重要である。それに加え、貧困国にとって不利な国際商取引システムを検討し、こうした国々の対外負債について問う必要がある。貧困国の対外負債は五〇〇〇億ドルにものぼっており、経済発展という目標の追求と両立不可能なのは明らかである。

この歩みにおいては、人々はもはや犠牲者の側ではなく、貧困をもたらし発展を妨げるシステムの側に身を置く。かくして、食糧危機は負債〔の問題〕に結びつく。負債によって貧困国が失うのは、農業インフラと社会インフラの発展、交通とサービスの発展に必要な資金を投資する可能性である。[15] 貧困国は、仮に資金さえあれば、洪水に対処し、高い農業生産性を獲得し、少なくとも主要食糧に関しては一定の食料自給率に到達することができる。

この点に関して、貧困国の負債が増大し続けていることを指摘しておこう。それは、これらの国々が工業製品を輸入しているからであり、また彼らの購入する農産物の価格が変わらないのに対し、工業製品の価格は三倍に跳ね上がったからである。農産物の価格は市場、すなわち需要と供給、及び投機に左右される。その例として、二〇〇八年と二〇一一年、穀物価格の異常な上昇によって引き起こされた飢餓暴動を挙げることができる。この穀物価格の上昇は、不作の知らせを受けて市場を襲ったパニックと、生産国が自分たちの貯蔵分を流通させることを拒否した結果、生じたものである。しかしながら、〔農産物価格がグローバル市場に依存しているとはいえ〕逆もまた真である。すなわち、国内経済システムと国際経済システムは、農産物価格に依存しているのである[16]。

最後に、アフリカでは食料を自給しながら存続している国家はわずかである。ということは、他の国々は、干ばつや紛争がないところであっても、グローバル市場から食料を調達しなければならないのである。こうした国々の収穫は、「ハンガーギャップ」――この語は、前回の収穫による備蓄が枯渇してから次の収穫までの一定期間を指す――を埋めるのに十分ではない。ローカルな〔自国向け〕農業への投資不足のせいで、貧困国の多くが、自国民に食料を与えるためにグローバル市場に完全に依存しているというだけではない。それに加えて、これらの国々には、自国の市場を保護し、備蓄によって価格調節することを可能にするような規制が一つもないのである。

このような規制の不在は、かいつまんで言えば、ごく最近の出来事である。冷戦中は、飢えが農民を共産主義へ駆り立てるのを防止するため、生産者と国のあいだで協定が交わされ、それによって価格の急激な下落が回避されていた。今日ＷＴＯは、生産者の収益を支えるために価格が低い時期に〔農作物を〕買い上げることを国家に禁じている。また、国家には、最も貧しい消費者の食料確保を支援するために、食料価格が高い時期に備蓄を市場に流通させる権利もない。かくして、国際商取引のルールと、返済に充てる外貨を得るために輸出向けの〔例えば綿花〕生産を貧困国に強いる負債とが、貧困国の食料自給を保証する地場農業の発展を困難にしているのである。

さらに、アフリカに数多くある耕作適合地は、人件費が安いためにニーズが高まり、ＯＥＣＤ諸国によって利用されている。これらの国々は、輸出向けの生産に、巨額の投資を行っている。しかし、〔アフリカ〕諸国がＯＥＣＤ諸国に対して行っている〔土地の〕移譲が示しているのは、ローカルな農業よりもむしろグローバル市場を利するプロジェクトは、受け入れ国側にいかなる利益ももたらさないということである[17]。したがって、生産とグローバル市場の再編には、政治的変化が伴わなければならない。この変化は、一大改革へと人々を参画させるきっかけとなる。貧困国はこの改革によって初めて、自分たちに貧窮を強いるシステムから脱却することができるはずである。

したがって、グローバル市場のルールを分析すれば、食料が人間の権利として考察されているとしても、それは机上の空論として考察されているだけか、あるいは抽象的に考察されているにすぎない、ということが判明する。世界規模の飢えは、こうしたルールが修正されない限り、減少することはないだろう。実際、世界の穀物相場は、最も安い〔生産〕原価に基づいて決定されている。ところで、グローバル市場へアクセスするために、ヨーロッパの農家はEUから助成金を受け取っているので、その結果、「ノルマンディやピカルディ〔あるいはウクライナや中東〕の小麦は、一キンタルあたり八〜一〇ドル前後の価格に設定されてダカールやラゴスにやってくる。すると、セネガルやナイジェリアにおける生産は弱体化してしまう[18]」のである。

世界規模の飢えの問題を宿命とみなすよりも、この惨事へ対処するために検討すべき第一の方策は、主要食糧に関する生産性の〔国ごとの〕ギャップが著しい市場の中で、単なる供給と需要の駆け引きによって交易を行うことについて、問い直すことである。というのは、こうした生産性のギャップは、一定の財へのアクセスが規制されない完全な自由市場は、公正な市場ではないということを示しているからである。この生産性のギャップは、中央アフリカやカンボジアの農家による生産の方がシャンパーニュ地方の農家のものよりも費用がかかり、それゆえ彼らの〔生産物の〕価格は高くなり、競争力を失ってしまうということも示している。したがって、食料への権利を重視するということは、主要食糧の価格体系を、すべての人々に食料供給できるように固定し、トルティーヤの価格が二倍になった二〇〇七年のメキシコの例に匹敵するような価格の急騰を防ぐということである。同様に、主要穀物への投機を防止することも重要である。そして、食料への権利や各国の食料主権は、最終的に市場のフロンティアを再定義することを求めている。

糧〔食糧〕を交換することはできる。とはいえ、どんな方法でも交換してよいわけではない。なぜなら、糧とは、生き延びるために必要不可欠な生産物を指しているからであり、糧は人間と環境との本来の関係、人間と他の存在との本来の関係を表しているからである。食料を買ったり売ったりすることは、食料の価値を評価することである。しかしこの価値は、食料品の価格にだけ関係するのではなく、とりわけ、文化、環境に住まう人々、彼らの遺産、そして彼らの農業とつながっている。そこにある考え方は、食料を単なる商品として扱う考え方ではなく、国内や国際貿易における食料の生産、加工、分配、消費の仕方は、食料に代表される財のあり方に沿ったものであるべきだという考え方である。

資本主義は、ロックの自由主義やアダム・スミスの自由主義とも何ら関係がなく、今日では金融投機と結びついている。資本主義は、交換される財や活動の意味の様々な類型を軽視し、味覚〔味わい〕の同質化をもたらす。しかしながら、糧の現象学は、生物の価値や食と農の意味を明らかにし、さらに正義の要求が活動の意味と活動する諸存在の意味から出発して生産と交換を、つまり経済を組織化すると主張する。こうして糧の現象学は、資本主義の主要な前提に対する反駁となる。周知の通り、実存の哲学と手を携えたエコロジーは、資本主義経済を根本から問いただす。というのは、このようなエコロジーは、資本主義経済の根底にある存在論に対して異議を唱えるからである。自由と形容されるが実際には規制が撤廃されただけの市場において、食が非情なルールから守られなければならない、と主張するだけでは十分ではない。なぜなら市場は、交換される物の価値も、それによって生きている行為者も、考慮してはいないからである。

実際、農産物を市場の非情なルールに服従させることによって、ひとはこれらの生産物の栽培に要した労働に対して、そして食肉や牛乳用に搾取された獣たちに強いられた苦しみに対して、目を閉ざすだけではない。自然との交換、土壌の理解、そして地理的な特殊性と気候への適応が必要とされる職業を生業とする人々にとって、農業がどれほど重要かを看過するだけではない。〔農産物を市場の非情なルールに服従させることによって〕ひとは、糧〔食糧〕を道具や燃料と同一視し、今日の食習慣に伴う意味の喪失を許容しているのである。さらにひとは、味覚（goût）〔味わい〕の破壊を煽り、味覚を開花させるすべての営み、われわれの感覚が自分の実存のパトス的契機と一致しているがゆえに味覚の中心性を立証するすべての営みについても、その破壊を煽っている。結局、それは食の工業化、特に食肉の工業化に何の歯止めもかけないに等しい。というのは、そのような前提から出発するならば、利潤の追求に対する現実的な抑制を見出すことは不可能だからである。

したがって、良識と正義は、一定の財が競争原理から保護されること、需要と供給の原理から保護されることを要求する。一九八一年、フランス政府は、書籍の均一価格を設定し、そのおかげで、質の高い文学作品の販売に欠かせない助言役を担う書店を存続させることができた。これと同じように、生きる上で必要な主要食糧に関しても、市場の相場が人々の脅威となるときには競争を抑制するような規制を実施する必要がある。

したがって、主要食糧だけでなく、気候、水、あるいは自然環境のような共通財も、特別で適切な国際的保護の対象になりうるだろう。このような保護は、市場原理の全面的支配を回避し、各人に最低限の財を享受する権利を保証するものである(19)。人権とは、各人が、資源だけでなく、糧を享受する権利を指す。それゆえ人権の前提は、個別的な道徳的行為主体の消費する権利が、他の人間と他の生物を侵害するときには制限されるという点にある。これこそ、社会契約とグローバルな正義——つまり、諸国間の関係、とりわけ南北関係の正義——の中心に位置づけられる、糧の共有としての正義の意味である。

この点に関して、次のことを指摘しておくべきである。それは、市民権と社会権——社会権はその普遍性と個別性が繰り返し主張されてきたにもかかわらず〔市民権と〕同じ保護を受けてはいない——のあいだの非対称性には問題がある、ということである。というのは、投票の自由や表現の自由のような政治的自由は、栄養失調に苦しむ人々や、基本的なヘルス・ケアに到達できない人々にとっては、意味をもたないからである(20)。ところで、自国で拷問を受けているひとは国際裁判所に申し立てられるが、飢えで死ぬひとの正当性を認定するための裁判所はない。しかし、食料への権利は基本的権利である。なぜなら、糧の欠乏と栄養失調によって個人の命が脅かされるだけでなく、飢えによってこの個人の尊厳が傷つけられるからである。一人の人間に糧を与えないまま放っておくことは、どんな状況によっても罪が軽減されない〔重〕犯罪である。[21] 食料への権利、必然的に横断的で学際的な食料政策《フードポリティクス》、そして糧の現象学は、いずれも、政治問題を一般的に規定する言葉を変えることによって、社会契約を修正することになる。これらはまた、国際制度の次元での改革を前提している。そのような改革によって、世界中でこうした権利の尊重を実現することが可能となるだろう。そして、自国の人々を飢えに陥れる国家や、紛争の相手国を弱体化させるために食という武器を利用するあらゆる国家に罰則を科すことが可能となるだろう。

果物と野菜〔の生産〕に助成金を出し、持続可能な農業を採用する農家と有機農業へ向けた一歩を踏み出す農家をさらに援助することによって、ヨーロッパの方は、季節に合った生産物の消費と、食品流通の規模縮小を奨励することができる。その上、ヨーロッパにおける様々な指令――例えば、一ヘクタールあたり一七〇キログラムの窒素量を超過しないよう命じる〔ＥＵの〕「硝酸塩指令」、〔フランスの〕ＰＭＰＯＡ〔農業起源汚染管理プログラム〕、そして〔ＥＵの〕「ハビタット指令」と「鳥類指令」〔ナチューラ2000〕――は、農業をめぐる認識上の変化を示唆している。農家はもはや、より多く生産するために自然を支配し、自然を機械へ、とりわけ化学物質〔農薬〕へと服従させるに違いない汚染者ないし毒の散布者とはみなされていない。改革は、次のようなタイプの農業を促すことで具体化している。それは、生態系についての理解に基づいた農業であり、〔生産への様々な要素の〕投入量を削減するために、またそれだけでなく少量の化学物質とエネルギーで大量で良質の作物を生産するために、自然を模倣し、自然がたえず自然のサイクルで行っていることを、畑のレベルで再現する農業である。

食と農の現象学

生産至上主義の言説は、遺伝子組み換え作物と集約農業に言及しているが、こうした言及の背景には、食べ物と大地を単なる資財とみなす想定がある。農業は一つの工業とみなされ、植物と動物は工場とみなされている。ひとは植物に肥料を与え、動物に飼料を与える（インプット）。植物と動物はそれを生産物に変え（アウトプット）、ひとは基準に照らして生産物の量と質を評価する。農業はこうした過程にコントロールされており、これらの過程は、鉄鋼をプレスしてそこからボルトを製造するような、加工品の生産をモデルにして考えられている。このような生物に対する配慮の不在、そして生物と人間との関係の消去——それでもこの関係は農業と畜産の意味をなしているのだが——によって、動物の境遇を考えることが不可能となっている。動物は生まれてから死ぬまでずっとモノとして扱われる。そして、生産至上主義の言説においてこのモデルは、世界中の人々に食糧を供給するために必須のものとして提示される。『タンタン　アメリカへ』の一場面がその例である。牛はベルトコンベアに乗せられて屠殺場へ入り、缶詰のコーンビーフとして別のベルトコンベアに乗せられて出てくるわけである。

遺伝子組み換え作物に頼ることは、農業を一つの関係ではなく一つの事業とするこうしたものの見方の論理的帰結である。農家はこの事業を管理することさえできず、次第に自立性を失っていく。というのは、農家は、民間企業が設計した作物の栽培を命じる勧告に従うのが仕事だからである。その結果、農業経営者は、農薬に対する植物（雑草）の耐性を理由に、どうしても農薬の分量を増やさざるをえなくなる。事態がこのようになるのは、生物には適応力があり、また生物の本質は変化であるため、農業で利用される遺伝子組み換え作物が収める成功は、必然的に短期間のものでしかない。

それに対して、糧の現象学は、食糧危機に対して提案された様々な解決策——工業化された農業モデルの伝播であれ、食料を車のように完全自由化された市場で交換することであれ――が依拠している諸前提を暴き出す。というのは、糧〔食物〕について語るということは、一定の財を他の財と同じように商品とみなすことを拒否するだけでなく、次のことを主張することだからである。すなわち、植物、動物、そして大地は、単なる資財ではないということ、農業と畜産は、工業化された過程ではないということである。

アグロエコロジーは、こうした〈農の現象学〉の例証となりうる。アグロエコロジーは過去への回帰なのではなく、それは、生態系に即して労働することを意味する。さらにこのことは、アグロエコロジーが実に精確な知識を要求するということを示している。こうして、例えば、窒素を土壌の中で固定するマメ科植物の栽培が計画される。また、ミミズのような、正真正銘土壌のエンジニアと言える動物を化学物質で駆除する代わりに、土壌を肥やすのに活用することもある。堆肥や厩肥のような廃棄物を用いれば化学肥料の代わりになり、垣根を作れば虫を餌にする鳥たちが戻ってくる。農薬の代わりに、植物を脅かす虫を食べ尽くすてんとう虫のような動物たちが利用される。また、プッシュ・プル法を用いれば、畑の内側に虫が嫌う植物を植え、虫を引き寄せる植物を作物の外側に植えることで、虫を耕地から遠ざけることができる。最後に、森林伐採によって破壊された土壌を回復する森林農業《アグロフォレストリー》は、モザンビークにおいて見られるように、見事な結果をもたらすのである。

こうしたタイプの農業は、唯一のものではないとはいえ、高い石油価格、化石燃料の枯渇、そして地球温暖化を特徴とする今日の文脈に、とりわけ適合している。それは、農家を投入価格の高騰から保護し、偶発的な気候変化に対してより抵抗力のある、より持続可能な農業への移行を準備する。そして、集約モデルによって生み出された汚染や生物多様性の破壊、土壌流出の問題を回避するのである。こうした農業は間違いなく、発展途上国が食料自給を獲得するために、また一般に自立性を獲得するために必要な要素の一つと言える。

アグロエコロジーは、裕福な国からもたらされる機械や化学物質への依存から農家を自立させ、グローバル企業による支配から農家を解放する。その上、農学によって解明される土壌や生物学的プロセスに関する知見に依拠しながら、農業に意味を回復させる。この意味とは、生物の水先案内人になること、生物を育むことであり、外部からこの生物に働きかけることではない。このタイプの農業によって、農家の人々は自分たちの文化的アイデンティティを取り戻す主役となるのである。彼らはもはや、企業によって命じられたルールを適用する農業経営者ではない。彼らは土地を手入れし、植物を育み、獣たちを生育させるのである。

このとき、土壌に糧〔栄養〕を与え、自分の動物に餌を与えることは、再び意味に溢れた行為となるだろう。農業は、男も女もそこで生活の糧を得る生業へと生まれ変わる。なぜなら彼らは、こうして自分たちのパンを得るからであり、この営為が彼らの可能性を開花させるからである。このタイプの農業を採用したアフリカの農家によって示された、自分の土地を自由に耕し自分の労働によって生きるという誇りは、彼らが自分の子どもたちに糧〔食物〕をやれなかった頃に感じていた恥や恥辱、貧困と負債の悪しき循環にまつわる絶望とは、対照的である。最終的にこのタイプの農業によって、彼らは、自然との関係を真の意味で再定義する立役者――パイオニアとなるはずである。

われわれが考えているのは、質をもう一度われわれの世界における判断基準とし、われわれの強迫観念となっている量を、質へ置き換える、ということである。この量という強迫観念は、過去の戦争、なかでも第二次世界大戦の遺産でもある。食料の質は、栄養に関わるものであるが、それだけでなく、食料の生産方法にも関連している。その理由は、農業への資本投入の不足や、栽培される野菜や果物に対して割かれる時間によって、作物の味に影響が出る、という事実によって説明されるだけではない。高品質の食を要求することは、自分が何を食べているかについて認識できるようになることでもあって、こうした食品の生産に要した労働の価値を認めることである。信頼と承認が、消費者と生産者のあいだの交流の一要素になる。また、消費にふさわしくない食料もある。それはその食品が季節外れであったり、その生産に過剰なエネルギー消費が必要であったり、膨大な環境コストが発生したりするからである。あるいは、それらが感性的存在に対して耐え難い苦しみをもたらすからである。

かくして、食を取り上げた時点で、すべてが結びつく。世界的な飢えの問題を、正義の問題として考察すること。

世界的な食糧危機は、不公正なシステムの産物であるという事実。必要性の高い農産物と共通財にまで拡大された市場の完全自由化への批判。農家への教育が果たす役割。特に発展途上国において農家を営む多くの女性たちに対する差別との闘い。貧困国の食料主権を促進し、農業を文化の中へ据える、持続可能な農業への移行。動物の境遇。こうしたものすべてが結びつくのである。しかしながら、研究すべき最後の要素が残っている。それは、食べる側に立った場合に問題となる、ライフスタイルと糧の意味である。

食料政策《フードポリティクス》は、必ず分野横断的とならざるをえないが、これに必要なのは、節制への教育である。節制は、環境上の理由から、また先述した人間や動物への正義という観点から、食肉消費の節減を通じて行われる。またそれだけでなく、食べるという行為の倫理的意義が理由となって行われる場合もある。というのは、食べることは、自己を尊重することであり、また過去、現在、未来の他人や他の動植物を尊重することでもあるからである。われわれは、自分を食べているわけではない。もしそうなら、われわれ自身が食べ物となってしまうからである。しかし、人々は、自分の食料の産地に気をかけながら、この食料を生産するために必要とされたものに気をかけながら、ものを食べる。どのようにして食べているか、何を食べているかということは、自分が何者であるか、自分が正当な権利として何を行うことが許されているか、自分は何をしてはならないかといったことを反映しているのである。人々の中には、自分たちの存在する権利が、絶対であると考える者もいる。糧の現象学において、この権利は、他の存在の実存と、彼らの生をなるべく悪質なものとしないようにする気遣いとによって、制限されている。

したがって、食べることは、経済的、道徳的、かつ政治的な行為である。それが特に明らかになるのは、肉食が問題となる場合である。もし私が毎日肉を食べるならば、私は自分を、特別な権利を保持する特権的な個人だとみなしている。というのは、私には、このライフスタイルが一般化不可能だということが十分わかっているからである。西洋、そして今日では新興国の食肉需要のせいで、貧困国産の穀物が、ヨーロッパ産の家畜の飼料向けに輸出されるということを、私は許容している。この食肉生産がもたらす社会や環境への影響、そして、動物製品への七〇億人もの需要に唯一対処できる、工場畜産の全面化、これらはいずれも、個人――グローバリゼーションに関する広まった紋切型の考え方によれば、個人に物事の流れを変えることは不可能だ、と考えがちなのだが――の譲渡不可能な責任を際立たせることになる。

それゆえ、私が食べるとき、私は自分が誰なのかを表明しており、私が自分をどう位置づけ他者をどう位置づけているかを示している。私は、他人と他の動植物が、自分から見て、実存する権利をもっているかどうかを語り、私が自分の正当な権利に制限を課しているかどうかを語っている。食べることとは、語ることである。食べることによって、私は法を、欲求を、欲望を、他者の尊重を、そして正義を語るのである。さらに、他者の権利は、私のコナトゥスの中に含まれている。たとえ私が彼らの話に耳を貸さないとしても、現在と将来の他の人間や生物は、私が食べるとき、今、目の前にいる――彼らは私の食卓に招かれているのである。糧の現象学が可視化するのは、まさにこの見えない会食者たちなのである。

したがって、倫理は、ただ単に正不正や善悪を定義するための学問ではなく、必ずしもそうでなければならないわけでもない。倫理とは、とりわけ実存が何らかの立場を表明することでもあって、この立場によって、私が何者であるかがわかるのである。倫理とは、他者が有する糧へのアクセス権を保護するために、私の保存にとってよいものすべてを私が利用する権利に対して制限を課すことである。実存はそれ自体、この倫理的な立場表明である。私が食べるという行為を行った時点で、私は倫理の中にいる。私は、(現在、過去、未来の)他の人々や動物が、私の生の中にしかるべき場所を占めているかどうか、私のアイデンティティを構成する価値体系の中にしかるべき場所を占めているかどうかを語るのである。

正義もまた、すでに「食べるという」われわれの日常的行為に姿を現している。たとえ私が独りきりで食事を取るとしても、私は、糧との関係を介して他者と関係している。倫理と同じように、正義は、他者――一人の人間であれ一匹の動物であれ――の顔との出会いから始まるのではない。私が消費する仕方、私が大地に住まう仕方は、それ自体が、正義の問題を提起する。正義の根源的な意味は、糧の分配である。正義はただ単に、そして必ずしも、糧のない人々に糧を分配することではない。それは、私が糧を食べた時点で実行される、糧の共有である。それゆえ、節制は、一つのイデオロギーのように捉えられた脱経済成長という信条から派生した、一種のスローガンではない。それは、他者に対する責任を引き受け、糧の現象学から生じる正義の理念に従って生きるために涵養すべき、道徳的特徴ないし徳である。

次に取り組むべきは、食を取るという行為に結びついた別の次元を際立たせる摂食障害の問題である。この次元は、行為の関係的性格を表す次元であるが、さらに倫理と正義の彼方へと導く次元でもある。

無食欲症、過食症、肥満——苦痛に喘ぐ口

無食欲症〔拒食症〕、過食症、大食症、肥満症、そして、いくらダイエットを繰り返しても自分の身体に居心地の良さを感じられない人々が出会う様々な困難。これらは、食事を栄養摂取の機能には限定できないこと、食事をその情感的、社会的、象徴的次元から切り離すことはできないことを示している。食べるものが頭から離れず心を「苛む」強迫となってしまっている者たちが生きる苦しみの背景にあるのは、彼女らの生育歴である。無食欲症と過食症の原因についての一般的な言説は、すべて不十分である。というのは、〔無食欲症、過食症〕いずれのケースも特殊であり、いずれの生育歴も複雑だからである。(22)

飢えは、われわれの本質的依存を際立たせる原初的欲求である。この依存は生物学的な依存である。だがそれは、他の存在に対する依存であり、生まれたときからすでに目の前にいて、われわれの最も基本的な欲求を満たしてくれるすべての人々に対する依存でもある。したがって、食事とわれわれとの関係は常に、他者との関係に結びついている。この関係は、母親と結んだ最初の関係において、特に母親が母乳やミルクを与えてくれたときに形成された関係

において成立している。この〔母親の〕行為は、愛の交わりでもあって、乳児の呼び声ないし泣き声に対する最初の応答、承認されたいという乳児の原初的欲望に対する最初の応答でもある。それゆえ、すべての行為が乳児の身体的生存だけを目的として行われたときには、母子関係は硬直化してしまうように、この〔母親の〕行為からその意味が奪われている場合、象徴化の欠如が、無食欲症の原因となることがある。あるいはこの欠如が、承認されていないと感じる主体において様々な症状を発症させることがある。この症状は、身体との痛ましい関係、一般的には口（oralité）との痛ましい関係を表している(23)。

食べ物とわれわれとの関係は、われわれがどのように身体を知覚しているのか、身体では何が起こっているのか、身体は何を蓄えているのか、身体は何によって満たされ、何を排出するのかといったことをも表している。内と外、充実と空虚のあいだの弁証法、そして体内化と関係するイメージの戯れのすべてが、食（nourriture）に結びついた快と苦の中に含まれている。したがって、食行動（あるいは食の振る舞い）の障害〔摂食障害〕（ED）に関する医学的ないし精神医学的な用語法を用いる代わりに、苦痛に喘ぐ口について取り上げよう。口とは、口腔を指しているが、それはまた、肛門や腹、特に胃のような食に関わる〔すべての〕諸器官と結びついている。しばしば胃は、食べ物を保存する空洞とみなされている。無食欲症や過食症で苦しむ人々は、胃を満たすことを恐れたり、嘔吐することによってすぐさま胃を空にしようとしたりする(24)。

無食欲症患者は、繊細で透き通るような身体、思春期前の天使のような身体をもちたいという幻想をもっているのだが、彼女らはしばしば自分の身体をチューブのようなものとして表象している。身体を通過と排出の場とみなすこのイメージは、過食症患者においても見られる。過食症患者もまた、われわれのエネルギーと生命に必要な食料の吸収から帰結する変換過程をうまく理解できない。〔彼女らにとって〕身体は固まっており、胃は、脂肪の元となる食べ物が詰め込まれた袋である。食べ物の他性は脅威である。というのは、食べ物は、カロリーとしかみなされず、身体に適したもの、身体に熱を与えるものとはみなされないからである。

われわれが生きていく上で必須の食べ物を、一部の者が毒や敵とみなすのはなぜだろうか。こうした食べ物が、事物への依存――したがって他者への依存――を象徴するから、そしてあらゆる依存は、一部の人々にとって、脅威だからだろうか。一部の人々が自分の身体から身体に必要なものを排除することによって、身体に対して最大限の支配を行使しようとするのは、この理由によるのだろうか。いずれにせよ、常に象徴的構築物である身体を個人が表象する仕方は、無食欲症で苦しむ者において、食を巡って繰り広げられるドラマを理解する鍵となる。したがって、身体と精神とのあいだの関係を分析することが重要である。この関係は、無食欲症においては典型的な仕方で表現される。そしてそれは、すでに中世から、つまり美の基準がスリムさという規範をまだ要求していなかった時代からそうだったのである[25]。さらに、苦痛に喘ぐ口の証である諸々の障害、無食欲症、大食症が、各人の生育歴とは別に、食事との平穏ならざる関係に起因しているというのはどういう意味においてかを理解しようとするならば、食事に関わる諸器官についての表象を明らかにし、これらを分析する必要がある。食事との平穏ならざる関係は、それ自体、吸収とそれがもたらす変化の過程を考えたり、食べ物の他性を考えたりする際にぶつかる困難の一つだからである。

こうした現象学的アプローチの目標は、障害の発生過程を示すことではない。そのような作業は、精神科医や精神分析家、心理学者の仕事である。この作業は、結び目をほどくためには必要不可欠であるし、個人の生育歴を明らかにするためにも、必要不可欠である。この場合の個人とは、自己を主体として主張することに非常に大きな困難を抱えていたため、極度に痩せた状態の中に、自己のアイデンティティを表現する手段や、他者の命令に対抗する手段を見つける必要があった人である。過食症を抱える個人、あるいは無食欲症だけでなく、それに衝動的な過食が伴う個人にとっては、解決策は、食へ逃避することである。この過食は、正真正銘の行動化〔acting out〕であり、過食を通じて患者は、一時的に安らぎを得ることができるし、また患者を押しつぶす規範への遵守欲求と患者の願望とのあいだの葛藤から逃げることができるのである[26]。

精神分析療法は重要ではあるが、それが意味をもつのは、臨床家と彼女との関係を受け入れる者との関係の枠内においてでしかない。つまり、臨床家と、一定の解放へ向かう道を見つけられるよう自分を助けてくれる者を信頼する者とのあいだの関係の枠内においてでしかない。さらに、摂食障害の患者の場合、精神分析療法によってもたらされる解放が必ずしも症状を完治させるわけではない[27]。それは、行動主義的なアプローチの方が精神分析よりもはるかに成功を収めているということではない。一時入院や診療のために患者を受け入れる医療機関において見られるように、精神分析家（あるいは精神科医）と栄養士とのあいだの協力体制が必要であるようにさえ思われる[28]。しかしながら、こうした治療方法だけで十分かどうかは定かではない。

無食欲症と過食症は、ただ、あるいは何よりもまず、摂食に関する障害であるだけではない。われわれが考えるにそれは、苦痛に喘ぐ口を表現しており、さらには〈世界の‐内に‐存在すること〉、〈世界と‐共に‐存在すること〉、〈他者と‐共に‐存在すること〉の一定の仕方をも表現している。そうであるなら、精神療法的アプローチだけでなく、現象学的アプローチを採用することは、魅力的方法となるだろう。現象学的アプローチの中で、自分の身体や食と取り結んでいる関係は脱構築されることになるだろうが、この現象学的アプローチの歩みの特殊な点は、無食欲症と過食症を、病理としてではなく、生き方として理解するという点にある。

換言すれば、無食欲症であれ、過食症であれ、肥満症であれ、耐え難い苦しみときわめて深刻な症状を示す人々には、精神分析家や精神科医による治療がどうしても必要である[29]。しかしながら、食事というものについて彼女らがどう考えているかを検討しなければ、精神分析の治療によって必ずしもひとがよりよく〔正しく〕食べられるようになるとは限らない。食事とひととの関係は、家族や親しい者と過ごした月日と切り離すことができない。しかし、それだけでなく、この関係は、様々な文化的表象や、食事の過程に関する事柄、またモノで溢れた社会の食について考察する習慣、あるいは反対に、食料の欠乏についての共同の経験といったものからも成り立っている。したがって、食事との関係を検討することは、人々が有する最も親密なものの中で、彼らが世界と自分との関係をどう考えているかを把握するための鍵なのである。またそれは、どのようにすれば人々が、危険に晒されることなく自己を表現し自分らしく生きることができるかを知るための鍵でもある。

無食欲症や過食症、肥満症の患者をケアしてきた人々と対話すれば気づかれるように、〔治療の〕挫折と〔症状の〕再燃は実に頻繁にある。摂食障害を医学的に取り扱えば、理論的であると同時に実践的な限界に突き当たる。摂食障害を医学的に取り扱い、精神医学の対象としてしまうと、すでに長い人生を過ごし、ときには何年も精神分析の治療を受けている成人にとっては、あまり望ましくない治療法となってしまう。ところで、こうした現象をよりよく理解するには、症状――無食欲症の場合、それは痩せた体からはっきりするが――というのは、心的な構築物の一部であって、当人が自分のアイデンティティを主張したり、自分の違いを認めさせたりするために使われる方法である、ということをひとまず知っておく必要がある。

われわれはすでに、無食欲症は、フランス人が流行を通じてスリムさという規範を押し付けられる以前から存在していた、と述べた。一三八〇年に悪液質で死亡したシエナの聖カタリナのような神秘主義的な無食欲症の例は、次のことを示している。すなわち、スリムな身体の流行が無食欲症の起源であるという考えは、たとえこの流行が、今日大多数の西洋人に共有される身体の理想像において重要な役割を果たしているとしても、短絡的な考えである、ということである。無食欲症患者の極端に痩せた体は、ただ単に、そして本質的に、マネキンと同じようになりたいという意志だけが原因ではない。というのは、〔無食欲症患者が呈する〕欠乏状態は、身体の原理に対する反抗であり、スリムという段階を超えても追い求められ、享楽をもたらすからである。

無食欲症は飢えのある国には存在しないということは注目に値する。[30] 同様に、アフリカ出身の人々は、西洋で暮らす家族も含め、このような障害を抱えていないように見える。[31] このことは、無食欲症とは、母親と子どものあいだの原初的関係に結びついた原因とは別に、ある命令に対する反抗でもあるということなのだろうか。その命令とは、われわれの社会において、欲望の即時的充足と生活の豊かさによって、自分のあらゆる欲求に応えることを命じている命令のことである。この問いに対する答えがどのようなものであれ、次のことは認めなければならない。それは、食事とは、生物学的で情感的でエロス的であるだけでなく社会的で文化的でもある次元で、口が〔苦痛に喘ぐ〕自分を表現したものだ、ということである。したがって、総体的で学際的なアプローチを通じてでしか、食に対する静穏で幸福な関係を取り戻すことは、実を結ばないのである。

無食欲症患者や過食症患者になぜ食べ物という対象への固着が起こったのかを知るのは困難であり、さらには不可能である。その上、当人の家庭の歴史を辿ったとしても、摂食行動の原因を説明することはできない。栄養学者の場合、「健康体重〔適正体重〕」に達するためのカロリーに照準を合わせて、患者と食との関係を実際に変えようとしても、しばしば徒労に終わってしまう。確かに、精神分析によって患者は自分のことをよりよく知ることができるかもしれないが、精神分析がよりよく〔正しく〕食べる助けとなるかどうかは、定かではない。

ひとが少しずつ食べ物の意味と風味を取り戻すことができるように、食事の多様な側面と向き合うことを可能にするような反省がある。こうした反省を顧みず栄養摂取を単に量的な側面からしか捉えない場合、栄養摂取が逆効果になってしまうことがある。これはそもそも、ダイエットを重ねるごとに年々悪化するような肥満症患者に認められることである[32]。食の現象学は、口と胃に結びついた諸表象だけでなく、摂食機能や代謝機能に結びついた諸表象を脱構築しようと試みる。食の現象学は、ひとが食べ物との関係を改めるのに資するだろうか。特に本人が、自分の症状から抜け出すための変化を受け入れるのに資するだろうか。

食をめぐる問題に対して、現象学的アプローチが医学的アプローチに対してもつ利点は、現象学的アプローチは患者の症状には焦点を当てない、という点にある。また、このアプローチは、多くの摂食障害の専門家が無食欲症と過食症とのあいだに立てる類似関係を吟味するよう促す。無食欲症と過食症はともに、同じ一つの病理の二つの側面とみなされている。すなわち、当の病理は、食（nourriture）に対する嗜癖だとされ、これが、欠如的な仕方で体験されるか、過剰な仕方で体験されるかのどちらかだ、とされているのである。実際、これらを〔同じ病理の二つの側面ではなく〕〔二通りの〕存在の仕方、自立と依存とのあいだで揺れ動く葛藤に対する主体の〔二通りの〕応答とみなすならば、無食欲症と過食症の意義についての分析はむしろ、これから見るように、両者の区別へと導くだろう。さらに、無食欲症と過食症の呼称に由来する紋切型の考え方をはじめとして、両者に関する紋切型の広まった考え方から距離を置くことが重要となるだろう。

「無食欲症（anorexie）」という語は、語源からみれば、「食欲の不在」を意味するのだが、この語は誤解を招く。なぜなら、字義通りの意味でも比喩的な意味でも、本人に食欲が不在かどうかは定かではないからである。無食欲症患者は、自分の飢えをコントロールしたり否定したりしているが、無食欲症患者の過剰行動が証示しているように、彼女らに生きるために必要なエネルギーが不足しているわけではない。彼女らの生きたいという欲望は、たとえ逆説的な形を取っているとしても、はっきりと表れている。確かに、疲労は、何かが欠乏した結果生じたものである。しかし、致命的な異常――その深刻さはまさしく、本人が自分の状態を否認することに結びついている――の兆候以外に、そこには、自己を一人の主体として肯定し自立を認めさせようとする強い意志の表現が見られないだろうか。この自立は、普通の方途では築き上げるのが困難で、さらには不可能でさえあったものである。病理学の語彙から抜け出し、個人の行動を、実存する仕方として、すなわち、自己であり（自己世界（*Eigenwelt*））、世界に現前し（環境世界（*Umwelt*））、他者‐と共に‐ある（共同世界（*Mitwelt*））仕方として考えるとき、ひとに寄り添うという場面で、したがってひとに手を差し伸べるという場面では、何が起こるだろうか[33]。

こうしたルートヴィヒ・ビンスワンガーによって展開された現存在分析の形式を用いるならば、まず初めに次のように問わなければならない。すなわち、どのようにして実存するのか、どのようにして自己の身体との関係を生きるのか、どのようにして事物への現前が実現し、他者とコミュニケーションが行われるのか、である[34]。このような歩みからわかることは、苦痛に喘ぐ口を様々な形式で表現するもの（摂食障害）は、スタイルの一部として、つまりは世界に向けられる眼差しの一部として考えられている、ということである。それは、いわば一つの美学であり、美学に関連した価値判断である。こうした（摂食障害の患者が下す）価値判断は、硬い／柔らかい、締まりがある／締まりがない、空虚である／充満している、のような対立に基づいて表明されることもあれば、自己と衝動のコントロール、透明さ、純粋さの理想という形で表明されることもある。なお、この理想は、今日の無食欲症患者が中世の神秘主義者と共有している理想である。

スタイルは〈いかに〉を表す、とマルディネは書いている。つまりスタイルは、人々がいかに世界と自分自身とに住まうかを露呈させるのである。事物の外在性ではなく、われわれの有する事物への受容性を際立たせる食は、栄養機能以上の機能をもつ。食とは、われわれ各自の〈いかに〉である。[35] 一人の主体に到達できるのは、その〔事物への〕受容性においてである、ということが示しているのは、投企の概念では開示の概念を汲み尽くしえないということ、われわれの食べる仕方〔いかに食べるか〕こそ、われわれの行為よりももっと深く、われわれの内奥を表現しているということである。

無食欲症は一つのスタイルであると主張することによって、われわれは〔無食欲症の〕ひとに対して、その症状のままでいるよう勧めているのではない。無食欲症患者が自己表現〔の仕方〕を変えること、そして何よりもまず、変化に対する抵抗と戦うことを手助けしようとしているのである。というのは、無食欲症患者は、習慣の中に、拘束力のある生活の枠組みの中に閉じこもる傾向があるからである。その際、患者は、変化への恐怖を取り除くことで自分を落ち着かせてくれるような儀式を利用する。〔生活の〕変化とは生の本質であり、食事を通じて身体の中で起きることであるが、こうした変化こそ、患者から見れば、受け入れがたく、考えたくもないものなのである。[36] 患者の身体は変化を拒む。それはまるで、代謝をはじめとする諸々の変化が、必然的に何かを失うことを意味するかのようであり、また変化することが、主体の破綻、主体の無力さを表すかのようである。それに対して、肝要なのは、患者が「標準体重」を取り戻すために摂取しなければならないカロリーを計算し症状だけを診ることではなく、患者の声に耳を傾けることである。

苦痛に喘ぐ口を呈示する本人が、自分はちゃんと理解されていないと感じることは、稀ではない。彼女はしばしば、自身と他者への信頼を欠いている。だから彼女は、口から何も発しない。彼女は、満たされるのが怖いか〔無食欲症〕、それとも空虚を満たすために食べ物を貪るか〔過食症〕のどちらかである。だからこそ、彼女に規範を強いるあらゆるものは、彼女に暴力を加えて「強制給餌させる」のである。そして、彼女が世界や他者、自己自身について抱く考えの中に彼女を固定してしまい、彼女をさらに孤立させてしまうのである。無食欲症患者に体重を増やし、一日二〇〇〇キロカロリー分の食事を守るよう要求すること。そうしながら、患者が受け入れない規範、大人の条件に関連する大半の規範がそうであるように、患者に恐怖を抱かせる規範、これに順応するよう患者を強制すること。こうするよりも、体重減少の改善に対して障害となっているものへ働きかける方が、はるかに適切であるように思われる。

過食症（boulimie）は、字義的には、「牛（*bous*）の飢え（*limos*）」である。この過食症に関しても、カミュが言うように、モノに下手な名前を与えることは世界の不幸を増やすことだ、ということがわかる。過食の衝動に襲われ、食べ物に火を通すこともせず冷蔵庫の中のものを全部貪り食うのは、空腹だからではない。われわれがこれから示そうと試みるように、無食欲症とは、一つの反抗であり、また自立をめぐるドラマである。このドラマは、精神と身体の二元論的な考え方を背景に演じられる。この考え方においては、精神が身体に指図し、しまいには身体を消滅させてしまう。しかしながら、症状の深刻さとその異常さによって、無食欲症患者の生きたいという並外れた欲望がわれわれから見えなくなってしまうことはない。重要なことは、この欲求に依拠して自己のかけがえのなさを肯定しようという本人の意志が、痩せることとは別の表現手段を見つけられるようにすることである。他方、多くの過食症患者の場合、正常な見かけ——嘔吐のせいで誰も当人の体重を心配しない——の下には、ある大きな苦しみが潜んでいる。それは、空虚さの感情、自分には何の価値もないという確信、そして、世間の規範に従い他者の欲望に応えるために自らに強いる努力、これらに結びついた苦しみである。過食の衝動——これは主体が自己をコントロールできないことの証である——と嘔吐によって生み出された羞恥心は、この自己肯定感の欠如をさらに強化する。

最後に、体重を過剰に増やすことによっても、家族の秘密や性的虐待に結びついたトラウマを心に仕舞い込むことができないときには、体重の過多は、自己信頼の欠如を見えにくいものとし、それをさらに深刻なものとする。現象学者にとって問題は、もう一度繰り返すが、これらの障害の発生論に取りかかることではない。問題は、〔第一に〕苦痛に喘ぐ口を、世界の内に存在する仕方、自己と他者へ関わる仕方として考えることである。というのも、食事の取り方は、〈感覚すること〉の次元において、自分の存在の仕方を表現したものだからであり、この感じることは、パトス的な次元で捉えられているからである。ひとが食事や自分の身体、とりわけ自分の胃との関係においてもつ体験は、われわれのあり方の出発点となる。われわれのあり方において、口こそ、われわれの傷つきやすさと享楽し行為する能力とのパラダイムである。このとき、主体にとっては、食事も身体も〔あまりに〕罪深いものとして受け入れざるをえないものである。第二に問題となるのは、どのようにして食についての自分たちのイメージ――今日これらは多くの場合ステレオタイプになっている――と向き合うことによって、われわれがただ単によりよく〔正しく〕食べるだけでなく、よりよく〔正しく〕生きることもできるのかを考えることである。

自身の障害と入院の経緯を詳細に述べる人々の話よりも、『断食芸人』と題されたカフカの小説の方が、無食欲症に関して先述した多様な側面を把握することを可能にしてくれる[37]。この小説で明確に理解されるのは、絶食が充足をもたらすということ、そして、それがそれ自体のために追求されるということである。こうした絶食〔断食〕は、宗教的断食のように、神の恩寵を受けるためであったり、ガンジーのハンガー・ストライキのように、権力ないし人民に訴えるためではない。

さらに、檻の中に居続けて四〇日間何も口にしない断食芸人は、もはや食べるのを断つこと以外のことができない。彼は自分を超えて「想いもよらぬところまで」至る、「というのは、彼は断食をするという自分の能力にいかなる限界も感じないからである」。そして、四〇日経った後も、彼は何も食べることができない。彼は「あまりにも熱狂的に飢えに服従して」いるが、断食の芸を誰にもわかってもらえない。というのは、彼の絶食と自己犠牲は、正真正銘、一つの技であり、一つの職業だからである。彼は他の人々が、やせ細り滋養を欠いた自分の身体の有様に感嘆してくれることを欲している。この道に入った当初から浴びていた賞賛は、彼の心を魅了する。そして、群衆が彼を放って他の見世物へ殺到するときや、彼が何も食べなかった日数を人々が数え忘れてしまい、その結果「誰にも——断食芸人にさえも——彼が何を達成したかわからない」ようなときには、彼は自分が不当な扱いを受けているという絶望的な意識に苦しむのである。

絶食を一つの技として語ることは、絶食が無食欲症患者に対して示している争点を理解可能にしてくれる。絶食という制限は、普通のダイエットのように、ただ単に彼女を細くするだけではないし、本質的にそうであるわけでもない。無食欲症患者が皆ダイエットがきっかけであるとしても、ダイエットを始める者全員が無食欲症になるわけではない。何よりもまず、無食欲症には——そして無食欲症はこれゆえに過食症と区別されるのだが——自分らしさを取り戻そうとする要求、さらには他の存在に対して優位に立とうとする要求がある。こうした要求があるため、無食欲症患者は、自然法則、生物学、死といったものに屈しない能力だけでなく、自分の衝動に打ち克つ能力ももっていることを示そうとする。無食欲症、特に制限という形態を取る無食欲症が、実存する仕方、自分の生を形作る仕方であること、自分の生を観賞用のオブジェないし容姿として作り上げる仕方であることを理解しないならば、無食欲症の哲学的意義を掴み損ねてしまう。

無食欲症患者は、コントロールへの強迫と全能感のせいで、自分が死の危険にあるということ、自分が身を晒している〔症状の〕悪化のせいでだんだん自分の意志に対する数多くの障害と出会うようになるということに目を向けようとしない。初めは自由をもたらしていたものが、それなしでは生きられないものとなる。そして断食芸人は、まるで麻薬への嗜癖であるかのように、それに服従するのである。もはやこの技には限界がなく、この技の手並みは、カフカが書くように、年を取っても衰えない。この意味で、麻薬との類比は適切である。この類比は、個人がこの悪化する状態から一人では抜け出せないということを暗示している。この類比は、無食欲症の患者が絶食をやめることが、薬物嗜癖者がヘロインをやめるのと同じくらい難しいことを示している。しかしながらこの類比には、二つの不都合な点がある。

第一に、他の嗜癖（麻薬、アルコール、賭博、セックス）の場合、人々が依存しているのは製品や活動であるのに対して、無食欲症の場合、人々が依存しているのは絶食である、という点で、無食欲症は他の嗜癖と異なるという事実が、上記の類比では言及されていない(38)。加えて、麻薬中毒者たちや、カジノで賭け事をして多額の金を使い果たす人々とは異なり、無食欲症患者は自分の嗜癖を誇りに思っている(39)。だからこそ彼女は、一人の断食芸人として振る舞うのであり、彼女はそのように認められたいのである。一打ちするためには何でもする、それ以外のことを考えない麻薬中毒者のように、無食欲症患者は、そして一般的に言って、摂食障害を抱える人々は、自分たちの生を、食（nourriture）を中心として組み立てる。しかしながら、無食欲症患者の特別な点は、彼女が食事を拒否し、どんな料理を前にしても譲らない、という点である。無食欲症患者が他人のために料理をし、他人が何を食べているかを気にかけるということはしばしば見られることである。彼女のアイデンティティが絶食することであるのと同様、まさに絶食することが彼女の誇りなのである。彼女は、盗みをしたり売春をしたりする麻薬嗜癖者とは違って〔食を〕断つために身を落とす必要がないというだけでなく、絶食を享楽しているわけである。

このような特質によって、無食欲症患者を過食症患者から区別することができるだろう。過食症患者は、摂取するための、そして場合によっては嘔吐するための大量の食物を手に入れるために、金を盗むことがあるからである。過食症患者には、無食欲症患者以上に、麻薬中毒者に似た仕組みが認められる。カフカの小説の断食芸人の特徴に認められる〔食べることを〕制限する無食欲症患者は、他人の目を意識しながら実存しているので、自分の身体を支配しようとする。確かに、この物語の背後には家庭のドラマがあり、このドラマを経てひとは、自己を一人の主体として肯定するため食を断つようになる。またこの家庭のドラマは、自分が一人の人間として十分に理解されていないという感情に結びついたアイデンティティのドラマでもある。とはいえ、こうしたことだけでは、無食欲症の症状が少なくとも中世以来ずっと存在しているということは理解できない。

無食欲症とは、コントロール不全の病である。この病は、ひとが自分を受け入れてもらえなかったときに感じた暴力と結びついている。最初、彼女は他人からの期待に答えようと努力する。次に彼女は、自己を失ったような、自分が誰であったかもはやわからないような感情を抱く。期待されることをすべて実行する、学校でも成績のいい賢い子、優秀な生徒というタイプは、青年期の無食欲症患者にしばしば見られるものである[40]。彼女は、要求されたことを――多くの場合自分らしさや情熱など見せずに――すべてやり遂げるのだが、もはや自分を取り戻すことができなくなって「壊れて」しまい、母親、両親、社会の命令に対して暴力的に反抗するのである。食（nourriture）を取ることの拒否は、両親に対する攻撃であり、両親が自分にかける期待、あるいはかけてきた期待に対する攻撃である。すなわちそれは、一つの実存欲求の表現である。この欲求は、苦痛や反抗の叫びとは違う形で肯定的に表現するのが非常に難しい。彼女のやせ細った容姿は、この反抗を見せつけるのに一役買っている。この容姿は、主体を従わせようとしたり、命令や規範の下で主体を消失させようとした他者をコントロールすることにさえ役立っている。

それゆえ、彼女が身につけた偽の自己に対する反抗、本当の自分とは一致していない偽の自己に対する反抗だけでなく、彼女の申し出や言葉に耳を傾けなかった人々に対する反抗こそ、無食欲症の中に見るべきものなのである。こうした自立と承認を求めるドラマの中で、無食欲症患者が激しい暴力をやめることはない。彼女は身近な人々に、自分の痩せた身体が帯びる、罪悪感を抱かせるような外見を見せつける。このようにして彼女は、自分を苦しめた従属状態に対して復讐するのである。彼女は自分が顧みられていないことに悩んでいた。彼女はひとが自分を黙らせておいて一人得をしているのだと感じていた。しかし、彼女はもうこれ以上このような状態には耐えられない。こうして彼女は、ほんのわずかの食べ物も口を通らなくなり、それ以降、彼女の口は固く閉じたままとなる。

無食欲症をコントロール不全の病とみなす解釈は、この障害の分野では随一の専門家たちにも支持されている。しかしながら、考察を症状だけに限定しないようにしながら、無食欲症患者を駆り立てる著しい生への欲求を明らかにすることができれば、無食欲症において哲学的な争点となっているのは、まさに自立性であることがわかる。主体が自立を欠いているとか、主体がうまく自立できていないということが問題ではない。そうではなく、むしろ主体は自立を自分のものにしたいのである。主体は、他人から規範として示される生の基準に自分を合わせたくないのである。こうした基準を拒否するには、大きな力が要るが、この力がもたらす帰結は深刻である。というのは、この帰結は、彼女の命を危険に晒すからである。自分の状態の深刻さを意識していないことが無食欲症患者の危うさであるとしても、認めるべきは、無食欲症患者は痩せていくことによって、自分を一人の主体として肯定しようとしている、ということである。自己肯定を可能にしてくれる症状に当人が執着しているのだということを理解しなければ、どんな治癒も長続きしない。当人にとっては自立要求の却下を意味するような規範を彼女に押しつけるのではなく、彼女に別の仕方で実存する手段を与えることが重要なのである。彼女が治癒するには、まるで標準的な体重に達することのみが必須であるかのように、考えているのではない。むしろ彼女の生と彼女の自由が栄養不良によって脅かされないようにする、ということである。

自立と結びついたこの争点、無食欲症患者の執着は、神秘主義的無食欲症や、必ずしも神を信じていない今日の無食欲症患者にも共通する。規範の拒否は、他者に倣うことの拒否、行儀良くすることの拒否でもあるが、それは、母性のような、女性たちに割り当てられた役割の拒否でもある。シエナの聖カタリナにはこの二重の拒否が見出される。彼女は自分の親族のブルジョア的な結婚観に反抗している。生まれながら虚弱体質で、双子の姉妹であるジョヴァンナ（Giovanna）が乳母に預けられた後、間もなく死亡したのに対し、カタリナは母から授乳を受けたが、ちょうどナンナ（Nanna）というもう一人の妹が生まれる前に離乳した。彼女の名前が暗示しているように、このナンナは、死んだ双子の姉妹（Giovanna）の代わりの子どもとなった。このように、「カタリナは、幼児期からすでに、半分死んだような立場にあった」[41]。彼女は生涯を通して生と死のあいだを揺れ動いた。彼女は早くも一二歳で結婚しないことを決心し、数年後には、母親が彼女に望んでいた結婚生活から逃れようと試みる。彼女は女らしさを捨て、天然痘にかかっても養生するのを拒否し、パン以外の温かい食事をすべて断ち、ついには体重が半減するにまで至ったのである。

シエナの聖カタリナを死に至らせた絶食は、明らかに、家族関係における危機に、そして、彼女がカプアのライモンドへ宛てた手紙の中に見られるように、「自分自身を求める絶対的な探究への要求」に関係している。この手紙の中で彼女は、自分の魂が身体から分離されて、身体が一息ついている、と書いている。この文書の中には、食に関する比喩が溢れている。特に身体を介した神との関係が話題になるときはそうで、この関係の原型は哺乳である。この絶食者は、徹底して絶食を続け、この絶食が、支配、純粋さ、自己犠牲を主張する手段となるのだが、カフカの断食芸人のように、この何も食べない絶食は、他の食物を食べたいという欲望が原因という場合もある。「私は美味しい食べ物が見つけられなかったんだ。もしそれを一つ見つけていれば、信じて欲しいのだが、私はもったいぶったりせずに、君やほかのひとたちと同じように、たらふく食べていただろうね」[42]、と〔檻の中の〕断食芸人は〔どうして断食する以外のことができないのかと尋ねるサーカスの監督に対して〕答える。その後〔サーカスの〕監督は、観客に人気の若い豹を〔断食芸人の代わりに〕檻に入れる。

断食芸人のこの答えは、彼が地上の食べ物（nourriture）を軽蔑している表れとして、また彼が身体を拒否していることの証として解釈できる。外部から自分の身体に行使された支配〔という考え方〕は、〔心身〕二元論的な思想の枠組みを反映している。例えばラロー教授の患者によって記された文書は、このことを証している。

> 私の脳は、私の身体から発信されたサインを解読し、〔飢えと渇きによって〕これを表現しなければならないのかもしれない。しかし、脳がプロセスを逆転したのだ。身体が必要とするものを身体に相談せずに、脳が決める。まるで脳は身体の一部ではないかのように。この独裁体制は〔……〕脳に身体をコントロールしているかのような錯覚を与える。だが〔本当は〕脳は、自分で仕掛けた罠にかかっている〔……〕。私にとって理想なのは、肉体に覆われていない精神になることだろう。私は自分がこの身体の囚人であると感じている。だが〔本当は〕私の牢獄とは、ただの私の考え方でしかない。このことがわかっていながら、私は分裂したままでいる〔……〕。私の身体は脆くなって

いくのに、私の脳はびくともしないように見える［……］。身体が食べ物で満たされるや否や、［……］すぐさま脳は身体を責め立て、罵るのである。[43]

精神は身体から分離されており、身体を指揮しなければならない。[44] この二元論では、精神は専制君主とみなされ、身体は一塊の厄介な物質とみなされる。またこの二元論によって、食（nourriture）が拒否の対象となる。「焼き尽くす燃焼は生命と同義だが、そんなものなどもはや存在せず、その代わりにじっくり〔弱火で〕時間をかけた自己-破壊だけがある」[45]。というのは、食は、身体の中にある物質のパラダイムだからである。食べ物が身体と混ざり合うということ、これが患者に嫌悪を催させる。患者は、自分の身体を汚れ一つないチューブのように観念的に考えているからである。無食欲症患者は、身体／精神、内／外、感覚／脳の二元論を乗り越えなければ、本来の食を心から飲み込むことができない。

無食欲症患者には、徐々に消えゆく身体という観念化されたイメージ、そして食物（nourriture）を蓄積してしまうという強迫観念、すなわち彼女らにとっては脂肪を蓄積してしまうという強迫観念がある。これらのイメージと強迫観念には、変化とダイナミズムの拒否が伴う。だが、食べ物をエネルギーへと変換する代謝の働きとは、こうした変化とダイナミズムなのである。彼女らが食物を目の敵にするのは、彼女らにとって汚くて軟弱で恥ずべきあらゆるものを代表しているこの物質的な身体、液体からなる身体を、彼女らが拒否するからである。精神がアイデンティティの場である以上、身体は精神に従わなければならない。この精神と身体の二元論が、無食欲症の原因というわけではない。しかしながら、こうした思考図式は、食に関する硬直した表象の条件となっており、無食欲症患者の考えを堅固にし、彼女の思いを強めてしまう。彼女が熱望しているのは、身体を消失させることである。それは、実存するためであり、他者の、特に母親の命令に対して反抗するためである。彼女は、母親によって生命維持機能だけに限定され制約されていた自分の身体を、〔今度は自分が〕支配することによって、母親の命令に対して反抗するのである。無食欲症とは、誰にも聴いてもらえなかった心の呼び声に対して、応答を求める叫びなのである。

美味しい食べ物が見つけられなかったと言う断食芸人の言葉について、もう一つの解釈の仕方がある。それは、彼が行う絶食と、絶食が表現しているコントロールと反抗の意志へ焦点を当てるのではなく、絶食に隠された密やかな切望に焦点を当てる解釈である。ここで見直す必要があるのは、無食欲症は、一つのスタイルであり、そのスタイルは、既存のイメージに対して下された価値判断や美学に結びついている、という考え方である。そのイメージとは、例えば、軟弱で脂肪のついた締りのない身体は自己管理の甘さ、低俗さ、下品さ――これに対して断食芸人は禁欲と純粋さからなる高尚な理想を対置したが――を表しているとみなすようなイメージである。無食欲症患者に寄り添うことができる建設的な方策となりうるのはむしろ、彼女のエートスを満たしうる食、特に美への渇望、向上心、自分らしさを取り戻したいという願いを満たしうる食を見つけることである。

この対処――断食芸人が美味しい食べ物を見つけること――に加えて、どうしても必要なのは、食べ物を敵と結びつける誤った表象を脱構築し続けることである。こうした表象を、食べ物の正しい認識をもたらす知によって修正することもできるし、また、食べ物に――知（savoir）〔という意味〕と風味（saveur）〔という意味〕とを併せもつ語源に従って――味わい（goût）〔味覚〕を取り戻させるような知によって修正することもできる。現象学的アプローチが有する脱構築的側面と構築的側面という両側面が、精神科医や栄養学者の作業につなげられるならば、無食欲症患者は、どのように食べればよいかをもう一度学ぶことができるし、つまりは、食物の他性を恐れないことをもう一度学ぶことができる。食べ物は、われわれにとって好ましいものであって、他者と共有するものである。われわれの念頭にあるのは、無食欲症患者がアイデンティティの肯定に向けて歩むための手段を取り戻す、ということである。しかし、だからといって彼女に、標準体重――これは彼女にとって常に重すぎる――に達して、みんなと同じようでいることを要求するわけではない。なぜなら、彼女が鏡の中に見るものは、われわれが鏡の中に見るものと同じものではないからである。(46)

したがって、無食欲症で苦しむ人々は、大食症患者や肥満症患者よりも深刻な状態にあるのだが、彼女らには非常に大きな生のポテンシャルがある。彼女らに変化を受け入れさせ、それによって絶食そのものを、あるいは少なくとも、絶食のうちのいくつかをやめさせようとするのであれば、このポテンシャルに訴えることが大切である。特に大人の場合は、まるで無食欲症に対する医療処置、入院、そして経腸栄養によって、むしろ問題が深刻化してしまうのようにも思われてくる。

それに対して、過食症患者は、無食欲症患者ほどには危険な臨床的兆候を示すことはない。彼女らが自分で嘔吐し、そのようにして標準体重を維持している場合は、特にそうである。しかしながら、この標準的な外見は、他人と似たようにありたい、標準と規範に合わせたいという彼女らの欲望の反映でもある。そしてこの欲望は、自分らしさを肯定しようとする無食欲症患者の意志とは峻別される。この標準的な外見の下には、苦しみが隠されており、この苦しみもまた、食事についての誤解を表している。過食症患者は、実存することと自己を肯定することに困難を抱えている。彼女は身体を軽蔑し道具化している。〔彼女にとって〕この身体は、感情や性、社会、職業の場面で、自分に成功をもたらすようなものでなければならなず、自己の開花繁栄の場ではない。われわれは依然として、身体／精神の二元論に基づく自立のドラマを目の前にしている。ただしこの場合、彼女は、反抗しているのではなく、服従しているのである。

症状に焦点を当てるのではなく、苦痛に喘ぐ口の特徴である自己と他者との関係の意味に焦点を当てるなら、過食症が、無食欲症よりもむしろ、肥満症に近いということがわかるだろう。さらに、過食症患者は、たえずダイエットをしている、あるいは少なくとも、常にダイエットをしなければならないと感じているという点で、肥満症患者と共通している。彼女らと食事との関係は、決して快楽に結びつかない。それが結びつくのは、罪悪感である。彼女らにとって、規範や健康、成功、幸福は、我慢するということを前提している。一部の食べ物は禁じられる。過食症患者は自分を制限し、次いで「壊れて」しまう。肥満症患者は不適切な仕方で食べ、太ってしまう。食をめぐって演じられる彼女らのドラマは、モノで溢れるこの社会で、われわれが食と取り結んでいる関係を象徴的に表しているのである。

このことに関して、無食欲症とは違って、過食症が現れたのはごく最近であるという点を指摘しておくことは重要である。[47] 肥満症と体重過多に関して言えば、世界で二〇億人の患者がいて、一つの社会現象となっている。いずれも、西洋だけでなく、中国のような新興国にも見られる現象である。過食症と大食症は、飽食に、そしてそれだけでなく、個人に重くのしかかる以下の二つの命令と関連していると考えることができるだろう。〔第一に〕個人の感覚はたえず刺激されており、彼らは消費するようせき立てられている。だがそれと同時に彼らは、〔第二に〕職業やプライベートで他人に競り勝ち成功を収めたいと思うなら、スリムなままであり続けようとせき立てられるのである。フランスでは食べ物が簡単に手に入り、上記の二つの矛盾した命令が存在しているということは、過剰なダイエットが行われているという事実、そして数多くの人たちが、自分を制限しながら人生を過ごしているという事実からも明らかである。ダイエットがもたらす絶食もまた、過食衝動につながり、あるいは悪循環の発端となる間食につながるのである。

肥満症と過食症は、口への痛ましい関係を示している。人生のうちの特定の期間、余計な体重を減らそうとはするものの、食に対する嗜癖がない個人には、このような口との痛ましい関係は見出されない。さらに、肥満症と過食症に苦しむ人々が、ほとんどの場合、自分たちの身体と食事との関係を記述するための言葉をなかなか見つけることができないだけに、肥満症と過食症は、一層深刻な苦痛に喘ぐ口の自己表現となる。われわれが目にしているのはもはや、無食欲症患者の思考と行動の枠組みがもつ硬直性ではない。それは、少なくとも初期段階では言語化をも逃れる生活の乱れである。[48] 過食症と肥満症という苦痛に喘ぐ口がまとう形態は、主体が存在する仕方である。しかし、こうした形態を、無食欲症患者が示す苦痛の美化になぞらえることは困難である。肥満症患者は、逆説的にも自分を隠し、自分の自我を黙らせようとしているのだ、と思われている。過食症患者について言えば、彼女らはコルセットをはめられた生活を送るのに疲れ果て、衝動において突然、発作的にそこから解放されるのであり、彼女らはなかなか自分のことを表現できないだけでなく、それと同時に彼女らは、自分たちに何か言いたいことがあるということを知らずにいるのである。口が手ひどく扱われていることを示すこれらの表現は、現代に広く見られるものである。こうした表現は、消費社会によって逆説的な仕方で煽られている食に対する関係を示す兆候であり、この関係は、食べ物とそれを食べる人々に対する配慮が欠落していることを示している。

過食症と肥満症は、鏡のように、意味の喪失を映し出している。この意味の喪失は、食べることを栄養摂取へ回収してしまった社会の特徴である。ダイエットと食事療法（これらは食事を栄養摂取過程へと還元してしまう）はある思考の枠組みに囚われている。この思考の枠組みは、食の社会的、情感的、文化的、象徴的次元を消去するだけでなく、味わいをも消去するような考え方を具体的に示している。そこで身体は、幸福の道具、あるいはむしろ、自我の道具とみなされている。身体に一定量の栄養を補給し、何らかの形で身体を鍛えあげて引き締めれば、身体は自我に成功や成果をもたらしてくれるだろうからである。成功や成果は、幸福や自己実現のように、それ自体のために追求されるわけではない。なぜなら、成功や成果はエゴを傲慢にして、虚栄心を満たすからであり、体裁を繕うだけだからである。

このような思考図式は二元論にとどまっている。それが快楽主義的に見えるのは、見た目だけである。というのは、この思考図式は、快楽が、われわれと世界——糧の世界——との関係の本来の次元であることを知らずにいるからである。食べ物で考慮されるのは、その栄養面の効用と、それがもたらすカロリー数との関連である。快楽は数値化され、その代償は——体重という形で、あるいは絶食という形で——支払われる。というのは、快楽は本質的に悪いものと考えられているからである。食はもはや、私と世界との関係ではない。〔しかし実際は〕この関係において、食べ物はわれわれの友なのである。なぜなら食べ物は、美味しいからであり、食べ物の風味は、私の実存のパトス的次元を讃えているからである。私の実存は、常に〈事物と－共に－存在すること〉、すなわち肉体を備えた（charnel）実存である。それと同時に、私の実存は、他者が私とテーブルを囲んでいようがいまいが、〈他者たちと‐共に‐存在すること〉である。この食（nourriture）の哲学において展開された〈感覚すること〉のラディカルな現象学が反駁しようとするのは、まさに〔二元論的な〕思考の枠組みに対してである。どうしてこのような枠組みが、食に対する、自分の身体に対する、そして――食べ物を生産し加工し販売し分配する――他者に対する、平穏で幸福な関係を確立する手段を、個人に提供しうるというのだろうか。

コンヴィヴィアリティ〔会食すること・自立共生〕が生み出すのは調和である。調和とは、フーリエが示したように、味わい（goût）〔趣味嗜好〕、風味、気質の多様性への賞賛でもある。コンヴィヴィアリティは、幸福な官能性を伴う(49)。反対に、食とわれわれとの関係が貧困化することで、苦しみが生まれるだけではない。貧困化によって、われわれに食を与えてくれるものたち――われわれに世界を伝え残した祖先たちであれ、両親であれ、食べ物を生産する農家であれ、実りを与えてくれる大地であれ、動物たちであれ――に対する感謝の念を忘れてしまうのである。苦痛に喘ぐ口を呈する人々が、自分たちの肉体を通じて、この貧困化した世界に対する拒否を表現していないなど、誰にわかるだろうか。彼女らもまた、貧困化した世界の犠牲者である。正しく食べることと正しく生きることのあいだの本質的つながり、自己の尊重と他者――人間であれ非人間であれ、現在であれ、未来であれ――の尊重とのあいだの本質的つながり、享楽と正義とのあいだの本質的つながりを肯定することによって、糧の現象学が目論むのは、本来の世界を取り戻し、共通世界を創出することにほかならない。

第二部　共通世界の創出

私が探求したいのは、人間をあるがままの姿で捉え、そして法をありうる姿で捉えたときに、国家の秩序の中に何か正当で確実な統治の規則がありうるかどうか、である。私はこの研究において、正義と効用とが分離しないように、権利が許すことと利益が命じることとをいつでも結びつけるように努めたい。
主題の重要性を証明するのはやめて、本題に入ろう。ひとは私に訊くだろう。政治について書くからには、あなたは君主なのか、あるいは立法者なのか、と。私は答える。否、そうではない。そして、そうではないからこそ私は政治について書くのである、と。私が君主か立法者であったなら、私は何をなすべきかを語るのに時間を浪費したりしないだろう。私はそれをなすか、あるいは黙っているかである。

ジャン＝ジャック・ルソー『社会契約論』

第一章　新たな社会契約

今日われわれの直面している諸問題が、ホッブズからルソー、ロック、ロールズに至るまで支配的である正義概念の限界を示しているというときに、古典的な契約理論を参照するのは逆説的に思われるかもしれない。環境危機に関するグローバルで長期的な問題や、資源に限りのある脆い生物圏の保護、それに世代間の公正や生物種間の公正を考慮に入れるなら、正義について洗いざらい考え直す必要がある。さらに、動物の境遇の改善を国家の義務と考え、また飢えの中心性を主張して、主要食糧をまるで自動車のように売買することを禁ずるのであれば、国家統治の目的に関するわれわれの考え方の抜本的な転換や、公共政策を方向づけうる諸原理が必要不可欠である。

政治問題の規定はもはや、個人の自由の平穏な共存を可能にしようという配慮だけでは済まされない。実存の物質性を真摯に受け止めて、生態学的現象学や〈住まうこと〉の哲学、〈共に住まうこと〉の哲学を俎上にのせたからである。こうした哲学が明らかにしたのは、倫理と正義は、私が食物を口にしたときに意味をもつということである。それゆえ、個性を認められた動物、他の生物種や未来世代がもっている利害こそが、共通善についてのわれわれの表象を作り出し、われわれの政治についての理解を決定しなければならない。

われわれの消費のあり方がわれわれとは別の国々に住む人々に対して及ぼす影響から明らかなのは——穀物に乏しい国々からの輸出を助長するような食肉需要の増大と併せて見てきたように——自国で正義を達成するためには自分たちが世界の反対側で生み出している不正を無視することはできないということである。たとえ政治がどのように組織されるかは国によってそれぞれ特徴があるとしても、われわれは、共通善についての考え方を通じて、遠く離れたところで生きる人々の利害に対してますます無関心ではいられなくなっている。われわれは、自分たちの消費行動によって遠く離れたところで生きる人々の生活環境に損害を与えるだけに一層そうだと言える。

最後に、地球温暖化と公害に対する社会的、公衆衛生的、地政学的な帰結から、われわれは各国の責任について、また国際的な次元において取るべき戦略について、検討せざるをえない。現代技術に結びついた取り返しのつかない地球規模のリスクについての意識は、原爆が広島と長崎に投下された時点で、すでに国境を越えてしまった。核リスクは世界と人類全体にまで及んでおり、このことは、共通世界が、単に保持されなければならないだけでなく、創出されなければならないということを示している。(1)

したがって、われわれが置かれている状況は、契約説の理論家たちの置かれていた状況とは大きく異なっているわけである。しかしそれにもかかわらず、社会契約には今なお妥当性がある。なぜかと言うと、リスクは大きく、ミシェル・セールの言うように、われわれは「世界戦争」の中にあるからである。この「世界戦争」にあってわれわれは、われわれと他者との関係や、われわれとわれわれの実存の条件との関係を考え直さなければならない。(2) 契約という人為的に作り出されたもの(artificialisme)が、より一層必要となっている。というのも、創出すべき共通善はア・プリオリに決定されうるものではなく、また採用すべき解決策をめぐって、人々の情念や利害対立が人間や国家を分断しているからである。正義とは、自然のものではなく、あるいは社会をなして生きる動物のように全体のうちでそれぞれが占めている場所から生じてくるものでもなく、それは戦争状態に終止符を打つか戦争状態を避けようという決意からのみ生じうるものなのである。(3)

エピクロスやルクレティウスにおいてそうであったように、契約とはある暴力的な状況に対する応答であり、共通の功用〔utilité〕を目的としている。重要なことは、われわれが互いに、決して損害を与えることのないようにするということである。(4)功用が問題となるのは、相互に対抗する状態にある個人間においてであるが、そのような功用は、法の制定以前の、何の拘束もない主権に似ている。同様に功用は、人類全体にとっても意味をもつ。というのも、人類は、〔地上に存在する〕地質学上の行為主体として今後行う活動から、望まない影響を被らないようにするためには、人類は自らの運命を手中に収めなければならないからである。実際、人新世は、人間の活動や人口の負荷によって生態系の回復力が脅かされ、大気の化学組成や降水状況が変化している事実を示している。(5)

そこで、「foedus」〔協約〕という語が軍事分野と結びついていることに気がつくだろう。ルソーが政治的権利〔国制法〕の諸原理についての著作〔『社会契約論』〕で銘句としているウェルギリスの文章のように、協約とは平和条約である。つまり、戦争中にある権力者同士が交わす相互の取り決めであり、戦闘をやめ、攻撃があった場合には互いを防衛し合うことが宣言されるのである。「Foederis aequas/Dicamus leges」〔「公平な協約の諸条項を宣言しよう」〕とラティヌス王は宣言し、彼はトロイア人とラテン人の戦争を終わらせ、アエネイスと条約を締結する必要性を議会で述べている。(6)

われわれは、本書第一部で論じた生態系《エコロジー》の問題と糧の現象学に基づいて、社会契約を進化させなければならない。たとえ義務を負うのは現在の人々であって、大地や動物たちは契約当事者にはなれないとしても、社会契約を相互利益〔avantage mutuel〕〔相互の相対的利益〕だけで構成することはもはやできない。それに、現在の人々だけがその受益者だということにもならない。つまり、未来世代についても同様に考え、未来世代に対して満足のいく生活条件を保障する必要がある。しかしながら正義は協約から生じるという考え方や、ひとが約束を守るためには社会契約が必要だという考え方には、このような文脈においても何がしかの意味がある。実際、問題は、生態系《エコロジー》と動物の問題を政治学の中に取り入れ、未来世代の利害や他の生物種の利害、そしてわれわれから遠く離れたところに生きている人々の利害を共通善の定義に組み込むことなのである。ところがこのような問題は、当たり前にわれわれに課されているわけではない。確かに、われわれが彫琢してきた〈～によって生きる〉の哲学は、われわれと糧との関係の中に、つまり例えば食事を取るときのようなわれわれの日常的な行為の中に、過去、現在、未来の他の人々や他の生物種も含まれているということを明らかにしてはいる。しかし、現象学的還元によって生態学的現象学が明らかになるといっても、それは、心理的な面で、われわれがこの生態学的現象学から実践的な帰結を引き出す気になる、ということを意味しているわけではない(7)。われわれの約束を有効なものとするためには、政治の人為説《アーティフィシャリズム》〔社会秩序を主体的作為に基づける立場〕が必要なのである。

ホッブズの人為説、あるいは暴力への応答としての社会契約

ホッブズの指摘する通り、正義は、十分に理解された利益を起点として構想することはできない。個人や国民は、対立の元になっている情念を鎮めて理性の命じる規範に即座に同意する、ということができないのである。その上彼らは、自分が約束を守るかどうか、今日意志したことを明日も意志するかどうか、確信がもてない。もちろん、ホッブズの絶対主義的な解決を避けて、彼の後継者たちの教えを利用することは必要である。同様にわれわれの目論見は、ロックのものともルソーのものとも、ロールズのものとも違った社会契約を練り上げることで、政治の問題を新しい方法で定式化することである。しかしながらホッブズの人為説《アーティフィシャリズム》と彼の政治理論の基礎となっている人間学は、共通善の創出を考えるにあたって重要な指標を提示してくれる。

今日、ホッブズや社会契約説を参照したからといって、社会の起源を個人の同意の中に求めたことにはならない。ヒュームが書いているように、力や簒奪が社会の真の起源である可能性は大いにある(8)。意志的行為ではなく、しばしば仮のものである習慣的な承認こそが、政治権力への個人の服従を説明するのである。というのも、彼らの大部分は、

自由に契約を破棄して別の場所に身を落ち着けたり、他の規則に従うというようなことはできないからである[9]。市民的連合の起源をなす原始契約という考えは、抽象であり幻想である。

したがって、契約説の現代性は次の事実にある。すなわち、一つの国家において、あるいは後に見るように国家間において、共通善を創出することを可能とする正義の規則が、協約の成果だ、という事実である。社会契約は事実ではなく、政治的判断の一つの規範なのだが、それにもかかわらず法の正当性を測るための基準として現実性をもっているのであり、そのことは特にカントに見られる[10]。政治問題――この政治問題は今日の様々な脅威から見て改めて定式化されるであろう――に見合う政治的権利〔国制法〕の原理を決定しうる基礎づけ作業、あるいは基礎づけのやり直し作業が必要であり、このことが社会契約について語ることの根拠なのである。したがって、われわれは理念の領域にいるのであって、理論から実践へと移ることはわれわれの関心事ではまったくない。つまり革命の道を選ぶのか、それとも教育の道を選ぶのかといった、ある社会から別の社会への移行手段について決定を下すことは、本書の問題ではない[11]。

社会契約には、端緒という性格がある。というのも、そこで肝要なのは意志的な行為や構築、作為だからである。事実、意志の一致は自然に起こるわけではない。意志の一致は動物のように力関係から生じるものではないし、また自然に起因するものでもない。ミツバチの場合のように、女王蜂がその大きさによってすぐさま仲間たちに自分の価値を認めさせる、というのとは異なる。人間は本性的に平等である。なぜなら人間は、物理的な力はどうあれ、等しく互いに傷つけ合うことができるからであり、さらには、誰もが不平等感を抱くからである[12]。誰もが互いに比較し合い他人を支配しようとする傾向があり、恒常的な権力を得たいという欲望があるために、国家の問題を判断することにかけては他人よりも有能だという確信をもっている。したがって、利益を十分に考慮することは、正義の原理の基礎にはなりえない。

ホッブズが力説するように、人間に関する事柄がもつ予見不可能性は、個人間の敵対関係や他の誰よりも自分が優れていると考える傾向、すなわち虚栄心に由来するだけではない。確かに、このような情念があるために、何かを欲望することが自分と他人の目の前で見せびらかしたいという欲望にもなり、また貪欲や欲求は取りも直さず、所有や地位が名声や名誉という点から見て何を表しているかに応じて解釈されてしまう。しかし、こうした予見不可能性――それは人間の好戦的な性質に由来するのだが――だけでなく、別の予見不可能性もあり、それは、われわれの移り気な性格、つまりわれわれの欲望が変化するという事実に由来するものである。

人間の欲求の特殊性から理解されるのは、人間の生には対立と不安定性が刻印されているということである。自然法はわれわれに、平和を求め友好的であるように命じるが、こうした自然法を認識しても、人々が将来的にも自分の利益となることをするということが保証されるわけではない。人々はそれぞれ、他人と自分自身を吟味してみて、他の者が約束を守るとは確信できないことを知る。約束は、剣（sword）、すなわち法の強制力に結びついた国家の保証がなければ、ただの言葉（word）でしかない[13]。言葉では決して人々を拘束することはできない。このように不信が蔓延した空気の中では、各人は他者の裏切りを見越して、初めから約束を破る。したがって、貪欲や虚栄心、他人から損害を被る恐れ、猜疑心やその他の陰気な情念によって、個々人が共通の功用から目を背けるような関係へと彼らは入っていくのである。

エコロジーに〔共通の功用の規則を〕当てはめてみると、共通の功用の規則は理論的には明快だが、実践の次元ではほとんど有効性がないということが確認される。消費の習慣や様式を変えなければ、環境を保護したり、他の人間を窮乏に追いやったり、動物に悲惨な生を強いたりしないようにすることはできない、ということは誰もが知っているのだが、しかしこのような原則を実践に移す者はわずかである。相互利益に基づいた団体も、それが単なる意向の表明である場合には持続性をもちえないし、それだけでなく、自分は犠牲になることに同意する心積もりがあると各人が表明しても、社会契約なしには、それも単なる耳当たりのよい言葉にすぎない。

以上のことは、人々に食肉消費を削減し節制するように強制しなければならない、ということを意味しているわけではない。そのような解決は政治的リベラリズムに反するだろう。というのも、政治的リベラリズムを基礎づけているのは、個人がライフスタイルを選択する権利と個人の同意だからである。ところで、われわれの目標は何らかの圧政を奨励することではなく、リベラリズムが立脚する主体の哲学を――つまり人間についての理解や人間の特徴である社会性についての理解をも――修正することでリベラリズムを補完することであり、さらにはリベラリズムの諸制度の改革を提案することである[14]。こうしたことからさらに、ロック――社会契約を個人間の同意に立脚させて限定的な政府を説いた――の考えるような社会契約へと準拠することが、われわれのこれから彫琢する政治的枠組みのモデルとなるだろう。

しかしながら、ホッブズの権威主義的な解決をわれわれが拒絶するからといって、われわれがなぜ社会契約について語るのかを理解するためには、『リヴァイアサン』の著者に立ち戻る必要がある。なぜなら、生態系や動物の境遇を真剣に考えるためだけでなく、食料への権利を有効な権利にするためにも要請される、個人レベルあるいは集団レベルでの転換は、単に倫理や個人の自覚、精神的覚醒によってもたらされるものではない、という点に、契約に準拠することの意味があるからである。ホッブズにとってそうであったように、正義とは人為的に創作されるものであり、そして社会契約によって初めて、他の人間（現在及び未来の人間）の生の条件の尊重や、生態系《エコロジー》、動物の問題を実際に政治に組み込むことができるのである。

正義を単なるお題目だけで終わらせたくなければ、すぐに消えることのない言葉が必要である。それは記号、特に文字となったテキストを通じて個人の明確な意志が表された言葉であり、個人を未来へと参画させ未来に結びつけるような言葉である。この言葉は、ホッブズによれば、権利の譲渡でなければならない。つまり各人はあらゆるものに対する権利を放棄しなければならない[15]。すべての人々は自分にとって役立ちうる手段について自ら判断する権利をもち、また自己保存と自己充足以外には何も考えずに、そのような手段を講じる権利をもつ。群棲動物におけるように利害が自ずから収斂していくことなどありえず、また意見の一致はたえず不平等感によって脅かされるのだから、国家が打ち立てられなければならない。国家は人為的である。しかしそれだけでなく、さらに共通善は、あたかも何か客観的なものを反映しているかのように、その内容がいちどきに全部決められてしまうことはありえない。「共通の権力のないところに法はない。法のないところに不正はない[16]」。実定法だけが、これこれは正義である、と宣言できるのである。*Auctoritas non veritas facit legem.*〔「真理ではなく、権威が法を作る」〕それは合法性以外には正義はまったく存在しないということだろうか。また、討議倫理の規範を受け入れる人々すべてが妥当と見なすにふさわしい、普遍化可能な一定の規範について了解し合うことは不可能だということだろうか。

ホッブズにおいて見られる、このような実証主義的な法解釈は、次の点で行き過ぎである。すなわち、われわれの公共政策を方向づけるように定められた諸規範を、集団で、ア・ポステリオリに決定する可能性が、そのような解釈では無効にされてしまう点である。その上、ホッブズにおいてはそのような解釈は、権威付与以前は群衆にすぎない人民に対して、政治的代表者が統一を与えるという考え方と関連している。『リヴァイアサン』の中でホッブズは、ラテン語で仮面を意味するペルソナに言及している。彼は、いかなる内面も指示せず、仮装、すなわち外的な見せかけを強調するこの概念を「脱実体化」し、顕示的な権力、すなわち政治的代表者の可視性を明らかにしている[17]。

個人は相互に協約を交わした。しかし、彼らは第三者のために契約を交わしたのであり、その第三者は契約者ではなく、彼らに対して何も約束してはいない。『リヴァイアサン』で導入される権威付与の契約によって、個人は力のすべてを、自分たちの人格を担うただ一人の人間、あるいはただ一つの合議体に託す。「各人は、自分たちすべての人格を担う者が、共通の安全と平和に関して何を遂行し、あるいは遂行させようとも、自分たち自身を〔行為の〕本人《オーサー》として認識する[18]」。リヴァイアサンによる決定や行為の責任は人民に帰する。そして、人民は代表者が彼らの代わりに行うことに対して責任を負う。なぜなら、ホッブズによれば、まさに一人の人間あるいは一つの合議体が個人に代わって行為するように権威を付与することによって、群衆は統一されるからである[19]。『リヴァイアサン』の中では代表者は、ホッブズの描く役割を果たす代理人《アクター》〔行為者〕と考えられており、その代表者の統一が人格の統一の根拠となっている。つまり、人民のア・プリオリな統一など存在しないということである。

以上が、政治の問題への絶対主義的な解決であり、この解決は、個人の安全を保障し、「自らを養い、満足できる仕方で生きる」ことを可能にする。[20] そのような解決は、ホッブズの分析した政治的なものの基本原理から演繹される。その基本原理とは、人間の能力や情念であり、さらには約束を守ったり自然法を遵守したりするよう強制するような「われわれを威圧する可視的権力」なしには、安定した合意や永続的平和に達することはできない、という不可能性である。[21]

この絶対主義は、次の点で全体主義的な権力と同じではない。すなわち、自分の身体との関係に関する権利や、さらには主権者によって与えられた秩序に背くことになっても自分の命を守る権利のような不可侵の権利を、個人は有している、という点である。[22] しかしながら、このような権威主義的解決は、共通善を民主主義の中で考えることを可能にするような転換には対応しえない。次章で見るように、現在の生態系の危機に必要とされるのは、民主主義からの後退ではなく、民主主義以上のものである。この宣言は、次のことがひとたび理解されるとき、単なる美辞麗句であることをやめるだろう。すなわち、環境危機が資源の危機に限定されるものではなく、それは主体性や労働、貿易、そして他者との関係や権力の分割について再考を迫るものだ、ということである。

争点となっているもの、そして倫理と正義の起点となっているものは、われわれと糧との関係なのだから、社会契約の根拠は、個人が消費習慣を変えるという点で互いに同意することに求められなければならない。法の遵守を含意する契約の法的形式は不可欠ではあろうが、しかし法は超越的な一人の人間や一つの合議体によって外から命令されるのではなく、直接あるいは間接に、主権者たる人民によって決定されるだろう。さらに言うなら、市民は法を、共通利益の表現とみなさなければならないだろう。それでは、なぜロックやルソーに従って、自由や平等、安全といった言葉だけでは収まらない政治問題の再定義を提起する前に、まずホッブズの代表理論を参照するのだろうか。この問いに答えるためには、まず社会契約の人為説《アーティフィシャリズム》についてのホッブズの主張からあらゆる結論を引き出す必要がある。

実際、この人為説《アーティフィシャリズム》は、いくつかの幻想からわれわれを守ってくれる。特に、共通善はア・プリオリに考えられるという考え方、つまり共同体の構成員全員が、エートスの構成要素として、また公共政策の基礎となりうるものとして了承するような支配的な共通価値があたかも実在するかのような考え方を、ホッブズは攻撃しているのである。『リヴァイアサン』を読めば、われわれは次のような幻想を捨てざるをえない。すなわち、ある政治共同体を織りなしているのは習慣や慣習であって、それが友愛の絆によって様々な構成員を結びつけ、国民のアイデンティティの定義の土台となりうる、という幻想である。

以上のことは、宗教的伝統や哲学的伝統、慣習、そしてヘーゲルが*Sittlichkeit*、人倫と呼んでいるものすべてにおいて表現される様々な道徳の源泉が、共通善を練り上げるための材料とはなりえない、ということを意味しているわけでない。ヘーゲルの言う意味での共同体という概念、つまりゲマインシャフトという概念は、共通のエートスに結びついたものであり、国の習俗や慣行に適合した法を制定するためにはそこに立ち戻る必要があるのだが、そのような概念そのものは十分に意義がある。そのことは後にルソーにおいて見ることになるが、ルソーが語っているのは、第四の法にこそ立法者は力を尽くすのであり、また第四の法によってこそ「人民は建国の精神を保持する」ということである。[23] しかしながら、この共通善はア・ポステリオリにしか定義しえないのである。

同様に、ある共同体に固有のアイデンティティとは、物語的《ナラティヴ》アイデンティティを指し示すものであって、それは様々な影響に開かれたものである。それは、よそからやって来た人々や他の社会と交わす交易、またわれわれが取り入れたものや、取り入れられてわれわれを形作るものすべてに結びついている。人々をア・プリオリな統一とみなすことは、危険な仮構《フィクション》である。とはいえ、ホッブズの言う可死の神のような、恐怖感や幻惑をもたらす超越的権力だけが個人を統一することができる、というわけではない。

個人の生存と平穏な共存が問題となる自由の哲学においては、恐怖が統一の動機となり、個人が果てしない紛争に突入することを思いとどまらせるものとなることはありうる。この概念図式を堅持するなら、資源が枯渇した場合でも、恐怖が、政治的決定や国家間の交渉のような社会性の本質的な原動力となることがあるだろう。それに対して、政治的思考の出発点が、抽象的で孤立したものと捉えられた個人、すなわちあらゆるものに対する権利の主体とか自由としての個人ではもはやなく、この出発点が、空腹を覚える存在、糧の使用を通じて他の人間（過去、現在、未来の人間）や他の国民、そして他の生物種に結びつけられている存在としての個人の実存の物質性において考えられる場合には、政治の問題はもはや、個人の強欲を制限して情念によって彼らが対立しないようにすることによって、彼らの安全を保障することにはとどまらない。そこでは、コンヴィヴィアリティ〔自立共生〕こそが組織され創出されなければならないのだが、それは、恐怖によっては創出されえないし、権威主義や絶対主義的方法によっても創出されえないものである。

それでも、コンヴィヴィアリティは創出されなければならない。というのは、国民としての個人が未来世代や他の人民、他の生物種に対して自然に思いを致すことはないからである。現象学的還元が必要とされたのは、他の人間や他の動物との関係を身体性の中で考えられた主体の核心に据える実存範疇を記述するためであり、またそうして倫理と正義の意味を刷新するためである。しかしながら、この実存範疇は普遍的な道徳的価値ではない。創出すべき共通世界や社会性、共通善は、その根拠を、一つの文化や一つの文明の象徴となるものとして提示されるようなよき生という考え方に置くことはできない。価値普遍主義は誤った普遍主義である。そのような仮面の背後で保身しているのは、われこそは真実を握っていると考えているような人々であり、彼らは、自分にあると思っている道徳的あるいは知的な優越性のために、他者に対してその真実を押しつけることができると考えている。人為説《アーティフィシャリズム》はわれわれをこの誤った普遍主義の幻想や虚偽から守ってくれる。そしてそれは、〈～によって生きる〉の哲学によって明らかになる真理の核心に訴えることを妨げはしない。この哲学は、主体の身体性や空間性、そして他の生物種と共に住まっているのだという事実を重視するのである。

それ以外の社会契約の基本原則も修正する必要がある。そのことは、相互利益がホッブズからロールズまでの政治理論の土台であるということに言及した際にすでに示した通りである。われわれの提示した概念図式はもはや、人格の対称性、すなわち契約説の古典的な性格の一つである相互利益、あるいはギブアンドテイクの原理に基づくのではない。実際には、契約者たちは、熟議可能な行為主体ではない、その他の道徳的行為主体の利益を組み入れる必要がある。それは例えば、精神障害を患った人々や介助の必要な人々、そして動物たちの利益である。しかしそれでも、社会契約の初期の理論家たちに立ち戻らなければならない。なぜなら、われわれは、彼ら一人ひとりから一定の概念を借り受けることによって、今後、糧の共有としての正義の理論の彫琢に向けて一歩ずつ前進していくからである。

ロックの穏健なリベラリズム——浪費や接収のない自律

ロックによって個人の自律がもち上げられたことは、政治的リベラリズムの先鞭をつける概念として、環境という争点から政治の問題を再定義しようとしているわれわれにとっては、とりわけ興味深い。というのも、個人の自律をもち上げることで、われわれはエコロジーと実存とを結びつけることができるからである。生物多様性の重視や繁殖抑制といったようなエコロジーの規範から政治原理を演繹するのではなく、［ノルウェーのディープ・エコロジーの提唱者］アルネ・ネスが推奨しているように、人間を起点として、自然や他の生物種の保護を模索してみよう(24)。糧や味覚（goût）が打ち立てる、自然と文化、知性と情動、倫理と美学のあいだの結びつきを手がかりにすれば、われわれは自然／文化、あるいは身体／精神という二分法を退ける正義論を思い描くことができる。そこから帰結する可能性のある社会契約は、個人財産と自由の保護や安全とは違った目的を指し示すだろうが、しかしそれは間違いなく人々の同意に基づくものだろう。ところでこのように、各個人の同意を社会契約の基礎にするということが、ロックの政治理論の独創性である。

ホッブズの主張とは異なり、ロックにおいては、このような同意が最終的なものではないというだけではなく、さらに、市民政府の限界や範囲、目的についての非常に正確な考え方を伴っている。市民政府には制限がある、つまりそれはすべての領域に及ぶことはない。市民政府は寝室にまで口を挟むことはできないし、人民の主権に干渉することもできない。というのも、人民は、前政治的な二つの規範、すなわち自己保存と種の保存を私に命じる自然法を犯さない限りは、望むがままに自らの幸福を追求する自由があるからである。[25] 国家がこの制約を踏み越えれば、権力は人格とそのプロパティ〔所有物〕、つまりその生命、自由、財産を尊重せず、権威主義的で絶対的なものとなる。権力が、個人を守り公共善を目指すのではなく、恣意的になっているのである。そのような権力は不当である。なぜなら、市民政府の正当性は人々が政治体（corps politique）に同意した理由に由来するからである。[26]

ロックによれば、自然状態は戦争状態ではなく、ホッブズやルソーの考えとは違って、人間は社交的である。人間は自然状態の中で情感的な結びつきを織りなし、互いに交流する。しかしながら、このような状態は諸々の不都合を呈する。つまり、自然状態では、人々は自分たちの本性に付与された約束〔契約〕を履行できないのである。なぜなら、周知の公平な裁判官がいなければ、個人は誰もが満足のいくような仕方で紛争を調停することができないからである。[27] こうした司法機能と結びついた市民政府の存在理由と起源を見れば、なぜ市民が服従しないかがわかるだろう。自分に対して何一つ利益を提示せず、自分の自由を奪う絶対的で恣意的な権力に対して、どうして市民が同意することができようか。

したがってロックにおいては、社会契約は服従契約ではなく、為政者に従うことを約束する個人の同意から生まれ、個人はその為政者に対して、自分たちの代わりに法を作りその執行に当たる権限を委託する。[28] 公共善に専心する責務を負うこの為政者らはさらに、国際関係にも従事する。立法権力――これは人民に属するが、人民はそれを間接的に、つまり代議士を介在させて行使する――、執行権力――その特権が人民の支配に至ってはならない――、そして連合権力が、公共善を公正に司るように組織される。[29] 市民政府の目的は、諸個人の自由とプロパティ〔所有権／固有権〕の保護であって、一つの特権階級の利益のためにそれらを没収することではないのである。

社会契約が個人の同意に依拠しているということは、為政者に付した委託が信託による委託であることを意味している。市民は社会契約、及び社会秩序への同意ゆえに法に従う義務があるが、その法を市民に代わって制定するのは、人民の意志を体現する者、あるいは法の公平な適用を保証する者である。しかしながらこうした〔人民の〕代理人たちは、腐敗や権力乱用、そして個人や公共善を損なう様々な過失を犯した場合には、その正当性を失う。[30] 政府は人民の信託に背くときに自壊するのであり、人民は恣意的な命令でしかない法に対してもはや従う義務がない。[31] これが、『市民政府論』第二論文の結論となっている抵抗権の意味である。

ロックの言う抵抗権は、個人の反抗の擁護に尽きるわけではなく、政府がその無能力と腐敗によって、その正当性の基となる信託契約を破ったという事実から生じてくるものである。したがって、革命の端緒となるのは政府〔統治〕の解体であって、人々の不満ではない。問題は、何人かの個人が反乱を起こすことでもなければ、下層民の暴力的な蜂起でもない。抵抗権が意味をもつのはただ、大多数の人々が政府の解体を認識する場合、つまり政府が人民との戦争状態にあり、人民の権利を侵害している事実を認識する場合のみである。[32] したがって、抵抗権は個人の自由に依拠する理論の論理的帰結であるが、しかしながら、それは個人の責任に依拠してもいるのである。

この考察から、ロックにおける自律の概念のもつ意味が明らかになる。ロックにおける自律の概念とは単に、自然法――それは人々に自己保存と種の保存を危険に晒しかねないことを決して行わないよう命じる――に違反しない限り、各人はその人格と財産を自由に使用できる権利をもつということを意味するだけではない。ロックにおける自律は、政治的次元で市民として責任を負うことができるという個人の能力を意味してもいる。立法権は人民に属し、人民はこの立法権を間接的に行使するが、この立法権は、人民の自己決定能力を主張するロックの学説においては最も重要な権力である。人民は、成年期に達して自分の幸福がどこに存しているかを自分自身で知っている個人である限り、成人である。そのような人民には、「彼の善のために」彼を支配し服従させるような保護者も指導者も必要ない。[33]

個人の同意に社会契約の基礎を置くことは、自律や政治的責任を重視することと密接に結びついており、それは必然的に権力に対して制限を課すが、こうした社会契約の基礎づけは、次章で見るように、一つの成果である。この成果は、文化的転換を目指しており、生態系の危機に対して穏当に対処するには、こうした文化的転換が必要なのである。だからといって、われわれはロックにとどまろうというのではない。というのも、ロックが依然として依拠している倫理についての人間中心主義的な考え方では、自然法の中に他の生物種の利害や生命を保護する義務は含まれないからである。さらにわれわれは、リベラリズムの理論だけではなく民主主義の理論を断固として選び取り、最新の熟議理論を参照することで、どのように制度を修正すれば未来世代や他の生物種、さらには個性を認められた動物たちに対して発言権を与えられるのかを見定めなければならない。代議制民主主義の重大な転換は、市民が集団的決定によりよい形で参加することを保証するような政治文化の変化をめぐる反省と関わっている。糧の現象学から生じる政治的争点が、現実の中で実効的な表現を見出すためには、こうした代議制民主主義の重大な転換も求められている。

　しかしながら、認識しなければならないのは、個人の同意から生まれるロックの社会契約の独創性と、統治者と被統治者に責任を負わせるような信託による委託という彼の主張は今日でも有用な指標だ、ということである。そしてそのことは、諸個人も諸民族も同様に直面している諸問題、またわれわれがその諸問題を解決することや、約束を守ること、さらにはエリートたちや制度の公正さを信じることの難しさを考えるならば、特にそう言える。このような責任と信託が重要となるのは、制度をよりよく機能させることができるように条件を整え、対抗権力《カウンター・パワー》を促進する必要がある場合である。対抗権力は、ロックやルソーによって徒党とか部分社会と呼ばれたものや、今で言うところの様々な勢力網やロビー〔圧力団体〕の台頭を抑えることができる。

　最後に、ヴォルテールの言葉に倣うなら「賢人ロック」が私的な生活と公的な生活とのあいだに立てた分割は、ロックが自然法と呼んでいる倫理的で前政治的な規範によって、彼の道徳的リベラリズムがジョン・スチュアート・ミルにおいて見られるようなパターナリズムの拒絶から区別されるだけに、一層興味深いものである。ミルは、他人に対して一切危害を加えない限りで私悪を認める。また、ロックが自由と放埒を区別して自己自身と種とに対してわれわれが負っている責務を強調したのとは反対に、ミルは、自己自身に対する義務という考え方を却下する。ところで、ロックの言う前政治的規範には、自己保存と人類の種の保存を私に命じることで、人間の強欲を一定の限度内に抑える利点がある。このような利点によって、ロックのリベラリズムはリバタリアンのそれとは相容れないものとなっている。というのもリバタリアンは、事業の収益や権利を守るために、土地の専有や接収の権利、自然の蹂躙、そして資源や動物、人間の搾取に対してほとんど制限を課さないからである。糧の共有として構想される正義論の原理を定式化することが問題となるのなら、この点について詳しく述べる必要があるだろう。しかしながら、われわれが契約説を進化させる上で、ロックがどのような意味で手がかりとなるかを理解するためには、ロックの政治学説の残る二つの特徴を、早速検討しなければならない。

第一の特徴は、『市民政府論』第二論文の著者の人間観に関するものである。自然状態における人間は、独りで存在するわけでも、抽象的に考えられた自由によって定義されるわけでもない。そのような定義はまるで、意志の特性である選択能力や選択変更能力だけで、人間の条件を説明できるかのようである。ロックは飢えの中心性を強調し、食べることとの必要性や、生きるためにわれわれが必要とするものを自然の中で採取することとの必要性を主張する。(34) 木から果実を採取する人間は、その果実の所有者となる。なぜなら、彼は労働によって、すなわち彼の労力と勤労によって、自然の中には存在しなかった何かを付け加えるからである。(35) 彼は、自分の消費できる以上にたくさんの果実を集め、この果実を売ることで財産を蓄える権利さえもっている。ロックにとっては、豊かになることは正当なことであり、自分の努力に制限をかけて他者を出し抜かないようにしたり、財産や境遇の平等の理想に満足するようにしたりする義務は、誰にも課されてはならない。しかしそれでも、十分に量があり質もよいに違いない資源に他人がアクセスすることを、われわれは妨げてはならない。入手可能なままに残しおくこともできるであろう資源を、何らかの仕方で他人から奪ってしまうような浪費は、間違っている。(36) なぜなら「人間に対して、神は世界〔大地〕を共有物として与えた」から、換言すれば「その〔労働という〕手段によって〔果実を採集する〕われわれに〔果実に対する〕所有権を与える同じ自然法が、同時に、その所有権に制限を課している」からである(37)。

ロックにとって、土地は人類共有の遺産であり、それが人類に与えられているのは、「生活の最大限の便益を引き出すことができるように」である(38)。このロックの倫理の人間中心主義や自然に関する道具的な考え方については、議論の余地がある。しかしながら、あらゆる実定法に先立って種の保存を考慮すること、つまり同じように大地の果実を享受しなければならない現在及び未来の他者への尊重を考慮することは、次のような自由の哲学を前提とする。それは、資源の略奪を容認せず、他の文化やその環境の破壊も許容することができない自由の哲学である。ロックが個々の道徳的行為主体の外部にある価値論の軸に準拠し、その道徳的行為主体が豊かになる権利を「節度の限度内」に抑えるその仕方は、彼のリベラリズムが彼の後継者たちのそれとは根本的に区別されることを十分に示している。

リバタリアンたちは、ロックが主題化した最初の占有者の権利を踏襲しているが、しかし彼らの考えでは、土地は誰のものでもなく、その土地を占領しそこから利益を引き出せる者こそがすべての権利をもつ。ノージックが援用しているロックの条項は、次のような観点からこの権利を制限するとみなされている。すなわち、土地を取得する際でも、他の人々が生存できるだけの十分な資源を残さなければならず、事業者は土地を接収された先住民に対して給与を提示して彼らがその事業内で働くことができるようにし、彼らが不利益ばかりを被ることを避けなければならない、という観点である(39)。しかしながらこの条項は、大地の非道具的な価値を考慮に入れていない。この条項は、土地の喪失や生活様式の破壊を、給与という形で算定し金銭的に補償することが可能だと仮定している。それはあたかも、個人は生活を支えている活動のおかげで糧を得ているのではなく、またその生活の場が彼らを支えているのではない、とみなすようなものである。

ノージックがロックに準拠し、土地は誰にも属さないという考えに基づいて最初の占有者の権利を基礎づけるその仕方は、この意味で『市民政府論』第二論文の精神を歪曲するものである(40)。リバタリアンのこのような思考枠組みは、新たな社会契約の土台となりうる糧の現象学とも、同じく両立しない。要するに、最小国家説や、富の再分配を正義の問題ではなく慈善の問題とみなす考え方のために、リバタリアン的なリベラリズムは、局限された一回限りの契約にしか考えが及ばず、無政府主義思想がそうであるように、社会契約の考え方に本質からして敵対し、われわれにとっては、単なる引き立て役とは言わないまでも、役立ちえないものになっている。ロックのリベラリズムが穏健なのは、自由や主体についての抽象的な概念にとどまっている諸々のリバタリアニズムの理論とは違って、それが血肉を備えた具体性をもつからである。ロックのリベラリズムは、われわれが交流する他の人々や人類の種を考慮することを前提するだけでなく、さらに、食物や所有物といった生きるために必要なもの、われわれを養ってくれるものを重視する。

ロックの思想が、契約説を基礎づける他の自由の哲学、とりわけホッブズや、さらにはロールズのそれと異なる点は、ロックにとって自由とは、われわれを自然から引き剥がすような抽象的な能力を意味してはいない点である。反対に、ロックの思想は、われわれの実存の物質的条件、つまりわれわれは食べ、糧によって生き、そして労働によってその糧を手にするという事実に密接に結びついている。糧の共有として考えられる正義の原理を規定しようとするならば、この点は重要である。なぜなら、それは基本財、つまり食事や水、空気、空間といった、生存と健康、さらには幸福にとっても同様に必要とされるものを、真に考察するアプローチを含意するからである。

別の言い方をするなら、ホッブズやロールズよりももっと物質的で血肉を備えた〔具体的な〕概念から出発することで、『正義論』に見られるような正義についての純粋に分配的な構想を乗り越えていくことができよう。ロールズが焦点を当てているのは、権利と自由であり、差別との闘いであり、そして不平等を是正し最も恵まれない人々のためになる資源の公平な再分配である。これは福祉国家に哲学的基礎を与え、人権の中に社会的権利をもち込むことである。しかしながらロールズは、健康や食事、快適な環境や生を享受させてくれる条件への権利といった基本財については、どちらかと言うとあまり語らない。それゆえ彼の正義論は、特にわれわれの構想するリベラルな民主主義にはふさわしいにもかかわらず、それによって極端な貧窮について考えることはできないのである。

公正としての正義という理念的な理論が必然的に限定的な理論であるのは、この理論が「正義の情況」を要請し、したがって最低限の経済発展や豊富な資源、ならびに社会的ネットワークの構築を要請するからである。ロールズはこうした理論を構築しているが、彼は基礎的欲求の概念については十分に取り組んでいない。彼の自由の哲学が意味をもつのは、豊かで、民主主義的に組織された国家においてだけであり、そしてそのような国家においてさえも、彼の哲学が焦点を当てているのは、資源の再分配や自由についてなのである。したがって、彼の哲学では享受と正義との関係、幸福と自由との関係を明らかにすることはできないだろう。ところで、生きるとは、単に生存することではなくて、〈〜によって生きる〉ことや、享楽することであるなら、正義論を彫琢するには、基本財や基礎的欲求にまで及ぶ考察や、さらにはそれを下回れば生が不安定になったり危険に晒されると同時に意味も失ってしまうような限界点に関する考察を避けて通ることはできないだろう。

所有についてのロックの理論へのわれわれの関心には別の理由もある。ロックの理論は、人間は実存するためには〈我が家〉をもつ必要があるという事実に目を向けさせる。なぜなら、大地の果実を手に入れることは、欲求だけでは説明がつかないからである。もしそうであったならば、ロックは所有について語るだけで十分だっただろう。ところで、彼は所有権について語り、かつ所有権を自然権とみなしている。人間が自分の開拓した土地を必要とする理由は、そうすることで生計を立てるからであり、それだけではなく、土地の所有者であるという事実が人間に糧を与え、あるいは人間の生を充実させるという意味では、人間は土地〔大地〕によって生きているからである。所有し、さらには豊かになる権利は、正当な権利である。それは、それ自体で責められるものでも、あるいは条件を平等化することを目指す理想から見て責められるべきものでもない。なぜなら、個人は望むままに自己の開花繁栄を追求する自由があるし、労働や所有は自らの自由を行使しアイデンティティを表明する方法だからである。だからこそロックにとっては、所有権は不可侵の自然権の一部をなすのである。生きること、それはまた〈我が家〉を構えること、つまり生活する場の所有者となり、さらに理想を言うなら、所有した土地で、庭や菜園を手入れして自分の生に必要な食物を獲得し、実存を美しいものにすることでもある。

このようにして自然法は、われわれに種の生存を危機に晒すことのないように命じ、ある限界内に人間の貪欲を抑え込むのであり、この限界を超えれば、経済発展は、生態系から見れば維持不可能となり、社会的に見れば不公正を生むこととなる。個々の道徳的行為主体の諸権利は、彼のプロパティ〔所有権／固有権〕、すなわち生命、自由、財産、そして彼を生かしているものを保護することに明らかに結びついているが、しかしその権利は絶対的なものではない。というのも、それが人類の生存を脅やかしたり、浪費を招いたりする場合には、それは限界に突き当たるからである。

ロックの政治理論の基礎となっている人間観は、人間を、彼の周りで起きることに対してもともと耳を貸さない、他者にまったく依存しない孤立した存在とはみなしていない。消費し交換するために果実を採集した途端、人間は他者と関係する。というのも、彼の所有権は、現在と未来の他者の実存をその根拠とする、自然の限界に突き当たるからである。さらに、自然状態において交流し交易する人間は、社交的であり、相互に情感で通じ合っている。彼らの主要な動機は虚栄心や体面、つまりは権力欲や他人への支配欲ではない。ロックにとって原初的な情念は、人間の経済的な本質、つまり空腹を覚えるとか労働せざるをえないとか、まずは自己保存や種の保存に専心しなければならないといった事実に結びついている。したがって、社会契約の基盤となる効用は、単に個人的なものではない。問題は共通の効用である。

以上のような政治理論では、人類を危機に陥れるような計画や技術は不当なものとして退けられるだろう。そのような政治理論は、個人にとってはきわめて重要な自由の空間を開くことになる。この個人に対して、国家は、生活条件や自己の開花繁栄の条件を保障することに注力する。それはパターナリズムではまったくない。というのも、ミルとは異なり、ロックにとっては、個人は自殺の権利や、自己保存に反するすべてのことを行う権利をもたないが、その他の点では、国家が個人のライフスタイルについて指図することはないからである。しかしながら、国家の役割は単に個人を、他者から被りうる危害から保護し、また個人が他者に危害を加えることを抑止することだけではない。市民政府にとっては、自然法を遵守し、遵守させることも重要である。この自然法というのは前政治的な規範であり、どのような意味において倫理が政治を制限しうるのかを明らかにするものである。この法は、これこれの生き方をせよと命令しはしない。それが指し示すのはただ、種の存続を危険に晒すという事実があれば、行為は、それが個人的なものであれ集団的なものであれ、不当とされるということである。

人間の諸権利は絶対的ではないと述べること、完全で孤立した全体でも、血肉を欠いた〔抽象的な〕主体でもなく、自由で、本性によって、また尊厳において他人と平等で、自らの自律性と創造力を独特の仕方で表す欲求をもっている、そういう個人の物質的実存に、人間の諸権利を根づかせること、こうしたことは、政治や社会契約の基礎を、自由だけで定義される存在にではなく、〈〜によって生きる〉存在に置く方途を示すことである。資源の利用や土地の専領、そして今日では技術の利用を、それを超えれば不当となるような限度内にとどめる準拠点として人間性を捉えることは、一定の実践や一定の技術の応用を認めないために参照可能な基準を示すことである。

さらに、人間の諸権利は、もはや自己保存のためになるものなら何でも使う個々の道徳的行為主体の権利には依拠しておらず、種の保存やその生への尊重に結びついた倫理規範が人間の諸権利を限定し、その意味を詳らかにしている以上、政治の問題は、もはやこの自然法を外側から限定することではない。ホッブズのように、自分たちの諸権利の絶対的かつ相互的な譲渡を特徴とした法形態を考える必要はなく、統一的かつ超越的な権力によって初めて、人間は、約束を守り自然権を放棄する気になるだろうと考える必要もない。

ロックにおいては、人類やその生への尊重は、単に各人の権利に制限を課すだけでなく、それと同時に、各人の権利の意味を浮き彫りにする。その権利は、自己保存と種の保存を命じる法に反するものではありえない。市民法や政治的権威の目的は、強制によって個人が自然権を行使するのを思いとどまらせるとか、各人があらゆるものに対してもつ権利として考えられているその自然権を、外側から限定することではない。重要なのはむしろ、個々の権利の内、的な制限を想起すること、そしてこの種の保存への配慮を諸制度によって具体化することを国家の義務として組み込み、この自然法があらゆる公共政策において尊重されるよう留意することである。したがって、ホッブズの絶対主義的な解決は必要なく、社会契約を同意に依拠させ、政治的な自律と責任を原理の地位に高めるロックによって掲げられた自由の枠組みを、われわれは利用することができるのである。

同様に、ロックの示す道筋を辿れば、生物圏の保全や、他の人間や他の文化にとっても不可欠な天然資源の保護を社会契約の中心に据えることができる。要するに、他の人間にも食物や土地への量・質ともに十分なアクセスを残しておくようにと要請する彼の主張は、地方の文化や風景、共有遺産の保護を尊重することを、安全保障や自由の保護、不平等の是正に加えて、新たな国家の義務とみなすことにつながりうるのである。

種の保存を、空腹を覚える主体、〈～によって生きる〉主体の中心に据えるような社会契約を再構成するための道は、このようにして開かれる。しかしながら、功利主義者ジョン・スチュアート・ミルとは違って、ロックは、動物が資源を利用する権利や大地に住まう権利については語らないが、それに対して、われわれは、倫理についての人間中心主義的枠組みからの脱出を企図し、そのためにわれわれと「オイコス」を分かち合っている動物種の保護を義務とみなすのである。さらに、守るべき利益をもちそれをやり取りする能力のある、個々の行為主体としての動物たちは、量においても質においても糧へのアクセスを奪われてはならないし、実存することの喜びを表現する手段や、彼らの種に適した基準に即して開花繁栄を追求する手段が奪われてはならない。

したがって、糧の共有としての正義が求めているのは、個人の同意や信託に基礎を置く社会契約が、他の生物種や動物、植物を考慮に入れることである。というのも、それらに対してわれわれは損害を与えることもあるし、それらの価値は単に利用されることにあるわけではないからである。このような契約は、動物に対する正義の促進とも同じく連動しており、動物のもつ動物行動学的欲求は、われわれが好きなように動物を利用する権利を制限し、われわれに特別の義務を課す。この点については、動物問題の政治化を論じた章で見た通りである。

もし人間と動物の政治共同体についてわれわれが語ってきたことに何らかの意味があるとすれば、種としての動物だけではなく、個性を認められた動物が社会契約を進化させることになる。動物同士の関係やわれわれとのどんな関係も、どんな感情的コミュニケーションをも不可能としてしまうような、劣悪な生に動物を追いやるのではなく、彼らの利益を共通善の定義に含めるには、代議制民主主義をどのように修正すればよいのか、ということが問われなければならない。しかしながら、この目標に近づくための変革を示す前に、契約説のある重大な困難を覆うヴェールを取り払うことが不可欠である。

実際、正義を創出し、個人が本当に約束を守り市民法に従うことを確信するためには協約が必要だとしても、それでもやはり、すべての社会契約の構築が依拠しているのは個人の同意である。つまり、彼が従っている法は単なる強制ではないということ、そしてその法が表明しているのは公共善であり、それは彼自身にとっての善にほかならないということを認識する彼の能力に、社会契約の構築は依拠している。ホッブズの絶対主義的解決を断念した時点で重要となるのは、何が個人の中に義務感を植えつけるのか、そしてどのようにすれば個人が一般意志の声に耳を傾けるようになるのかを理解することである。ルソーの思想の中心にはあるのは、まさにこのような問いである。

ルソーにおける一般意志と義務感

他の契約説の理論家と同様に、ルソーが考えているのも、どのようにして共同体が形成され、法を生み出すかということである。ルソーにとって政治の問題は、個人の自由と、集団を調整する秩序に皆が従う必要とを両立させることだが、彼は契約の法的形式を主張しているだけではない(41)。また政治哲学への彼の寄与は、あらゆる政治的代表の拒否や人民の意志のあらゆる委託の拒否を意味する、法の循環性を主張したことに帰されてしまうのでもない。彼によれば確かに、法とはわれわれが主人をもつことを防ぐものであり、法が共和政〔国家〕の核となる。しかし彼の独創性は何と言っても、義務を社会的紐帯の可能性の条件とする方法にある。

ルソーにおいては、確かに共同体を設立する最初の営為、すなわち最初の協約への遡行があり、それは社会契約と、法に従う臣民たちに義務を課す法とで成り立つ、原初の社会協定を構成するものである。われわれはすでに、ヒュームによる批判を引き合いに出して、市民の結集の起源を考えること、そしてそれを意志から引き出すことを可能にする原始契約の考え方については留保すると述べた。ロールズが述べるように、われわれは意志的に特定の政治社会に参加するのではなく、あるとき、気づけばそこにいるのである[42]。しかしながら、もし政治社会を意志的な結集とみなすことができず、社会契約は事実ではなく規範だとしても、それでもやはり、われわれの従う規則は自由に決定されなければならないことに変わりはない[43]。したがって、ルソーにおいて見出される契約説の基本となる三つの要素――社会契約は個人の自由意志に由来すること、社会契約は個人を拘束し、ゆえに諸々の義務を生じさせること、そして社会契約を保証し義務の遵守を確認するような審級の前で社会契約は行われるということ――は正義原理の創設や法の立案を考えるのに役立つ。このような原理や法は、人民に対してアイデンティティを付与するというだけでなく、さらに、そのような原理や法の決定や承認は、それによって人民が人民であることを確認する、再帰的な運動に基づいている。

この自己の樹立という行為は、われわれにとって重要な価値を明示し、われわれが生きたいと思う社会の類型を指し示すものである。そのような行為によって、社会契約を新たに彫琢し、あるいは新たな社会契約を構築することができる。こうした新たな社会契約は、ルソーの系譜においては、ある社会に特有の機能不全や不正義に対する治療薬として考えることができるだろう。それはまた、われわれが政治の核心に据えたいと考え、また今日では環境や生物工学の係争点、すなわち食や動物の境遇の改善に関係する諸問題に対して、より建設的な解答を与えることにも役立つだろう。われわれが直面している経済的、社会的、生態学的危機は、蔓延した不信感のために余計に深刻化しているのだが、そのような時代にルソーを読むことは、自己の樹立という行為が有益でありうると考えること、そして哲学の任務はどのような道具がこの新たな社会契約の構築に使えるのかを示すことだと考えることでもある。まさにこの意味において、このジュネーヴ市民が大切にした、社会契約と原初的契機に関する考え方を受け継ぐことができる。この原初的契機によって、自己が樹立され、社会契約、つまり市民の従う規則についての決定が行われる。

ロックにおいてそうであるように、この社会契約が個人を服従させることができないのは、社会秩序を隷従によって統御することができないのと同じである。なぜなら、社会契約は自由意志の表明であって、個人の利益に資するからである。社会契約の骨組みとなっている相互利益が最終的に依拠するのは、生命がわれわれの基本財だという考え方である。つまり何者も、自己愛という根本原則や自由に反する秩序には従うことができないということである。この体系は、ルソーが代表を拒否し土地の専有によって生じる不平等を告発していることを別とすれば、ロックのそれと十分に近いと言えるが、しかしながら、ルソーはこの体系に対して、一つの根本的な要素を付け加えている。

実際、『社会契約論』の独創性は次のことを明らかにしている点にある。すなわち、もし社会契約が一般意志の到来であって、法とは利益(あるいは効用)と正義との調和を反映しているのだとしても、それでも個人が一般意志の声に耳を傾けるようになる必要がある、ということである。ルソーは、社会契約と共に新たな自我が生まれるということを自明とみなすのではなく、正義の根拠を個人の自由意志に置く政治理論すべてに内在する困難を強調している。この困難はある種の循環性に起因する。なぜなら、政治共同体の形成は、その形成だけが生み出せる結果次第だからである[44]。政治団体の生命はすべて、一般意志がまず各市民の心に語りかけるという条件に結びついているのである[45]。

一般意志は、表明される前に、そして表明されうるためには、形成されていなければならない。ところが、一般意志とは、超越的な意志とか市民の外部にある意志ではない。それは市民たちのあいだに位置づけられてさえいない。またそれは、共通部分があるがゆえに同意を引き出しうるような、個々の意見の集合によって構成されているわけでもない。それはむしろ、各市民における、一般利益の表現である。それゆえ、臣民が政治的決断を下すには、「情念を沈黙させ」、部分的結社に起因する、諸々の影響を退けなければならない[46]。というのも、部分的結社は、特殊利益を守り、一般意志の声を押し殺す傾向があるからである。

ルソーの表現には聴覚のメタファーが豊富だが、彼の考えでは、一般意志は決して消えることはないが、押し黙ってしまうことがある(47)。同様に、立法者を特別な存在とみなす政治の技法は、ア・プリオリで抽象的な原理に基づいて変革を提案することに存しているのではなく、人民の声を響かせ、彼らに自身の気づいていない点を気づかせ、彼らの内にすでに存在しているものを彼らが表明できるようにすることに存している。ところで、もし自己保存が社会秩序の真の基礎であって、一般意志は自己保存を損なったり、台無しにしたりするようなことを望むことはできないのだとしても、それでも、個人は必ずしも自分の善には気づかないということを認識しておかなければならない。自分の特殊利益によって目を曇らされ、共通利益が自分の利益でもあるという事実がわからないために、彼らは自分の立場からしか物事を見ることができない。そのような見方をいくら並べても、それは全体意志を構成するだけで、一般意志を構成することはありえない。

一般意志が現れうるためには、個人は自分の内にある普遍的なものの声、すなわち理性の声に耳を傾けなければならず、したがって彼はいわばすでに市民となっていなければならない。自分のためだけに投票するのではなく、彼は自分を全体の一部と捉え、共通善を自分の善として理解しなければならない。ルソーは社会契約が突き当たる困難を、次のように見事に要約している。

生まれたばかりの人民が、政治の健全な格率を好み、国是の根本法則に従いうるためには、結果が原因となること、制度の所産たるべき社会的精神が、その制定自体を司ること、そして、人々が、法の生まれる前に、彼らが法によってなるべきものになっていること、などが必要であろう(48)。

ルソーの考えているような政治の問題を見定めたいのであれば、社会の紐帯はまず心の中で破壊されることを認識しなければならない。それは、「国家が滅亡に瀕して、もはやごまかしの空虚な形でしか存在しなくなり」、「最もいやしい利益すら、厚かましくも公共の幸福という神聖な名をよそおう(49)」ような状況に至るときに起こる。個人がもはや特殊利益を一般利益に統合するには至らないとき、国家は衰弱し、諸々の小さな社会が一つの大きな社会に影響を及ぼす。そのとき共通利益は変質するか、あるいは共通利益に敵対する者たちが現れることになる。まさにそのときに「一般意志は無言になり」、「特殊利益しか目的としないような、不正な布告が、法律という名の下に、誤って可決されるようになる(50)」。

個人の心の中で始まるこの社会的紐帯の緩みは、世論の中においても表れるが、この世論は、一般意志と公権力とを仲介する第三の審級を形成し、その両者の性質を併せもっている。政治の問題は、個人の自由と一般意志とを両立させることであり、法に従うことで「失うすべてのものと同じ価値のものを手に入れ、また所有しているものを保存するためのより多くの力を手に入れる(51)」ことである。しかしながら、ルソーにとって社会契約は、相互利益によって成り立っているだけではない。この場合の相互利益とは、社会契約によって各人が自分の仕事に従事し、比較的快適で恐怖を免れた平穏な生活を送ることができるという意味での相互利益である。自律の重要性を強調する共和政〔国家〕における本当の困難とは、一般意志が「語る」ことができるように一般意志を市民の心の中でいつでも目覚めさせておくことである。真の政治的絆を志向する世論の形成がなければ、また社会契約によって生じる個人の変容がなければ、集団による決定は、無益で不公正なものになりうるどころか、有害にさえなりうるだろう。

ルソーの著作は政治的権利〔国制法〕の原理を明示的に取り扱っているが、その構成そのものがこの問題の重要性を示している。第二編の最後では、立法者が密かに専心している法、すなわち、習俗や慣習、世論としての第四の法が問題となっており、第四編はこの世論を形成し、個人の全体への帰属感を強化する手段に割かれている。この第二編の最後と第四編のあいだには、ある難問に突き当たっているというルソーの自覚が表れている。〔その難問とは次のような問いである。〕相互的義務の源泉とは何か。どうすれば個人は一般意志を知り、自分の目先の利益は共通善を打ち立てる基準とはなりえないことを受け入れるに至るのか。この問題に対してルソーの出す答え、とりわけ市民宗教や、立法者が理性だけでなく想像力に訴えることとは、この困難を明らかにするにはほど遠いものである。

われわれは、ホッブズの権威主義的解決を回避しつつ、未来世代の利益や他の生物種の利益を共通善の定義に統合する社会契約を構想しようと望んでいるのだから、それだけになおさらこの問いに立ち向かわないわけにはいかない。仮に自分たちの従うことになる規則を自ら決定できるほどに市民が十分に成熟しているとすれば、また彼らは公共の事柄に関心をもっていると国家〔共和国〕が想定するのであれば、その場合には市民は自分の特殊利益や個人的な立場から離れて、何が共通善でありうるのかを理解することもできなければならない。同様に、彼らは共通善について考えることを望まなければならないし、このような歩みには意味があるのだと考えなければならない。制度や他者への最低限の信頼がなければ、市民がこの〔共通善について考える〕努力に同意することも、共同体に通用しうる普遍化可能な規範を引き出すこともできない。その代わりに彼らは、自分の私的利益や個人的な信条を反映した立場に立つことになる。各人が、他者の善意や共通善を意志する他者の心情に疑念を抱いている場合、また法の適用を請け負った主権をもつ大臣が公平性に欠けると皆が確信している場合、個人は自分の特殊利益にしか耳を貸さないだろう。彼らの情念や怒りは、一般意志の声を押し殺すだろう。

社会契約が前提すると同時に生じさせもする人間本性のこのような変容が問題となるのは、環境問題が取り上げられる場合である。われわれは、環境問題を、目下の経済的、社会的な困難によっていつでも公的議論の周縁に追いやられてしまう些細な問題群に数え入れてしまわずに、適切な仕方で扱うことを望んでいる。生態系《エコロジー》の問題の特殊性は、それが消費習慣や生産システム、交易における変化を必然的に含意していることである。このような変化はしばしば、犠牲行為として経験される。そのようなことが起きるのは、個人が、生態系への影響を軽減するために何をなすべきかを完全に知っているのに、自分のライフスタイルを修正する気にはならない、という場合である。なぜなら、彼らは、自分以外の人々は食肉やエネルギー消費を減らさないだろうとか、節制が義務づけられることはまだないだろうと考えるからである。

同様に、子どもや孫の未来を縛らないために、われわれは努力しなければならないということを理解するのは比較的簡単だとしても、大方の個人にとって最も難しいのは、野生動物であれ、家畜動物であれ、〔そのいずれでもない中間的な〕境界動物であれ、他の生物種にも快適な生を生きる権利があると認めることである。人々に義務感を与えるものは何だろうか。またルソーの国家〔共和国〕のように、人々が一般利益の声に耳を傾けるよう仕向けるだけでなく、この一般利益の中に、未来世代の利益や遠く離れたところで生きる人々の利益、また他の生物種、特に個別の行為主体とみなされ、喜びや苦しみを感じそれを伝えることのできる動物の利益を組み込みもするものとは、何なのだろうか。

したがって、ルソーの立てた問いはその現代性を完全に保持している。それは今日ではより切迫したものですらある。なぜなら、共通の効用を考えれば、中期的に見ても、環境に関する諸々の争点を真剣に考えざるをえないからである。しかも、地球温暖化の専門家の多くが推定するところによれば、われわれはのっぴきならない段階にまで達しており、したがって生物圏を守り破局を避けるためには、より多くのエネルギーと資金を費やさなければならなくなる。それはつまり、個人や集団に求められる犠牲が、今後はますます甚大になるということである。崩壊（collapse）が一度、あるいは立て続けに起きることで、諸々の政策は生態系を優先するようになるだろうとか、人々はライフスタイルや消費習慣の修正の必要性について納得するだろうと考えることもできるかもしれない。しかしその場合でも、人類に迫る脅威がカオス状態へと行き着くことがないように必要とされる価値観の変化について考えることは、避けられないだろう。

したがって、人間の住まう大地についての考え方や、今とは別の生活形態が、再評価の対象となることが必要であり、そして自由の哲学や古典的な政治理論の基礎となっている人間学に対して距離を取ることが必要である。加えて、現代の特徴は、経済的、社会的、さらには特に深刻な精神的危機の上に、環境破壊が重なっているという事実である。

社会的不平等や政治的緊張は、生活様式の多様化によって生じる軋轢と一体となっている。こうした軋轢は、国内の社会集団同士に対立を生む行為や、国境を越えた公衆の形成に寄与するような行為を非難することによっても生じるし、また何らかの技術のもたらす間接的な帰結に影響を受けた個人や、動物の境遇やナノテクノロジーといった問題に関心のある個人を団結させる活動を非難することによっても生じる(52)。

われわれの時代は自閉の時代だとよく言われるが、しかし私的利益を超えた関心事を軸にして合流したり、インターネット上で情報や経験の交換を行っている社会集団がよく示しているように、現実をそれほど簡単に、まるで個人主義や物質主義だけで説明がつくかのように、描き出すことはできないだろう。社会的紐帯は完全に失われてしまったわけではないし、自分の時間やエネルギーを他人のために割いたり、環境保護や動物保護のために割いたり、あるいは高齢者や介助の必要な人々、傷つきやすい状況にある人々に割くような存在も稀ではない。しかしながら、ジョン・デューイが言ったように、公衆は衰退している。というのは、公衆は一体となった公衆をなすこともなく、一つの〔まとまった〕全体へと統合されることもないからである(53)。個人や集団は倫理の孤島の中で生きているだけでなく、さらに、分散してしまった公衆は、政治の構想に影響を与え、社会契約を修正することなど実際にはできないのである。

われわれの提示する〈~によって生きる〉の哲学の解釈の目指すところは、人々を一つにするための基準となりうるいくつかの指標を提示することであるが、その際、生についてのたった一つのビジョンに基づいた世界秩序の創造を推奨する必要はない。なぜなら、われわれの引き出した実存範疇は、すべての人々にとって意味があるからである。糧の現象学とは身体性の哲学であり、また〈住まうこと〉の現象学や生態学的現象学へと行き着くものであるから、そこには普遍化可能な次元が確かに含まれている。われわれは皆、身体をもち、食べるものや作るものによって生き、空気や水、光が必要である。われわれが誕生して地上にいるという条件が、われわれの実存の構造なのであって、仮にわれわれはノマドなのだとしても、われわれは、眠るだけのためでも、どこかに身を置く必要がある。しかしながらそれは、共通の価値の総体を認識して、それを政治共同体への帰属の前提条件とすることではない。

ロールズの言うように、「包括的な教義への同意が共有され、拡大されている」という想定は、国家権力を圧制下で用いて初めて実現されるが、それには一連の犯罪が伴うし、暴力は不可避である。(54) 政治を包括的な教義や価値に基づかせることは、個人の道徳的平等の肯定と結びついた民主主義的多元主義に反している。ある集団の見方が他の集団の見方に優越するということはありえないし、存在している者たちの多様性や社会環境の多様性、宗教的信条の多様性は、分業と同様に、道徳的多元主義を乗り越え不可能なものとしている。したがって、道徳から政治へと移行しようとすれば、自由を危険に晒すことになる。ところで、自由がなければ社会契約は服従契約になってしまう。しかし、存在論から政治へと移行することはできる。その場合、存在論は、個人的な選好や社会文化的規定を括弧に入れることを要求する現象学的還元のおかげで万人に開かれた存在論でなければならず、実存の構造を明らかにする存在論でなければならない。この実存の構造が浮き彫りにするのは、われわれが身体をもつという条件や地上にいるという条件、さらにはわれわれが運命共同体だということである。それは道徳的な価値、すなわち判断や規範とは何の関係もない。

このような存在論から、われわれは倫理を導き出した。というのも、〈住まうこと〉の現象学と食の現象学の前提によれば、個人は、環境や動物をまるで単なる資財や商品であるかのように搾取することはできないからである。しかしながら、道徳の上に政治を位置づける必要があると考えるのは誤りであろう。〈〜によって生きる〉の現象学の観点から捉えられた正義の原理は、間違いなく、ロールズの理論から導き出されるものよりも、もっと実質的である。というのも、ロールズの理論は個人の自由を促進することや、差別と闘うこと、人々のあいだでの経済的不平等を是正することに限られているからである。それでも、このアメリカの哲学者の教えは、多元主義的民主主義の文脈から、契約説に現代性を与えている。そしてそれは今なお、われわれの置かれた文脈なのであり、彼の教えは一つの成果である。危機的な時期というのは、問題が知的創造性を誘発するとともに、反動や抑圧的な道徳秩序への回帰をも誘発する時期であるだけに、この成果はなおのこと貴重である。

自然／文化、内／外の二元論を乗り越え、食のもつ範例的な価値を強調する糧の現象学が、われわれの探求する社会契約論に対して果たす役割とは、自然状態という理論的仮構《フィクション》が、ホッブズやロック、ルソーといった近代契約説の哲学に対して果たす役割と同じである。彼らはこのような仮構《フィクション》に頼って個人の原始的な情念を露わにすることで、人間本性の側から政治の問題を解決しようとした。それに対して、糧の現象学は何らかの人間学を演繹しうるような仮説として提示されるわけではない。糧の現象学はすでに現象学的人間学である。なぜなら、人間の条件を描き出すことで明らかにされる実存範疇は、自由の哲学のような人間や主体の考え方に修正を迫るからである。われわれの条件は自由や時間性の観点からのみ理解されるわけではなく、実存の物質性にも差し向けられる。味覚の中心性や享楽の実存論的性格、空間性の重要性を主張する〈感覚すること〉のラディカルな現象学によって、エコロジーと実存を連関させることができるし、また人間存在を、正義の関係において、他の人間や動物の傍らに位置づけることができる。

しかしながら、第一部でとりわけ動物や空間の整備について論じた章で見たように、この「〈感覚すること〉のラディカルな現象学という」第一哲学によってわれわれは価値観を再評価することとなる。農業や土地、住まう大地、他の人間や動物と分かち合う空間は、自由の哲学においてもっていたような意味を、糧の現象学においてはもはやもたない。自由の哲学においては、大地はわれわれの投企のための踏み台となり、他の生物は人間の利益のために搾取すべき資財となっていた。食べるといったような、ごくありふれた行為が倫理的、政治的意味を帯びるというだけでなく、さらに正義は、ホッブズやロールズにとってもっていた意味をもはやもたなくなる。というのも、正義はもはや個人の安全を保障したり、個人の自由を守ったり、さらには不平等を是正することだけに資するわけではないからである。

ここからは、政治的権利と正義の原理という次元において、この糧の現象学から諸々の結論を引き出していこう。

そうして、この第一哲学に見合った正義論を提供し、動物の利益や生物圏の保護をその核心に据えた新たな共和主義的な社会契約の約束を果たすのにふさわしい政治制度を示そう。しかしながら分析の現段階では、そしてルソーの提起した困難を踏まえた後、次のことを示すことが重要である。すなわち、われわれの彫琢した〈～によって生きる〉の哲学は、ただ人間のイメージや契約説の根本にある社会性のイメージを修正するだけではない、ということである。この哲学はまた、契約を結んだり交易を行ったりする主体を、その内部から修正するのである。それは、「～によって生きる」主体であり、そして欲するにせよ欲しないにせよ、彼のコナトゥスの核心部分に、現在と未来の他人や他の生物種の存在を組み込んだ主体である。

　動物を単なる手段として考えることを受け入れておきながら、この実存の構造を明らかにすることはできない。同様に、この第一哲学によれば、農業を工業と同一視することや、国内市場や世界市場で、携帯電話の取引のように食料品の取引を行うことを拒否するに至る。しかしながら、このように現象学的人間学に基づいて政治理論を打ち立てることに際して特殊な点があるとすれば、それは、この政治理論が社会的情念について論じているわけではないという点である。とすれば、この政治理論には、偏向の誹りを受けるリスクはない。一方、例えばホッブズの人間学には、ホッブズの考え方に関連した、人間についての悲観的な見方が反映していると考えられる。さらに、自然状態の仮構《フィクション》と比べた際の、現象学的手法の利点は、普遍化可能な次元を含みながら、各々の文化によって解釈され文脈化されうるような実存範疇を明らかにできる点である。

　ルソーとは違って、われわれの考えでは、社会的紐帯を強化するのは宗教ではない。実存の構造についての説明が人々の価値観を変えるのに貢献しうるとしても、あるいは各人が世界の中で、そして他者の傍で自分について考え自分の実存を感じる仕方に影響を与えうるとしても、それでも理論から実践へ移るためには、個人の心の琴線に触れ、普遍が文脈《コンテクスト》依存的普遍となるようにすることが必要である。環境倫理は、精神に訴えかけ、倫理のカテゴリー――それは哲学を刷新した、洗練されたツールである――を提示するが、こうした環境倫理では、個人の行動を変えることはできない。それは、生物中心主義の倫理や環境中心主義の倫理において、またJ・ベアード・キャリコットや、さらにはネスにも見られる通りである[55]。もし個人がライフスタイルを変えることに同意し、必然的に膨大となる責任概念が要求するものに個人が対応するのを望むのであれば、彼らの情動や感情にも訴えかけることが重要である[56]。したがって、政治理論に加えてさらに、徳倫理学を彫琢する必要がある。それは、環境保護や、さらには未来世代や遠く離れたところで生きる人々、他の生物種が共通善に組み込まれ、そしてそれが個人に関係し、彼の心を打ち、そういった者たちのために行動しようという気にさせるようになるためには、どのような道徳的行為を推奨し発展させればよいのかを明確にする倫理学である[57]。集団的想像の次元において同様に欠かすことができないのは、人間生活の中心に、営利や競争とは違った意義をもつ物語を示すことである。というのは、糧の現象学には普遍化可能な次元があると考えるなら、リクールが述べたように、重要なのは、「普遍主義と歴史性とのあいだの反照的均衡[58]」だからである。

文脈依存的普遍は、糧の現象学から政治への移行を引き起こすものとなる。というのは、身体の物質性と、常に人が住む地という意味での大地とに、人間存在を根づかせることがもつ意味を、各々の共同体が示すようにならない限りは、存在論から政治へ移ることはできないからである。したがって、解釈学とは、シンボルや言語、伝統、さらには神話といったあらゆる媒介による生態学的現象学の意味の解釈を可能とするものなのである。こうして、実存の構造を明らかにする第一哲学と、諸々の価値全体との混同が避けられる。諸々の価値全体は、一定の文脈の中では有効なものと考えられるが、しかし普遍化可能な次元は実存範疇だけである。さらに、国内の公共政治を検討していく中で、解釈学の重要性を強調することによって、言語や文化の媒介がなくとも単純に理論を実践に応用できると考えることも避けられる。

ロールズにおける原初状態と新たな社会契約

社会契約は個人に対して自分の利益を放棄するよう要求するものではなく、共同生活と両立可能な形でこの利益を認めるものである。さらに言えば、生物圏の保護や、未来世代や動物の生活条件の保護が共通善の規定に組み込まれると、「利益」という言葉の意味が変わる。唯一の契約当事者である現在の人間が、そこに少しも利点が見出されないのに、未来世代や他の生物種のために犠牲になることを受け入れるなどとは、誰も夢想だにしないだろう。しかしながら新たな社会契約論は、効用と正義の結合を実現するのではなく、幸福を公共善の定義に結びつけるのである。

このことが、ああしろこうしろと個人に強いるパターナリズム国家の正当化につながってはならない。しかしながら、個人の利益は単に満足の観点からだけでは考えられない。同様に、各人が選択する（そしてその選択を変える）能力として、あるいは自分の人生計画の一部を正当に実現することができるという望みとして理解されるような個人の自由を促進することだけが、正当な社会を規定するのでない。幸福と正義を結びつける新たな社会契約の意味を詳述する前に、古典的リベラリズムの図式を修正することが、秩序立った社会の実現の条件に加えられる点を示すことが重要である。そのような社会では、「社会的協働によって、各人が自分自身の努力によってのみ生きようとして得られる生よりも、もっとよい生が皆にもたらされる(59)」。

言い換えれば、ロールズが公正としての正義の原理を規定して考える社会契約は、その現代性を、まったく最高の水準で保っているということである。『正義論』で表明され、後に改めて整備された二つの基本原理によって、現在の人間同士の関係を把握するための指標となりうる政治的リベラリズムの形式を考えることができる(60)。第一原理によれば、「各人は等しく、すべての人にとっての自由のシステムと両立しうるような、平等な基本的自由に完全に妥当するシステムに対する、恒常的な要求をもつ」。さらに、「経済的また社会的な不平等は、次の二つの条件を満たさなければならない。すなわちその不平等が、機会の公正な平等という条件の下で、すべての人に対して開かれた役職や地位に結びついていなければならない。そしてその不平等は、社会の最も恵まれない構成員に対して最大の利益をもたらさなければならない（格差原理）」。(61)

この二つの原理は、社会の基本構造の本質とロールズの呼ぶものを反映したものであり、基本的な権利や義務を制度が分配する仕方に関わっている。これらの原理はまた、相互の協働による利益の分配を規定する。「原初状態」とは、偏りのない仕方でこれらの原理を定義するためにロールズの考え出した、合理的な手順、あるいはヒューリスティックな原理なのである。各人は「無知のヴェール」の背後に身を置かなければならない。「無知のヴェール」によって、彼らは〔正義の構想に〕ふさわしくないあらゆる属性について知らない状態に置かれる。例えば、社会的、経済的身分、民族的な出自、性別、それだけでなく生得的な特徴や才能、善についての考え方である。(62)自分だけに有利な正義原理を選択しないように、自分はそういった属性をもっていないと想定し、その上でどのような原理が採択されることを望むかを問わなければならないのである。こうしてリスクを最小化する戦略を採用した場合には、格差原理が選択される。この格差原理が選択されれば、最も恵まれない者でも、この原理とは無関係に組織された社会よりはよい状況の中にいることが可能となる。要するに、無知のヴェールの背後で決定される諸原理と、正義についての共通した考え方の一つとなっている機会均等に関連した直観的議論とのあいだに、反照的均衡が見出されなければならない。(63)

ロールズは自分に向けられた批判、特にフェミニストからの批判に答えなければならなかった。フェミニストはマイノリティの被っている見えざる支配を白日の下に晒したのであるが、公正としての正義の理論は、ジェンダーについて中立を主張しながらも、この支配について捉え損ねていた。同様に、フェミニストの後継者たちは、形式的な機会平等の欠陥を修正する公正な平等の促進に尽力した。ここで重要なことは、所得や財力の観点からのみ不平等を考察するロールズを批判した、アマルティア・センの分析を踏まえることである。正義の促進には、ある人が実際に何を行うことができるのかを意味する「潜在能力《ケイパビリティ》」を平等にする必要があるだけではない。それ以上に、不安定な境遇や年齢、ハンディキャップのために、特定の個人が「基本財を機能しうる状態にする」[64]のを妨げているものに注意しながら、公共サービスや制度を組織する必要がある。基本財一式を単に与えるだけでは十分ではないのだから、個人は、単に机上の権利を享受したり形式的な自由をもつだけでなく、権原《エンタイトルメント》という観点から考えるべき現実的自由を享受できなければならない。

リベラリズムを発展させた以上のような〔ロールズへの〕批判は、今日ではよく知られている。マーサ・ヌスバウムは潜在能力《ケイパビリティ》アプローチを取り入れて、ロールズのリベラリズムを補完し、介助の必要な人々に対する正義について考えたが、彼女のそのような方法をここで思い起こすのは無駄ではない。というのは、彼女はロールズの社会契約論を決定的な仕方で修正するのに寄与しているからである[65]。彼女は主として二つの側面を強調することで、それに成功している。

第一の側面は、重度の認知障害患者のような障害者でも何かしらの方法で世界に参加〔政治参加〕しなければならないという事実である。彼らが、普通の生活のルールを適用されるにもかかわらずそれを自分で決定できないという二級市民であるかのように、ハンディキャップを理由に公的生活に参加する権利を奪い取られているというのは不正である。政治的リベラリズムは、動物に対する正義について論じた本書の章や拙著『傷つきやすさの倫理の基本原理』においてすでに示した通り、ハンディキャップをもつ人々に対する正義について反省することによって大きな進展を見た。彼らは、単にわれわれの気遣いの対象であるだけではない。重要なことは、柔軟な保護システムを通じて、彼らの行動する潜在能力《ケイパビリティ》と彼らの市民権を促進することである[66]。

別の言い方をすれば、新たな社会契約はもはや個人間の能力の平等を必要としない。ロールズが社会契約の条件とし、正義の情況の一つともなっているこの〔個人間の能力の平等という〕基準を放棄することは、彼の理論に依然として存在するホッブズ的なモチーフを放棄することである。というのもホッブズにとっては、社会契約の構成員――彼らは互いに助け合い互いに傷つけ合うことができる——の平等は、社会契約がギブアンドテイクに基づいているという事実、そして正義は利己的な私的利益が各人に何を命じるかに応じて合理的に決定されるという事実と表裏一体だからである。ところで、個人間の道徳的平等という直観について、ロールズによれば、この直観と原初状態とは彼の理論の中では不可分であり、またこの原初状態は、彼の思想にあるカントの着想を踏まえたものである。もし実際にそのような直観を厳密に受け取るとすれば、正義の原理を決定する者とこの原理が適用される者とが対等な能力をもつと考える必要はもはやないように思われるし、また熟議する道徳的行為主体を取り上げる必要もないように思われる。(67)こうした主張は、ハンディキャップをもつ人々や動物を正義論に組み込む際に計り知れない影響を及ぼす。

この〔ロールズの〕社会契約への修正は、第一に、正義と効用の結合はもはや、適切な手続きに基づいた、対等な人間同士のやり取りとみなされるだけにとどまらないという点にある。第二に、こうしたロールズの社会契約への修正を確証するものは、契約主体の傷つきやすさを考慮に入れることに関連している。われわれは血肉を欠いた〔抽象的な〕道徳的行為主体ではなく、われわれは誰しも、人生の一定の局面や突発的な出来事のために、ある時点で介助が必要な状態に陥り、このことによって、社会契約の核心に非対称や非対等さえも組み込むことになる。したがって社会契約は、単に平等や自由だけでなく、とりわけ責任によっても成り立つのである。

さらに、原初状態によって明らかになる正義の原理は、動物の利益を考慮に入れる。なぜなら、ある生物種への帰属や理性能力の程度、他者との力関係は、ふさわしくない恣意的な属性の一つであり、社会を組織するルールを公平に考えたいのであれば、そういったものは括弧に入れるか、あるいは無知のヴェールの背後に移さなければならないからである。(68)

ロールズが公正としての正義の理論を彫琢することで辿り着いた結果にだけ目を向けるよりも、彼の方法を重視すべきである。ロールズの準拠するものとは違った基本原理に基づいて社会契約を構想する場合であっても、彼の方法はきわめて実り多いものである。しばしば言われることだが、公正としての正義というロールズの理論からは動物が排除されている。なぜなら、動物は生の観念をもったり熟議能力を備えた道徳的行為主体ではなく、人間と対等な能力をもっている状況にはなく、また動物は正義感覚をおそらくもっていないからである。ロールズが表明することのいくつかは、こうした方向へ向かっているように思われる[69]。しかし、彼が正義を規定する方法から結論を引き出すのであれば、種への帰属や理性能力の程度といったものは、それをもつ個人が特権を享受することしか正当化しえないような、ふさわしくない恣意的な属性の一つなのだから、それは無知のヴェールの背後に置いておかなければならない。

　確かに、原初状態は熟議の条件を記述するのに都合のいい手続きであり、動物は熟議することができない。しかしながら、動物や重度の認知障害患者のように正義について熟議することのできない主体をすべて排除するのは一つの先入見であって、それは彼らの利益を考慮せず、彼らの利益をわれわれの利益に従属させるような原理を選択することになる。種差別は、公平性〔不偏性〕の欠如であり、したがって不正である。自分は人間なのかそれとも動物なのかわからないと想定しながら、どのような原理によって社会を組織しなければならないかを問うことで、人間も非人間も含めた個人に対する配慮の平等原理（principe d'égale considération）の普遍性が確立される。問題は、動物が人間と同等に考慮されると言ったり、動物がわれわれと同じ役割を担っていると想像することではない。むしろ問題は、ロールズの社会契約から先ほど検討したホッブズ的なモチーフを除外すれば、ロールズの社会契約は動物に対して直接的な権利を与えることになるということを理解することである[70]。

　マーク・ローランズが述べる通り、われわれは誰しも、原初状態に置かれたときには、生まれ変わる前の魂に似ている。神は魂に対して、どの身体に生まれ変わりたいかを選ぶようにとは言わずに、その魂が生きることになる社会がどのような原理によって作られるべきか選ぶようにと言うのである。高い確率で魂が選ぶのは、感覚を備えた者たちすべてを、その主観的な利益を侵害したり、誰も受けたがらない苦しみを課したりする扱いから守ってくれる正義の原理である[71]。このような仮構《フィクション》においては、神や輪廻転生を信じる必要はない。それは無知のヴェールと同様、動物が正義に加わることを示すヒューリスティックな手続きである。それはまた、喜びや苦しみを感じる能力としての、あるいは傷つきやすさとしての感受性（sensibilité）が、正義の主体となるための基準であるとみなす議論を後押しするものである。

それは、植物は感受性〔感覚する能力〕を欠いているとか、正義に適った社会において、生態系に対して、あるいは石に対してさえ何をしても許される、といったことを意味するのではない。自然はわれわれの責任と正義の対象である。しかしながら、自然は権利の主体ではない。したがってネオ・ロールズ的な社会契約は、動物を超えたところまで正義を拡張することを認めない。なぜなら、原初状態にいて自分がどの種に帰属しているのかを知らない人が、石の不可侵性を保護し、石を野蛮な扱いから保護する原理を選ぶようになることは——石という存在にとってはこのような原理は意味をもたない以上——ありえないからである。

植物には守るべき利益があり、人間の作為や不作為が現実的なダメージを被らせているのだが、植物を尊重しその生態系を保護することは、それらが直接的な権利の資格をもつということを意味するのではない。しかし石や生態系は、間接的な権利の対象となりうる。というのは、人間にはそれらを破壊し貶める資格はなく、またこうした行為は、間接的権利を享受できない、あるいは今後もできない他の種や他の人間に対する不正義を表しうるからである。動物に関して言えば、彼らは直接的な権利をもつ。そのことは、彼らが契約メンバーではない社会契約を通じて明らかになる。これら傷つきやすい存在は、自分たちの利益を侵害し苦痛をもたらす扱いに対して、それぞれ個別的に保護されなければならない。傷つきやすい存在に対して課されうるダメージは、植物の場合のように単に尊重を欠くというだけでなく、彼らに対する不正義と言える。

以上のことから、糧の共有としての正義の理論の彫琢〔という企図〕には、ネオ・ロールズ的な考えの枠組みで十分だということになるだろうか。このような企図は逆説的であるように思われる。というのも、新たな社会契約の土台となりうる哲学は糧の現象学だからである。それはロールズの思想とは縁遠い幸福《エウダイモニア》主義に属すような、幸福と利益との合致を前提している。こうした企図は、社会の基礎構造を決定するために善についての考え方を無知のヴェールの背後に置くことを是とするロールズの原理に背くことではないだろうか。

ここで、糧の現象学は、実質的な善の構想を提示する〔ロールズの〕理論とは共通点をもたないということを改めて指摘すべきである。それは、たとえ先述の実存範疇が何らかの振る舞いを他の振る舞いよりも正義に適っていると想定している場合でも、またそこから導出しうる新たな正義の原理が、ロールズのような自由の哲学によって認められたものを乗り越えると想定している場合でも、やはりそうである。新たな社会契約の彫琢に際しては、ロールズの正義論の基礎となりうる主体の哲学は、その根本から修正を迫られる。とはいえ、原初状態を通じて公平な仕方で正義を定義しようとする方法は、一つの成果である。さらに、糧の現象学は価値ではなく実存範疇を明らかにする。したがって、正義の規則を糧の共有として規定することを可能とする原初状態は、社会の原理とは何であるべきかを問う個人が、〈～によって生きる〉ことを知っている主体であること、つまり飢えと渇きを知っている主体であることを前提する。また彼は、自分には保全すべき主観的利益があることについて、たとえそれが〔正確に〕何であるかがわからない場合でも、それを意識している。原初状態の主体は、何ももたない丸裸の主体である。しかし、彼には身体がある。つまり、彼は誕生して飢えを感じ、風土としての場所に住まい、他の生物と共に住まい、傷つきやすく、そして「～よって生き」、享楽するのである。

傷つきやすさを主張することは、道徳的で政治的な生の中心に責任を組み込むことになる。またそれは、ホッブズからロールズまでの社会契約が依拠する人間と社会性の考え方を刷新することになる。能力の平等と対称性は、相互利益やギブアンドテイクを、社会的紐帯を構成する基本原理としているが、それはもはや、社会の利益が政治的に代表されるための条件ではない。しかしながら、糧の現象学は、幸福やコンヴィヴィアリティを効用の定義に包括する正義論に向けて、さらなる一歩を踏み出すための足がかりとなるのである。

実際、こうした〔糧の現象学という〕第一哲学は、傷つきやすさの倫理の中心概念であった受動性を主張するだけではなく、享楽について主張し、空間性や住まうこと、住居の必要に結びついた実存範疇を明らかにする。この第一哲学は、多様な次元——栄養、社会、シンボル、親密さ、文化——において記述される、食の範列的な価値を強調する。またそれは、倫理と美学との本質的な結びつきを立証する、味覚の中心性の主張と表裏一体である。こうした実存の構造を記述する仕方によって、倫理と正義についてのわれわれの理解は改められる。倫理や正義は、もはや単に強制的にわれわれに押しつけられる、生の外部にある次元としては考えられない。

　責任は、義務よりも根源的であり、主体を内側から修正する。こうした責任から見れば、他者との関係こそ人格の同一性を構成する。というのは、レヴィナスにおいて見られるように、自己性を基礎づけているのは、他者の欲求に対する私の応答や、その欲求に生じるものに私は関係しているという事実だからである。このような自己性はもはや自己言及的ではない。ところで、糧の現象学から導き出される道徳的政治的思想が、個人の安全や満足を保障することを主要な関心とする自由の哲学から区別されるとすれば、享楽を主張し、〈住まうこと〉と〈共に住まうこと〉との結びつき（これが〈～によって生きる〉の現象学の特徴である）を主張することで、いくつかの基本財から公共政策や国内交易、国際交易を方向づけるべき諸権利が生じることになる。そのことは食料への権利において見た通りである。どんな存在にも自分の生命を保全する食物への権利があり、そこには獲物を狩ることで糧を得る動物も含まれる。生き物を糧なしに放置することは、いかなる情状酌量の余地もない犯罪である。それと同時に、この糧の現象学によって、責任は傷つきやすさの倫理よりも、より多くの喜びに満ちた基調《トーン》を帯びることになる。なぜなら、社会契約を形作っているのは（過去、現在、未来の）他の人間や他の国民、他の生き物に対する責任だけではないからである。幸福やコンヴィヴィアリティもまた、新たな光で政治を照らし出すのである。

　その結果、享楽と正義との前例のない結合が生まれる。その理由は単に、私が食べた途端、私が他の人間や他の生物と関係するという点にのみあるわけではなく、したがって倫理的な命令が私に消費を制限し、私のライフスタイルを修正するよう命じるという点にのみあるわけではない。自分の経済的・社会的状況に関わりなく正義の原理を問うことを求める無知のヴェールの背後に置かれたとき、糧の共有としての正義の理論が想定する主体は、食物が不味く、風景は荒廃し、空気は汚れ、味覚の均一化によって文化が破壊されたような世界を望むことなどありえない。社会を支える規則は、存在する者たちが生を享楽できるようにしなければならないのであって、彼らが〔ただ〕生存するようにしていればよいわけではない。

さらに、私が物質性における私の実存を、何よりも倫理的な立場を表明するものとして感じるという事実から、私の自己関係や他の存在（人間存在と人間以外の存在）との関係、そして糧との関係は、その深層において、そして〈感覚すること〉の次元において修正される。私の幸福と私の喜びは、糧の味、つまり糧の風味や美しさと切り離すことができないし、また糧は手段を選ばずに生産され取引されるものではないという事実と切り離すことができない。単純な満足は、例えば個人が束の間の安寧や自分の実存の個人的な次元しか考えない場合には、欠損した効用として現れる。反対に、個人的で社会的な個人の自我が開花繁栄すれば、快楽は喜びに変わる。そうして貪欲やエゴイズムに対して制限を課したとしても、あたかも、彼の有限性や節度の限界を受け入れることが自己実現と両立し、さらには生への愛を選ぶことで個人の実存を慎ましく存続させようとする確信と両立するかのように、こうした制限は充実感をもたらすのである。

原初状態に置かれると、糧の共有としての正義の原理を決定する主体は、それぞれの人間存在においてどうすればこの自己実現を促進しうるかを問う。この自己実現のためには、人は個人としてだけでなく、社会的自我としても存在していることを知り、それを受け入れることが必要とされる。そのことが具体的に何に対応しているのかは、この自己実現を可能にする原理について考えるときには、わからない。なぜなら、自分の文化的な帰属もわからないからである。しかしながら、よき生やコンヴィヴィアリティとしての〈〜によって生きる〉を正義に組み込むことは必要である。ここにおいてまさに、依然としてリベラルな契約説のモデルに触発された正義論と、幸福《エウダイモニア》主義のモチーフとが結合される。幸福《エウダイモニア》主義のモチーフは、ロールズの考えの基盤となっている自由の哲学の代わりに、個別の自我をすべての行為や創造の始点と終点とはみなさない哲学を採用することで、今後リベラリズムに発展をもたらすことになるだろう。

こうして見出されるのが、関係としての倫理の意味と、人間を個別的で集団的なものとみなす考え方である。この点については、すでに和辻哲郎の現象学を取り上げた箇所で論じておいた。それはアリストテレスにも関わっている。アリストテレスにとって徳とは、われわれのエゴイスティックな性向や悪徳に抗う道徳的な力を意味しているのではなく、存在の仕方を意味している。この存在の仕方は生得的なものではないが、だからといってわれわれの本性に反しているのでもなく、それはとりわけ快楽に結びついている。というのも、徳のある人間は善をなすことが幸せだからである。同様に、糧の現象学において描写される人間は、社会契約が前提し教示する人間であるが、彼が〔これまでとは〕別の仕方で消費し、他の人間や他の生物を尊重するからといって、彼は自分が生きていると実感しにくくなるわけではない。むしろ彼は、そのように振る舞うことで、生が豊かになっていると感じる。享楽と正義とのこうした結合は、節制する中で現れるとはいえ、すぐに現れるわけではない。アリストテレスにおける徳のように、それは陶冶されなければならない。それは、正義に適った社会の中で育まれる。社会契約は、ルソーの言うように、効用と正義とを探求しながらも人間の本性を変え、あるいは少なくとも修正することで、人間をあるがままに捉え、法をそのありうるべき形で捉えるべきなのである。

コンヴィヴィアリティにおいて快楽が意味をもつのは、それが共有される場合だけである。同様に私的利益は、居住可能な世界を保全すること、さらにはそのような世界を創設することと不可分である。居住可能な世界の創設のためには、個人の創造性や、個人の行動能力または新たな状況への対応能力、そして知識やノウハウを伝達する能力が必要である。こうしたものがあれば、未来世代は、前の世代によってもたらされた損害の回復だけに忙殺されることなく、彼らが相続して受け取った世界で自己を肯定することができるだろう。

傷つきやすさに焦点を当てることで、他の人間や他の生物に劣悪な生を課すことのないよう配慮する倫理や政治へと至る。傷つきやすさの倫理の主体は、自分には権利が与えられるべきかという問題を提起したが、この主体は、罪悪感を抑えることができなかった。この罪悪感は、「私の日の当たる場所」とは「飢えに苦しみ、虐げられた私が奪った他人の場所(72)」ではないかという恐れとつながっている。反対に、糧の現象学の主体は、喜びを知っている。彼の幸福は単なる満足ではなく、むしろ彼の身体、大地、社会の条件の開花であって、この開花、あるいは実存することの喜びは、孤立した状態では、つまり風土が荒廃し、他の人間や他の生物が窮乏した悲惨な生活を強いられるときには、感じることができない。

したがって、糧の共有としての正義の理論においては、幸福は利益へと統合され、幸福が利益を構成する。われわれは自由の優位性から出発した。それは、ロールズの理論の旗印であり、この思想にある色調を与えているのであるが、それには次のような特徴がある。すなわち、各人は生きているあいだに人生の計画を実行しようと諸々の権利譲渡を行うが、こうした譲渡は一般に社会的協調から引き出される恩恵によって償われる、という特徴である。確かに秩序立った社会とは、各構成員の中に正義感覚を育む社会である(73)。しかしながらロールズの諸々の著作を読めば、次のことに気がつくだろう。すなわち、このアメリカの哲学者が自由と平等に焦点を当てていること、そしてこの自由と平等が、自己や他者との関係を本質的に構成しており、彼の正義論の基本概念となっていることである。

このような出発点が〔ロールズにおける〕政治の問題の定式化の条件となっているのだが、そこに欠けているのは、物質性を示す、実存の別の次元である。それは、自由であるためには、そして人生の計画を決定するためには、われわれは糧を得る必要があり、服を着る必要があるという事実である。このような実存の次元は、われわれが地上に住まうことの意味を明らかにする。それはわれわれの自由のための単なる踏み台でもなければ中立的な空間でもなく、むしろ継承され住まわれてきた、自然的で文化的な風土である。そのような風土は情感的で美学的〔感性的〕な価値を帯びており、この風土によってわれわれは動物と向き合うことになる。彼らは〈我が家〉にあって、われわれがいる場所を行き交い、あるいはわれわれが独占している土地で生きている。こうしたことすべてが理由となって、〈〜によって生きる〉の現象学は、個人の自由や現在の人間同士の平等を中心に据える正義論に甘んじることができないのである。

さらに、ロールズにおいて基本財は配分すべき資財として考えられている。それに対して、資財の代わりに糧を採用することが〈～によって生きる〉の現象学の出発点であり、財はどれも同じだと考えることはできない。第一部で記述した実存範疇を通じて、諸々の活動は、その意味や交換される財に応じて組織されなければならないという主張へと導かれる。そのことをわれわれは牧畜や農業において見たが、それらは生き物との関係であって、工業と同じではありえない。同様に、食物の生産とその商業化が、工場製品の生産や販売と同じルールに従うことはありえない。最後に、体によくて味わい（goût）のある高品質の食物の生産や風景の維持に果たす農家の役割を評価することで、農業を文化の中に位置づけることが重要である。別の言い方をすれば、富や資財の再配分についてのロールズの考え方では、同世代の人間同士のあいだでも、あるいは異なる生物種のあいだでも、糧の共有としての正義を保証することはできない。そのような考え方はもはや、世代間の公正を考えるのに十分ではないのである。

実際、「マキシミン」原理とも呼ばれる格差原理を世代間正義の問題に適用すれば、複数の困難に突き当たる。第一の困難は、後の世代の人々が先行する世代の最も恵まれない人々を助けることはできないという事実に起因する。格差原理が世代間正義に適用できないのは、互恵性という条件がこのケースでは意味をもたないからである。[74] ロールズは、できることはただ未来の人間が政治的自律という条件をもつことができるようにすることだけだと考えている。それは適正な貯蓄の義務を正当化しうるものであり、また、彼らの生活に必要なものを保証しうるような、リベラルで穏当な制度が次世代にも引き継がれることを前提するものである。

このような答えは、次の世代を前にわれわれが置かれている前代未聞の状況については、何一つ語っていない。次の世代の生活条件や生存条件は、われわれの現在の選択によって影響を受けるであろう。それはわれわれが祖先から受けた影響の比ではない。というのも、われわれのテクノロジーの力は、とりわけ核産業に関連する廃棄物に見られるように、何千年にもわたる地球規模の影響をもたらすからである。テクノロジーの力に起因するわれわれの影響力によってもたらされる変容を考慮するなら、ハンス・ヨナスが『責任という原理』で説明しているように、われわれの世代と次世代との本質的な非対称性を見定める必要がある。われわれが前の世代から自由な制度と、選択の自由を増進し日常生活を改善するような技術的資本とを受け取っているのに対して、われわれの活動が引き起こした地球温暖化や汚染のせいで、後の世代はわれわれの世代よりも困難な生活条件を強いられるだろう。昨今の環境問題に対処できる社会契約を彫琢するのに、互恵性は妥当な基準ではない。未来世代の利益は、われわれの利とはならず、少しの損害を与えることもないが、それは共通善の定義の中に組み込まれなければならない。なぜなら、われわれの活動は彼らの生活条件に甚大な影響を及ぼすからである。

われわれが祖先から受け取ったのと同じ量の財を未来世代に引き継がなければならないかという問いに対するロールズの答えは、現在の環境危機に対しても適用できない。彼の述べるところによれば、蓄積の時代には、われわれは前の世代から継承したものよりも多くのものを次の世代に引き継ぐことが重要である。しかし、一旦この成長過程が頭打ちになれば、われわれは停滞の段階に入る。こうした段階では、われわれは受け取ったものよりも少ないものを次の世代に引き継ぐこともありうる。[75] こうした自分の世代だけを利する理論は、生態系の破壊や汚染に起因する、政治的、地政学的、社会的、経済的な帰結に対して盲目である。

最後に、それでもなお、二つの政策のうち一つを選択するために、格差原理を世代間正義に適用する場合、マキシミン原理は、これらの〔二つの〕政策がどのような帰結をもたらすのかに関して、これらの政策から生じる〔二つの〕世界のいずれにおいても最も恵まれない者の境遇に照らして、比較検討することを求める。ところが、最も恵まれない者とは誰かを判断するのは困難である。理論上は、最も恵まれない者が、一方の世界よりも他方の世界の方がよりよい状況にいる場合には、この他方の世界が選ばれるであろう。しかし実際には、次のことを判断するのは困難である。すなわち、失業し購買力も乏しかったが、シェールガス開発のおかげで光熱費負担を減らしながら仕事を見つけた現在の人間は、そのようなエネルギー開発やそれに後押しされた大規模なエネルギー利用によって破壊された環境を遺産として受け取る未来世代よりも、恵まれない者であるかどうか、である。未来世代のことを考慮に入れずに、現在の世代の最も恵まれない者を助けることはできるのだろうか。ロールズの論じたような自分の世代だけを利する理論は、この問いに答える手がかりとはならない。なぜなら、彼が前提しているのは自由の哲学であり、しかもそれは諸々の財を資財とみなしており、環境は道具的ではない価値を有しているという事実を考慮せず、また正義の中に未来世代や他の生物種を組み入れてはいないからである。

それに対して、基本財の概念を練り直し、契約主体の実存の身体性を考慮に入れることによってこそ、糧の共有としての正義の原理を明らかにすることができるのである。この原理を明らかにし、どのような意味で個々の実存を保護するためにロールズが提唱したリベラルな枠組みを補強すると同時に、幸福《エウダイモニア》主義のモチーフを導入することでその枠組みをラディカルに転換すべきかを説明しよう。その前にまずは、糧の現象学から引き出される政治的問題を定式化しておくべきである。

社会契約が解決をもたらすべき政治的問題とは、以下の通りである。すなわち、人、財、そして各構成員の親密圏を保護し、コンヴィヴィアリティと糧の共有として理解される正義を促進するような結合形態を構想することである。各人は、その生活と糧の使用において、（過去、現在、未来の）他の人間や他の生物とつながっている。環境に損害を与えないようにする配慮や、人間であれ人間以外であれ他の存在に劣悪な生を課すことのないようにする配慮が、生きる意志の中核に組み入れられ、そうして自己保存の権利を内側から制限する。契約主体は代表者に対して、公共善の促進に努めるよう求める。この公共善の促進は、生を味わうことを可能とするような物質的、情感的、社会的な条件に対してあらゆる人間存在が有する権利を尊重することを前提する。またそれは、未来世代や他の生物種、そして他の実存者として考えられる動物の利益を考慮に入れることを想定している。

幸福と利益との結合、享楽と正義との結合が現れるのは、節制の中である。限りある資源の総体として理解され、また美的な次元においても把握される環境保護や、動物の境遇についての考慮が国家の義務となり、古典的には政治的権威に割り当てられている目的、すなわち各構成員の生命、自由、財産の保護に付け加わる。しかしながら、政治的問題の定式化は、次のような結論を導き出すものではない。すなわち、社会契約の基盤は個人であるということ、また人間は互いに切り離されて宙に浮いた空間にでも存在しているかのように、また動物は数に入らないかのように、社会的結合（association civile）の基本要素が、個々バラバラに、抽象的に捉えられた人間であるということである。

社会的結合の出発点となるのはグルメなコギトであり、それはまた産み落とされたコギトであって、何かを食べた途端、遠く離れたところで生きる人間、現在や将来の世代、他の動物に課される境遇に対して無関係ではありえないコギトでもある。このコギトは、糧を享受するとき、遺産を伝え残してくれた祖先と関係をもつ。その遺産に手を加えることは禁じられていないが、しかし個別的な道徳的行為主体と集団は、それをあたかも自分の作り出したものや私有財産であるかのように、好き勝手に利用することはできない。風景や文化は共通の遺産の一部であって、それを、先ほど政治的問題の一般的定式化を行う際に提示した正義の基準を無視して、恣意的に作りかえることはできない。

われわれは誰もが、何らかの仕方で、未来世代の一部をなしている。誰もが、過去の世代とつながり、自分の生命の根底にあるすべての生命に、したがって人類全体とつながっている。個性を認められた動物は、もう一つの存在者であり、彼らには守るべき利益がある。またわれわれが彼らに劣悪な生を課すことによって彼らの感覚を表現させないように強いることさえなければ、彼らは、自分たちの利益を同類や他の生物種、人間に伝えることができる。われわれの政治共同体には限界があり、また公共善について共同体内部で判断する際に利用可能な文化資源をもつ。こうした政治共同体は、過去、現在、未来の他の共同体や他の生物種と切り離すことができない。こういったものが共同体内部に存在していることを、政治共同体は証明し、その法の中で、どういったものを保護し、手を加えて引き継ぎたいと願うかを表明するのである。

別の言い方をすれば、新たな社会契約は個人の対称性に依拠しないということである。他方で、この社会契約は定義上は効用の契約であり、その目的は公共善を実現することであり、われわれは、環境保護や他の人間や他の文化、動物の利益の尊重を組み込むことでこの公共善を定義し直すのである。政治には、〈～によって生きる〉の哲学に結びついた厚みがあり、この哲学によって、満足だけを追求する、支配者の中の支配者として人間を考える場合よりも、より豊かな仕方で人間の条件を理解することができる。この哲学は、万人の万人に対する闘争を避けるために個人の情念をコントロールする技術にはとどまらない。問題はもはや、純粋に量的に考えられた経済的繁栄を達成することでない。経済的繁栄を純粋に量的に考える場合とは、例えば、GDPによって成長を計算したり、利益を定義する際に幸福の重要性を無視したり、また成長をもたらす活動がたとえ環境や社会という観点から見て破壊的であっても、それを後押しする場合である。

ハンナ・アーレントによる共通世界の定義によって、以上のような政治の厚みという表現を理解することができるだろう。それは、リベラルな古典的国家の根底にある個人主義的基礎に取って代わるものである。彼女は『人間の条件』の中で次のように書いている。

現世は潜在的に不死であると確信し、現世の枠をこのように乗り越えない限り、厳密に言って、いかなる政治も、いかなる共通世界も、いかなる公的領域もありえない。［……］共通世界とは、私たちが生まれるときにそこに入り、死ぬときにそこを去るところのものである。それは、過去の方向においても、未来の方向においても、私たちの一生を超越している。つまり共通世界は、私たちがやってくる前からすでに存在し、私たちの短い一生の後にも存続するものである。それは、私たちが、現に一緒に住んでいる人々と共有しているだけでなく、以前にそこにいた人々や私たちの後にやってくる人々とも共有しているものである。(76)

われわれが提唱するのは、動物をこの共通世界の定義に含めること、そして本書の最終章でそうするように、新たなコスモポリタニズムを考えることである。この新たなコスモポリタニズムは自然だけでなく、〈大地〉、つまり現代のテクノロジーや環境危機の結果、一つにまとまったものとみなされるに至った地球へも目を向けさせる。しかしながら、これまで生きていた他者、今生きている他者、あるいはまだ生まれていない他者の存在がわれわれの存在を取り巻いていることを示すアーレントの記述の仕方は、このような人間の条件という観点が、政治の構想には欠けていることが多いだけに、ますます貴重である。

もう一つ別の点も強調しておくべきである。それは、政治的リベラリズムの原点である主体の主権性の概念に基づいて、政治的リベラリズムを補強する点である。各人が他人の眼差しから逃れることを保証するような私生活の保護は、誰もが有するべき基本的権利である。この権利は、内と外の弁証法から帰結する。この弁証法については、われわれが家について、すなわち私生活を守り他者を迎え入れる〈我が家〉をもつという事実について語った際に記述したものである。私生活の中に他者が侵入することは個人への侵害であり、その個人は自分の秘密や私事を白日の下に晒すことになる。

夢も含めて、考えていることが即座に言葉へと変換されるような人間を想像した際にカントが説明したように、私事に属することとすべてを言葉にし公けにするような透明性の理想は、社会生活を不可能にする[77]。このような理想は、カントの言うように、われわれが皆「天使のような純潔さ」に与っていない限り、意味がない。加えて、それは少しも民主主義的ではない。なぜなら、それは各人の秘密の権利を侵害しているからである。周囲にのみ向けられた言葉を暴露することは、尊厳感情を侵すことにつながる。身近な人を、権威ある地位にある人のように眺める場合、誰もが、奴隷の視点で物事を見ている。しかし奴隷にとって主人は、ヘーゲルが述べた通り、〔私生活で〕裸足でいたり風呂に入っていたりする姿を晒されると、何の威厳もなくなってしまう。要するに、このような透明性の理想は、人の羞恥心を傷つけることによって、彼の尊厳に背くのである。

糧の共有としての正義の第一原理は個人の保護である。国家は、一方の生活が他方の生活よりも道徳的に高尚だという口実で、前者の生活を個人に押しつけることはできない。しかしそれだけでなく、国家によるパターナリズムを拒否することは、親密圏を守ることでもある。ある人が他人に何の損害も与えていない場合、その人は法によって咎められるべきでない。このパターナリズムの拒否によって法と道徳との峻別が可能となるが、それは社会道徳の問題を論じる際に非常に重要である。というのも、ルーウェン・オジアンが述べる通り、パターナリズムの拒否によって犠牲者なき犯罪を犯罪として扱うことが避けられるからである。しかしながらパターナリズムの拒否は、われわれの提起する社会契約において、幸福と公共心や公共善とを結びつける幸福《エウダイモニア》主義によって補われることになる。

確かに、国家や公共政策の役割とは、動物製品の消費をもっと抑制するよう促すことだと考えることもできる。同じように、国家や公共政策の使命とは、地球に優しい農業や有機農業へと移行する農家を援助することである。それは、動物の生活環境や屠殺環境の改善に配慮する畜産農家に対しても同じである。しかしながら、こういった施策の目的が市民を教育することだと考えるのは間違いだろう。公共政策の問題はむしろ、動物の境遇の改善や環境保護への配慮をあらゆる政策決定に組み込むことである。というのも、動物や環境は公共善の、また本書の最終章で詳述するように、共通世界の一部をなしているからである。

同様に、政治の代表者たちは今後、様々な経済活動を、その意味とそこに含まれる人間や人間以外の生命の価値が尊重される形で進められるよう配慮するだろう。こうした施策の教育効果を否定することはできないが、しかしそれは間接的な効果である。選挙で選ばれた者たちには、伝えるべき道徳的メッセージがなかったとしても、彼らは、その現在の人間の利益や自由の擁護にはとどまらない公共善を促進しようと努めている。パターナリズム国家とは、その政治的決定を道徳によって正当化し、何らかの法が正当なのは、市民の中に何らかの徳を育むからだと宣言する国家である。このような統治の仕方では逆効果である。なぜなら、個人は子どものように扱われることなど望んでいないからである。さらにそれだけではなく、このような統治の仕方は、正義に適っていない。なぜなら、政治は道徳ではなく、また環境危機や動物の境遇の改善のために必要とされるライフスタイルの変化は、個人の同意があって初めて生じるからである。

自分の善や自分の利害には、環境保護だけでなく、他の人間や動物の尊重も含まれると考え感じるのは、個人にほかならない。ところで、個人がこの公共善を自分の善の中に取り入れるには、世界を、享楽される糧の世界として、住まわれ、共有された豊かな世界として、——つまり、彼の個人的実存を取り巻く世界として、また彼が今ここで見守っている世界として、体験する必要がある。幸福と徳とのあいだには結びつきがあるのだから、新たな社会契約はある種の幸福《エウダイモニア》主義を前提している。ただし、倫理と正義の鍵となるのは〈感覚すること〉であって、それは単なる知性ではない。

さらに、アリストテレスに見られるのとは違って、人間の本性、目的、テロスが何であるかに即して定義される最高善などというものはない。単純な快楽主義も問題にはならない。なぜなら個人が、糧の共有としての倫理や正義の出発点でもなければ終着点でもないからである。すべてが自我から始まり、自我で終わるわけではない。なぜなら、コギトはグルメなコギトであり、産み落とされたコギトだからであり、われわれは、〈感覚すること〉——そこには表象の手前で生じる〈～によって生きる〉がある——のラディカルな現象学の中にいるからである。にもかかわらずわれわれがコギトについて語る理由は、植物や動物とは違って、われわれは正義の原理を表明することができ、そこから一つの共同体特有の社会契約の骨子を形成する諸々の法を導出することができるからである。

最後に、幸福《エウダイモニア》主義という言葉について改めて取り上げよう。というのも、世界の美しさへの配慮に加えて、公共善や他の人間、動物——こうしたものによって新たな社会契約の特徴である幸福と効用とが結びつくのだが——を幸福《エウダイモニア》主義において考慮することは、何か人間の根底にあるもの——例えば、善への性向——と関係しているからである。しかしながら、重要なことは、糧の共有としての正義の感覚を育くむことである。というのは、それは本性に反するものではないとしても、アリストテレスの徳のように、善への単なる性向や潜勢態から現勢態へと移行するためには、正義感覚は、制度を通じて陶冶され涵養される必要があるからである。だからといって、運やダイモンも無視することはできない。というのは、ある種の情感的、社会的、文化的条件は、この正義の理想を血肉化〔具現〕しそのモデルとなっている人間の実存と同じく、生命や美への愛を、個人の中でより一層高めることができるからである。そして、こうした生命や美への愛こそ、糧の現象学の通奏低音なのである。

糧の共有としての正義の原理

それでは、糧の共有としての正義とは何だろうか。それは本書第一部で述べたいくつかの実存範疇から導き出される。それらを総合的に定式化するとしても、それらの基礎づけを可能とした方法論を忘れてはならない。それを忘れてしまえば、空洞の貝殻のような命令や、恣意的に見える命令しか残らないだろう。しかしながら、これまで彫琢してきた議論の結果や結論を概括しつつ、以下の〔正義の〕原理を列挙する作業を通じて、利用しやすい指標が提供され、教育上の利点が示されるはずである。

第一の原理は、新たな社会契約がリベラリズムに根ざしたものであることを示す原理であり、それは法と道徳の分離である。それはとりわけ、同じ世代や同じ国に属している人間同士の関係が問題となっている場合に行われる。この原理は、他人に危害を加えることを禁じる原理〔「危害原理」〕であり、特に社会道徳の問題や、自分の身体や他人の身体との関係に対して適用される。その条件は、ミルにおいてそうであるように、当事者が、同意能力のある成人であること、すなわち弱みに付け込むことがあってはならないということである[78]。

最小限の倫理〔危害原理を最低限の倫理とみなす立場〕へと帰着するこのような一連のリベラルな議論の限界の一つは、このような議論によっては、個人の自由の平和的共存という問題をはみ出して、制度や社会全体に対して影響を与えるような実践や要求が妥当かどうかを評価できないという事実に起因する。ところで、このことはいわゆる生命倫理に関する多くの問題にも当てはまるだけではなく、消費習慣が環境や未来世代や他の生物に及ぼす影響を論じるあらゆる考察にも当てはまる。[79]したがって、こういった主題を取り上げるには、ミルの定義するような厳格なリベラリズムの枠組みから脱却する必要がある。

最小限の倫理によって、道徳をめぐる議論にしばしば生じる混同、すなわち好き嫌いを表明する審美的価値判断と道徳的直観、正と不正、善と悪に関する規範的判断とのあいだで生じる混同に気づくことができる。[80]われわれの道徳的直観にありがちな、誤って自明とされているものを払拭し、（義務論的なものであれ帰結主義的なものであれ）われわれの道徳原理を様々な状況に当てはめる際に陥ってしまう矛盾を明らかにするためには、ある厳密な方法を用いる必要がある。この方法によって、しばしば教条主義に傾きがちな精神を正しく導くことができる。その方法の前提とは、道徳理論を正当化する際に直観の地位を吟味することである。オジアンの『人間の善に対して熱々のクロワッサンの香りが与える影響について』という著作で示された、解決困難な道徳問題に関する研究が推奨していることだが、道徳を吟味し、諸々の状況に向き合うことを通じて、批判精神が育まれるのである。こうした批判精神の涵養によって、道徳哲学の概念や方法の中には、反論や修正を免れるものなど一つもないということが理解される。分析哲学に多くを負ったこの方法論的アプローチによって、われわれは道徳的懐疑主義について知ることができるが、それは相対主義とは何の関係もなく、むしろ多元的民主主義の中で行われる質の高い公共の熟議に寄与するものである。したがって、最小限の倫理は、現在の人々のあいだで自由の平和的共存を成立させる場合に、民主主義の枠内で法を制定するための基準となりうるものである。法と道徳の分離によって、われわれは、自由を侵害する反動的な道徳秩序への回帰を告発することができる。こうした道徳秩序は、批判の余地のない荘厳な概念や共通善の背後で、道徳秩序を偽装しているのである。

では、第二の原理について言えば、それは、自由の平和的共存の問題をはみ出す問題、制度の意味に影響を及ぼすだけでなく、多様な利害と対立する価値をもつ様々な行為者に対しても影響を及ぼす問題について、コンセンサスを目指すこと、あるいはむしろ合理的な不一致を目指すことに関わる原理である。同意に至ることができない争点——

自分の生死に対する決定権に関わるいくつかの解決不可能な問いがそれに相当するが——を示す一方で、実定法や既存の慣習、様々な行為者をも念頭に置いた、適切な法的解決を目指すことによって、共通善を創出することが重要である。そのためにはまず、提起されながらいまだ何の解決も見つかっていない問題を整理した上で、論点を限定する必要がある(81)。

論争から退いて主題を限定し、様々な視点をすべて念頭に置くことによって、公共の熟議の際に主題を前に進めることができるだろう。こうした本質的な点は、ロールズの実り豊かな方法を強調すると同時に、その限界をも浮き彫りにする。限界が浮き彫りになるのは、生命倫理学やエコロジーに関連する問題がそうであるように、少なくともその出発点において、善の構想から距離を置くことができないような問題に関わっているときである。そういった問題を無知のヴェールの背後に置くことはできないとはいえ、それらの問題に向き合わなければならない。その際には、同意に至ることができない点と、十分に議論され共有可能な形で決定しうる点とを区別しなければならない。このような決定は、ルールを守ることに同意した人々、つまり個人的な状況だけでなく共通善についても考慮しながら、提起された問いについて熟考しうる人々によって妥当と認められうる決定である。

自由の平和的共存の問題や資源の公正な分配の問題を超える問いに対して、どのような立法の条件が適切と言えるかについては、熟議に関する次章で検討する。特に、専門家の査定が不可欠な環境問題を扱う際に、科学と社会と権力の関係を再考し、公共の熟議において議論が占める地位を評価し、強調することも重要である。しかしながら、パターナリズムの拒否を要求する国家のリベラルな枠組みについて主張した後、厳密な方法論に基づいて一つのコンセンサスに達することができるということを示すのが重要であった。このコンセンサスは、あらゆることに反対するような政治とは何の関係もなく、最小限の倫理に固有の原理にはとどまらないことが前提である。

第三の原理は、〔個々の〕人間と人類〔全体〕との関係や、人間と一つの全体として捉えられた世界との関係に関わる原理であり、生き物全体を包括する原理である。不可逆性という基準が、その主軸である。この基準は、地球の不可逆的な破壊をもたらしうる技術であれば、その破壊が地球規模のものであれ局地的なものであれ、どんな技術も利用しないように命じる。同様にそれは、われわれの消費習慣や発展モデルが、空気や生態系、地球温暖化、公害に関して、生活可能な環境の回復を不可能とするような、取り返しのつかない地点にまで達することのないように要求する。

第四の原理では、現在の人間と未来世代との関係が取り上げられる。それは帰結主義的であり、劣悪な生を未来の人間に押しつける恐れのあるものすべてを回避するように命じる。その劣悪な生とは、未来の人間の生活の質を下げるような衛生条件や——資源の面からも美的な面からも——破壊された環境に置かれた生のことである。それはまた、前の世代がもたらした損害や、前の世代の契約した負債の返済がもたらした損害を補償するために、後の世代が巨額の資金を投じなければならないという事実にも結びついている。こういった努力は大変な重荷であり、そのために、未来の人間は、享楽の出発点となる幸福のとば口に立つことができなくなるかもしれない。制度の伝承によって、未来世代が正義に適った社会を促進し、行動力を高めることができたとしても、そうした制度の伝承が問いに付されることがあるとすれば、それは、未来世代が居住不可能な環境や山積した負債を継承する場合である。この原理を定義するのに役立つ第二の基準は、現在の人間が、次の世代に対して、文化遺産を伝えていく義務に関する基準である。この文化遺産によって、次の世代は美しいものを経験することができ、彼らの感性と趣味（goût）が育まれるのである。

第五の原理は、それぞれの人間と動物が、量質ともに十分な食べ物や飲み物を得る権利に関わる原理である。さらに、食は栄養摂取機能に還元されることなく、一人ひとりに適したものでなければならず、またその年齢、文化、種に適したものでなければならない。食には風味がなければならず、また食は楽しみをもって供されなければならない。

第六の原理は、住まうことに関わる。住まうことは実存の構造である。それが意味するのは、誰もが、場所に結びついた存在として自分の実存を感じるために、また自分の親密圏と生活様式を守るために、〈我が家〉をもつということである。この原理により、土地接収や土地開発が禁止されるだけではない。さらにこの原理が意味するのは、人々に対して、彼らの〔エクメーネという次元で捉えられた〕風土や住人の知恵とは無縁の農業形態を無理に実践させてはならないということである。住人にとって風景〔景観〕がまとう情感的な価値が考慮されなければならない。高速道路建設や空港建設など、どのような経済的な目的が引き合いに出されようとも、住人の全員一致の同意がない限り、風景を破壊することはできない。住まうことは、「人間のガレージ」とは違って、他の人間や他の生き物と共に住まうことへとたえず送り返されるのだから、コンヴィヴィアリティこそ都市化計画の目的の一部となるのである。他の生物種の住環境を破壊することもまた不正であり、安全上の理由からその破壊が正当化される場合には、その動物に見合った別の生活の場、彼ら自身の規範に則って開花繁栄できるような別の生活の場を提供する必要がある。

第七の原理は、他の文化を尊重すること、例えばアマゾンの密林に住む先住民のような、特にわれわれとは違った生活様式を発達させてきた人々の文化を尊重することを命じる。森林を破壊しダムを建設して彼らの生活様式を危険に晒すことは不正である。こうした人々が余儀なくされた相互行為や相互交流が、彼らの文化に対して、特に彼らの中で最も若い世代に対してどのような影響を及ぼすかを考慮することもまた重要である。この世代は、自分たちの伝統と疎遠になり、社会的紐帯を脆弱にする可能性があるからである。

第八の原理は、労働や経済活動の編成に関わる原理である。正義は、誰が不当に虐げられた者であるかに応じて、生産が行われることを要求する。生き物が相手の場合には、その生き物の構造やダイナミズムを尊重することが望ましく、動物の場合には特にそうである。動物には直接的な権利がある以上、どのような形であれ監禁することはできない。つまり、彼らに対して動物行動学上の諸欲求が満たされない生活を強いたり、痛みや苦しみ、倦怠や憂鬱を味わうような生活を強いたりする権利は人間にはない。どのような形であれ、動物を死に至らせる場合には、彼らに痛みを与えてはならない。どんな環境や伝統であっても、動物を虐待することが正当化されることはなく、動物に断末魔の恐怖を味わせることが正当化されることもない。

さらに、人間の労働は、生み出される財や果たされる役割の応じて組織される。ア・プリオリな規範も〔労働の〕効率性の評価も、あらかじめ設定された生産性の最大値に基づいて算出された場合には、いずれも不当である。サービスの効率性と質は、財とサービスの種類によって異なる。例えば、牧畜と農業を工業と同じ扱いにすることはできないし、また警察による容疑、捜査、取り調べは、マーケティングにおいて意味をもつような成果基準からは外れる。同じ原理が商取引にも当てはまる。取引される財の価値を度外視して商取引を行うことはできない。例えば、今後、主要食糧は投機の対象から外れるであろうし、また食品の取引は、競争が公正となるように規制されるだろう。

第九の原理は、動物との関係に関わっている。人間に依存している家畜に対して、われわれは特別の義務を負っている。動物を打ち捨て、その動物行動学上の規範と相容れない条件下に閉じ込めたり、あるいは労役を強いたりする者は誰でも、動物の法的地位を認める法廷の前では、自らの行為に対して責任を負う。感覚可能な存在とみなされた動物は、表象能力をもたない主観性であり、その利益は共通善の定義に含まれる。彼らの情感的社会的欲求は、尊重されなければならない。

理想としては、畜産動物は、ごく若いうちは殺されてはならないだろう。過度の苦痛を伴うとか、取るに足りない欲求に応じるような類の行為は、なくさなければならない。フォアグラや毛皮がそうである。皮革のために野生動物を殺すことは禁止される。野生動物には人間から独立して生きる権利があり、この権利を尊重するなら、人間の行為によって彼らの生息地が破壊されることは避けられるべきである。野生動物の狩猟ツアーは禁止され、野生動物を捕らえサーカス小屋の中に閉じ込めるのも同様である。動物園が認められるのは、檻の中で生まれた動物が、悲痛やフラストレーションを強いられることのない生活条件で暮らすことができる場合のみである。動物に課される労働は、その動物に補償と満足感をもたらす場合のみ正当化される。こうした動物を利用する者は、この動物が労働を幸せに感じていることを、また労働条件に苦しんでいないことを、確信できるのでなければならない。最後に、都市や街区、家屋を整備する際には、境界動物の繁殖を助長しないように気を配らなければならない。罠の利用は、耐え難い苦痛を与えるので、禁止される。動物の生体解剖は廃止されなければならず、動物実験は、特に化粧品や工業製品に関するものについてはすべて、可能な限り削減されなければならない。動物実験の全廃という理想へ中期的に近づくべく全力を尽くすなら、「三Rの原則」（Reduction削減、Refinement改善、Replacement代替）を綿密に適用し、動物実験の代替手段を積極的に開発すべきである(82)。

あらゆる政策決定は環境に関わる側面を含んでおり、また動物の境遇に対する影響に応じて評価される。環境保護や動物の境遇の改善は国家の新たな義務であり、憲法にも明記されるだろう。こうして、文化や教育の次元でも、食事やファッション、牧畜、レジャーといった場面で自然や動物を尊重するライフスタイルの普及が促進される。同様に、幼少の頃から獣への愛――それは先述の通り正義への愛と両立する――を注ぐことのできる人は近い将来、動物の問題を分野横断的な形で取り上げるだろう。

動物の境遇を実効的な形で改善しようという望みが、糧の共有としての正義の原理を表明する新たな社会契約の核心にある。こうした目的が一つの中心的位置を占めるとすれば、それはその目的自体が重要だからというだけではなく、その目的が、実存のパトス的次元と融和した人間を前提し、またその融和を促すからでもある。したがって、人間と動物の関係は、糧の共有としての正義を促進し、この理論に含まれる自我の拡充を進める際の決定的な段階を表している。

なぜなら、個人が他の人間や他の生物への配慮を自分の生活の中に取り入れるようにして、社会的紐帯は、まさに個人の心の中に紡ぎ出されるからである。そして、共通善を創出しうる自我、われわれの時代の環境的、社会的、精神的問題に対して民主主義な仕方で応答できる自我が、この個人の心の中に構築されるからである。情動や〈感覚すること〉の次元で自己自身と調和して初めて、他者を自分の特殊利益や一般利益の中に組み込むことができる。動物とコミュニケーションを取るときには、ひとはこのような次元に置かれている。われわれは、動物を通じて、自分の情動や〈感覚すること〉に再び接続することができる。したがって、われわれと動物との関係改善によって、われわれは個人としても集団としても成長を遂げる。こうしてわれわれは、動物の境遇の改善に取り組む中で、同時に人間性の成長に取り組み、ヒューマニズムを祝福する。このヒューマニズムにおいて、産み落とされたグルメなコギトは、自分の幸福は自分の自我だけにかかっているわけではないことに気づき、人為的創造の番人として自分を位置づけるのである。

第二章　民主主義の再構築

民主主義《デモクラシー》とは、人民（デモス）とともに、あるいは人民が、領土を統治すること（クラトス）を意味する。人民と領土との結びつきは明白であり、また「すべての人民に対して、糧、適当な衣服、健康に反しない生活、安全な暮らしを保証する」、国家に課された義務も明白である。[1] 二〇〇五年からフランス憲法に加えられた環境憲章の前文には、次のように明記されている。「自然界の資源と均衡が人類の進化の条件であった」のであり、人類の未来と存在は「その自然環境と切り離すことができない」[2]。

フランス国内の文書や国際的な文書の多くが、環境権が存在すること、また環境権が、人間の他の諸権利の領域に根ざしており、それらを規定していることを示している。[3] さらに、EU機能条約第一三条では、動物福祉について配慮することが本質的な重要性をもつとされている。最後に、一九九八年六月二五日には、オーフス条約が採択されているが、これは一九九二年のリオ地球サミットで決議された取り決めの具体化に向けた条約であり、それが対象とするのは、情報へのアクセスや意思決定手続きへの国民参加、環境問題における正義である。この条約で強調されているのは、一七八九年の人間及び市民の権利宣言〔フランス人権宣言〕第六条で謳われている、「市民が法の形成に自ら参与する権利」の憲法上の実効性である。

われわれは、法律、宣言どちらでも、〔環境権の存在を裏づける〕文書をいくらでも並べることができるし、また膨大な数の記事や著作をこの文書リストに付け加えることができるだろう。こうした記事や著作は、いくつかのポイントにまとめることができる。人間と環境の相互依存について断言するものや、様々な環境問題の争点に即して正義や国際関係を再定義するもの、動物の法的地位の向上、そして意思決定の駆け引きのルールを修正する必要性に関するものである。こうした資料すべてが示しているのは、自然や動物への尊重と未来世代への配慮を社会契約の中心に据えようと意志し――この意志は統治者と被統治者に共通した意志である――、それを意識することである。このような前進は「よき生」についての考え方に依拠している。「よき生」が念頭に置くものとは、脆弱性として捉えられた身体性だけでなく、幸福のために必要なコンヴィヴィアリティや美学的〔感性的〕次元である。ところが、こうした理論的貢献や前進が価値の次元では果たされたにもかかわらず、エコロジーはうまく政治を変えることができなかった。

依然として、国家は自国の共同体の利益を、他の共同体の利益から守るべき存在と考えられ、また代議制システムは選挙競争〔選挙での争い〕によって構成されている。そのため、国家も代議制システムも、環境問題の争点に取り組む力がない。環境問題の争点は、グローバルで国境横断的で、しばしば長期に及ぶからである。また、国家と代議制システムにとっては、市民たちが至るところで先導しているローカルな経験から教訓を引き出すこと、市民グループの提案や動員の力に目を向けること、そして個人の知性に訴えて実際に彼らを集団的意思決定に導くこと、いずれも困難である。これらの欠陥は互いに結びついている。こうした欠陥は代議制民主主義の死を告げるものではないが、とはいえ、様々なレベルでの取り組みを通じて代議制民主主義を修正するよう迫るものである。

したがって、生態系《エコロジー》、長期的な配慮、動物の境遇の改善といったものを政治のアジェンダに加えるためには、制度上の改革が必要である。しかしそのためには、議員の構成や議員を選ぶ選挙の面で、どのような変革が必要とされるかについて、厳密な問いかけをも並行して行っていかなければならず、また多くの深刻な問題に直面する社会において専門家の地位はどうあるべきかについても検討してく必要がある。最後に、政策論争の際に議論や感情が果たす役割を左右し、それと同時にメディアの義務論やレトリックをも左右するような政治的文化を取り上げることも必要不可欠である。

本章で取り上げるのは、こうした民主主義の刷新に関わる取り組みである。というのは、国家の原理や目的を取り上げ、正義論を論じたこれまでの章とは違い、本章の主眼は、いかに国家だけでなく政治的な生をも組織しうるかというこの〈いかに〉にある。政治的な生というのは、権力を勝ち取って保持する技術とか、戦略的な闘争へと解消されてしまうのではなく、市民による共通善の創出を意味している。政治的な生は、多元性や個人の道徳的平等の承認が強調される文脈の中で、市民が自主的に〔意思決定に〕参加し、自律を行使し、責任を担うことを要求する。したがってここからは、古代から民主主義の定義に付帯してきた約束が、様々な人口的、生態学的、文化的、社会的な条件において、どのようにして遵守されうるかについて論じる。こうした様々な条件があるために、代議制システムは欠かすことのできないものとなるが、しかしこうした条件は、この代議制システムが改善可能であることを示している。

代議制システムの補完

われわれの提起する行程は、直接民主主義への回帰を主張するものではない。それに、政治参加は魔法の原理ではない。この言葉は、使い古されている感すらある。なぜなら、自分たちの意見にしばしばいかなる意思決定の価値も与えられなかった市民たちは、自分たちは単に政治的決定に関与しているように見せかけられているだけだと感じているからである。また、政治参加は、ほとんどの場合、政策決定の際の意見協議〔への参加〕になってしまい、それは、議員によって利用されるアリバイのようなものだからである。議員らは、自分たちにだけ権威があり、自分たちにだけ国事の運営に不可欠な能力があると信じている。しかしながら、重要なことは、以下でまず論じる代議制システムの補完物は、必要とされる再建や変革の全体から切り離してしまうならば、ほとんど妥当性をもたない点を理解することである。

この再建と変革には、二つの本質的側面が含まれる。第一の側面は、熟議理論に結びついた規範のもつ豊かさを活用するものである。この熟議理論とは、理論上、あらゆる決定に先立って、共通善へと向かう議論がなされることを義務づけるものである。それに対して、第二の側面は、文化と民主主義とのあいだで構成される結びつきをより緊密なものとする。以上の側面を検討することによって、食と生態系に関するあらゆる主題にとってきわめて重要な、市民の政治参加の問題が、再び意味をもちうるようになるのである。したがって、われわれの目的は政治参加に熟議を対置することではなく、民主主義の回復と再建のために必要とされる制度的、文化的変化について正しく判断することである。

代議制民主主義は、〔一部の市民に限定された〕一八世紀のように、もはや撞着語法〔矛盾した表現〕ではない。無数の人々が集まる現代国家においては、アテネの直接民主主義の理想に立ち戻ることは難しいとしても、政治的代表制についての二つの考え方がいずれも批判に晒されていることは否定できない。代表者は人民の多様性を反映しそれに近づかなければならないとする少数者モデルを採用するとしても、あるいは一般市民に対する代表者の何らかの優位を認めるとしても、事態は何も変わらない。それぞれのモデルの欠陥――前者においてはポピュリズムのリスク、後者においては貴族政への逸脱――は、それぞれの利点に比してより大きいように思われる。

しかも、代表制民主主義は正当性の危機に瀕している。まるで、大部分の市民が内心では、主権が、自分たちの選んだ議員に奪い取られていると思っているかのようである。議員らは適切に意思決定を行う手段をもち合わせていない。というのも議員は、自分たちがその代表と考えている市民が何を期待しているのかを理解しておらず、また何が共通善であるかを見極めるのが難しく、実際のところ、議員の権限は狭まり、経済のグローバル化に従ったものとなって、彼らが何か手を下す余地はほとんど残っていないからである。

実情を言えば、代議制民主主義は、環境問題を解決したり社会正義をもっと促進したりする場面では無力であるように思われる。同様に、立法府はいくつかの社会問題に対して対応しかねているのが見て取れる。その社会問題とは、社会道徳の改善や生命倫理に関する問題、さらに今日では特に相続財産に関わる不平等を是正しうるような税制の問題である。(4)専門家の作成した数々の報告書が様々な政府に提出されているが、それが公的な意思決定に対してどれほど影響を及ぼしているかははっきりしない。そして最後に、街頭デモや世論調査への不安、ロビーの圧力が、しばしば代表者の行動を左右してしまう。

こうした〔代議制民主主義の〕欠陥は、代表者たちの責任とされるが、政治に対する市民の信頼喪失を引き起こしている。この信頼喪失は、民主主義を軽んじる者たちによって大いに付け込まれるところとなる。確かに、代議制民主主義の危機は存在する。しかし、代表者と被代表者とのあいだにできてしまった溝について、競争民主主義の特徴である選挙競争によって選ばれた個人だけに、その責めを帰することはできない。

加えて、代議制民主主義の機能不全によって、個人はますます私的領域に閉じこもってしまう。このような態度によって、政治的知的エリートたちは、権力について、権威主義的で垂直型の表象を振りかざすようになる。この悪循環を断ち切るには、次の三つの面を考慮する必要がある。〔第一に〕制度の面であり、この制度によって、代議制〔代表制〕システムに非代議制システムを付け加えることができる。この非代議制システムの役割は、長期的展望、生態系、動物問題を政治の中心に位置づけることであり、また論議や意思決定における科学の位置づけを考えることである。〔第二に〕熟議の面であり、それは政治的情念の修正を含み、ハーバーマスの公共圏という理念と結びついている。〔第三に〕文化の面だが、これはルソーの関心と結びついている。すなわち、世論を形成しようとする関心、またこの民主主義再建という企図を堅固で持続可能な基盤の上に据えることのできるようなある種の道徳的特徴を育もうとする関心である。

代議制システムをまるごと捨ててしまうのではなく、まずはなぜ代議制システムがそもそも、環境問題を効果的に処理できないのかについて明確にすべきである。環境問題とは、今日では特に、危険水域に近づいた限界の超過や超出の問題のことである。それは、気候変動、生物多様性の減少率、窒素循環やリン循環への影響、成層圏にあるオゾン層の減少、海洋酸性化、安全な水の使用や土壌の使用、化学物質汚染、あるいは大気エアロゾルの影響といった問題である。(5)

環境問題の特殊性を明らかにするこの分析に基づいて、代議制システムを補完し、競争民主主義を熟議民主主義へと転換しうるようないくつかの改革を提案することができる。この熟議民主主義はさらに、糧の現象学が社会契約の中心に据えた諸問題の全体を引き受けることができる。しかしながら、代議制民主主義が、現在生きている人間の目先の利益だけにほぼ専心することに終始し、他の生物種や未来世代を犠牲にする点を指摘するだけでは不十分である。環境問題が破壊的な潜在力をもっており、人類の生存条件を脅かすとしても、環境問題は個人が直接気づくことができるものではないという、環境問題固有の特徴についても理解していなければならない。(6)

代議制システムは、選ぶ側の人々こそが自分の幸福についての判定者であり、自分の利益や自分の快適な人生の見通しを保証するのに最もふさわしい代表者を選ぶ、という考えに依拠しているが、このシステムは、環境問題の争点に対してはうまく当てはめることができない。というのも、環境問題の争点は、一つの領土にある資源の汚染や破壊にとどまるわけではないからである。環境問題はグローバルな問題であり、国会〔Parlement〕〔国民議会〕と元老院〔Sénat〕によって代表されるフランス国家やその領土の境界を越えていくだけではない。それ以上に、環境破壊は大抵の場合、目に見えないのである。(7)土に棲むミクロファウナ〔微小動物〕の状態、微量汚染物質や放射性物質の存在といったものが問題となるケースでも、また大気や食物の化学成分、海洋酸性率について再考するケースでも、いずれにしても科学的知識の介在なしには、市民がこうした問題について適切に理解することは難しいということを認めざるをえない。われわれの感覚は、大気中に含まれる二酸化炭素のppm〔百万分率〕の数値や、内分泌撹乱物質の存在について、いかなる情報も与えてはくれない。したがってわれわれは、自分や近親者の健康に関わる利益について、自力で判断することができない。したがって、選ぶ側が認識している状況と、その幸福についての考えとのあいだには、隔たりがある。そのため、代議制機構の原動力である自分たちの自己理解は、もはや機能しないのである[8]。

　環境問題がグローバルで目に見えないことに加えて、環境問題の特徴には、予見不可能性がある。自然環境における分子の相互作用の影響は、すぐに知ることができない。ドミニク・ブールはこの現象を説明するのに、特にフロン（ＣＦＣ〔クロロフルオロカーボン〕）の例を挙げている。ＣＦＣは一九二八年に発見され、一九五〇年代に大量に使用されるようになったが、一九七〇年から一九八〇年にかけて判明したことは、ＣＦＣが化学的に中性で安定性があるにもかかわらず、恐るべき温室効果ガスであること、それが成層圏にあるオゾンを破壊するということであった[9]。いかなる政府もわれわれのテクノロジーがもたらす中・長期的影響を実際に予見することはできず、市民にある程度確実な安全を保証することもできない[10]。

　最後に、無気力と不可逆性が、生態系に対して適切な政策を取る際の、真の障害となっている[11]。実際、環境破壊による生態系《エコシステム》への影響は即座に生じるわけではなく、生物圏の壮大なメカニズムが被った混乱によってもたらされる帰結が目に見えるようになるには、数十年の時間を要する。しかしながら、われわれは不可逆的な仕方で、気候変動に関する決定を下している。しかも、対処することがまだ可能な時間はわずかしかない。仮に二〇〇九年のコペンハーゲン・サミットの際に諸外国が合意に達していれば、四五〇ppmの二酸化炭素を超えないこともありえただろうし、地球全体で年間三％の排出削減を行うことで、世紀末までの温暖化を平均二℃に抑制できた可能性は大いにあっただろう。このような〔排出削減という〕取り組みが二〇一五年にパリで採択されるとすれば、〔温暖化を平均二℃に抑制するという〕同じ目標の達成のためには、二〇二一年から年間六％の排出削減を実施しなければならないだろう[12]。トーマス・Ｆ・ストッカーが書いているように、このようにして、地球温暖化を二℃に抑制するための適切なアクションを行う扉は、再び閉ざされてしまったのである。

第三議会の仮説と専門家の役割

以上のように、環境問題の本質そのものからして、われわれは次の二つの目標に対応した制度上の刷新を考えなければならない。第一に、長期的な配慮と他の生物種の利害の考慮を、現在の人間や領土のために設計された代議制システムの中に組み入れることである。第二に、専門家による政治支配に陥ることを避けながら、政治の議論への科学データの導入を実現することである。専門家による政治支配は、政策決定者の役割と科学者の役割との混同を示すものである。またそれは、科学についての素朴な理解を表したものである。科学とは議論の余地を残すものであって、複雑な問題に対してただ一つの最終的な解答を与えることはできない。

ピエール・ロザンヴァロンやドミニク・ブールが考えているように、第一の目標に対応するためには、今こそ第三議会の創設を検討すべきときであるように思われる[13]。国会〔国民議会〕と元老院という現行の二つの議会はそのまま残しておくが、国会〔国民議会〕は執行権を担うことが認められるだけであり、元老院は国土の各地域を代表し、国家の分権化の役割を担う。この二つの議会の他に第三の議会を置き、これが環境問題の解決に注力することになる。

厳密な意味で樹林や生態系を代表することは不可能であり、未来世代の代弁者を選び出すことさえ不可能である。実際、代表するということが選挙の基本だが、それが正当であるのは、代表者を選ぶ側が発言権を有し、代表者の名において下された決定に対して抗議することができ、投票しないことで代表者を解任することができる場合だけである。生態系や未来の人間、動物は、自分たちのことを語ってくれる者を送り込んで不満を表明することができない。確かに彼らの応答は存在する。というのも、われわれが彼らの利益を侵害するときには、彼らは死んだり苦しんだりするし、動物は喜びや苦しみの感情を伝達するからである。しかし、この応答ははっきり口にされるものではない。それは、人間の言葉や行動で表現されない限り、いかなる政治的な力ももたない。

したがって、今しがた言及した第三議会は、選挙で選ばれた者によって構成されていないという意味では、代議制ではないだろう。しかしながら、その構成員には次のことを想起させる役目がある。すなわち、政治とは動物政治《ゾーオポリティーク》であり環境政治《コスモポリティーク》であるということ、また未来世代の利益や動物の利益を、それが正確に把握されなくとも、共通善の定義に組み入れること、さらに生態系の価値とは、われわれが生態系から引き出しうる目先の利益だけに関係しているわけではないということである。こうして第三議会の構成員は、未来世代や生態系、他の生物種に政治的な力を与えるのである。

こうした人々〔第三議会の構成員〕が指名されるのは、国会〔国民議会〕や元老院において長期的な関心事が議論され、未来世代の利益や動物の利益についての考慮と結びついた国家の新しい義務が尊重されるようにするためなのだが、彼らは法を議決することはない。しかしながら彼らは、拒否権をもったまま、立法プロセスに介入する。拒否権が関与するのは、可決されたが、しかしまだ公布されてはいない法案に対してである。したがって、第三議会は、糧の共有として考えられた正義の原理を考慮していない政策には反対する。この議会は、国土の整備や課税、農業政策、さらには運輸や教育に対して講じられる政策が、現在の人間の目先の利益だけに応じて決定されることのないように、一種の警戒心を働かせるのである。こうして選挙で選ばれた者は、法律の立案にあたって、未来世代の利益や他の生物種、現在の資源の状況、また生物圏の破壊、進行し続ける海面上昇、等々について考慮しなければならない。

こうした第三議会に対して申し立てを行うことができるのは、他の二つの議会をはじめとして、政府やフランス共和国大統領、また誓願書への署名によって大規模な動員に成功した市民である。ドミニク・ブールの見立てでは、第三議会は環境権を有効にすることで、この権利が目先の利益のためにないがしろにされないようにする役割を果たす。われわれの考えによれば、第三議会には、前章で言及した諸原理、例えば食料への権利や動物に対する正義の向上などを尊重させる役割もある。議会間での合意が不可能である場合には、この第三議会は憲法裁判所に申し立てを行うことができる。憲法裁判所は、基本的な環境権が侵害されないように、また糧の共有としての正義の原理が尊重されるように、監視する。第三議会は、共和国大統領——彼にも建設的な拒否権がある——にも目を向ける。

ドミニク・ブールはこの議会を「長期議会」と名づけているが、われわれはむしろ「自然及び生物議会」と呼ぼう。確かに、先に言及した生態系《エコロジー》の問題の特徴を考慮するなら、自然環境保護は、個人が〔自然環境保護のために〕何をなすべきかを知るに際して、サイエンス・メディエーション〔研究者と一般市民とのあいだで科学的知見を橋渡しする技術〕を必要とする。また、生態系や動物というイシューでは、今は選挙に勝つことができない。というのも、そうしたイシューは個人の目先の利益や現実の経済活動と競合するからである。しかしながら、生物圏の保護や、未来世代が幸せな暮らしを送る権利、動物の尊重は、本書第一部でも示した通り、人間に外的なもの〔無関係なもの〕ではない。

人間から出発し、享楽やコンヴィヴィアリティに基づく物質的な人間存在の条件について考えることによって初めて、自然は保護されるうる。これはわれわれが、資財ではなく、糧について語ることで証明しようとしてきたことである。われわれは、自分自身の自己関係や、新たな社会契約の中心にある主体の転換において、動物との関係の占める地位についても強調した。したがって、自然及び生物議会と呼ばれる第三議会が果たす役割とは、統治者や被統治者に対して、現在の人間は唯一の行為者《アクター》でも、正義の唯一の受益者でもない点を想起させることである。この議会の使命は、目先の利益や、各人が目先の利益と思っているものの表象、すなわち利得にのみ関わるような政治機能の効果に正面から対抗することである。

こうした第三議会の正当性は選挙によるものではないとしても、第三議会は、それを構成する各委員会が次のような人々から成り立つことを前提する。すなわち、環境に関する学識を有する人、環境問題の重大な争点や動物の境遇の改善に取り組む人、動物行動学の知識をもち、人間環境の生物学的基盤や生命倫理に関する問題について専門知識をもつ人であり、いずれもその分野で社会的に認められた人々である。ドミニク・ブールは次のように提案している。すなわち、第三議会の第一委員会では、任命された人の三倍の数の名前を載せた適任者リストを作成し、無作為に抽選によって三人に一人が選出されるようにする。この手続きにより、選ばれた人物が道具と化して汚職に手を染めるリスクが抑えられる。また、数々の審級、審議会、倫理審査会の信用や有効性を損なうような近親者や友人らを任命することが避けられる。第二委員会では、市民集会の際の登壇者選定を実施する手続きと似た手続きに従って、とりわけ有志の人々から抽選で無作為に選出する方法で、一般市民が集められる。

しかしながら、第三議会の正当性は、単に認識の次元だけに属するわけではない。抽選は、ある種の公平性――それは、抽選以外の手続きの場合、ロビーの圧力があって実現できない――を保証するものではあるが、やはりこの議会に堅固な正当性を与えるものではない。そのメンバーにはさらに、普遍への感覚が求められるのである。ドミニク・ブールは政治的生態学の制度面に焦点を当てており、政治参加を強調するときでさえ、生態学的民主主義が専門家民主主義になってしまうことを完全に回避するには至っていない[14]。われわれの考えはそれとは反対で、このような議会は権力の只中にある対抗権力《カウンターパワー》の一種であって、法の精神に目を配るものなのだから、その活動は、一定の道徳的特性の獲得とは言わずとも、少なくとも熟議の主要原理の受容に従うのである。重要なことは、個人の利益や虚栄心を脇に置き、公共の利益に目を向け、より優れた主張に同意することである。

われわれが、制度改革と同時並行で、民主主義の活性化を左右する議論の質の改善に取り組み、熟議民主主義について論じる現代の政治理論の重要性を強調しない限り、いかなる制度改革も意味をもたない。結局、いかなる民主主義の進歩も――代議制システムへの補完、熟議と政治参加、あるいはメディアの役割や文化に関するあらゆるものにおいてもたらされる進歩――、それが持続可能であるためには、われわれが倫理的表象の次元でどう変わっていくべきかについて、あらかじめ正しく判断されなければならない。それと同時に、〔時代ごとの〕価値観を超越した、一定の普遍性――それを普遍性とみなすのは現象学的手法を採用する人々である――を有する存在論が彫琢されていなければならない。それゆえ、以上の取り組みを建築の仕事と比較するなら、この部〔本書第二部〕は、糧の現象学を土台とする政治理論の、屋根と柱をなすものなのである。

第二の問題は、科学と権力との関係である。代議制民主主義が環境問題を解決する手段を見出し、生命倫理に関するジレンマに対して、〔抽選による〕選出者たちが適切な決定を行い、動物問題が政治化されることをわれわれが望むのであれば、この問題を解決することは重要である。「将来問題委員会」を創設し、これを、科学的な検証を担い、選出者への情報提供の責任を負うアドホック委員会とするのは、興味深い方策である[15]。

実際のところ、議員が同時に学者で、哲学者で、医者で、地質学者で、動物行動学者であることは――これらすべての主題について彼が裁定を下さなければならないとしても――不可能である。生命倫理や動物、あるいは遺伝子組換え作物についての様々な委員会のために国会議員や元老院議員が専門家に諮問しても、それは手段の面でも結果の面でも十分ではない。選出者は国際的な気候データや、様々な研究テーマについての正確な調査を自在に活用する必要がある。しかしながら、研究や検証に必要な時間は膨大である。この時間を、政策の時間や世論の時間を基準にして捻出することはできない。したがって目標は、選出者や市民が、科学研究の成果をわかりやすくまとめたものを利用できるようにすることである。

このように科学研究の成果をわかりやすくまとめることができるのは、科学研究の豊かさを打ち消すことなく、それを誰もがアクセスしやすい形で表現できる能力をもった人々である。また、環境に関する情報源をメディアやロビーに求め、生命倫理《バイオエシックス》〔生物倫理〕の主題をドクサ〔臆見〕で覆い尽くしてしまうのではなく、必要なことは、環境問題について留意し診断するための中立公正な手段を設定すること、様々な法律の提案や公共政策の指標として暫定的にでも役立つような、医療実践やバイオテクノロジー関連の諸問題に関する研究の現況を概括する調査を提示することである。

したがって、この委員会の任務は、鉱物資源やエネルギー資源、生態系の資源に関連する資料や、生物圏に関する資料、そして生物圏を統御しているメカニズムに関する資料を集めることである。われわれの考えでは、この委員会は、医学や動物実験に関する最先端の問題をめぐる技術や科学の現状を示す一覧表を提示することもできる。いたずらに学会の見解や冗長な報告を並べ立て、後はすべて業者に委ねてしまうのではなく、重要なことは、プロの専門家を養成することである。(16) すでに十分に忙しい本業をこなしていて、その合間に倫理委員会に出席するような人々が、先述した生命倫理〔生物倫理〕の問題それぞれに伴う個々の難点の解決のために必要とされる仕事を満足に実行することなど、到底不可能である。

国家倫理諮問委員会も含めて、倫理委員会のメンバーには、議論が期待されている主題に徹底的に取り組むだけの十分な時間がない。それだけではなく、市民の多様性を代表するとみなされている倫理委員会の編成や、ときに不透明な任命が示しているのは、報告書や答申の科学的な水準がまちまちであるということである。ただ、養成されるプロの専門家〔という地位〕については、一時的なものにしておくのが好ましいだろう。なぜなら、将来問題委員会――この委員会は、生態学《エコロジー》、生命倫理学《バイオエシックス》〔生物倫理学〕、動物問題及び動物行動学という三部門から構成される――のメンバーが手先として利用されるのは、必ず避けなければならないからである。同じく重要なことは、研究員は専門家となっても精神の独立と基礎研究のセンス（goût）を失わないようにすることである。それがなければ、もはや彼らの仕事にはあまり価値がない。さらに、過去の業績で評価された研究者を数年間、外部に派遣し、一つのテーマに専念させることもできる。このテーマは引き続き、国家諮問倫理委員会のような倫理委員会において議論されることになる。この倫理委員会の任務は、あるテーマについて科学的ないし哲学的な真理を確立することではなく、立法府に対して提言を行う際、国を挙げて実施すべきことは何かについて、慎重に検討することである。(17)

この委員会の第二の仕事は、政府や議員〔特に第二議会の議員〕、そして市民に対して、気候や生物圏に関する理解の進展について情報を提供し、あるテーマの研究の現況を概括する目的で一定期間外部に派遣された研究者の調査結果について彼らに提示することである。われわれが提案したいのは、サイエンス・メディエーションの訓練を受け、研究者の研究成果をわかりやすい言葉に翻訳できる人々からなる団体を、この委員会に加えることである。この人々は、議員秘書がよくやるように、自分たちの分析結果を報告することで満足したり、あるいは時の権力の気に入る要素だけをわかりやすくまとめるのではなく、論証を根拠づける筋道や一貫した方法論を明快に再現するだろう。こうした〔サイエンス〕メディエーターなら、三つの研究分野〔生物学及び医学、環境化学、動物行動学〕のうちの一つに関連する学問領域において、さらには人文科学と社会科学において、二重、三重の教育課程を修了したはずである。彼らはサイエンス・メディエーションの修士号やコミュニケーション分野の専門的知見を有する者でもあって、彼らはイベントも企画するだろう。そこでは科学者と委員会のメンバーは、一般市民の前でコミュニケーションの専門家にも出席してもらいながら、特定の問題について自分たちの研究を発表するだろう。

最後に、地方レベルでは、地方議会と並んで、利用者や農家、畜産農家、獣医から構成される議会が置かれるのが望ましい。彼らは抽選によって一定期間選任され、未来世代の利益や他の生物種の利益、個性を認められた動物の利益を地方レベルで考慮するように注意を払う。長期的視野で生物問題を検討する地方議会のメンバーは、地方を統廃合してその数を減らす地方改革に取り組む中で、国と協力する。各地方の地理的、人口統計学的、経済的、社会文化的特質の詳細を記した資料によって、国と地方の役割ははっきり区別される。こうした資料は、法律をいかに適用すべきか、また環境を保護する場面や未来世代及び動物の利益を考慮する場面で生じる一般的原則を、様々な文脈に応じていかに採用すべきかを理解する助けとなるだろう。それと同時にこの資料は、国会〔国民議会〕、元老院、第三議会での意見聴取の際には、質疑応答の対象となる。さらに、この意見聴取は年に一度、諸々の地方集会の相互連携を目的に実施される。

現行の代議制システムを補完する以上の方策によって、われわれは、将来の社会に対して決定的な影響を及ぼす環境問題の争点を引き受けることができるだろうし、また社会道徳を向上させ、動物との関係を改める――それは文明レベルでの転換の好機ともなりうる――ことができるだろう。しかしながら、この代議制システムを内側からも強化しなければ、すなわち市民と選出者とのあいだの信頼を立て直さなければ、民主主義の再構築は不可能である。これは本質的なことである。というのも、民主主義にとって、また社会正義や環境、食、動物の境遇の領域で実現されるあらゆる前進にとって、主要な障害の一つは、ロビー〔圧力団体〕の力によってもたらされるからである。

〔市民と選出者とのあいだの〕信頼が公言されるわけではないのは、信頼が行為者《アクター》の人格だけに結びついているわけではないのと同様である。選出者の地位を、職業政治家だけではなく、他の市民と同じような〔政治家以外の〕職業につけるような地位にすれば、きっと得るところがあるだろう。彼がこの職業で実務経験を積むことによって、また公共善のための何らかの取り組みを行うことによって、選出には補完的な正当性が与えられるだろう。こうした経験や取り組みによって知識や信念が得られれば、彼の能力を発揮できる分野で彼を大臣として選任することや、その大臣としての正当性には、何ら恣意的な点はなく、また信頼を失う可能性もない。加えて、船に船頭が乗っていることを確かめたがる市民、最初から代表者に対して信用を与える傾向のある市民は、信頼して〔大臣という〕権威をもった人間に身を委ねようとする。もしこの人間がしかるべき時機を選んで市民に訴えかけることができれば、彼は大胆かつ適切な改革を実行することができるだろう。

　選出者の教養教育の問題は、代表者の個々の能力をはるかに超えるものであるが、提起されるに値する。選出者たちが、倫理、政治、科学に関する一定数の問題についてだけでなく、論証方法や倫理学、特にメタ倫理学の分野についても適切な教養を身につけておくと役に立つだろう。コミュニケーションやコーチングについては、政治家によって男女を問わず実に頻繁に研究されているが、対話における徳についての研究はそれほどでもない。対話における徳は、熟議について取り上げる際に見るように、他人の言葉に耳を傾けようとする一定の道徳的特質を伴っている。代表者が、合理的なディセンサス〔合理的な議論で意見が対立する点〕の特定に資する議論の筋道を立てようとせずに〔市民の言葉に耳を傾けずに〕、むしろ人格攻撃に終始してしまうと、市民に対して代表者を尊重する〔代表者の言葉に従う〕ように求めるのは難しいと思われる[18]。

　最後に、代議制民主主義を強化するということは、フランス第五共和政憲法――特殊な背景のもとに生まれ、歴史上特別な役割を果たした国家元首と組み合わさった憲法――の下にある大統領制から、国会が主要な役割を果たす――他の欧州諸国のような――体制へと移行することである。フランス大統領選の立候補者に、シャルル・ド・ゴールの背広――それは〔今では〕誰にも合わない、なぜなら彼の体は大きかったし、それだけでなく、時代も人間も変わり、今日ではほとんど誰も〔彼のような〕国家パターナリズムを支持しないだろうからである――を身にまとってもらうようお願いするよりも、フランス共和国大統領の任務を定義し直す方が有益であろう。

大統領の職務は、取るに足りない事案から距離を置き続けるのなら、さらなる威信を保つことも可能である。この職務はある種の気高さを伴っている。というのも、フランス共和国大統領はフランス共和国の精神を体現するからである。別の言い方をするなら、大統領ではなく国会によって任命される〔フランスの〕首相が統治を行うのに対して、〔フランスの〕国家元首は正義原理を担う。前章でわれわれが糧の共有としての諸々の正義原理を列挙しながら言明しようとしてきた国家の義務と公共政策とが対立しないように保証することで、国家元首は新たな社会契約の精神を奮い立たせることに注力するのである。この新たな社会契約は、公共の安全と平和を保障することだけでなく、共に生きる技術、すなわちコンヴィヴィアリティを育むことをも求める。コンヴィヴィアリティは、未来世代の利益、祖先や他の文化の尊重、動物に対する一層の正義を考慮に入れることである。国家元首は、些末な事案から解放され、したがって統治《ガバメント》に向けられた批判を免れているために、求心力をもつ。多元的で世俗的な民主主義社会では、政策に活力を与え、国民に独自性を与えるような一般的な原理や観念によって初めて、求心力を調達することができるからである[19]。

競争民主主義から熟議民主主義へ

熟議民主主義の理論は、ハーバーマスの公共圏の概念やロールズの公共理性の概念に依拠し、一九八〇年の登場以来、とりわけここ数年来、英語圏の国々で目覚ましい発展を遂げたが、民主主義の刷新と公的行為の改善という視座に立つなら、これを避けて通ることはできない[20]。熟議民主主義の精神は、それを制度化する手続きと同様、われわれにとって重要である。熟議民主主義を制度化する手続きは、ミニ・パブリックスを形成することによって進められ、あるいは、専門家と一般の中から選出された人々とを一つのグループとし、そこで議論を戦わせることによって進められる。ミニ・パブリックスを構成するのは、十分な情報を与えられた市民であり、彼らにはあるテーマについて熟慮したり意見を提出したりするように求められる。こうした熟議民主主義（démocratie délibérative）の精神を理解するには、deliberationという英語の意味を思い起こせばよい。フランス語ではこの語は、決定を下すという事実やその決定が下される審級に結びつけられているが——討議（discussion）を意味する第二の語義はほとんど目立たない——、それに対して、英語では同じ語で、議論のプロセスを指し、その特徴とは、強制によらないコミュニケーションとみなされる討議である。

投票によって個人の選好をかき集めたり、競争民主主義のように取引や交渉を行うのではなくて、熟議の理念に含意されているのは、決定を下す前に賛成か反対かを吟味する討議を行うことで、共通善を目指すことである。討論型〔熟議型〕世論調査の発案者であるジェームズ・フィシュキンは、次のように述べてこの考え方を明確に説明している。すなわち、古典的な世論調査は「ほとんどの場合、互いに競合する対立意見をしっかりと踏まえることもないままに形成された、曖昧な印象の統計学的集計しか表していない」が、それに対して討論型世論調査では、議論されているテーマについて学ぶ機会が実際にあった場合、一般の人々はどう考えるかをうかがい知ることができる、というわけである。

国内の有権者の無作為抽出を実施し、この全国から選出された人々を同じ場所に集める。抽出された人々は、バランスに注意して作成された簡潔な討議資料、小グループでの集中的な討議、対立する意見をもつ専門家や政治家への質問の機会を通じて、議題に取り組む。数日間、膝を突き合わせて討議した後、参加者に対して詳細な世論調査を実施する。その調査結果こそ、公衆の熟慮された判断を表したものである。(21)

このような手続きだけでなく、選挙のように熟議を経ない民主主義のメカニズムを補完することのできる熟議民主主義は、やり取りを交わす人々が対話相手の理性に対して訴えかけることを求めている。ハーバーマスの述べた通り、最良の議論がもっている力だけで納得する代わりに、各人は議論の妥当性を評価し、あるテーマについてあらかじめもっていたかもしれない近視眼的な見方を修正するように導かれるだろう。このような熟議的コミュニケーションを打ち立てる議論は、事実や価値に関わるものでありうるが、その特徴は、内在的妥当性に基づいた聴衆の説得を目指す提案であるということである(22)。したがって熟議は、人気投票的でないレトリック〔演説術〕と表裏一体である。換言すれば、演説の目的は同意をもぎ取ることとか選挙に勝つことではなく、また登壇者の公衆に対する関係は、見返りを約束したり脅威を煽ることによって形成されるのではない(23)。熟議のレトリックという場合、議論の目的はイデオロギー的な立場を守ることではなくて、各人に問いを喚起し、テーマについて熟慮したり批判精神を働かせたりする手段を与えることである(24)。

したがって熟議とは、選好や価値観、利益についての、強制によらない熟慮をもたらすコミュニケーションである。熟議民主主義を語るといっても、それは実際にすべての決定が、自由かつ平等で、共通善の追求を目指し、同意へと辿り着こうと努力するような人々の知性に訴えかけるような、事前の論証に基づくことになるだろう、などと想像しているのではない。しかしながらこの理念は、平等、責任、政治的自律という民主主義の価値を、選挙競争よりもより多く実現するものであり、民主主義を内側から修正することができるはずである。

ハーバーマスは『コミュニケーション的行為の理論』において使用している「コミュニケーション的民主主義」という表現を早々と破棄し、「熟議〔討議〕民主主義」という表現を代わりに用いている。彼は、自発的な交流という考え方から距離を取り、民主主義的な法治国家の手続きの中でいかに熟議を制度化するかに取り組んでいる。しかしながら、その手続きの正当化が単に形式的なものにすぎないというわけではない。熟議原理の具体化は、きわめて豊かな内容を有している(25)。加えて、理性と融和した公共圏という概念は、法を一般意志の表現とするルソーの着想に忠実である。

ハーバーマスはいわば、ルソーの一般意志の考えを「手続き化」しているのである。(26) 公共《パブリック》はもはや国家的なものを指示していない。それは、官僚国家の弊害に対抗できるものとして考えられてもいる。公共《パブリック》とは、空間や特定の社会階層ではなく、理性を公共的に使用する私人と同義とされる。それは、一八世紀のサロンに集まっていた開明的ブルジョワジーのような人々である。ハーバーマスは、カントの公共性（Öffentlichkeit）〔公共圏〕概念を再解釈することで、民主主義の正当性の考え方を転換する。(27) もはや権威の源泉はさほど重要ではない。決定を下す方法こそが、権威を正当化するのである。古典的契約説のように、代表者に対して信託を置くべき個人が事前に同意することの中に、国家の正当性を求めるだけではなく、たえず国家の行為に対してその是非を評価し続けなければならないのである。

したがって、熟議は、代表者の占有物のようなものではもはやないし、大衆に対立するものではない。競争民主主義においては、権力の垂直型モデルは国民との対決姿勢を伴っているが、それに対して、熟議民主主義の成立契機は選挙ではなく世論の形成であるため、熟議民主主義の根幹には、市民による政治的自律の行使がある。それはまた、公共圏と熟議の区別を打ち消すことなく、パブリック・オピニオンと熟議の垣根の方を打ち壊すことを意味しており、そのことにより、民主主義的な意志と実践理性とが合致しうることを示唆するのである。(28)

このように理解するなら、熟議民主主義は、市民が法律の主体でもあることを求める。しかし、それは直接民主主義の理念と結びつくわけではない。市民とはポリスに参加する者である、というギリシャの国家モデルに結びついた市民理念が、民主主義を刷新しようというときに最も妥当かどうかは、必ずしも定かではない。これはハーバーマスに見られることである。彼は、民主主義をコミュニケーションや対話に基づいて構想しているため、リベラリズム固有の原子論的見方には与しないが、かといって共和主義の伝統のように、全体論的表象を採用することもない。彼の独創性とはまさしく、政治的リベラリズムと共和主義とのあいだにある第三の道を示唆する点にある。

クロード・レヴィ＝ストロースへ捧げられた論文でバンヴェニストが指摘しているように、「市民」（citoyen）という語は、まるでcivitas〔都市国家〕があらかじめ与えられた現実的あるいは象徴的な実体を形成しているとでも言うかのように、誤ってまず国家と結びつけてしまいがちだが、これはむしろラテン語で同胞（concitoyen）を意味するcivisという語に照らして考えられなければならない。市民関係（citoyenneté）を表すラテン語モデルに忠実であるなら、われわれは何らかの国家のcives〔civisの複数形〕である以前に、もう一人のcivesにとってのcivesであるということを認めなければならない(29)。政治とは、同胞の還元不可能な複数性を含意しており、それは何よりも同胞たちが取り結ぶ相互関係によって定義される。こうした関係や、さらにはコンヴィヴィアリティを起点として初めて、民主主義について考えることができるのである。

公共の議論を打ち立てることはもちろん重要だが、しかしその条件が上から体系的に決定されてはならない。熟議の要請について、われわれはその精神を分析してきたが、それが大衆民主主義の変革の核心にあるとしても、またこうしたやり方によって、民主主義の制度変更に付随するリスクの一つである専門家による政治支配という逸脱を回避できるとしても、この熟議の要請は、より大規模な市民参加と協調して進められなければならない。より大規模な市民参加が目的としているのは、代表制民主主義と熟議民主主義の中に依然として存在する垂直型のもの（トップ＝ダウン、上から下へ）と、ボトム＝アップ型（下から上へ）の回路とを両立させることである。市民参加は、気候変動に関連する変化のような、グローバルな変化をローカルなレベルで実感する人々の声に耳を傾けるにあたってとりわけ重要である。また市民参加を通じて、環境問題、特に農業や食に結びついた問題に関して、何が争点であり、どのような解決策が可能であるかを政府に認識させることができる。

したがって、憲法制定権力としての公共圏は、ハーバーマスにおいてそうであるように、国家に対して批判の目を向けるカウンターバランスなのである。それは自由で平等なものとして現れ、また意見を公共の場で戦わせることで形成される。こうして意見を戦わせることによって、カントの公共性の原理が適用可能となる。国家の行動は、世論という一種の法廷である外的な公共圏の前で、理性によって正当化されなければならない。熟議民主主義は、意思決定者による説明責任〔アカウンタビリティ〕を要求するのである。公共圏を前にした意思決定者の政治責任は、市民の自治という理念と結びついており、市民は積極的に行為し、熟慮に努める必要がある。

理念としては、法律や政策決定とは、市民が、正義、自由、機会平等、安全などの広く共有された民主主義的価値を表す妥当な理由に基づいて、共通の課題に対する解決策を主張しえた手続きの結果として理解される。例えば、市民は、こうした〔法律や政策決定の〕原理について自分なりの解釈を提示し、解釈をめぐって生じうる対立の理由を明らかにし、そして自分の立場の根拠となりうる利害について真正面から検討することができる。このようなコミュニケーションの努力によって、市民はそれぞれドクサ〔臆見〕に閉じ込められた状態から脱することができ、それによって政治の議論は豊かなものとなる。市民が、選挙競争のように、有力な票田をなしている何らかの支持層の利害に巻き込まれることはもはやない。さらに、政治の議論の内容も変化する。それは、伝統的な分断を乗り越えるようなテーマを扱う場面では本質的であり、環境や食、動物の境遇に関するテーマのほとんどに当てはまることである。

伝統的なイデオロギー的分断から抜け出すことも含めて、共通善を創出する解決策を議論し追求しようとする人々が現れるかもしれないが、それに対して、競争民主主義は国家の最高府にまで浸透しつつあり、それは個人戦とみなされた選挙に勝つために、恐怖や脅威、見返りの約束をちらつかせて公衆を操作しようとする横暴な政治家を、男女問わず代表者に選ぶ傾向がある。別の言い方をすれば、民主主義に熟議の精神を植えつけることで、政治は権力闘争へと解消されることなく、その十全な意味を取り戻すのである。熟議民主主義は、一つの賭けである。つまりそれは、社会の想像力を養う可能性に道を開くものである。なぜなら、熟議民主主義とは、市場、ロビー同士の影響力をめぐる争い、支配に身を委ねるのとは別の仕方で、公共圏を生み出すことができるということを意味するからである。しかしながら、このような希望がときとして裏切られるのも事実である。

公共圏の混交性と政治参加

熟議民主主義は、理論的には成功を収めているにもかかわらず、数々の批判に晒されている。主に二つの難点が指摘される。第一に、今日では周知の手続きに従って、熟議可能な環境に置かれた人々がミニ・パブリックスを形成する場合と、このモデルをより広範な公共圏へと拡張した場合とのあいだで生じるズレに関する難点である。対立する公共の議論や熟議の場を増やすだけでは、たとえそれがうまく編成され興味深い結果を生むとしても、国民の中に熟議の精神を行き渡らせるのに十分とは言えない。これはヨーロッパでのポピュリズム政党の、選挙での躍進が示す通りである。さらに、カナダのブリティッシュコロンビア州の例にも見られるように、ミニ・パブリックスが意見を提起しても、その意見が国民投票を通じて問われた場合、国民は必ずしもその意見の大部分を受け入れるわけではない(30)。結局、一般市民に開かれた熟議の装置は多くの場合、諮問用の装置にすぎない――つまり、一般市民は、ナンシー・フレイザーの言い方では、「弱い公衆《パブリック》」(31)にとどまっている――のであり、それだけでなく、この装置は一般市民をそれほど包括するものでもないのである。

この最後の点から、熟議民主主義に、とりわけハーバーマスの規範理論に向けられた第二の批判へと導かれる。つまり、問題となっている公共圏は同質的なものとみなされ、そこでは社会的不平等という現実は考慮されていないという批判である。ところで、公共的理性が社会生活や経済生活から切り離され、公共圏には社会的な厚みや歴史の厚みがまったくないかのように、公共の討議を共通善だけに限定することはできない。熟議民主主義は、主要な環境問題に直面した世界の中で、政治的、社会的変革の道具とならなければならないが、しかしこの世界では支配的利害〔の当事者〕による構造的な抵抗が激しく、また社会的、文化的支配を受けているせいで熟議手続きからは除外され、政治的に不可視のままになっている人々もいる。

さらに、ハーバーマスの取り上げる熟議の基準は理性を重視するが、討議における情感や情念〔感情〕の役割についても考慮すべきである。これは、生死、身体、生態系、動物に関係する主体を論じる場合には、特に重要である。実際、こうした領域に存在している対立の本質は、利害対立だけでは説明できないだけでなく、価値観の対立によってですら説明できない。それは課税、資源の公正な再分配、様々な形の差別撤廃運動といったものが問題となる場面にも当てはまる。こういった対立は同様に、そしてとりわけ、存在論的な立場に目を向けさせる。存在論的な立場は、自分のことをどう考えているか、自然との関係や他の感性的存在との関係、自分が承諾した生命維持装置との関係、自身の生死を左右する自分の権限との関係についてどう考えているかを説明するよう求める。ところが、これらの問題に対する立場の根拠となっている存在論的基盤を明らかにすることは容易ではない。生態系や動物、生命倫理に関連したテーマについてコンセンサスを見出すこと、すなわち共通善を創出する適切な立法に至ることが重要であるなら、意見の対立点を無視することもまたできない。この意見の対立点は、哲学的に解決不可能な問いに属している場合もある。

多くの場合、われわれの意見の存在論的な根拠は明示されない。しかしながらそれは、情感や審美的〔美学的〕価値観の中で表明されている。各人が、生態系や先述の生命倫理の大部分の問題に対する自分のイデオロギー的な立場が表れている根幹部分を明らかにする際、こうした情感や審美的価値観が出発点となりうる。こうした〔根幹部分を明らかにする〕作業には、理性を公共的に使用する能力が求められる。ひとは、理性を公共的に使用する中で、自分の歴史に閉じこもることも、自分が置かれた個人的な状況以外に目を閉ざすこともなく、集団〔共同体〕のレベルで意味をもちうるもの、様々な行為者の利害について、思いを致すのである。さらにこうした作業によって、自由の空間を獲得することができる。この空間では、ひとは、なぜひとがある問いに対して何らかの立場を取るのかについて、その理由をよく踏まえながら、他人と共に思考するのである。こうした〔根幹部分を明らかにする〕作業は、自己理解の進展を後押しし、また自分の思考に対してさらなる深みや普遍性、個性を与える。この吟味によって、二項対立的な解答に到り着く伝統的なイデオロギー対立が退けられる。こうした二項対立的な解答は、保守派と進歩派との対立と同様、生態系の問題や死の幇助という問題に対しては不適切である。

熟議民主主義に向けられた批判は、熟議と政治参加を結びつける必要性を浮き彫りにすると同時に、両者のあいだにどれほどの緊張関係が存在するかを明らかにする。実際、前者〔熟議〕が議論の質に焦点を当てるのに対して、後者〔政治参加〕は、社会に存在する能力の不平等や、経済的、社会的、文化的支配関係が公共圏に反映されないよう、より多くの市民を包括するよう努める。熟議と政治参加は、今日では現代民主主義の再構築の主要な方法として現れており、理論においても、実際の経験においても、大いに創意をかき立てる。こうして熟議と政治参加は、両者ともに代議制システムの抱える同じ弱点に挑んでいるわけではなく、またその欠陥を修正するために、両者ともに同じ手段を取っているわけでもないのである。

参加民主主義が追求するのは、代表する者と代表される者とのあいだにある隔たりをなくし、市民の知識や技量を押し上げることである。市民は、単なる消費者のように受動性の中に閉じ込められているわけではない。加えて市民は、食や住居の場合など、日常生活に触れるテーマが問題である場合には特に、ある種の創造性を発揮する。しかし、自分の経験を国家や地方政治のレベルにまで押し上げる機会が、彼ら市民にはほとんどない。したがって理想は、権力の垂直型の考え方に代えて、統治《ガバメント》のより水平型の考え方を採用し、この意味で、一九六〇年代から一九七〇年代にかけて現れた参加理論を起源とする、自主管理《セルフマネジメント》という理念を掲げることである。

したがって、ミニ・パブリックスにとどまって大衆民主主義をその運命に委ねていたのでは、熟議によって民主主義を刷新することはできない。討議はより大規模な市民参加を必然的に含意している。トクヴィルが陪審制に関して述べたように、人々が支配の仕方を学ぶためには合意形成が最良のやり方であるとしても、市民参加は、市民集会や合意形成の形態を取るだけではない(32)。市民参加を協議に切り詰めてしまうことはできない。すなわち、重要なことは市民に熟議の精神を植えつけることである。理想は、質の高い議論がしたいという願望を市民たちの中に目覚めさせ、各人が自分の立場を正当化し人気投票的なレトリックの代わりに、熟議のレトリックを採用するような討議に慣れさせることである。この方法によって市民は、一歩引いて討議を行うことに対して、また自分と距離を置くことに対しても、今まで以上に難なく同意するだろう。自分と距離を置くことによって、他人に対してより開かれた形で共通善を把握できるようになる。また自分と距離を置くことができるのは、哲学教育の主たる貢献の一つと言えるだろう。

以上の目標を実現するためには、われわれの研究の第三の側面へと向かわせる多くの媒介が必要とされる。すなわち、文化や知識人及びメディアの役割である。しかしながら、それを政治参加の地平とするということは、個人を尊重し、希望の次元を開くということであり、この希望の次元がなければ、われわれの直面している問題に民主主義的方法で取り組むことは決してできないだろう。自分の町の問題だけでなく、国家の事柄に対して市民がより大規模に参加するための鍵は、熟議の要請の中心にある政治文化の変革の中に存している。横暴な傾向をあまりもたず、公共奉仕の感覚を備えた人格が育まれるためには、また統治される者が私的領域に身を退いて個人主義を徹底させることなく、公共の問題にもっと関心をもつようにするためには、政治的情念を書き換える必要がある。実際、個人主義は「初めは公共の徳の源泉を枯らす」が、次第にあらゆる徳を攻撃し、「あらゆる徳の芽を摘む」利己主義へと陥ってしまう。[33]民主主義を熟議と政治参加へと転換する目的は、政府の地位が「空っぽに」なることや、社会生活や政治生活が堕落することを防ぐためでもある。[34]

別の言い方をするなら、政治参加の経験を増やすことが大事だということである。その例としては、一九八〇年代の終わりに、市民が集まって公共投資の優先順位を合意に基づいて決定し、予算を決議したブラジルのポルト・アレグレ市で行われた政治参加があり、最近では、ヨーロッパの例がある。[35]政治参加というのは、地方レベルで、地区議会において、そして市民の日常生活に関わるあらゆるものにとって意味をもつのだが、社会全体に関わるテーマを扱うこともできる。人間と動物との関係や、様々な地域での畜産の状況に関する議論は、数多くの人々を動員し、動物の運命に目を向けさせることができるかもしれない。これは、ニューヨークやボゴタで見られたことで、人々は男女を問わず、旅行者を朝から晩まで運ぶ馬への搾取をやめさせようと当局に圧力をかけたのである。各地で行われる議論の対立を通じて浮かび上がる参加型フォーラムによって、少しずつより豊かな公共圏を描き出すことができる。議論の対立は、なるべく多くの情報をもち寄った上で生じるものであり、この情報は様々な行為者から提供され、われわれの生活にさらなるコンヴィヴィアリティをもたらす情報である。こうしてわれわれは、未来に対して一層の信頼を寄せ、これまで以上に幸せになれるのかもしれない。

こうして、公共サービスの利用者、市民、労働者、関連団体によってもたらされた政治勢力や非政治勢力によって、選挙期間中の集会以外の場面で、公共圏に投資するようになり、さらには、反論を排除せずしかも反論に終始することもないような建設的な手続きを採用するようになる。政治的自律を行使することで初めて、われわれは監視の力を発揮することができる。この監視はもしかすると、二〇〇三年のカリフォルニアで見られた、ラディカル民主主義のいくつかの手続きに通じるところがあるかもしれない。当時のカルフォルニアでは、州知事グレイ・デイヴィスの解任を求める請願に際して、住民投票の開催に十分なだけの署名を集めることに成功し、州知事は実際にリコール（罷免）されたのである。(36) しかしながらそこでの目的は、とりわけ議論の水準を高めることで市民の批判能力及び提言能力を高めることであった。なぜなら、選挙で選ばれた者を動かして別の仕方で統治するように導き、またわれわれが関心を寄せている山積した課題、すなわち社会正義や男女平等、生態系、人間や生物、特に動物の尊重といった課題について、選挙で選ばれた者を動かして具体的に仕事を進めるように導くのは、市民だからである。

さらに、動物の境遇の改善が国家の義務であり、それが古典的に国家に割り当てられていた仕事や環境権に付け加わる。また、動物は自分の代表者をもたない主観性でありながら、訴訟において代理を立てることができる。それゆえ、各政党がこうした問題について、自身の立場を公言することは当然のことだろう。イギリスで見られるような動物党〔動物福祉党〕を結成することは、こうした根本的な問題――その道徳的、存在論的、政治的重要性については先述の通りである――について、既存の政党は――緑の党すらも――正しく評価できなかったということを認めることになるだろう。

それと同時に、様々な団体がネットワークを形成すべきであるということができる。例えば、オランダやオーストリアでは、動物主義を標榜する政治勢力が存在し、それは連合の形を取っているわけではないが、メディアであれ運動当事者のための法的手段であれ、様々な団体のリソースを共用することができる。(37) こうした仕組みのおかげで、団体の意思決定者たちは、様々なグループの活動について現状分析し、協働の戦略について考えるために、定期的に集まっている。こうした仕組みによって、市民のあいだで意識されるようになった動物の権利問題は前進を見るだろう。ただ、こうした仕組みは依然として政治勢力を生み出すには至っていない。なぜなら、活動がまだあまりにもバラバラに行われているからであり、また活動家たちも、その献身ぶりには感嘆を禁じえないが、いまだコンセンサスを形成できるだけの解決策を提示できていないからである。動物保護団体に熟議の精神を植えつけることも重要であり、この熟議の精神によって、より多くの動物の生活を少しずつ具体的に改善していくことができるであろうし、動物の境遇を改善する義務をすべての人々に課す日もやってくることだろう。

文化と民主主義、知識人／メディア／学校

競争民主主義から、熟議民主主義——そこでは議員も市民も、討議や論証を不可欠のものとみなす——へと移行するためには、世論形成においてメディアや知識人が果たす役割を検討する必要がある。知識人は、文筆家やエッセイスト、あるいは大学教員でもよいのだが、彼らはときとして何らかの社会問題にコミットし、著作を通じて、また討論会や同僚との議論、さらにはマスメディアを通じて自らの考えを表明する。

知識人は、例えばゾラの著名な『私は告発する』のように、新聞で論評を発表したり、仲裁の文章を書いたり、あるいはラジオ番組やテレビ番組に出演したりすることによって、公共圏〔公共の場〕で自分の立場を表明するが、彼ら

は民主主義において無視できない重要な人々である。しかしながら、特にフランスにおいて、もし文人たちが男女問わず今なお一定の威信を享受しており、フランス・キュルチュール〔フランスのラジオ放送〕を聞いて教養を身につけるためだけに丸一日を過ごすことが可能だとしても、やはり次のことは認識しておく必要がある。つまり、民主主義の刷新のためには熟議への転換が不可欠であり、そのためには文化的表象に結びついた、ある種の道徳的特徴が必要とされるということである。

フランスでは数多くの討論会が催されるが、ハーバーマスが指摘するように、「入念な助成が確保され」、「その分野の拡大にはいかなる境界も立てられていないように見える」討議は、実際には本質的な変容を被って、「消費財[38]」となってしまっている。公共圏には、商品化が浸透しているのである。それゆえ、いくら議論の数が増え成功を収めたとしても、それは必ずしも、本を読むことと同じではない。本の中では発言者の考えが、ニュアンスも含めて正確に表現されているからである。『公共性の構造転換』の著者〔ハーバーマス〕は、雑誌や書物の数は増えてはいるが、われわれの文化は「もはや著作物の力には信頼を置いていない[39]」とみなしている。それゆえ大抵の場合、公衆や発言者が考慮に入れるのは、分析の結果だけである。意見はどれもこれも要約され、続いて面白おかしくされて、議論はいつでも陳腐なものにされてしまう。しかも、知識人たちが自らの立場を擁護する仕方は実にしばしば、イタリア出身の政治学者ディエゴ・ガンベッタの言う「討議的マチスモ[40]」を示している。

問題は、討議の抗争を特徴とする文化の象徴的信念と結びついたステレオタイプな振る舞いである。〔そうした振る舞いにおいては〕知的な交流の目的は、「アナリティカル〔分析的〕な文化」で見られるように、違った見方を突き合わせてその妥当性を検討したり主題についての知識を改善したりすること〔「アナリティカルな知 Analytical Knowledge」〕ではない。そうではなく、人物を前面に押し出すことが目的になってしまっている〔「インデクシカルな知 Indexical Knowledge[41]」〕。「アナリティカルな文化」においては、論証が重視され、知識は経験のテストにかけられ、反証に耐えることが求められる。そして討議の参加者たちは、一定の問題に対する無知を認めざるをえなくなるような場合もある。それに対して、「インデクシカルな文化」にどっぷりと浸かった人々は、あらゆる問題について断定的な意見（「ストロング・オピニオンstrong opinions」）をもつ。しかも彼らは、断定的な意見を固守して、何であれ違った意見を学ぶことができるとは思いもしない。彼らは、新しい考えが出てくると、そんなことは自分もすでに考えていたことだと言い張って、その考えを自分のものにしてしまう。あるいは、相手の手柄を貶めるために、過去に有名な著述家がすでにそのことを述べていると言い切ってしまう。ガンベッタはこのような振る舞いを、「claro!」（「わかりきったことだ！」）というイタリア語〔実際にはスペイン語〕表現を使って説明している。あなたが何を言おうと、「clarista」（「claro!と言う人々」）として振る舞うような相手はあなたの議論を聞き入れないだろう。彼は、あなたの議論の斬新さを否定するだろうし、自分から発した陳述や提案にしか妥当性を認めることができないだろう。(42)

討議を重視し、民主主義を熟議へと転換させる「アナリティカルな知」には、個人の道徳的平等を肯定し、一人ひとりの意見を聞き入れ尊重することと不可分である。その一方で、「インデクシカルな知」は討議を口論と同一視するような考えと結びついており、本質的に不平等に支えられている。「claristas」は、社会のあらゆる問題について公衆を啓蒙することができると自任しており、自分の意見を変えることができない。彼らは、ある問題について疑問をもつことや無知であることは、弱さの表れだと考えている。(43) こうして彼らは「tuttologi」になる。このイタリア語が指しているのは、次のような人々のことである。すなわち、あらゆることについて絶対的な意見をもち、その意見を表明するに際して、よく考えてみたり、情報源を確かめたり、また自分の理解の根拠を他人の理解に求めたりするのに時間をかけない人々である。(44)「claroの文化」においては、言葉は他の言葉を押しつぶすための道具であり、メディアの舞台は名声を築くための踏み台なのである。

ハーバーマスが示したように、共通善への配慮は、ア・プリオリに行われると主張できるようなものではない。それは本質的に、理性を公共的に使用することや、ある種の言論のルールを受け入れることと不可分である。この言論のルールは他者の尊重を保証し、次のことを要求する。すなわち、議論に力を注ぎ、そうしてニュアンスを含んだ建設的な立場、つまり実際に議論を明確にし、他人から妥当と認められうるような立場に立ってそれを展開する方法を獲得することである。熟議するためには、他の人々に一歩譲る寛容さ、自分についてだけ話すのではなく、人々に向かって話す、ある種の寛容さが必要であるということである。反対に、知識人たちが「claroの文化」特有の振る舞い方をし、「討議的マチスモ」を誇示するならば、彼らは互いに啓発し合うことも、社会の議論に実質的に寄与することもできない。議論は人と人とのぶつかり合いに終始し、場合によっては乱闘へと転じてしまう。

このような不毛な態度が、さらにはエリートたちに対するマイナス・イメージを生み出すことになる――そして公衆は、何よりも彼らの虚栄心や不実に気づいている。しかしこのことについて、心理学的分析に終始してはならない。「討議的マチスモ」は、特にラテンアメリカ出身の人々とか、男という性を出自とする人々に見られる性格上の特徴というわけではないからである。そうではなく、ガンベッタの考察が興味深いのは、次のことを明らかにしているからである。すなわち、ある種の道徳的特徴を助長し、一定のパーソナリティをもつ人々によって選び取られるこうした振る舞いは、熟議へと転換する中で具体化される民主主義の価値や、ハーバーマスの公共圏の概念とは、両立しえない信条と結びついているということである。[45]

代表者の態度を修正し、市民を政治的に自律させることで、討議を建設的なものにし、熟議の精神を社会全体に行き渡らせようと考えるのであれば、重要なことは、メディエーターの役割を担う知識人たちが、「インデクシカルな文化」で振る舞うのとは違った振る舞いをすることである。さしあたり、内心非難しているが、排除されるのを恐れて誰もあえて問題にしようとはしない実践としての討議的マチスモについて取り上げよう。ガンベッタはこの現象を説明するのに、少女に纏足を強制するという、数百年続いた日本〔実際には中国〕の慣習を例に挙げている。ある日、いくつかの孤立した〔例外的な〕家族が、もう自分たちの娘にはこのような苦痛を課すのはやめようと決心し、また息子には纏足をしていない嫁を取ることを許した。こうした例外的な自主的行為が広まって、慣習は少しずつ消滅していった。[46] したがって、こう考えることができる。もし今日から一部の知識人たちが、公の場に現れるたびに「claristas」とは違った振る舞いを試み、聴衆やテレビ視聴者の知性に訴えかける議論を擁護したとすれば、そのときには少しずつ、メディアは「tuttologi」を選ばなくなり、男女問わず共通善に目を向けた文人や学者をますます多く選ぶようになるだろう、と。

以上のことを踏まえれば、われわれは、世論形成においてメディアが果たす役割という問題にも取り組まなければならない。競争民主主義から熟議民主主義へと移行しようとするなら、メディアの義務論について考えることは必要不可欠である。多くのマスメディアに向けられた批判は、「インデクシカルな知」に関して先述したことと無関係ではない。

実際、多くの場合、メディアは代表者や知識人、科学者を交えた討論会を催して、容易に理解できる意見をすぐさま提示するよう彼らに求める。テレビ放送の形式や司会進行役の介入の仕方は「claristas」を優遇しており、他人を支配しようとする人や人気投票的なレトリックを使おうとする人を主に優遇している。丹念に論証しようと努める人は、発言に際してその場を独り占めしないようにし、ジャーナリストの質問にすべて答えることなく重要な点に的を絞るはずである。そして、より込み入った考察へと討論を誘導しつつ、しかもわかりやすさと丁重さを維持し続ける必要がある――これはプロレスのリング上で高尚な趣味を始めようとするようなものである。

実情としては、メディアの人間がこの二重の縛り〔わかりやすさと丁重さ〕を避けることは難しい。特にテレビ出演の場合はそうである。新聞の場合には少々異なっている。新聞の役割は二つある。〔第一に〕実証済みの事実を提示して公衆に情報を与えることである。つまり記者は、取り扱う問題が大きかろうと小さかろうと、その情報源の確証に尽力しなければならないということである。記者の役割は、重要性の有無を言うことではない。というのも、出来事の結果を予見することはしばしば困難だからである。ただし、信頼できる情報を提供して公衆に真実を明らかにする配慮は、原則としてスクープ探しよりも優先する。同様に記者の任務は、科学の発見を理解可能な仕方で表現したり、社会の問題について現状報告したりすることでもあるのだから、それには言葉の明快さと概念の厳密さとを結びつけることが求められる。このように、よりよい熟議という観点や、討論や集団的意思決定へのより広範な市民参加という観点から見て、出版物に掲載される質の高い記事が、公衆への情報提供や世論の形成のためには不可欠なのである。メディアの役割、とりわけ活字による報道やラジオ報道の二つ目の役割は、対抗権力《カウンターパワー》を形成することである。ジャーナリストは公衆から隠された何らかの情報を明らかにする。そして何より彼らの仕事は、知識を拡散させて、ドクサや一つしかない考え方に対して代替の解釈を提供することである。彼らが汚職を阻止することはできなくても、彼らの行動が抑止機能をもっていることに変わりはない。同じく彼らは、勢力網やロビーの圧力を明るみに出す。この目的を達成するためには、ジャーナリストは権力や産業グループから独立している必要がある。仮に現実の条件下で、有力な企業経営者や銀行による報道機関の買収を阻止するのが困難であるとしても、こうした経済的なしがらみのためにジャーナリストが情報を歪曲することがあってはならない。なぜなら、汚職と戦い、国家の行動の正否を判断するために監視と警戒の機能を果たすことは、報道の重要な目的の一つだからである。

加えて、報道記事を書いたりラジオ放送やテレビ放送で発言する際には、その話題が公衆に及ぼす影響や、扱う問題に関係する様々な当事者に及ぼす影響について自問しなければならない。すでにカントに言及する際に見た通り、透明性の理想は、道徳的また政治的な生活とは両立しえず、天使のような人々にとってしか妥当性をもたない。重要なことは、そのような理想を振りかざすことではなく、知識人やジャーナリストが自分の発言の中長期的な影響を推測するよう留意し、その発言が民主主義にとって得るところのあるものか否かを問うことである。ある種の真実は言わない方がよい。それは、それを隠さなければならないからでも、それが現実の一側面しか表していないからでもない。そうではなく、議論の質を高め、民主主義の刷新に不可欠の熟議と政治参加への転換を行うために取るべき道から、ある種の真実はわれわれを一層遠ざけてしまうからである。

文化と民主主義との関係について検討してきたが、その最後に強調しておきたいのは、教育と研究の重要性である。小学校〔及び中学校〕、高校、大学は教育の場である。大学には、メディアや諸々の時事問題から離れた特別の場が必要であり、また長い時間が必要である。長い時間とはつまり、情報の時間とは違って、惜しげもなく与えられる知識を消化吸収し、社会的決定論からもドクサの圧力からも離れて批判精神を育み、同時にキケロの理想のように世界へと自分を開きながらしっかりした人格を築くことを可能にしてくれるような時間である。

小学校〔及び中学校〕や高校に課されたこの目的は、民主主義社会においては特に重要である。というのも、民主主義社会の特徴は、自己決定の価値を認めパターナリズムを拒否することに帰着する、平等のダイナミズムだからである。この文脈においては、親や教師の権威は掘り崩されるが、フーコーが述べたように「知を欲望の対象」にし、知を心地よいものにし、そして知が軽んじられるのではなく、知から糧を得る人々を称えるようにすることによって、新しい教育方法を思い描くだけでは十分ではない(47)。教育プログラムの内容を再定義することも重要となる。生徒に対して確固とした基礎を与えれば、このプログラムを通じて、より最新の科学知へアクセスすることができるだろう。加えて重要となるのは、高校生が理解することである。未来の市民として、またそれだけでなく利用者や消費者として、社会の進展において主要な役割を果たさなければならないのは彼らだからである。(われわれの oikos〔我が家〕とみなされる)環境や、動物行動学、テクノロジー、生物工学、及び医療実践を、高校生が理解することである。

これらの知識は、単なる資料や事実として伝達されるのではない。それどころか、これらの知識は、われわれの大地の使用や他の生物の使用に関連するジレンマについて、また現代のテクノロジーが人間の条件に関する問いを改めて提起する仕方について、批判的に問う際の出発点とみなすことができる。食が実際の教育の対象となれば、有益であろう。この教育は、栄養摂取や栄養学にとどまるどころか、食物を尊重することと不可分に結びついている。つまり、この教育は、食物を料理したり供給したり生産したりするのを学ぶことと表裏一体だということである。本書第一部で料理術の重要性を強調したが、同じく、教育は味覚(goût)の教育を含意していると言える。その過程には芸術活動だけでなく、料理の研修や風味の発見がある。最後に、民主主義を熟議へ転換するために、様々な場面で適切な役割を演じることのできるレトリックを教えることによって言葉を自由に操る能力を強化することもできるだろう。

これらいくつかの提案は、それだけでも一冊の本のテーマとなるだけの問題に関わっているが、それは、われわれが次の社会的現実に目を閉ざしているということではない。それは、学校現場が直面している社会的現実であり、多くの学校で、特に恵まれない環境で育った児童をはじめとして数多くの児童が落第しているという社会的現実である。しかしながら、このような落第の社会的原因を指摘するのではなく、どうすれば学校をより効果的で、より魅力的なものにすることができるかを考えるべきである。ところで、それが成功するとすれば、一般に教養（culture）が、公衆の精神において、自由、さらには幸福の不可欠な手段となる場合だけである。

糧は物質的であると同時に精神的である。教養は実存と切り離されていないというだけでなく、加えて教養は、過去、現在、未来の人間や、われわれと共に、われわれの近くで、われわれから遠く離れて生きる人々に、われわれを結びつけるのである。さらにそれは、われわれが他の生物をよりよく理解する助けとなるはずである。こうした理由から、小学校〔及び中学校〕や高校で教えられる文学全集や哲学全集は西洋のものだけを揃えるわけにはいかず、また同様に、歴史を人間の歴史だけに還元してしまうこともできない。それは、歴史を動物の視点から考える必要があるからである。換言すれば、人文的教養を教えるためには、われわれの実存の物質的条件や生態学的条件について、またわれわれと他の生物との関係について考えなければならないのである。

最後に大学は、知の伝達の場であると同時に、研究の場であり、イノベーションの場でもあるが、その目的とは、大学を豊かにする人々や大学によって豊かになる人々に、緻密な研究を遂行する手段を与えることである。そのような研究は、国家のさらなる威光と繁栄に寄与することができる。問題は、大学を現代の重要課題に対して開きながら、それと同時に、教育や研究の学問的な質を保証する基準を維持することである。このバランスを実現して初めて、大学の競争力向上や学際性の発展を目的としたあらゆる進歩が意味をもつのである。

しかしながら、これまで問題としてきた変化はどれも、コンヴィヴィアリティが伴わなければ、公共圏を創り出すことができない。公共圏を単なる机上の空論に終わらせないためには、集いの場をもつ必要がある。長らくカフェが、家〔あるいはアパルトマン〕〔私的領域〕と公共圏をつなぐサード・プレイス〔第三の場〕であった。カフェにおいてこそ、独学の労働者たちは労働組合を結成し、ユートピアを築き上げたのである。[48] 重要なことは、個人が互いに出会うことができるように、カフェを再び社交や社会的交流、世代間交流に適した場として再生することである。

この出会いという概念は、正義と幸福ないしコンヴィヴィアリティとを結びつける政治理論の彫琢と密接に関連した糧の現象学の中心的概念である。実際、出会いは、可能性を開くこと、さらにはそれを再び開くことであり、マルディネの超受動性について論じた際に見たように、われわれが新しいものや思いがけないものを受け入れ、およそ期待していたものを超えた願うべくもないものを願うことができる、ということを出会いは想定しているのである。ところが、他人との関係を断たれた生活を余儀なくされていると感じている個人は少なくない。それは、労働や仕事のやり取りを目的としたものとは違った出会いの機会となる公共圏が、彼らには欠けているからである。当初は娯楽として登場し、一八世紀には世論の受け皿の役割を果たした文学者のサロンがなくなったのと同じように、コンヴィヴィアリティの場がなくなってしまったのである。

イタリア語（salone）を語源とするこの〔サロンという〕言葉は当初、建築術において、アパルトマンの広間の名前として使われていた。そしてそれは、そこで繰り広げられる活動を、つまりその場所の所有者に招かれた才人たちの交わりのことを指す換喩になった。[49] かつて様々な分野の人々が出会ったこのような場所は、一九六〇年代、一九七〇年代には政党を取り巻くクラブやシンクタンクに取って代わられた。一九世紀に〔パリの居酒屋〕ブラッスリー・アンドレールで開催された文学者の夜会は、万人に開かれてはいなかった。異なる視点から表現することをよしとし、そうして民主主義的空間を演出したサロンであったが、たとえそこにあらゆる年齢や性の人々が見られたにしても、大いなる社会的混交性という性格があったと言えるわけでもない。とはいえ、サロンが文化的、社会的、政治的な側面に対して果たした影響は、否定できないのである。

ロデレール伯爵が『教養社会論』の中で述べたように、サロンの中でこそ、「フランス国家の最も偉大な栄誉の一つ」である交わりは生まれたのであり、それは「社会生活を完成させ改善させるための強力な媒体[50]」であった。交わり（conversatio）とは、交際や会合、親密な関係を指しているが、その魅力の一つは、男と女のあいだに存在し、モンテスキューの言うところの、両性が互いに相手方に対してなす自然な願いを作り出す自然な愛情や対抗心を、意見の交換に結びつけることである[51]。

フランスには、確かに数多くの文化的なイベントがあり、そのうちのいくつかは地の糧と霊〔心〕の糧をともに称えている。しかし、こうしたイベントを通じて、次のように嘆くハーバーマスの正しさが認められることもしばしばである。すなわち彼は、自らの理性を公共的に使用しない少数の専門家と、メディアを介して受け取る文化の消費者である大多数の大衆とに、人々が分断されていることを嘆いているのである。大衆社会は公共圏を破壊し、人間から世界の中の居場所を奪い、そればかりか損得や勝ち負けとは別の土台の上に社会的・情感的関係を取り結ぶ可能性まで奪ってしまっている。そのような大衆社会のもたらす結果に対抗するためには、コンヴィヴィアリティの場を作り出すべきである。このコンヴィヴィアリティの場に、今日の、そして明日のユートピアが打ち立てられるはずである。

様々な人々が場所や時間を共有することが大事だというのは、単に無関心や固定観念と戦うためだけではない。思想が経験と接触し、哲学者や芸術家が自分たちのあいだだけでなく市民に対しても実際に話しかけることが望ましいのだとすれば、哲学者や芸術家が市民と共に生きることが必要である。こうした条件においてこそ彼らは、可能性を開き、民主主義に再び魅力を与える新たな意義を照らし出す、想像力に満ちた創造に寄与することができる。この新たな意義によって、社会契約は文化という力強い土台を与えられ、共通世界が創出される。こうして彼らは――糧の現象学によって提起された問題は国境を越えた意味をもつのだから――国家を超えたレベルに自らを位置づけるのである。

第三章　国境を越えて

ルソーは、『社会契約論』結論部で、国家間の関係及び公法（droit public）についての考察を加えて、『社会契約論』は完成を見るはずであった、と手短に述べている。『社会契約論』は、当初はより広大な計画の中で構想され、『政治制度論』[1]と題された大著の一部をなしていたものである。政治体（corps politique）をそれ自体で考察するだけでは不十分であり、検討すべきはむしろ、人民同士の関係を分析することであり、したがって「万民法、すなわち通商、戦争や紛争についての法、公法、同盟、交渉、条約」[2]を分析することである。なぜなら、ルソーは世界市民《コスモポリタン》というものを信用せず、われわれは市民となった後で初めて人間となり、特定の社会の中において初めて自分の人間性が意識される、と考えてはいるが、それでもやはりルソーは、対内政治と対外政治とは密接につながっていると考えているからである[3]。

他国を攻撃するという国家の傾向は、戦争へと至る意思決定が行われる際に人民に対して付与されている地位と無関係ではない。個人は、王とは違って、戦闘に行けば、あらゆるものを失うことになる[4]。共和政体の国家と攻撃的戦争の拒否とが、大抵の場合、結びついているということは否定できない。その上、戦争は社会契約の目的である平和と幸福を危険に晒すことになるが、この社会契約は、特にルソーにおいては、自己愛と、生命がわれわれの基本財であるという事実とに立脚している。食について取り上げた際に、また一般に糧の使用におけるわれわれの振る舞いが他者に影響するという事実を論じた際に見た通り、正義を一国だけに限定して論じるのは不十分である。それと同じように、自分以外の世界とは切り離された自閉的な社会に限定される政治理論を構築しても、それは何の役にも立たない。

しかしながら今日では、この対内政治と対外政治の相互依存は、ルソーやカントが構想しえた形態とは違った形態を取っている。国家同士が関係するとき、国家の主権が問われる、ということを、ルソーやカントは考えなかった。このことは、一八世紀の戦争が依然として限定的な戦争であったという事実から説明できる。一八世紀の戦争は、一方の陣営が他方の陣営に対して勝利することで終結するが、敗者の側は、兵力が疲弊し切って一方的な武装解除を強いられる(5)。戦争とは武力によって決着をつけることであり、主権国家は、国益保護のために戦争を行う権利と力を有している。カントにおいては、紛争時に通用していた慣行に対して枠組みを与えるのは、国際法である。カントの究極目的が、暴力ではなく法に基づいて国際秩序を打ち立てることであるなら、それは持続的な平和を作り出すには無力である。というのも、彼は、自由な国家連合を維持し、ずっと前から親しんできたパワー・ポリティクスと手を切ろうとする国家の努力があるからこそ、国際法が遵守されうると考えるからである(6)。

さらに、文明化のプロジェクト特有の理念を掲げながら、啓蒙とともに再び登場したコスモポリタニズムにとって、自然は引き続き土台の役割を果たす。人間の建設した世界の一部分だけでなく、地球や大地そのものが脅かされることがあるという考えは、黙示録的な物語の中でしか目にすることはなかった(7)。そのような考えが諸々の国家の対外政治や対内政治に対して、いかなる着想も与えないのは、それらの国家が歴史における自然の地位を無視し、自然を征服と開発の対象として、つまり占有可能な資財の総体とみなすからであって、自然を、われわれの実存を条件づけている糧や生命の源泉とは考えていないからである。

政治思想がもつこの二つの側面――国際関係を主権国家同士の関係と捉えることと、守るべき世界は人間の世界だけだと考え、政治をもっぱら権力闘争と抗争をめぐるゲームだけに限定する考え方――は一体となっており、相補関係にある。しかし、この二つの側面は、核の危機が生じたことによって、まったく疑わしいものとなった。核の危機は、環境リスクを適切に評価するために、また有効な方法で――ローカルであると同時に、グローバルな規模において――この問題を取り扱う手段を見つけることによってそれに対応するために、抜本的な変革が必要であることを、端的に強調しているのである。

原子爆弾の影

核の危機が示しているのは、われわれ人類が絶滅するかもしれない時代に突入したということである。言い換えれば、人類や現在・未来の生物種の消滅が想定されうる時代に突入したということである――そのような時代には、戦争に際してどちらが勝者か敗者かは問題にならない。それが、限られた武力しか使われなかった時代に勃発する紛争と異なる点である。核のホロコーストの場合には、生命の可能性そのものが破壊されてしまう(8)。核のホロコーストによって人間及び人間以外の存在は、誕生すること、繁殖すること、何かを作り出すことが許されなくなる。さらに言えば、誕生の可能性を抹消する殲滅とは、共通世界を抹殺することである(9)。アーレントとともに見たように、われわれは共通世界に産み落とされ、われわれが死んだ後も共通世界は存続する。こうした共通世界を支えているのは、人間の制度や労働、共同体である。これまでの分析に照らせば、それにこう付け加えてもよいだろう。すなわち、共通世界には、以上に加えて、生態圏（écosphère）全体も含まれている、と。われわれは核の危機によって、生態圏を重要な遺産として意識するようになり、そうして生態圏を――かつてなおざりにされた他の要素、例えば生物多様性などと同様に――共通世界の中心に据えるのである(10)。

死は、限られた武力による戦争の場合も含めて、人間及び人間以外の存在の生命に終わりをもたらすものである。それに対して殲滅は、他の人間や他の生物の生命がそもそも日の目を見ないようにするものである。殲滅は、文化遺産や記憶の可能性を消滅させることで共通世界を脅かし、そうしてわれわれが自らの実存に与えている意味に影響を及ぼす。かつてわれわれは生命を直感的に信頼し、その信頼は暗黙の信頼であった。人類は自分が消滅する可能性など気にもかけていなかった。しかし、今はその信頼が揺らいでいる。またそれに伴って、何かを伝達することができるというわれわれの希望も揺らいでいる。だからこそ核の危機は、われわれにとって何よりも親密なもの、例えば身体との関係や、友人や愛する者との関係といったものを打ち壊すのである。われわれは、自分の行為が個人を超える〔歴史的社会的〕次元にまで広がっていくと感じることはもはやなく、未来も希望の地平もなく生きていることになれば、われわれは、身を縮めて自分の殻の中に閉じこもり、暇つぶしの活動に気晴らしを求め、〔未来や過去とのつながりを欠いた〕厚みのない現在に埋没しようとするだろう。

こうなってしまう理由は、殲滅が、単に取り返しがつかないほどに文化を破壊することではなく、大地という生命の遺産を抹殺することでもあるからである。問題は、われわれの実存の次元すべてに関わる生命の危機なのである。この生命の危機は、われわれにもたらされる危険だけを表しているわけではない。それはわれわれの子孫の誕生を脅かし、生命以前の無の中にあってまだ生まれてもいない人々やあらゆる存在を締め出すことによって、われわれに損害を与える。そして、生命の危機は、われわれが共に住まう共通世界を通じてわれわれに影響を及ぼし、「生まれ来る人々は誰もが、実際にはわれわれ自身の一部なのだ」と教えるのである(11)。

殲滅は生と死を抹消する。なぜなら、もし死が、否応なくわれわれ生けるもの〔生物〕に属し、生けるものにとってのみ――個々それぞれの生けるものにとってのみ――意味をもつとすれば、生は、誕生という意味では、共通世界に属し、われわれの実存がもつまったく私的な次元を超えているからである。生命の豊かさまでもが脅かされている。すなわち、その豊富な生命力、各世代が消費しきれないほどの剰余、「伝承されるにつれて豊かになり、あらゆる世代が人類の生、すなわち個々の実存を超越した生、個体が死んでも無傷のままである生に参画することを可能にする[12]」あらゆる豊饒さが、脅かされているのである。

したがって、原子爆弾の危機を正しく捉えることは、カール・ヤスパースが言ったように、「原子爆弾が投げかける影の下で[13]」思考することである。しかしわれわれにとって重要なのは、恐怖を醸成することではなく、共通世界を通じてわれわれの実存に与えられている厚みから倫理的帰結を引き出すことである。われわれの実存は二つの次元に広がっている。本書で、特に食の問題を取り上げた際、さらに和辻哲郎が重視した風土の思想を紹介した際に詳述した通り、われわれの実存は単に個人的な意味をもつだけではない。われわれが食事をしているとき、たとえ見た目には誰とも食事を共にしていなくとも、われわれは決してまったくの一人というわけではない。さらに、われわれ一人ひとりの内には、複数の実存が蠢《うごめ》いているのであり、未来世代はすでにしてわれわれの一部なのである。さらに言えば、生態圏全体や大地という生命の遺産は共通世界に属している。生きることは、単に自分のためだけに生きることではないのである。

なるほど、われわれの行為が直接意味をもつのは、まずは自分や自分の近親者に対してである。われわれは、自分に生きる意欲を与えてくれる成功や、また自分の繁栄や、――子孫がある場合には――子孫の繁栄が後押しされる成功を望む。祖先についての記憶があれば、彼らの名誉を貶めることになるような決断を下すことはできない。われわれはよく生きようとする。しかし、倫理を実存の個人的な次元へと限定する立場からは、死というのは、われわれにとって世界の終わりと同じである。われわれが自分の実存を捉えるとき、実存の意味は、自分や近親者のために自分が何をなし遂げたかにかかっている、とみなすならば、そうした実存の捉え方は、〔ハイデガーのような〕〈死に臨む存在〉の思想を後押しするだろう。この〈死に臨む存在〉の思想には、われわれの時間は限られているという確信があり、そうした確信がきっかけとなって、われわれを匿名性から掬い上げるものを構築するためにできることは何でもやろうという覚悟が生まれてくる。しかしながら、このように実存を捉える――それは被投性の根源的性格への確信と表裏一体である——ならば、われわれは、自分だけですべてが始まりすべてが終わる世界、個人の領域だけがわれわれの唯一の生きる範囲となる世界で生きていかざるをえない。

以上のようなアプローチにおいては、政治は、自由の平和的共存をいかに管理するかという問題へと解消されてしまう。ロールズに言及して次のように言う人がいるかもしれない。こうした穏健な政治は健全である、なぜなら、善についての実質的な見方に基づいて集団的意思決定を行うかのように見せかけているイデオロギーの亡霊の方が、多元主義という事実と衝突し、それは私的あるいは公的なあらゆる暴力の芽を抱えているからだ、と。しかし、彼らのような仕方でわれわれの実存を捉え、古典的な社会契約のように、政治的なものを、安全や自由、差別との闘い、不平等の是正だけに限定して定義すれば、われわれは、はかない実存や集団的生活に恒常性を与えてくれる次元から目を背けてしまうことだろう。

それに対して、実存の集団的な次元に目を向ければ、われわれの生は、過去、現在、未来の他の人間たちで溢れ返っており、共通世界は、われわれと共にoikos〔家〕を共有している他の生物によって住まわれた世界として現れる。日常的に行為する中で、こうした実存の集団的次元を引き受けるなら、われわれの生は一層深みを増す。われわれが消滅したからといって、世界が終わることはないだろう。さらにわれわれは、何を実行するにしても、役に立ちたいとまでは願わないにせよ、少なくともこの共通世界を破壊しないように配慮するだろう。

われわれの生が、過去、現在、未来の他の人間たち、生物、特に動物——モンテーニュの言うようにわれわれは動物と近縁の関係にあるのだが——で溢れ返っているからこそ、共通世界が開かれることになる。共通世界とは、政治的（politique）であるだけでなく、世界政治的（cosmopolitique）〔世界市民的〕でもある。個人的な生としては、われわれは幸せであったり惨めであったりするかもしれない。やはり『エセー』の著者が書いているように、「人間の信念、判断、意見も含めて、どんな物事にも、キャベツと同じように、成長、旬、誕生、死」がつきものである。[14] しかし、自分が存在していることを〔個人的ではなく〕集団的次元で感じているなら、実存が〔集団的〕意味をもつことについて、疑いを差しはさむ余地などあるだろうか。神やイデオロギーをもち出すまでもなく、倫理や政治は現在の人間同士の関係だけにとどまるわけではないと考えることはできる。同じく、自分を天才とか聖人とみなさなくとも、生きることは〈〜のために生きる〉ことだということはわかるはずである。

今日において特に重要なことは、われわれの実存には二重の意味があるということ、すなわち個人的な意味と集団的な意味があるということをわれわれが自覚することである。なぜなら、われわれは未来世代に、彼らが一息つくことのできる世界、正義に適った制度の保持や向上を可能にする居住可能な世界を受け継いでいけばそれでよい、というわけではないからである。原子爆弾が発明されてからというもの、われわれは、殲滅を回避するためにあらゆることをしなければならないという未聞の責任をも負っているのである。それは、チャーチルの有名な言葉を借りるなら、核の抑止力の下でたくましく生き残る者がそうであるように、「恐怖から生まれたたくましい子ども」[15]だけが生き残るようにすることではない。

実際のところ、核のホロコーストは両陣営をいずれも破滅させるという認識に裏打ちされた戦略は、〔核による〕自滅を回避するために、自滅するかもしれないという脅しを利用する。この自滅の脅しがうまく効かなければ、抑止力が働くことはない。このような政治は、各国がいかに頑迷な考えで動いているかを物語っている。その考えによれば、主権国家は、核を保有する以前の世界と変わらず、〔今も〕国益を守るために暴力を行使する権利を有しており、世界はそのような主権国家から成り立っているのである。しかし、核を保有してしまった世界では、そのような政治は、きわめて危険である。というのも、それは依然として恐怖に基づいた政治観と通じているからである。こうした政治観を採用した国家や人々の中で、政治と戦争の決別を要求するような原子爆弾の危機がどれほどのものかを理解していた者はいなかったのである。

われわれの生活の中で殲滅の脅威によって変わってしまうこと、殲滅の脅威によって理解せざるをえないことがあるとすれば、それは、生への愛——生において、その生の豊かさや豊饒さへと帰着するものへの愛——こそ、国家レベルでも国際レベルでも、倫理と政治を打ち立てる原理でなければならないという主張である。このように主張することは、夢物語でも何でもない。なぜならこの主張は、絶対的な悪の可能性――例えば、あらゆる他の人間存在及び人間でない存在が生まれないようにする悪――を最も鋭く意識した結果だからである。

生命の尊重は、自分たちを存在させてくれた祖先に対して、すべての世代が感謝することから生まれてくる。ところで、われわれは冷戦期とは違って、常に原子爆弾や核の対立の脅威の下に生きていると感じているわけではないが、われわれの時代は、語り方はどうであれ、核爆弾なしには語ることができない。生命の尊重は、原理と呼ぶにふさわしいものである。なぜならこの世界で生まれるものはすべて、核兵器の人質に取られてしまっているからである。われわれは人類史上初めて、生命の誕生を妨げる手段を手にしている。つまり、自分に子どもがいない場合でさえ、「核危機によってわれわれは誰もが、あらゆる未来世代の親になる」[16]ということである。

しかしながら、この前代未聞の重い責任だけを、この本で強調したいわけではなく、それがこの本の主題というわけでもない。われわれが主張したいのは、生命の破壊の可能性よりも、むしろその豊饒さであり、またわれわれが糧をもたらす生命のあり方を認識しうること、われわれが生命を享受しうることである。この糧の哲学の基調となっているのはまさに、生への愛にほかならない。食の問題であっても、〈住まうこと〉――それは常に〈共に住まうこと〉でもある――の問題であっても、それは変わらない。コスモポリタニズムを取り上げる本章においては、〈共に住まうこと〉は、共通世界に結びついた次元を新たに獲得する。共通世界は、あらゆる生物によって構成された世界であり、また人間の営為や言語によって忘却や無関心から救い出された世界である。さらに言えば、われわれは、生との（そして生物との）関係断絶を回復することによって、生に対して改めて信頼を寄せることができるようになる。そうすることでわれわれは、どんな理性よりも信頼に足る自己保存の本能に導かれながら、いかに個人の次元と集団の次元でそれぞれの歩みを進めていくべきかを知ることができるのである。

自己及び生への信頼の回復――それによってのみ、われわれは最悪の事態を回避し、個人、国家、国際社会を貫く共通世界を創出することができる――の起点となるのは、身体である。この身体は、生命、文化、個人、社会によって育まれた糧と関係する身体である。われわれはこの身体を介して、人間であれ人間以外であれ、他の生物と、また過去、現在、将来の世代とつながっている。われわれの親密な身体――食べること、世界に住まうこと、糧を生み出すこと、糧を消費すること、愛を体験すること、日常の行為や生活の中に他者の居場所を作ること――は、われわれが自己について学ぶための、あるいは学び直すための場所なのである。

後ほど検討するように、コスモポリタニズムとは、実際のところ、視点、尺度、あるいは見方の問題であって、世界国家の創造へと至る政治的現実ではない。コスモポリタニズムは人間の権利、したがって個々の主体に立脚している。しかしながら、われわれの追求する取り組みにおいて重要なのは、人間の権利の基底にある主体の哲学の代わりに、他者との関係において主体が考えられるような、まったく別の主体の哲学を置き換えることである。それはまた、人間の権利と一体化した人間学、自然／文化というある種の二元論に囚われた人間学の代わりに、主体の身体性及びその実存の物質性を重視する存在論を置き換えることでもある。

別の言い方をするなら、コスモポリタニズムの法的側面や制度的側面も重要であるとすれば、糧の現象学が提示する存在論的な側面も、それに劣らず重要であるということである。そこから、常に個人と集団という二重の水準に広がっている実存に基づいた、倫理や政治への道が開かれる。そのような二重の水準では、どのような私の行為も、最も平凡な行為でさえも、純粋に私的な意味だけに限定されることはなく、また人間や動物の赤ん坊に見られるように、われわれが元来もっていた生を愛する感情の重要性が、再発見されるはずである。この生への愛は、生物を神聖化したり、あらゆる自然への介入――つまりあらゆる技術――を拒否したりすることとは一切関係がない。生への愛とは、むしろ生を味わうことで、生の価値や創造性、柔軟性を認識できるということを意味しているのである。核の時代にあって、進歩の観念はその意味を完全に失ったわけではないにもかかわらず、悪は依然として存在し、最悪の事態も含めてすべてが再び繰り返されうるということを、われわれは知っている。そのような人類の歴史の一時期に、この

〔生への愛という〕原理は、新たな土台の上に倫理と政治を打ち立てるための一助となりうるだろう。

幻想を抱くことは許されないが、希望を抱くことはできる。なぜなら、カール・バルトが主張するように、核兵器は「単純な殺戮以外の何ものでもない戦争の真の本質において、戦争の自己開示をその完成にまで導いた」[17]からである。ところで、核危機が教えてくれることは、平和は「恐怖から生まれたたくましい子ども」ではないだろうということであり、また「生存は依然として絶滅〔という兄にとって〕の双子の弟である」としても、幸福こそ、住まうことのできる世界を打ち立てるという課題を前にしたときの正義の最良の同伴者だ、ということである[18]。生きたい、そしてよく生きたいという願望は、われわれに進むべき方向を示してくれる羅針盤である。なぜなら、生への愛を培いながら、同時に世界の消滅を願うことなどできないからである。殲滅の可能性は、伝統的な知恵や道徳の崩壊に見て取ることができる。しかし、コスモポリタニズムの意味を理解させてくれるこうした状況から出発して初めて、われわれは、世界史への新たな見方に基づく倫理や正義、さらには後に見るように、自然の支配ではなく生の称揚を特徴とする新たな啓蒙に基づく倫理や正義を打ち立てることができるのである。

グローバル化、主権、方法論的コスモポリタニズム

核の危機によって「地球の拡張」が生じ、人類も世界も、国境を越えて全面的に広がっていることは誰の目にも明らかである[19]。その意味では、核の危機はわれわれに本質的な何かを教えているのである。というのは、この全面化は直接的に経験できないからである。確かに、世界は、暴力によって国益を守る権利を有した主権国家によって構成されているというイメージは、大部分の人々の想像力を支配し続けている。共通世界は、コスモポリタニズムの法的側面に取り組むことによって、また核によるホロコーストや不可逆的な地球環境破壊を防ぐための制度的手段を講じることによって、創出し維持することができるとすれば、こうした発想は、自国重視の考え方を維持・強化することと

は両立しない。こうした考え方からすれば、特定の共同体だけに帰属することがアイデンティティとなってしまう。とはいえ、コスモポリタニズムの視座は、世界共同体への帰属が〔国という共同体よりも〕先だ、などと要求しているわけではなく、自国重視の視座を完全に否定するわけではない[20]。

　コスモポリタニズムは、われわれ誰もが冒しているリスクへの意識から生まれたものである。したがって、それは意志に基づかない共同体に目を向けさせる[21]。法的なコスモポリタニズムは世界国家の形を取ることはありえないということは、カントも述べた通りである。コスモポリタニズムは、同じ運命共同体に帰属しているという感覚に根ざすものではなく、また前提としてそのような感覚を必要とするわけでもない。特定の共同体に基づくアイデンティティが物語的《ナラティヴ》でア・ポステリオリであるのと同様に、主観的コスモポリタニズム、すなわち世界市民であるという感覚を生み出しているものは何より、個々人が望まぬリスクの影響を被っていることを意識しているという事実であって、このリスクこそ、彼らの相互依存関係を強めることになる。したがって、こうした感覚はまずもってネガティヴな出来事、特に諸々のリスクや、社会によって生み出されたグローバルなリスクに結びついているのである。

　アーレントが述べたように、人々のあいだに、人類の自滅というリスクに端を発した「消極的連帯」が生まれることで、人々は共通世界の構築に向かって動き出す以上、コスモポリタニズムとはやむにやまれぬものである[22]。われわれは、自分を世界市民だと感じたり、情感の絆によって織りなされた同じ共同体に帰属していると考えたりするまでもなく、われわれは皆一つの世界に住まっているのだと理解することはできる。われわれの実存はこの一つの世界に依存し、またこの世界が一つであるということは、核兵器を通じて浮かび上がってきたことである。コスモポリタニズムには、法の次元が含まれるかもしれない。しかし、コスモポリタニズムは世界国家へと向かうものではないという意味では、コスモポリタニズムには政治の次元が含まれない。それゆえコスモポリタニズムは何よりも、自国重視の視座に対立するのではなく、個人の歴史と集団の歴史を理解する仕方であり、われわれの〈世界‐内‐存在〉を解釈する仕方なのである。そしてそれは、グローバルなリスクによって生み出された社会また政治のルールを今後必ず修正するものとなるだろう。

コスモポリタニズムによって差異が消し去られることはなく、また特定の共同体の市民が依拠している自国の秩序が否定されることもない。コスモポリタニズムとはむしろ、他者の他者性を承認すること、人間や文化の道徳的平等を肯定すること、そしてグローバルな問題の解決に貢献しようと意志することである[23]。別の言い方をするなら、市民、国家、世界のそれぞれの水準を相互に結びつけることが重要なのである。国家の水準でのみ政治や社会が意味をもつということはありえない――これは、ナショナルなものの最高形態はグローバルなものだから、というわけではなく、世界国家についてのカントの表現を借りれば、「恐るべき専制政治」となってしまう政治的コスモポリタニズムの仮説とは異なる意味で理解されなければならない。反対に、国家が政治の唯一の起点であるとみなすならば、それはそれで盲目であり、コスモポリタニズム時代の現実を直視しようとしないのと同じである。

二〇世紀以来われわれが置かれている状況――特に核兵器の登場、さらには地球温暖化、害虫駆除の農薬使用に結びついた保健衛生上のリスク、世界的な食糧問題、社会的不平等といったことに関わる現象全体――の特徴は、問題がコスモポリタニズム化している〔国境を越えている〕ということである。われわれの暮らすグローバル化した世界の特徴は、地球規模のリスクが国境を越えているということ、またわれわれがネットワークの中にいて、地球の裏側で起きていることをマスメディアが瞬時に知らせてくれるという事実によって示されている。

コスモポリタニズム化は多元的で複雑な過程であり、実際に人間を互いに結びつけている相互依存と本質的に一体である[24]。この現象は足元からやってくるものであり、それ自体としてはよくも悪くもないのだが、グローバル化と次の点で異なる。すなわち、グローバル化は自由主義経済やグローバル市場に基づいているということ、共通空間を商業空間へと組織する何らかの過程に基づいているということである。〔それに対して〕コスモポリタニズムには、社会や政治のルールを修正することを意識しながら、自分の実存が複数の水準に広がっていることを認めている人々の視点が反映されている。彼らの目的は、世界を、平準化した空間にしないようにすることである。平準化した空間には、顧客や消費者、商業的な取引関係しか存在せず、人々のつながりはもっぱら市場に支えられている。〔それに対して〕彼らの目的はむしろ、世界を、住まわれる空間にすることである。

こうした考え方は、国際関係においては、ウェストファリア・モデルを問いに付すことを意味する。このモデルが国家間の関係を支配してきたが、それは戦争が主権国家の特権であるという事実と表裏一体であった[25]。一六四八年のウェストファリア条約とともに生まれた国際社会についての構想に修正を迫るのは、核兵器だけではない。世界経済が変化したことによって、また世界が巨大な市場になってしまうのではないかという不安が高まることによって、新たな国家間の協調体制が必要となり、さらにはグローバルなものとローカルなものとの、あるいはナショナルなものとの峻別が必要となっている。世界市民について構想することが目的なのではない。すでに示唆したように、そのようなものは、ア・プリオリには存在しないし、どのような集団もそのような世界市民の正当な代表であることはできない。むしろ反対に、飢えを抱え栄養不足で苦しむ貧困層や女性、農民など、個人が日々の戦いを繰り広げているローカルな局面を、国内政治や国際政治の中に組み込むことが目的なのである。なぜなら、ローカルな局面を前にして初めて、人々は国際問題について意識するからである。つまり、ローカルとグローバルは対立していないということであり、コスモポリタニズムは世界秩序と手を組むどころか、自律した個人とともに歩みを進めるいうことである。

コスモポリタニズムについて論じられるとき、次のような誤解が見られる。すなわち、世界の隅々まで押しつけられようとしているグローバルな価値観の総体があたかも実在するかのように想定すること、あるいは、あたかも世界には統一があると夢想し、われこそがその統一の代弁者だと主張することである。このような虚構は単に危険であるだけでなく、それ以上に、コスモポリタニズムの意味とは正反対である。というのも、コスモポリタニズムは世界の複数性の価値や、価値観や文化の多様性の価値の認識と不可分だからである。アーレントが『人間の条件』において、共通世界について述べたとき、誕生すること——誰かが何か新しくて予想もしていなかったことを一から始めるという事実——は共通世界の可能性を保証するものだということを示したが、こうした共通世界は、決して均質で閉じた空間ではありえないのである。

現代のコスモポリタニズムの地平にある共通世界は、新しいことや予期せぬことが起こる可能性によって成り立っているので、この共通世界によって、アーレントが認めた以上に――複数のアイデンティティや複数の忠誠を含む――複数の平面へと広がる実存にアクセスすることができる。特定の共同体の中にあって初めて、われわれは、人類全体を意識し、cultura animi〔魂の陶冶〕、つまり世界で起きる事柄に配慮し、それに感嘆することのできる態度を獲得できるとするなら、また人類の文化にかくも密接に関わっているヒューマニズムですら、人々が教育されることで、polis〔特定の都市国家〕の市民になることを求めているのだとするなら、やはりコスモポリタニズムが、ローカルでナショナルな秩序に対してわれわれが負っている義務を放棄させると考えるのは、誤りなのである。

ディオゲネスの考えるように、コスモポリテースとは世界市民である。(26) ただし、付け加えなければならないのは、コスモポリテースはpolisの市民でもあって、つまり彼には二つの忠誠があるということである。(27) 確かに国家《ポリス》がなければ世界《コスモス》はないのだが、しかし哲学の次元でストア派の理想を実現するコスモポリタニズムの基底には、様々な国に住む複数の個人が特定の地域《ローカル》で晒されているリスクに気づくことによって、国境を越えた公共空間が打ち立てられるという理念が存在する。まさにこの空間こそ、個人や国家の政治的代表者たちに、閉鎖的な国家を外へ開くよう強いるものなのである。

したがってコスモポリタニズムは、個人の声を押し殺すことではなく、むしろ国家がパワー・ポリティクス――それは実際には幻想にすぎないのだが――に躍起になっているときに、個人に対して自分の声を届ける手段を与えることなのである。コスモポリタニズムの実現のためには、国家の主権モデルを放棄しなければならない、としばしば言われてきた。このような言い方は正しいと同時に間違ってもいる。正しいというのは、国家はもはやそれだけで独立しているわけではなく、政府は、国内で決定を下す際にも、グローバルで国境横断的な問題を考慮しなければならないからである。国家は、互いに「ビリヤードボール」のようにぶつかり合うこともあるが、しかし相互に独立を保っている、という関係にはもはやない(28)。ウェストファリア・モデルは、主権権力の均衡に依拠している。そこでは権力は、諸々の条項によって衝突を回避してはいるものの、領土に対しては独占的な権力を保持している。このようなモデルはもはや妥当ではない。というのも、国家が領土内で行動を起こす際、国家が唯一の主人というわけではないからである。また同様に、対外的主権の論理――国家は外交政策に関する唯一の決定権者でもあるとする論理――は、あいまいであり、それだけでは国家間の関係を効果的に統制できないからである。

しかしながら、国家は世界秩序のために主権を放棄するわけではない。国家はグローバルなリスクとコスモポリタニズム化を念頭に置くが、このいずれもが、われわれの直面している諸問題は、一国の利益だけにとどまっていては答えが得られないということを示している。ところで、こうした現実を踏まえれば、ウェストファリア体制に基づく主権概念では国家の専権とされた交戦権を放棄せざるをえない。こうした交戦権の放棄が、戦争の可能性や相手国への支配の可能性といった観点から政治を理解する仕方に終止符を打つとしても、そのことで、国家がアイデンティティを失うわけではなく、またイニシアティヴをすべて奪われるわけでもない。反対に、政府の行為が正当であるかどうかは、市民の声に耳を傾けられるかどうかにかかっている。そして、その市民は、選挙の集会のときにだけ自分の市民権を行使するのではなく、市民は、市民討論会に参加することによって、また団結《アソシエーション》――自国内の団結もあれば、国境横断的な団結もあり、国境を越えた問題を提起することもある――という形でグループを組織することによって、市民権を行使するのである。

したがって、国家の主権は否定されるのではなく、書き換えられるのである。そのため、様々な国の政府は、様々なレベルや様々な秩序を区別しながら、一つの共通の責任について考えることによって、政治を再構成することに注力することになる。こうした努力の中で、様々な国の政府は、多少の違いはあっても、各地域《ローカル》において技術や経済活動、多国籍企業、ロビーのもたらす影響に晒されている個人に対して、より一層の注意を払うようになる。個人が自律しているかどうか、自分の声を届けられるかどうか、何らかのグループを組織できるかどうか、こうしたことこそ、コスモポリタニズムが、地域《ローカル》に根づくかどうかの鍵なのである[29]。

したがって、コスモポリタニズムは、有限な世界に住まっていることを意識する個人がコミットしなければ、何の意味もない。個人は、この有限な世界を通じて生計を立てているが、この有限な世界は、簡単に壊れてしまう世界である。人間は移動する。また大地は、人間が一度散らばれば二度と再会できないような無限に広がる空間ではない。だからこそ、カントは、共通世界の計画的な分配の条件とは何かについて考えるのである。カントは、暴力や支配以外のものによって人々の関係を統制し、戦争下にある自然状態から人々を解放するために、人々がいかに法によって共存するかを考える。このような法の規定や世界市民法〔ius cosmopoliticum〕――カントによればその内容は、交流する権利（Besuchsrecht）の基礎となる普遍的な友好に限定される――が必要とされるにしても、コスモポリタニズムがまずもって物の見方の問題であるという事実に変わりはない[30]。

ジョレスがフランス共和国について語ったことは、コスモポリタニズムにも当てはまるだろう。つまり、コスモポリタニズムとは、教義でも学説でもなく、次のような目的のための一つの方法だということである。それは、自由の充実によって、人間のあらゆるエネルギーから最も効果的な結果を引き出すという目的である。目下の問題は、コスモポリタニズムの時代――それは核の危機の時代でもあり、世界的な食糧危機の時代でもあり、また地球温暖化の時代でもある――に、どのような手段によって共通世界を創出できるか、である。この共通世界を創出するにあたっては、カントが示した道を辿ることができるだろう。ただそのためには、彼の構想した体系に対して、いくつかの修正、あるいは補足を行うことが条件となる。

カント以来の世界市民法

コスモポリタニズムの考察に対するカントの決定的な寄与は、彼がどのようにしてコスモポリタニズムを政治の実践的統御の原理とみなしているかを見れば、理解されるだろう。国家のコスモポリタニズムが問題でないというだけではない。それ以上に、カントは、共和国という統治形態の一般化〔国家連合〕と平和とを目指して前進するという仮定に基づいて目的を設定し、この目的に基づいて、国家間の関係を法によって調停する必要がある、と明言するのである(31)。

戦争はあるべきではない。また、人々は地表をすべて移動して訪ねる権利〔Recht der Oberfläche der Erde〕をもっている。カントによれば、自らの望む政治体制を手に入れようとする人間の意志や、侵略戦争を避けようという人間の傾向は、歴史が示すところである。フーコーが書いているように、フランス革命それ自体は、革命の目的を示しているわけではない。そうではなく、この革命が引き起こした熱狂、とりわけ革命に参加したわけではないが、人類の歴史の中に類似した企図を見て取るような、そのような人々に見られる熱狂こそが、革命の目的を示しているのである(32)。

われわれ相互の権利を確実に尊重し、国家連合の参加国にその取り決めを遵守しなければ制裁を課すような最高権力を考えるところにまでは至っていないとして、カントを非難することはできる。ハーバーマスのように、次のように言うこともできる。すなわち、国家の対外的主権というドグマに囚われているカントは、それを法的に組織する体制を欠いているので、国家間の同盟についてまわる矛盾――というのは、万一の場合、国家は自国の国家理性を共通の目的に、すなわち戦争ではなく訴訟によって解決するという目的に従わせることを期待されているから――を払拭できていない、と。カントは、国際関係に変化をもたらし、各国のパワー・ポリティクスを制限するためには、世界市民法によって、国家の対外的・対内的主権を修正する必要がある、とは考えなかった。さらに言えば、国際連合〔国家連合〕は、独自の武力がなければ、たとえ安全保障理事会の決議があったとしても、参加国の自発的な協力を求めることができるだけであって、それゆえ「諸国家の常設会議(33)」にすぎないのである。とはいえ、やはりこうした批判があるにもかかわらず、世界市民法、さらには歴史哲学を考える際にカントが拠りどころとした二つの原理は、この世界市民法が今日ではどのようなものでありうるかを理解するのに、とりわけ貴重な手がかりとなることに変わりはない。

地表をすべて移動して訪れるというわれわれ一人ひとりが有している権利を根拠として、カントは個々の主体の権利を世界市民法の根幹に据える。換言すれば、カントの歩みを彼自身が思い描いた以上に前に進めていくとすれば、コスモポリタニズムの鍵となるのは、コスモポリタニズムが国際法の集合的主体に関わるという事実よりも、むしろそれが個々の権利主体を対象としているという事実である。[34] 個人は、この世界市民連合において重要な法的地位を占めている。それと同様にこの哲学者は、『永遠平和のために』の第三確定条項の中で、友好への権利について述べたとき、人間の義務と権利を、実存の普遍的次元に組み込む、あるいは組み込み直す道を切り開いたのである。こうした普遍的次元は、地球が球形であること、またわれわれは大地に住まうことの物質的条件に左右されるということに結びついた次元である。

確かに、この世界市民法を補完するにあたって、地表の有限性や人間の移動に焦点を当てるだけではなく、糧の現象学が明るみに出したものからあらゆる結論を引き出すべきである。量質ともに十分な食料に対する人間の権利や、糧の共有としての正義の原理を明らかにするという課題を前にしてわれわれが語ったことはすべて、世界市民法の内容を豊かにしてくれる。さらに、コスモポリタニズムの根底にある人間の権利によって、個人の自律は国家の主権から守られる。というのも、この人間の権利によって、国家は、基本的権利を尊重せざるをえないからである。基本的人権は、個人の自由を保障するだけでなく、本質的に身体性の哲学へと目を向けさせる。それは、人間が、物質的、社会的、経済的、生態学的条件に依存していることを強調し、様々な社会的権利の中に、〈生きる〉という事実と不可分に結びついた享楽という次元を組み込むのである。

そこで必要となるのが、カントの枠組みを踏襲すること、つまり世界市民法についての彼の考え方を踏襲することである。カントによれば、世界市民法は人間の権利に依拠しており、この権利は、行為の合法性について判断するための道徳的な基準ではなく、法の道具とみなされなければならない。しかしながら、人間の権利を理解する際の基準となるのは、糧の現象学によって明らかになった実存範疇である。すなわち、エコロジーと身体性において考えられた実存とが結びついた〈～によって生きる〉の哲学によって示された実存範疇である。さらに、〔糧の現象学においては〕われわれがそれぞれ何に対する権利をもっているのか、ということが強調されるだけではなく、他の人間の権利が私に対して、国家に対して、そして社会全体に対して何を要求するのかということも強調される。要するに、この個々の権利主体は、何をするにも、過去、現在、未来の人間、そして他の生物との関係の中に身を置いているのである。

糧の現象学は、メタ政治的なコスモポリタニズムへと辿り着く。そこでは、一人ひとりの人間が共通世界の中に置き直される。共通世界には生物全体が含まれているが、技術力や論証能力ゆえに、われわれに課された特有の責任が強調される。この責任によって共通世界は維持され、共通世界の記憶が伝達されるからである。共通世界を支えている実存範疇は、普遍化可能な次元を含んでおり、人間の自己イメージは修正される。なぜなら、人間の権利主体はもはや、独我論的、あるいは抽象的な仕方で表象された、個別の道徳的行為主体ではないからである。反対に、人間の権利を再解釈する道を開くのは、われわれが糧と関わることによって築き上げた、過去、現在、未来の人間や他の生物との関係である。こうした人間の権利をこれまでとは異なる仕方で用いることは、ローカルな次元でもグローバルな次元でも――人間に対する正義、国家と文化のあいだの正義、動物に対する正義に関心を寄せる者にとって――参照項となりうるが、こうした人間の権利の用い方は、〈～によって生きる〉の哲学の枠内に位置づけられるものである。

この〈～によって生きる〉の哲学は、責任を主体の核心に据え、この責任を人類、他の生物、自然へと広げることで――他者性や多様性のヒューマニズムと一体となった傷つきやすさの倫理の場合のように――ヒューマニズムを新たに書き換えるだけではない。この哲学は、生きるという事実と不可分に結びついた喜びを強調し、正義をコンヴィヴィアリティへと結びつけることで、共有のヒューマニズムを促進するのである。こうしたヒューマニズムにおいては、私の幸福は、私が何を所有し何を手に入れるかにかかっているだけでなく、私が他の人間や人間以外の存在にどのような場所を与えるか、また共通世界を伝承できるかどうかにもかかっている。

旧来のコスモポリタニズムが拠りどころとしていた世界観は、ヒューマニズムに取って代わられる。われわれは明らかに近代的な構図の中にいるからである。しかしながら、自然を単なる土台と考え、依然として平和や環境問題の解決を主権国家の脆弱な合意に委ねている近代のコスモポリタニズムとは違って、われわれの検討しているコスモポリタニズムが想定しているのは、次のことを確信する主体であり人類である。すなわち、生態圏や他の生物をその一部分とする共通世界の未来は、正義の規則を打ち立てる能力次第であり、この場合の正義とは、パワー・ポリティクスを裏書するもの――それを正当化するものであれ、それに対する後ろめたさを表すものであれ――ではない、ということである。

こうしたパースペクティヴに立つことによって、環境問題は世界に住まい、他の生物種と共に住まう個々の主体の権利に根ざしていることが浮き彫りとなり、そのことによって環境問題に対してより適切な形で取り組むことが可能となる。なぜなら、気候変動や生物多様性の減少に関する国際交渉の失敗の原因の一つには、次のような事実があるからである。すなわち、それらの交渉を行っている国々はいまだに世界は主権国家から成り立っていると考え、その主権国家は何よりも自国の経済利益を第一に考え、パワー・ポリティクス――それは今日では、市場のパイを奪うために、軍事力に訴えるのと少なくとも同程度に、競争に訴えている――と手を切るつもりはほとんどないという事実である。

それゆえ、気候変動に関する国際交渉においては、二〇〇九年のコペンハーゲンでも見られたように、世界市民法が問題となることはなく、単に国際法が問題となるだけである。この国際法が特有のあいまいさを抱えているのは、一方では生態系に対して人間が与える影響を抑制するために何をなすべきかをめぐって、国同士が共通了解を築きえないからであり、他方では国同士が取り決めを結んでもそれを遵守できないからである。さらに言えば、こういった交渉においては、各国の国力は均等ではなく、民主主義的な統治形態が採用されているかどうかは国ごとに異なるにもかかわらず、実に多くの場合、交渉の当事者が国家だけに限定されているからである。このことはまさに、世界市民法が問題とされていないことの証左である。

環境問題は、地球温暖化に見られるように、その影響はとりわけ地域レベルで見られるものだが、この問題が国境を越えたグローバルな次元で扱われることはない。しかし、効果的で持続的な解決を見出そうとするのであれば、グローバルな次元を無視することはできない(35)。加えて、議論や交渉の利害関係者となるはずの個人にはほとんど出番がなく、せいぜい参考意見を述べる程度にとどまっている。この点はきわめて重要であって、それは集団を組織する個人の能力がコスモポリタニズムと密接に結びついていることを示している。それは、世界市民社会について語ることは可能なのか、そしてその役割とはどのようなものでありうるか、という問いを提起しているのである。同様に、それはグローバル・ガバナンスをいかに民主化するかという問題も提起しており、コスモポリタン・デモクラシーという考え方へと向かわせるだろう。しかし、この世界市民社会の概念やコスモポリタン・デモクラシーの概念について検討する前に、われわれはカントのコスモポリタニズムの第二の特徴に立ち戻らなければならない。それは、メタ政治的で方法論的、より正確には、超越論的な特徴である。

カントの見立ての大きな特徴は、コスモポリタニズムとは未来への投企の仕方であるとする点にある。それは政治的理性の統制的原理である以上、カントのコスモポリタニズムが非現実的であるとかユートピアであるという非難は当たらない。カントは、彼の生きる世界が完璧な世界で軋轢もないと主張しているのではなく、普遍史〔完全な世界市民連合の実現という究極目的に従って、人間の自然的素質が展開される歴史〕の哲学に準拠して、平和への前進という理念を目的として立てているのである。このような仮定から出発して、彼は世界市民法へとつながる法の構築に着手する。したがって、世界を統治する普遍法という理念は、ストア哲学のコスモポリタニズムのような仮説ではない。国家を超えた法秩序の構築こそが問題なのである。そのために必要とされるのが、われわれの努力を方向づける統制的原理である。

カントのコスモポリタニズムは楽観的な歴史観に基づいている、という人もいるかもしれない。それも一理あるだろう。しかし、カントの永遠平和の構想は、超越論的な構想であり、義務や理性の要請に帰着するものであることが一度理解されれば、この啓蒙の哲学者の楽観的な議論を、カント的構築主義からアクチュアリティを奪うものとみなすことなどできない。カントの体系を補うことは必要である。ただ、コスモポリタニズムに超越論的な性格と統制的原理の地位を与えるカントのやり方は、とりわけ現代においても妥当する。われわれは、平和と居住可能な世界の保全という目指すべき目的を将来において実現する制度の構築に着手することによって、その目的が〔ありえないとしても〕ありうるかのように行為しなければならないのである。[36]

カントは書いている。哲学も自分の千年王国説をもちうるが、その実現を促進させることができるような理念が一つだけある、と。この哲学者は、もはや神学的な意味をもたない千年王国の待望に対して、政治的な内容を付与する。そのことで彼が示唆するのは、歴史の目的は進歩なのか、それとも黙示録なのかを判断する基準、あるいは、善悪の区別を無効にしたままにすべきかどうかを判断する基準を与えうるのは、直接的な経験ではない、ということである。[37]反対に、われわれは、「戦争はあるべきではない」ということ、そしてそれは「実践的理性の抗しがたい拒否権」の行使なのだということを知っている。

永遠の平和はありうるのか、それともありえないのか、ということは問題ではない〔……〕そうではなく、永遠の平和はおそらくありえないにしても、ありうるかのようにわれわれは行為しなければならない。永遠平和の確立と、そのために最も適切と私たちに思われる体制（おそらくは、もれなくすべての国家による共和制）とを目指して努力しなければならない。[38]

われわれの意図の実現は確固たる希望の域を出ないとしても、「それに向かって不断に努力するという格率を想定することは、決して自己欺瞞ではない。というのも、この格率は義務だからである」[39]、と言明するカントの歩みを辿りながら、われわれは、糧の共有としての正義という考え方に由来する、新たなコスモポリタニズムの目的を指し示すことができる。その目的とは、世界の飢餓の撲滅、不平等の是正、地球温暖化に対する闘い、動物の境遇の改善である。この目的に基づいてわれわれは、国内でも国際社会でも政治的世界のルールを策定することができるのである。

われわれはこの目標の実現に向かって漸進的に歩みを続ける。今日の世界では毎日のように対立が起きている。このことが示しているのは、国家や個人が、自分たちの長年頼ってきた権力と支配の構図を手放すことをためらい、〔権力や支配とは〕別の忠誠を取り入れたコスモポリタニズムの視座を採用することをためらっているということである。しかし、だからといって、この計画が正当性を失うということにはならないし、共通世界を創出する努力を断念すべきだということにもならない。なぜなら、このような理想を掲げる前提には、殲滅の可能性や現実の悪に対する鋭い意識があるからである。さらに言えば、この理想を実現するためには複数の次元での努力が必要であり、それゆえ、進歩というものを——進歩なるものが存在するとして——、一つの方向に向かってはしごを昇るようなイメージで表象することはできないだろう。

最後に、〔各国の〕アイデンティティが混乱を招くことを示す諸々の事例——リベラルな民主主義国家においても例外ではない——があるとはいえ、国を超えた連帯や運動の形態も存在している。それには、糧に関係するもの（Sustainable Food Movement〔持続可能な食を目指す運動〕）もあれば、トランジション・タウン（Transition Town）もある。こういった現象が明らかにしているのは、ますます多くの人々が、何が共同利益となりうるかを話し合ったり交流したりする欲求や能力をもつようになり、こうした相互了解を自分の日常生活や身体に取り入れているということである[40]。したがって、われわれが向かおうとしているのは、人々が、このようにして選挙とは別の仕方で自分たちの政治的自律を表明する方向である。われわれは、そうした中でグローバル市民社会を語ることはできるかを問い、また国を超えた連帯の出現がグローバル・ガバナンスの次元において何を意味するかを問うのである。

グローバル市民社会とコスモポリタン・デモクラシー

ヘーゲル以来、市民社会とは、国家とは区別された社会的営みの領域のことを指すが、この市民社会では、個人が諸々の関係を取り結び、公共圏の一員として行為している。この公共圏から様々な行為者《アクター》の入り混じった集合体が成立し、この公共圏によって個人は、自律を行使し、政治的権威からは独立した責任を担うことができるようになる。一九九〇年に「グローバル市民社会」という表現が登場するが、それは、次のような非国家組織（organisations non-étatique）を指している。すなわち、政治世界の現実を構成する組織であり、またコスモポリタニズム化を特徴とするような世界の住人としての人間に影響を及ぼす様々な生活領域の中で、グローバル・ガバナンスを方向づけることのできる組織である[41]。

この市民社会概念の中心にある考え方とは、政治の営みは、国家の制度の働きに解消されるのではなく、それはアソシエーションや労働組合、市場といった他の形態の組織によって構成されているのだ、というものである。ところで、個人が私生活において直面する問題、そして一国の市民としてだけではなく世界の住人としても個人に影響するような問題を、こうした形態の組織が「集約し、増幅して公共圏へと流し込む」ようになって以降は、政府の意思決定のプロセスは、これまで以上に熟議へと方向転換するよう求められている。それだけでなく、市民社会については、もはや一国家には限定することはできなくなるだろう[42]。

このような考察は、市民社会（société civile）概念を世界規模にまで拡張することを正当化するだろうか。この問いに対する答えは、この〔市民社会という〕新しい造語にどのような意味を与えるかにかかっている。世界規模のアイデンティティはもはや問題になりえないだろう——もしそうしたものがあるとすれば、それは再びコスモポリタニズムにメタ政治的な意味でなく政治的な意味を与えることになる。それに、異なる国の市民が同じ声を上げるというのは想像しにくい。世界議会のようなものによって彼らを代表することは、このテーマを扱った書物でしばしば論じられるが、市民社会をこのような仕方で制度化することがどれほど適切かは定かではない。なぜなら、グローバル市民社会という概念が機能するかどうかは、統一性や均質性ではなく、むしろ意思決定者としての行為者《アクター》の多様性や混交性次第だからである。この多様性や混交性を消し去って、一方の行為者が、他方の行為者よりも、世界市民の義務となりうるものをよりよく代表しているとみなしてしまうと、ある種の革新の活力が失われることになるだろう。というのも、この活力は、代表者と国家が意思決定の唯一の当事者《アクター》であるような古典的枠組みと違って、政治的世界を垂直的な階層とは異なる形で組織するような運動の内部で働くものだからである。

実際、団結の運動によって国を超えた紐帯が生み出され、様々な当事者が、自分たちに関わる問題を中心に集団を組織するという傾向が作り出されていく。例えば、環境汚染や地球温暖化の影響を被っている人々や、動物に暴力を加えることをもはや支持しないような人々がそうである。このような団結《アソシエーション》を通じて、人々が改めて一つにまとまるのである。彼らは、食べるという行為に付随する政治的次元を意識しながら、最も重要な変化はわれわれの日常生活から始まっていると考え、その変化がわれわれの身体、とりわけわれわれが糧を得る仕方に関わっているとみなす。NGO〔のような団体《アソシエーション》〕は、人々が自分自身をどう捉えるかについて、大幅な修正を迫る。つまり、われわれは〔地域、国、世界といった〕複数のレベルで自分の責任を果たすことができる、という発想が、実際にこの種のコミットを行う人々に刻まれるのである。

こうした団体やネットワークのおかげで、個人には協力の感覚が育まれるだろう。共通世界に帰属しているという感覚や、地球の住人の一人であるという感覚がない限り、環境保護や公正かつ健康的な食糧の促進、動物保護に専心するような、国を超えた団体に対して、個人がコミットする事態は生まれてこない、というわけでは必ずしもない。しかし、そのような感覚は、地元や国、地域、世界といった水準で、こうした争点を掲げる運動への参加を通じて育まれ、高まっていくのであって、それによって貢献型の民主主義の輪郭が徐々に描き出されていくのである。

国の内外で市民権が行使されることによって、対抗権力《カウンターパワー》の創出やその強化にはうってつけの権力監視の動きが生み出されていく。このような市民社会の活力が、権力の民主化に影響を与えるとみなすこともできる。市民が、自分たちの責任や政治的な力をはっきり自覚するならば、そして彼らが、利益を共有しながらも異なる哲学的、宗教的、道徳的背景をもつ他者と抵抗なく議論できるようになれば、彼らはますます自国の政治的世界に参加するようになるだろうし、また競争民主主義を熟議民主主義へ移行させる能力を身につけるようになるだろう。そのような市民は、簡単に扇動されることもない。というのも、彼らはしばしば非常に正確な情報源を利用しており、多数の人々や政治家に対して、最新のコミュニケーション手段を駆使するからである。最後に、団体《アソシエーション》はアイデアの実験室であると言える。団体は、革新的な性質をもつ方法を提示する。その革新性は次の点にある。すなわち、個人が〔自国だけでなく〕他国の人々とも対話しているという点、また、特にエクメーネ〔風土〕という側面から見た農業や都市化が問題となっている場合に、個人は、自分の活動がローカルな次元で行われているにもかかわらず、〔それを超えた〕世界の別の場所でなされた体験をも参照することができるという点である。

したがって、われわれの考えでは、問題は、グローバル市民社会である以上に、国を超えた争点を提起する諸問題を、ローカルかつグローバルな形で論じるために、個人がネットワークを組織する流れを一般化することなのである。人々がグローバル市民社会について語り始めたのは、市民社会が世界のあちこちで大きな創造性を見せているからである。しかしながら、こうしたコスモポリタニズムにとって鍵となるのは、人々の自律であることは論を俟たない。自分の人生を自分のものにしようとする意志は、コスモポリタニズム化とグローバル化の時代に、逆説的にも個人が一定の力を保持しているという感覚と対になっている。そのような意志から、物事の流れを変え、公共政策の方向性を自ら決定したいという欲求が湧き上がってくる。こうした事態は、議論や情報、コミュニケーションを通じて生じることもあれば、ときには異議申立てをしたり内部告発者になることで生じる場合もあるし、またそれだけでなく、日常生活や日々の行動、特に何らかの仕方で食べたり消費したりする行動の中に自分の政治意識を見出すことによって生じる場合もあるだろう。

こうした市民社会の創造性がもたらす民主主義的成果や文化的成果は、以上の記述で尽くされるだろうか。それとも、それは国際交渉のルールを修正し、一九八〇年代以来のいわゆるコスモポリタン・デモクラシーへと道を開くのだろうか(43)。なるほど、諸々の民主主義国家は、国内では表現の自由や多様性が守られているが、他国との関係においては、民主主義の価値観――例えば、暴力の拒否、法の遵守、個人の道徳的平等、その帰結としての多数決原理、寛容、文化の多様性の承認、透明性、公共性、参加型の問題解決――を、必ずしも適用しようとしていない、ということは認めざるをえない。しかし、このような現状からグローバル・ガバナンスという民主主義のプロセスは幻想だと結論づけるのは誤りであろう。なぜなら、民主主義とはダイナミックなプロセスであって、最終形態でも硬直した実体でもないからである。さらに言えば、民主主義とは、制度のことを指しているだけでなく、先に挙げたような諸々の価値観を指してもいる。こうした価値観は、これまでの文脈に当てはめるなら、民主主義にはある種の柔軟性があるということ、つまり、民主主義のあり方は状況に応じて多種多様だ、ということを示唆するものである。

以上のように、「コスモポリタン・デモクラシー」という表現は、社会が民主主義へと向かうプロセスを意味しているのと同時に、民主主義が地球規模で広がること、したがって、グローバル・ガバナンスが地球規模で広がることを意味している。このグローバル・ガバナンスはもはや、政治的代表者や政府、専門家だけに託されるものではありえない。今日複数のレベルで様々な形態の下、様々な行為者《アクター》とともに展開しているプロセスについて理解するには、デイヴィッド・ヘルドによってしばしば用いられる「グローバルな社会契約」という概念は決して十分とは言えない(44)。というのも、どういった政治を普及させるべきか、それは例えば、社会民主主義なのか、といった問いが本質的なのではなく、どのようにして市民がローカルかつグローバルな次元で何らかの価値判断を行っているのか、またどのようにして彼らが意思決定プロセスに変更を加えられるようになるのか、という問いの方こそ本質的だからである。

たとえコスモポリタニズムが制度として実現されたとしても、コスモポリタニズムを政治的普遍主義とみなすことはできない。こう述べたからといって、民主主義のルールに即して社会を作り上げることで共通善を創出しようとする際の努力やコスモポリタニズムの視座が、普遍主義とは無関係だ、ということにはならない。われわれは、普遍主義を促進しようとしてきたし、また普遍主義は、倫理や政治ではなく、糧の現象学によって描かれた存在論や実存範疇に属しているからである。しかしながら、このような〔コスモポリタニズムの実現による〕社会の変容、及びそれによる制度の変容の中心となるのは、〔制度ではなく〕一人ひとりの人間なのである。あたかも最も根本的な変化はまず、こうした一人ひとりの人間の中で生じるかのように、すべては進展していく。彼らが理論と実践の結節点となって生まれてくるのは、制度を作り上げる想像力（imagination）である。まさにこの想像力のおかげで、男女問わず、自分たちが望む未来を描くことができるのである。換言すれば、コスモポリタニズムに活力を与えている個人の変化と同じく、メタ政治的なコスモポリタニズムの原動力の一つは、想像力に満ちた創造やユートピアに基づいている。

想像上のもの、ユートピア、啓蒙の遺産

行為の構造は象徴的なもの（symbolique）である。(45) われわれは社会的なものに全身が浸かっているが、この社会的なものを完全にクリアに把握することはできない。制度は、個人の必要〔欲求〕に応えており、その点で制度には機能的な意味がある。したがって、制度もまた象徴的な要素をもっていると言える。しかも、制度は、個人の期待や幻想に依拠することによって初めて効果的に機能する。――これがカストリアディスの言う「想像上のもの」（imaginaire）〔想念〕であり、それは疎外（あるいは他律）の源泉であると同時に、創造の源泉でもある。創造とは例えば、他の可能性を想定するために現実を別様に描き出す個人の能力である。

想像上のものとは、知覚には与えられていない事物や関係を、表象形式に基づいて定立する能力のことである。想

像上のものが象徴的なものを利用するのは、何かを表現したり、何かを完全な形で考案したり、あるいはすでに使われている象徴をずらして、普通の意味や標準的な意味とは別の意味をそれに付与したりするためである[46]。しかし、その逆もまた真であって、象徴的なものは想像上のものを前提している。なぜなら、制度や、さらには制度によって満たされている必要ですら、文化的に作り上げられたものを指し示しているからである。このことは、例えば食べ物について見てみればわかる。食べ物というのは、ありとあらゆる食べられるものを含んでいるわけではなく、ある社会において食べられているものだけを含んでいる。それと同様に、現代の資本主義経済は、資本主義経済によって生み出された必要を満たすような生産物が、資本主義経済自身によって生産されない限り、維持されない。つまり、機能的なものは想像上のものに依存しているということである[47]。要するに、現実の諸問題というのは、一つの社会における想像上のものがあって初めて、つまりその想像上のものが掲げる目的や意味づけがあって初めて、ある一定の時期に取り上げるべき重要課題として成立する。われわれの知覚世界についての理解は、実践的、情感的、精神的に規定されているが、こうした世界を内包しているのは、こうした社会的な想像上のものによる意味づけなのである。

したがって、われわれは常に条件づけられており、決してわれわれに押しつけられた言説から完全に自由になることはできない。重要なことは自己疎外を告発することである。自己疎外とは、カストリアディスが「他者の言説」と呼ぶ言説、すなわち、もはやわれわれが自分を認識できなくなるようなこの意味の総体に、われわれが閉じ込められているという事実である。しかしながら、われわれには自律を再び見出す可能性も残されている。この自律は、集団的な企てである[48]。もし人が集団的な企てを自分のためだけの企てとみなすなら、こうした企ては意味をもたない。何より、それは創造的なプロジェクトと本質的に結びついているのである。創造的なプロジェクトから別の意味が提起され、根本的な問題、つまりわれわれは何であるか、われわれは他者にとって何であるか、われわれは何を意志するのか、われわれに欠けているものは何か、といったことについて改めて考え直すことができるようになる。社会という世界は、有効に機能する想像上のものや想像されたものに準拠した意味体系に応じて、そのつど分節化されるとしても、その意味体系から距離を取ることは可能であり、また自己イメージや生のイメージについて、別のイメージを考えてみることは可能である。

制度化する社会的なものと制度化された社会的なものとの隔たりは、歴史の創造性を表す表現の一つである。加えて、リクールは、それをユートピアの機能の一つとして分析し、次のように主張している。すなわち、われわれのアイデンティティは未来志向的であり、われわれはわれわれが待望するところのものでもある、と。[49] ユートピアとは、力の想像変様であり、現実の対象の存在措定を一時停止することを求めるフッサールのエポケー〔判断停止〕の一類型である。それゆれ、ユートピアは、われわれが現実の対象から批判的に距離を取り、現実の別の側面の可能性を探求するための手がかりとなる。われわれは、横にずれることで、また「どこにも」身を置かないことで、秩序の偶然性を知るだけではなく、それ以上に、将来に目を向け、未来への希望について考えることによって、不可能なことを実現する可能性を手に入れるのである。なぜなら、ユートピアとは実現されることを意志する夢であり、気晴らしや現実逃避を目的とした夢物語がユートピアの唯一の特徴でも本質でもないからである。[50]

ユートピアは、単に既存の秩序に対する代替物であるだけではない。それは、正当性システムに対する市民の信念と既存の権威との溝を浮き彫りにする。イデオロギーは、乗り越え不可能な現象ではある。というのも、社会的現実は、社会関係、人間、生そのものについての解釈やイメージ、表象と結びついた象徴や想像によって構成されており、こうした社会的現実から、われわれを切り離すことなどできないからである。しばしばイデオロギーは、こうした制度を温存する役割や、アイデンティティを保つ役割を果たしている。それに対して、ユートピアは、こうした現実が、初めから存在するもので乗り越え不可能なものだとわれわれが感じないように働く。それは、新たな現実の可能性や、新たな生き方を垣間見せてくれる。だからこそユートピアは、イデオロギーとは異なるものとして、創造的な機能を有しており、政治的原動力となるのである。[51] ユートピアは、現実とはダイナミックなプロセスであって、「人間の本質はどこにも与えられていない[52]」という考えと表裏一体である。ユートピアがその力を引き出しているのは、ユートピアこそ人間の自己反省能力を具現化するという事実、またユートピアこそ実現可能なものの限界点を探ることで合理的な希望を描き出すという事実である。このようなユートピアは、暴力ではなく想像力によってこそ、われわれは必要な変革をもたらすことができる、ということを示しているのである(53)。

ユートピアにおいては、特にシャルル・フーリエの場合がそうだが、情念が重要な役割を果たす。なぜなら、善というものが慣習でも実体でもなく、想像的活動の産物であるとすれば、理性だけでは社会を動かすことができない以上、社会を情念によって煽ることが必要になるからである。しかも、歴史は単なる生産関係や権力闘争、またその闘争によって昂じる情念の産物としては理解できない。想像上のものは、個人を疎外し、非生産的な制度を維持しているが、こうした想像上のものにおいて広く共有されている意味とは違った意味を、個人は手にすることができる。それだけでなく、個人は、私利私欲だけで動いているわけではなく、理性と利益の結合――これこそ啓蒙の希望に根拠を与えていたものである――に基づいて動いてすらいないのである。

生活の様々な側面は、生産と消費の仕組みによって今日では傷つき損なわれていることが多いが、こうした生活の様々な側面は、現実を想像力によって改めて描き直すことで、姿を現すことだろう。そして、正義と幸福ないしコンヴィヴィアリティとの結合を基盤として構想される未来が映し出されるのである。現実を想像力によって改めて描き直すことによって、現行の権力システム、人間の関係、国家間の関係に裂け目が生じるだけではない。想像力の働きは、権力のシステムに含まれる中長期的に見て不十分で効果的でないものすべてを浮き彫りにすることによって、このシステムを問いに付すだけにとどまらない。各人が、〈感覚すること〉や情動――これこそ他者との関係、自然との関係の真のあり方である――を通じて再びつながる、というこの夢のもつ強みは、夢が、自分の生活様式を変えようという欲望をわれわれの中に呼び覚ますという点にある。

われわれはどうありたいか、ということを考えてみると、支配は現実を把握する唯一の手段でも最良の手段でもなく、また幸福に至るための最も確実な手段でもないということがわかる。ますます多くの個人がこのような内面の進歩を遂げていることは、健康的な食事を推進する団体や、地球環境に優しくコンヴィヴィアルな住居を推進する団体が現れていることからも明らかである。それと同様に、動物の境遇をめぐる議論が重視され、動物と人間とを媒介することの重要性が認識されているということは、自分と関係しながら他の生物種とも関係する人間について、われわれの考え方が根本的に変化していることを示している。合理性、とりわけ道具的合理性は、もはや人間性の顕著な特徴というわけではない。というのも、われわれだけが知性を有しているわけではなく、また、帰納や演繹についても、われわれだけがそれを行うわけではないからである。また、われわれの他者性であれ、人間以外の生物や自然の他者性であれ、他者性の尊重へと至る道として、知性は唯一の道でも特権的な道でもないからである。

ここまでの分析について、二つの反論を検討しておくべきだろう。それらの反論を通じて、われわれが語ってきたメタ政治的なコスモポリタニズムと、糧の現象学の地平にある哲学的普遍主義、そして理論と実践の結節点としてのユートピアとのあいだに、どのようなつながりがあるかを明らかにすることができるだろう。

第一の反論は次のように問う。変化の鍵は、糧の世界との関係をそのつど一人で経験する個人にあるというのに、社会的な変化やグローバルな変化を語ることは正当なのか、と。これら個々の経験の集積が、まとまりを欠いた公衆たち以外の何かを生み出すことなどありうるのだろうか。そのような公衆たちが一つの公衆として統合され、国際的な共同体に影響を及ぼすのは難しいのではないか。人々が他の人々と結束する必要性を感じているとすれば、それは彼らが、政治的次元、国家的次元、あるいは国際的次元において、支配という構図、すなわち他者をライバルや敵とみなし、自然を征服し開発すべき資材とみなす構図がいまだに支配的であることを認めているからである。しかし、誰かが政治を握り続け、グローバルなレベルで意思決定し続けるあり方に対して変革をもたらすだけの政治的な力を、こうした人々がもっていると言えるだろうか。

第二の反論——実際には問いかけだが——は、われわれが次の問いに答えることを求めている。すなわち、ユートピアや想像上の仮構《フィクション》が果たす政治的役割を探求するとき、われわれは、果たしてAufklärung〔啓蒙〕のプロセスと類似した文化的、歴史的プロセスの中に身を置いているのか、という問いである。Aufklärungは、そのように呼ばれていただけでなく、カントの一七八四年のテキスト〔『啓蒙とは何か』〕に見られるように、それなりの標語や使命があった。啓蒙、とりわけカントのそれは、自由の哲学に基づいており、この自由の哲学にとって自然は、単なる土台とみなされているが、糧の現象学が提起された場合、われわれは、こうした啓蒙の遺産の延長上になおも位置づけられうるのだろうか。方法論的コスモポリタニズムや、本書が彫琢してきた〈〜によって生きる〉の哲学の普遍化可能な次元は、このような〔啓蒙と糧の現象学との〕関連づけを正当化できるだろうか。

　どちらの反論に対しても、われわれは、カントの直観に立ち戻り、メタ政治的なコスモポリタニズムについて語ることを可能にしている根拠を明示しなければならない。カントが啓蒙に関して語っていたのは、当時進行中であった根本的な変化についてである。そして、カントによれば、彼の時代がその変化のいくつかの兆候を示していたのである。すでに〔本章、フーコーによるカント『諸学部の争い』への注釈において〕見たように、ケーニヒスベルクの哲学者〔カント〕にとって、フランス革命の意義深い点とは、革命的な行動ではなく、革命が呼び起こした人々のあいだの共感である。こうした啓蒙についてのカントの小著――そこでは、啓蒙の標語は、未成年状態からの脱却と、理性を公共的に使用する能力と勇気としての自律の獲得であるとされる――から出発した解釈が意味するのは、革命が起きるとき、それは個人から始まるということである。最も重要な社会的変化における重要な要素は、見世物《スペクタル》的な出来事に結びついてはいない。そうではなく、それはむしろ、世界の複数の場所で複数の人々によって体験された現象がもつ、ほとんど不可逆的な性格とその深部に結びついているのである。こうした現象は、われわれが何らかの目的に即して行う選択を方向づけるものや意味を形成するものについて、それを意識すること、あるいはむしろ、それが想像上の次元で変化することに基づいているのである。

　ところで、今日、環境保護や動物の境遇の改善に向けた、団結《アソシエーション》の運動が登場し、またそれだけでなく、安全な製品や産地の示された健全な食べ物の購入を望む消費者からの要求も高まっている。こうした現象を前にして、われわれは、よりよく、より公正に生きたいという欲求を示す、グローバルな運動を目撃しているように思われる。従来の政治闘争と比べて、こうした正義への欲求が特別なものであるとすれば、それは、こうした欲求が日常生活の中で表明されている点にある。つまり、街頭でのデモや議会での討論が、政治闘争の唯一の場所というわけではないのである。

糧を中心とした運動は、とりわけ以上のような進歩をはっきりと示している。なぜなら、それは日々の行動に関わっており、したがってその影響は、生産や流通といった経済全体にまで及ぶからである。こういった運動に加わる人々は、かつての政治的意思表明の場合のように、特定の場所で一つに寄り集まる必要はない。しかも彼らは、ある意味ではあらゆるところに遍在しているので、彼らは効果的にその手を広げていく。最後に、正義の理念が、自分の生活の中に、また自分自身との関係や他者との関係、糧との関係の出発点となる自分の身体の中に刻まれているという事実は、次のことを示している。すなわち、政治的な行動は、たとえそれが既成の秩序に対する異議申し立てという面を含んでいるとしても、ラディカルでかつ非暴力的な行動でありうる、ということである。

大地への居住の仕方や糧に関する知を取り戻すことで、生の意味を再び見出すという現象が広まっていくとしても、やはりそれと同時に、こうした現象に対する抵抗もありうるだろう。また、抵抗はしなくとも、食べるという行為に付随した倫理的・政治的意味について問うことなく、市場から提示された消費財をこれまで通り求め続ける個人は、おそらく今後ますます多くなるだろう。さらに言えば、自分の欲求を改めて見つめ直す態度、何よりも倫理的で、したがって個人的なこの態度が、世界の様々な場所で繰り返し生み出され、大規模な公衆や世界共同体を生み出す、とまで考えるのは夢物語であろう。

何度も強調してきたように、共有された想像上のものに基づいた価値観や意味を中心に再統合された世界共同体なるものがあると考えるのは、危険な虚構である。しかしながら、こういった運動が現れているという事実や、風味とコンヴィヴィアリティとを結びつけることでよりよく〔正しく＝美味しく〕食べ、生の味（goût）を再発見したいと考える人がますます増えているという事実は、糧の共有としての正義に向かって個人や社会が進んでいくことに対して、徐々に障害が取り払われてきたことを示す証拠である。同様に、情報へアクセスする人々が今後ますます増えることで、中期的に見れば、権威的な権力形態や垂直型の権力形態を維持することは不可能になるだろう。換言すれば、文化形成〔陶冶〕のプロセスは今まさに進行中なのである。問題は、このプロセスを啓蒙と関係づけられるかどうかである。

カントの一七八四年のテキストにおいて特筆すべき点は、そこで問題となっている時代というのが、〔啓蒙と〕呼ばれており、さらに自身の標語を表明して、思惟の歴史に対しても、同時代に対しても、その時代が何をなすべきかを指し示している点にある。Aufklärungが指し示す文化形成〔陶冶〕のプロセスは、特定の時代や場所に限定され続けることはありえず、また否定しえない普遍的側面をもつメッセージを提示している。もう一つ、このテキストの驚くべき点は、著者が、その時代の哲学者として果たすべき役割について、また彼の記述する文化形成のプロセスに対して果たすべき役割についても、完全に自覚している点である。したがって、彼は自分を、このプロセス全体に従う一部分として提示すると同時に、その中で自ら立ち回る主役《アクター》としても提示しているのである。なぜなら、彼は、何から何まですべて自分で創り出そうというつもりはないとしても、人々を方向づけ導いていくために、何が進行しつつあるのかを示す必要があることを確信しているからである。そして、人々は、彼が時代を描写した一枚の絵の中に、自分たちの姿を認めるはずである。

まさにこのような視座から、Sapere aude《サペーレ・アウデ》〔あえて賢くあれ〕、あえて自分で考えよ、という啓蒙の標語についても解釈しなければならない。その意味を理解するためには、当然、人間は、未成年状態に対して自分に責任があるということを思い起こす必要がある。彼らは、「怠惰と臆病が原因で」自分の内に閉じこもっているのである。しかしながら、自己の統治と他者の統治とのあいだの関係の再調整を可能にする理性の公共的使用を強調することで、社会や世界の政治的変容と自律とがどう結びついているかが説明されるとすれば、次のことは明らかである。すなわち、われわれが関わる文化形成〔陶冶〕のプロセスに名を与えること、そしてわれわれに課された使命を明示するということもまた、人々の努力に意味や方向性を与える政治的行為である、ということである。

そこで言われているのは、何かよりよいものやより建設的なものが可能だ、とか、未来は開けている、ということだけではない。それ以上に、政治的世界をもう一度魅力あるものにする――それは、おめでたい楽天主義や迫りくる危機への無知とは何の関係もない――ためには、自由に対して、集団的な側面を、あるいはコスモポリタニズムの側面を付与することが必要だ、ということである。[54] それは、個人的であると同時に集団的でもあるわれわれの実存に対して、共通世界への帰属が与える厚みについて先述したことと無関係ではない。より正確には、「自分のため」(pour-soi)〔対自〕の哲学ならざる、糧の現象学の文脈から、こうした自律の決定的な重要性を確言することで、自由の概念が内側から照らし出されるのである。

自由の概念は、われわれが共通世界に住まうということを心から確信するにつれて、徐々に深められていく。この共通世界についての理解は、異なる文化や時代によって多様な仕方で解釈されうる実存範疇の解明と不可分である。コスモポリタニズム化の時代の普遍主義は、文脈依存的な普遍主義である。また、啓蒙は、単に実存の物質的条件の外で考えられた個人の啓蒙ではなく、主体の身体性について考慮すること、糧に満ちた世界の本質を称揚することと表裏一体である。

以上が、〈～によって生きる〉の哲学の地平である。〈～によって生きる〉の哲学は、自然を単なる土台とみなすことはない。それは、自由の哲学やディープ・エコロジーの特徴であった二元論――自由の哲学に比べればディープ・エコロジーは二元論的ではないのだが――を乗り越えて、エコロジーと実存とを結びつける哲学である。糧の現象学のヒューマニズムや、これまでに解明された実存範疇の普遍化可能な側面、本章の主題であった政治の再構築、そして進歩の鍵は個人が生活に信頼を寄せる潜在能力の中に求められるべきだという考え、こうした一連のことが、われわれの取り上げる哲学がまさに啓蒙の遺産の中に位置づけられることを証明しているのである。

もちろん、糧の現象学と一八、一九世紀の啓蒙との違いは重要である。この点については、後者にとって自然は単なる土台の役割を果しているにすぎないということを想起した際に説明した通りである。さらにまた、技術の力と切り離すことのできないわれわれの行動様式の変化や、現代の生物工学から生じるジレンマを見ても、われわれとカントがどれほど隔たっているかがわかるだろう。とはいえ、こうした違いを超えたところで、糧の現象学が啓蒙と共有している精神を捉えることが重要である——それは、建設的な精神であり、糧の現象学が、一貫した基調《トーン》に貫かれているとすれば、それはこの精神のおかげである。そしてこの基調は、人間が自らの運命をその手でつかむことができるということを確信する、この信頼に裏づけられたものなのである。

結論

フランソワ・フュレは『幻想の過去』の最終頁に、こう書いている。共産主義の終焉は人々にとって「閉ざされた未来に対するショック」として受け取られた、そしてそれは、二世紀にわたって革命的メシア思想が築き上げてきたものの根本そのものを揺るがしたのだ、と。別の社会という観念について考えることがほとんど不可能となり、そのような問題について「新しい考え方の素描すら」わざわざ提示しようという者は誰もいなくなった(1)。しかし、このような状況は「近代社会の精神にはあまりにも厳しく、あまりにも反する」のであって、長く続くことはありえない(2)。「民主主義は、それが存在するというだけで、ブルジョワジーや資本の後に来たるべき世界を必要としているのだ。そしてその世界でこそ、真の人類共同体が開花するであろう(3)」。

この別の社会という民主主義の要請に、フランス革命の歴史研究の泰斗〔フュレ〕は少々戸惑ってしまった。しかし、このような要請こそが本書を動機づけているのである。本書においては、政治は最善の生への希望と切り離すことができず、またコンヴィヴィアリティとしての幸福と利益との結合を実現させる正義は、味(goût)、すなわち、世界の美しさを認識する能力と切り離すことができず、また傷を免れた生との関係と切り離すことができない、ということが明らかになった。実際、政策を――それが成功したか失敗したかにかかわらず――、それが経済にもたらした結果へと還元したり、その政策のおかげで実現しえた専門的な成果へと還元したりすることはできない。バートランド・ラッセルが書いているように、一般に政治家たちが無視している領域——学問や芸術、人間関係や男女間の関係、生きることの喜び——に関しても同様に、政策は評価されなければならない。また、こうした領域への愛があるからこそ、われわれは理論を構想し、可能なものを開示するユートピアについて描き出すのである。(4)

可能性の開示とコンヴィヴィアリティ

哲学の試論は、政治の綱領と同じではありえない。現象学的方法を用いることで、実存の構造を記述することができる。この構造によって普遍化可能な基準が設定され、その結果、われわれは人間の条件を考え、そこから政治的権利の原理を明らかにし、糧の共有として構想された正義論を彫琢するのである。こうした現象学的方法が、あらゆる信条告白とわれわれの企図とを根本的に分かつものである。何度も強調したように、糧の現象学——特に、食の分析や、地理的かつ社会的なエクメーネの側面から捉えられた風土や場所の分析、〈共に住まうこと〉や誕生の分析——から生じる実存範疇は、主観的選好に結びついた規範的判断の表出である道徳的価値とは何の関係もない。政策の根拠を道徳的世界観に求めるのは、それが哲学的な保証で飾られていようとも、論外である。なぜなら、道徳から政治へ移行するためには、暴力、あるいは支配によって善の理解を押しつけるしかないからである。多元主義は、個人の道徳的平等と一体であり、他者性の承認や多様性の尊重、ひいてはライフスタイルや生活様式の混交性の尊重を必要とするのである。

しかしながら、多元主義の事実を受け入れるからといって、相対主義に向かわざるをえないというわけではない。反対に、〈〜によって生きる〉や、実存の生物学的、生態学的、社会的条件を強調することによって、また、誕生して飢える主体の身体性を強調することによって、あらゆる社会、あらゆる時代に意味をもつ〔普遍的〕構造が浮かび上がるのである。ただし、この普遍主義は、文脈依存的な普遍主義である。したがって、この普遍主義から与えられる指標をそのつど解釈するのは、ある特定の文化や時代に位置づけられた人々であり、その歴史や地理、言語、神話によって形成された世界の中を歩む人々なのである。

したがって、存在論と政治を結びつける本書の目論見は、理論的であると同時に実践的でもある。西洋哲学は、自然／文化というある種の二元論を特徴とし、古典的な社会契約の理論家たちに見られたように、自由〔という主題〕に的を絞ってきた。こうした西洋哲学によってしばしば覆い隠されてきた実存の次元が明らかになることによって、倫理や正義に対して一般的に与えられてきた意味が変わるのである。糧の現象学にとって倫理や正義という概念が意味をもつのは、私が食べるという行為を行ったときである。つまり、両概念は、実存の立場表明を指しているということである。なぜなら、私は、消費の仕方や大地へ住まう仕方を通じて、私が誰であるかを、また私が人間及び人間以外の他の生物に対してどのような場所を与えているかを、表明しているからである。

さらに言えば、生まれ、食べ、どこかに住まい、何らかの技術を利用するという事実によって、私は過去、現在、未来の他の人々との関係の中に置かれている。私の実存は、私の祖先の実存や私を作り上げている人々のあらゆる系譜の実存で溢れ返っているばかりか、未来世代もすでにして私の一部である。というのも、彼らは私の選択の影響を受け、核爆弾の発明以来、われわれは、彼らの誕生を妨げる力を手にしているからである。

したがって、実存は、あたかも私の行為の地平が私一人だけのものであるかのように、単に個人的なものには限定されない。それは、集団的な実存でもある。なぜなら、われわれは共通世界に属しているからであり、それは、われわれの祖先の営為や生態圏全体、そして多様な生物によって成り立っているからである。われわれの誕生を迎え入れる共通世界は、われわれが死んだ後も残る。われわれの行為についても、それがごく日常的なものであっても、それに対する評価は、われわれが共通世界を大切に守っているかどうか、またわれわれが、子孫に対して、彼らがこの共通世界から糧を得たり共通世界に糧を与えたりする可能性を残しているかどうか、その姿勢に応じて下されなければならない。さらに、他の生物種との関係、とりわけ自分の生を一人称で感じ取っているのに自分の代表をもたない主観性としての動物、われわれとオイコス〔家〕を共有しているこの動物との関係は、正義について諸々の問題を提起する。そうした関係は、われわれが他の生物に対して、彼らが存在する権利を認めることができるということを示すものであり、また〈感覚すること〉に対するわれわれの関係を鏡のように反映するものである。この〈感覚する〉という様態によって、われわれは他の生物と出会うことができ、さらに、われわれの情動の最古層に再び触れることができる。そうして、思惟の手前で、また〔人間という〕種や社会階級に自分のアイデンティティを結びつける前に、われわれは、憐れみに対してしかるべき場所を与えるに至るのである。

二つの次元、すなわち個人と集団の次元に広がる人間の実存が厚みをもっていること、またそれが物質性であることを考慮するとき、糧に対する私の関係が、倫理の根源的な場であること、また、正義は人間同士の関係や国家間の関係にとどまらず、分配理論に還元されることもありえないことが明らかになる。こうしたことを通じて、国内や国際社会で政治を組織する目的をめぐる考え方が修正されることになる。

古典的な社会契約は、対称的な人間同士の互恵性から成り立っており、個人の自由の保護、安全、不平等の是正を保障することを目指していた。それに対して、糧の現象学が道を開く概念枠組みは、未来世代の利益や他の生物種の利益について、たとえ近似的にしか理解されないとしても、それらを共通善の定義に組み込むことを求める。生態系や動物の問題を中心に据えた社会契約は、いつでもその契約の唯一のメンバーである人間同士のあいだで立てられるが、しかし、生物圏の保護や、その美しさの保護、現在及び将来の人間が生を享受する可能性の保護、そして感覚の剥奪へと追いやる劣悪な生を動物に課さない配慮こそ、国家の新たな義務なのである。

それと同時に、食料への権利を単なる机上の空論にしないために、ロールズの理念的な正義論よりも、社会的権利がより一層有効性をもつようなルールを練り上げることが重要である。そのようなアプローチに求められるのは、単に形式的な自由だけに注目せず、またいくつかの基本財の内容を決定するにあたって、資財の配分や割当ての観点から正義を構想することに終始しないことである。食料への権利について言えば、それによって、飢餓や栄養失調の問題に直面している諸国家の食料主権を向上させることに留意しつつ、また様々な地理的、社会的文脈で採用された農業政策を保護しつつ、食料品の世界貿易を再編することへとつながるはずである。

さらに、資財ではなく糧について語るときに念頭にあるのは、生きるという事実に付随した、享楽〔享受〕という側面を強調することである。諸々の欲求の本質は、糧を得るには一定量の食べ物があるという事実で十分とみなすかのように、欠乏という観点から捉えられるものではない。重要なことは、欲求を通じて、個人が享楽へアクセスできるようにすること、つまり食べることの快楽〔喜び〕へアクセスできること、また産地が明示され価値が認識されている、健康かつ公正な糧を味わいつつ食事を共にする快楽〔喜び〕へアクセスできるようにすることである。正義はもはや、単に利益や効用と結びつくだけではない。享楽を考慮する幸福《エウダイモニア》主義のモチーフが、正義を内側から照らし出す。社会契約が応答する政治問題は、個人の貪欲を制限し、情念のせいで彼らが自滅するのを回避しながら、いかに個人の安全を確保するかという問題だけにとどまらない。問題はコンヴィヴィアリティであり、それこそ、娯楽や都市化、教育、労働、市民討論など何であれ、社会を組織する際の地平となるのである。

生を共にすることの快楽〔コンヴィヴィアリティ〕という次元を政治の目的から除外し、仕事や集団での営みのような日常の行為に対して物事の美しさが与える意味を政治の目的から除外しても、今日の人々にとって、それは何ら驚くべきことではない。しかし、このようにして幸福についてのあらゆる反省から政治を切り離すこと――あるいは幸福を、満足できる環境を手に入れることに切り詰めてしまうこと――や、正義とコンヴィヴィアリティとを分離してしまうことは、実存についての誤った考え方を象徴しており、それは、政治の営みに跳ね返ってくるだろう。加えて、実存の審美的側面や、美しいものに見惚れたい、そこから糧を得たい、という欲求が消滅してしまうことは、あらゆる生活領域に影響する味わい（goût）〔趣味〕が危機に瀕していることを示しており、それと同時に、環境破壊や人間の搾取、生物の物象化へ抵抗することがいかに困難であるかを明らかにしてもいる。

それに対して、社会的・政治的仕組みを再構築する際、抽象的で独我論的に捉えられた個人を起点とするのではなく、実存の関係的な次元――それは誕生して飢えるという事実によって明らかとなっているが――や味わいを重視するならば、対称性やギブアンドテイクといった構図は放棄され、すべての人が特に人生の一時期に置かれる〔介助を要する〕依存状態を正しく認識することになる。さらに言えば、このようなアプローチが含意するのは、倫理や正義は本質的に自己制限に結びついているということである。自分の生存のためには何でも使ってよいという契約主体の権利は、自分とは遠く離れたところに生きる他人の実存や、自分の後に産まれくる他人の実存、さらには他の生物種の実存のために、制限が加えられる。この制限は、外から加えられる制限であると同時に、内から加えられる制限でもある。というのも、社会契約の基盤となる主体は、食事を共にする人が見た目には誰もいないときでさえ、決して独りではないからである。その意味では、彼のコナトゥスの核心には、他者の生きる権利があると言えるだろう。

実際、私が食べるという行為を行った途端、私は、過去、現在、未来の人々、ここやあそこに住む人々、他の生物種と関係するのである。また、私が誕生したという事実は、私の実存の背後に複数の実存があるということを意味する。換言すれば、社会的・政治的仕組みにとって、あたかも他者の自由を尊重するために自分の自由を制限することが問題であるかのように、個人の自由の平和的共存を保証することは、もはやその唯一の目的でも本質的な目的でもなく、こうした社会的政治的仕組みを描き出すのは、産み落とされたコギトやグルメなコギトに基づく社会契約なのである。身体性、飢え、渇きを抱える他者の実存こそが、私を問いに付す。それと同様に、産み落とされた存在という他者の地位が、糧との関係において私に義務づけるのは、破壊された環境を彼らに押しつけないよう配慮することであり、また彼らのあらゆる努力と資源を地球環境の改善に注ぐことを余儀なくする生活条件や、彼らからあらゆる喜びや創造性を奪う生活条件を、彼らに押しつけないよう配慮することである。

こうして糧の現象学は、古典的な社会契約論とは違った仕方で、政治の問題を表明することへと辿り着く。というのも、生態系《エコロジー》は、われわれの外部にあるどころか、われわれの実存と結びついているのであり、また動物はわれわれの生と深く混交しているからである。しかし、だからといって、個人がすぐに消費習慣を変えようという気になり、環境保護に乗り出し、動物と関係するにあたってもっと正義を重視するようになる、というわけではない。糧の現象学が主体についての考え方を刷新するからといって、われわれが、いざ未来世代や他の生物種や個性を認められた動物への配慮を共通善に統合しようという心理状態になる、というわけではないのである。

糧の現象学によって明らかになった実存範疇は、ホッブズからロールズに至る社会契約の哲学に見られるような考え方とは、根本的に異なる主体や社会性の考え方に基づいている。産み落とされたグルメなコギトに基づいて政治の仕組みを創設するなら、われわれの彫琢する正義の考え方は、もはや単なる配分的正義にはとどまらない。したがって、われわれが問い直しているのは、まさに近現代の政治理論の基盤となっている哲学的諸前提であり、われわれはこの諸前提を、自然状態という仮説ではなく、現象学に準拠した別の哲学と置き換えるのである。この現象学は、ホッブズやロック、ルソーの人間学のように、情念の分析に基づくのではない。そうではなく、〈〜によって生きる〉の現象学に依拠する存在論は、すでにして哲学的人間学なのである。それは、西洋の伝統においてはしばしば陰に隠れていた諸々の意義に光を当てており、その意味では、この哲学的人間学は、人間の条件の理解の仕方を刷新するのである。しかしながら、この存在論から政治への移行は、政治的現象学に属する理論を生み出しはするが、ひとが実際に、共通善を自分の善として感じられるようになる、ということを想定しているわけではない。この問題について、社会契約論者たちは完全に自覚していた。というのも、彼らは、利益が十分に理解されるだけでは平和や正義を保障するのに十分でない、という点を示唆する人為説の立場を取るからである。こうした問題があるということは、われわれが彫琢しようと試みている政治理論が、エピクロスにまで遡る契約説の伝統の遺産の中に位置づけられるということでもある。

この点について詳述し、〈感覚すること〉の非構成的現象学と政治的構築主義が同時に取り上げられていることを確認したときに、読者が抱くかもしれない矛盾した印象を払拭する必要があるが、その前に、この糧の現象学の最も特徴的な点、すなわち生きるという事実に付随した享楽という側面をめぐる主張に立ち戻ることが重要である。この主張は、それと平行して、生への愛の根源的性格を肯定し、またハイデガーのいわゆる〈死に臨む存在〉と不可分に結びついた気遣いの存在論を批判するものである。

生への愛

人間の実存の集団的性格を考慮するなら、自由の哲学、とりわけ私の死をもって世界の終わりとするハイデガーのそれとは、縁を切ることになる。生きることとは、共通世界との関係で行為を位置づけるときには、〈〜のために生きること〉であり、〈生に臨む存在〉〔生への存在〕を肯定することである。この点については、和辻哲郎の現象学を紹介した際に見た通りである。加えて、われわれと糧との関係における享楽を明るみに出して味覚の中心性を主張することとは、われわれが感覚世界に浸っていることや、また単にわれわれが世界内存在であるだけではなく、われわれが〈事物や他者との共存在〉〔事物と-他者と-共に-存在すること〕であることを強調することへと辿り着く。孤独は、よく生きること、すなわち生を味わい喜びを知ることを人に許さないような環境の帰結として現れてくる。われわれと生との関係が損なわれ、さらには断ち切られること――それは、一部の食習慣のあり方、生物、特に動物の利用の仕方、交換される財がどのようなものかを顧慮せずに行われる商取引のあり方、そして工場畜産や一部の農法に見られるように、それぞれの活動の意味を尊重せずに行われる労働のあり方において明白になっている――によって、人々は、恐怖と欲望に支配され、敵意に満ちた世界へと投げ入れられているという感覚を抱くだろう。

しかしながら、生への愛こそが第一に考えられなければならない。われわれは、充足感をもって快楽に身を委ねる。この充足感は事物と絡み合い、そのことによって、事物の初源的本質が姿を見せ、また〈感覚すること〉において重なり合った私と世界との合致が浮かび上がる。さらには、食欲を通じて、われわれの生きる欲求が表現される。こうしたことが物語っているのは、不安や不幸に対して、生への愛が優先されるということである。さらに、幼い動物や子どもは進んで遊戯に没頭するが、そのことは、必要や危険、安定を超えたところにある生の豊かさを示している。生とは否定性ではなく、享楽を特徴とする一つの存在の仕方であり、享楽とは実存に対して気遣わないこと、すなわち、本能の努力や合目的性から自由となった遊戯である。生きることは、何かによって生きることである。しかもそれは、その何かが目的へと向かうことなしに生きることである。なぜなら、私がそれによって生きるところの行為そのものが、私を喜ばせ、生の恵みをもたらすからである。

もう一度繰り返せば、〈～によって生きる〉の現象学は、腹よりも口を象徴とする〈感覚すること〉のラディカルな現象学である。この〈～によって生きる〉の現象学が、生きるという端的な事実に結びついた幸福について明らかにしているからといって、われわれが容易に幸福になれるというわけではない。三〇億近くの人間が〔「隠れた飢餓」も含めた〕飢餓や栄養不足に苦しむ世界に、糧は降って湧いてくるわけではなく、それに加えて、われわれは本書で、自ら食事を制限する人々や大食症に見舞われている人々が感じる苦しみについても取り上げた。食との澄み切った関係は、モノがあり余った社会においては稀のようである。このような社会では、矛盾した風潮に倣う個人にとって、食べ物は、食を栄養摂取に還元してしまう食習慣の中で、喜びもなく独りで摂取するエナジーフード、燃料であり、あるいは自分を太らせるかもしれない天敵である。彼らにとって、食べ物をそれ以外のものとして想像するのは難しい。最後に、特に食肉のように、多くの場合最悪の苦痛に耐えてきた動物から作られている糧の生産方法や、アグリフード産業による食品加工が証明しているのは、自分自身に対する尊重や、自分に糧を与えてくれるものに対する尊重を、われわれがほとんどもち合わせていないということである。

以上のような状況に対して、われわれは、快楽〔喜び〕こそ、われわれと世界との関係の根源的な様態であると断言する。見てきたように、諸々の政策が、大抵は収益、つまり経済的な成果や購買力だけに目を向けているからといって、公共の活動に一貫性を与えている個人的・集団的実存という次元を消し去らなければならないというわけではない。それに対して、糧の現象学は、コンヴィヴィアリティが社会の公正な仕組みの地平であるという点を提示する。また、味覚の中心性を強調することで、審美的〔感性的〕なものを倫理の中心に据え、感覚のパトス的次元すなわち〈事物と世界との共存在〉〔事物と‐世界と‐共に‐存在すること〕をも復権するのである。しかしながら、重要なことは、実存するというこの幸福を可能にし、共通世界の破壊を防ぐ、社会的・政治的仕組みを構築することである。生への愛が第一に考えられなければならず、自由もその中にある。しかし、人々の努力や作為がなければ、個人間の関係であれ国家間の関係であれ、あるいは人間と他の生物種との関係であれ、いずれの関係においても、国内や国際社会での暴力を回避することは不可能である。

われわれの目論見は、文化形成〔陶冶〕のプロセスとともに歩みを進めることだが、このプロセスは必ずしも成功するとは限らない。核の時代にはそれほどまでに、破壊力は強力だからである。加えて、市場の自由化は生物を工業製品や商品に変えてしまい、人類を不可逆的な流れの中に押し入れてしまうように思われる。しかし、われわれが存在論的かつ政治的な概念基盤を与えようとしてきた文化形成のプロセスは、民族的出自や道徳的信条、さらには宗教的信条が何であれ、ますます多くの人々にとって重要となっている。われわれをその一部としかつ主役とするこの文化形成のプロセスは、次のような欲求にとりわけよく表れている。すなわち、よりよく〔正しく〕食べることによって、つまりより健康かつより正義に適った糧を手に入れ、またいくつかの消費習慣を変えることによって、よりよく生き、そうして地球環境を保護し、われわれと生物との関係を尊重し、人々の労働を正当に評価する農業を促進し、動物の境遇を改善しようという欲求である。

ここまで問題にしてきたことは、人間が実存の物質性へ投錨されていることを明らかにすることであった。われわれは、この実存を、身体性の哲学や〈～によって生きる〉の哲学の出発点とみなしうる理論的な道具を提供することによって、それを試みた。この哲学は、日常的行為に関わりながらも、それと同時に、倫理や政治、コスモポリタニズムの次元に対しても意味をもつ哲学である。加えてわれわれは、生態系や動物の保護に対して、それを社会契約の中心に組み込む際の手がかりとなる哲学を提供しようと試みてきた。それは、民主主義が、文化的表象や考え方、権力分有の仕方と結びついた一定の社会を指し示すとすれば、こうした民主主義が、そのようなものとして、また制度の中で、ヒューマニズムを変えようとするこれまでの問題によって、どのような意味で修正されるかを説明しようとする試みであった。

したがって、建設的な精神こそが、啓蒙の遺産の中に位置づけられる本書の原動力なのである。というのも、本書は糧の共有としての正義の促進を目標とし、そこから政治的構築主義を組み立てるからである。同様に、自律こそ進歩の鍵であり、ここで進歩というのは、この正義の理念の実現や、競争民主主義から熟議民主主義への移行、そして共通世界の創出のことを指している。しかしながら、この建設的精神がおめでたい楽天主義とか、何か夢物語の反映を表すものだと考えるのは誤りであろう。

生への愛は根源的であるが、それは〔すでに手にしているわけではなく〕再び見出す必要があると考えること、そして社会契約の方法や、メタ政治的あるいは方法論的なコスモポリタニズムに訴える必要があると述べること、それはまさに、われわれの時代の悪癖を告発するのとは違う道を取ることである。ノスタルジーや反動的秩序への回帰もまた、本書が採用する方法ではなかった。本書でわれわれが明示しようとしていたのは、別の社会の構想であり、民主主義は、共産主義の終焉の後でこうした社会を構想しつつある。しかし、このように〔社会の〕構築あるいは再構築を切望するのは、悪が存在しているという認識があってこそである。次の詩に耳を傾けてみよう。

この血みどろの小さな世界は
無垢へと導かれている
彼は口からパンを奪い
おのれの家を焔に委ねる

上着と靴を身につけて
時間をかけて　自分の子どもたちをつかまえる
［……］
私は影のようにして生きてきた
それでも私は太陽をうたう術を知っていた
めいめいの胸のうちで　すべての瞳のうちで
太陽の全体を　息をするものを
涙のあとで輝く純真さのしずくを(5)

〈感覚すること〉のラディカルな現象学と政治的構築主義

〈感覚すること〉のラディカルな現象学は、表象を瓦解させ、構成されたものから構成するものへの転換を称揚する。こうした現象学に政治的構築主義を結びつけるのは、奇妙に思われるかもしれない。われわれは、世界という糧に満ちた本質や生命の豊饒さとその充溢を強調する感性的世界に浸っている。こうしたことを称揚することが、政治的主意主義や、民主主義の回復と共通世界の創出のための努力とどう両立しうるのだろうか。われわれの身体性の哲学——それは受動性を主要カテゴリーとする傷つきやすさの倫理を拡張させた哲学である——と、社会契約——スピノザやフェミニストなど多くの思想家から、それはまやかしであり別の手段による支配の継続なのだと言われている——への準拠とを、どうやって調停するのだろうか。(6)

このような矛盾は、感覚と知性、心と理性、力と脆さ、本能と意志のあいだに対立はないことを理解した途端に、解消する。自然と文化の二元論を拒否することが、エコロジーと実存とを結びつける糧の現象学の出発点の一つである。この二元論は、その他多くのものに結びついている。ところで、味覚〔goût〕は、私のあらゆる感覚の協働を前提とし、物事の味わい――つまり、〈感覚すること〉であり、また〈自らを感覚すること〉であるところの、私という〈事物との共存在〉〔事物と‐共に‐存在すること〕――を浮かび上がらせるのだが、それによりマイナー・アートとファイン・アート、地の糧と霊〔心〕の糧という境界は揺らぐことになる。

同様に、事物を、主体によって知覚され思念される対象として表象することにつながるような世界についての先入見を、私が括弧に入れるからといって、私は〔世界についての〕知から目を背けているわけではない。反対に、〈～によって生きる〉の現象学によって、われわれは身体へと再び下降し、足元にある土を感じ、街のリズムを体感し、そして自分が食べているものを味わう。こうして〈～によって生きる〉の現象学は、表象の哲学がしばしば無視してきた真実を捉えようとするのである。われわれは、食を、この現象学のパラダイムとみなすことによって、また身体化〔incorporation〕――そこでわれわれの身体を構成するのは糧の他性である――がいかに変容してきたかを分析することによって、世界はノエマではありえないことをはっきりと理解する。世界の元基的構造〔structure élémentale〕を明らかにするのは、技術でも科学でもなく、まさに享楽なのである。

以上のことから、あたかもわれわれがわれわれの感覚になってしまうかのように、われわれが〈感覚すること〉の中に消失してしまうというわけではない。そうではなく、世界はわれわれの努力に抵抗するものでもなければ、他者に対してまずは自己を肯定しようとするような実存にとっての単なる背景でもない。生の秘密は、自己の本来性に執着する自由には明かされないし、他者から抜きん出ようと気遣う主体に対して明かされることもない。生の秘密が明かされるのは、パトス的な次元で捉えられた〈感覚すること〉としての、私と世界との接触においてである。芸術や美の観賞、他者への配慮、動物とのコミュニケーションにおいて、われわれは知性〔世界を知ること〕を断念しているのではなく、われわれは、事物や世界の傍にいるのである。

われわれが放棄するのは、他者を支配しようとする姿勢である。この姿勢は、自分が眼差しを向け、操作するもの、コントロールしようとするものを寄せつけない主体の姿勢である。ただ、そうするからといって、発話やテキストを通じて、事物や世界を忘却から救い出すことができる〔知の〕特権が、われわれから奪われてしまうわけではない。さらに言えば、われわれは、他者の苦悩や苦痛、欲求を理解するためにわれわれが用いている言葉について検討することによって、自分とはまったく異なる存在のことを理解することさえできるのである。この点に関しては、人間の言葉を解さない動物を取り上げた際、また一般的には、感情移入を定義した際に見た通りである。

したがって、感覚すること〔感覚〕と知性は相互に対立しているわけではない。また、われわれが事物を認識できるためには、われわれがその事物に対して外側から支配しなければならないというわけでもない。しかしながら、いかに心情と理性とが結合しているのか、とりわけいかに本能と意志とが結合しているのか、について説明するという課題が依然残されている。このことを問うとき、われわれは、ルソーが定式化したような政治をめぐる問題の核心に足を踏み入れているのである。

実際のところ、生への愛こそ、社会契約を構築する原理である。人間同士の関係が、ただ暴力と支配だけに基づくのではないようにするためには、共通の取り決め、つまり契約の主体を法に従うように導くような人為的手段に訴える必要がある。この場合の法とは、公平な仕方での紛争の解決を実現する法であり、人々を隷属から解放し、各人に恐怖を免れた自由な生活を保障する法である。国家の第一の目的は個人の安全を保障することである以上、生への愛こそが根源的であり、社会契約に存在理由を与えるのも生への愛である。しかし、自然状態においては、人間を互いに対立させる情念によって、また技術や文化がかき立てる敵対心によって、生への愛は脅かされる。しかも、生への愛は再び見出す必要がある。なぜなら、社会の中には自分の居場所はないかもしれないという恐怖を個人が感じているときの不安は、この生への愛を魂の奥深くに追いやってしまうからである。生への愛がこの奥深くから表に出てくるのは、ほんの束の間の幸福を感じる瞬間だけであって、この瞬間が訪れるのは、例外的な瞬間であり、不安が晴れたときだけである。

世界市民法を語ったときにも見た通り、政治的構築主義は生命を保護しようとする意志に結びついている。政治的構築主義とは、個人がその能力を開花させることを可能にする制度を選択することで、持続的な平和を打ち立てようと決意する、人々の努力である。社会契約もまた、コスモポリタニズムと同様、生への愛――それは原理的には作り上げられるものである――を成就させるための方法であり、それは、戦争に逢着し、今日では殲滅をもたらすことすらありうる破壊的な力が、抑止され打倒されるようにするための方法なのである。世界は、もはや諸々の主権国家から成り立っているわけではないとするコスモポリタニズムが提示する視座の変容、及び国内で法がもつ力こそ、平和と正義の条件であり、また気候変動や生物多様性の減少に対する有効な解決策を模索するための条件なのである。

しかしながら、ロックと同様、社会契約を隷属に基づかせることはできないとするルソーに従えば、こうした人為説は、単に破壊や自滅を招く力に対抗するのに資するだけではないという点を認めなければならない。社会契約は、ルソーが立法者について語りながら説明しているように、人間の本性を変えることを目指してもいるのである。さらには、人々は法より前に、その法なしではそうはなりえないところのものでなければならないだろう。なぜなら、合意によって政治的権威が正当化される共和政体において問題は、共通善を自分自身の善とみなすように個人を導くことだからである。

一般意志は、個人の外部にあるわけではないが、しかし、それは沈黙することもある。同様に、われわれの提起する社会契約では、未来世代への配慮や他の生物種への正義が共通善の定義に組み込まれる。私が食べるという行為を行った時点で、倫理が何らかの意味をもつという点で、そして他者と共に住まう、産み落とされた主体の核心には間主観性がある以上、われわれは決して独りではないという点で、過去、現在、未来の他の人間の実存や、他の生物種の実存は、われわれ自身の一部をなしているのである。しかし、未来世代や、われわれから遠く離れたところで生きる人々、そして動物に対して劣悪な生を課すのを避けるという目的のために、自分の消費習慣を変えることに同意するのは、大多数の人々にとって容易ではない。そこで、われわれは政治的構築主義に対して、別の一面を付け加えなければならない。それは、徳に関する面である。この徳に基づいて、人々は、自分の関心の中に、環境保護や、最も貧しい国々に対する正義、そして動物の境遇の改善を組み込むことができるようになるだろう。

それゆえ、ルソーのように市民宗教に訴えることで市民に義務感を与えようとするのではなく、重要なことは、糧の現象学を、徳倫理学によって補完し、どのような道徳的心性があればこの〈～によって生きる〉の哲学や、それが目指す正義論を維持しうるかを提示することである。この課題には次著で取り組むつもりだが、環境倫理や動物倫理の困難に答えようとするならば、この課題に取り組むことは不可欠である。というのも、環境倫理や動物倫理はこれまで、心情や情感ではなく、理性に訴えてきたがゆえに、生態系や動物の問題を、うまくわれわれの生の中心に位置づけることができなかったからである。

換言すれば、本書は、さらにコンシデラシオン〔顧慮・敬意〕についての論考を必要とする。この論考は、われわれがここで〈～によって生きる〉の現象学の存在論的側面と政治的側面を提示しながら彫琢してきたものを、道徳哲学の領域において継続するものである。この〈～によって生きる〉の現象学は、前著まででわれわれが取り組んできたことの延長線上にある。そこでは傷つきやすさの倫理が、次のような主体の哲学として登場した。すなわち、責任の中心性を主張する主体の哲学であり、われわれの脆さを強調すると同時に、生の可能性を狭めうる身体的で心的な危害が加えられたとしても、人格として承認を求め実存しようとする欲求を強調するような、主体の哲学である。本書の基本的な着想となったのは、脆さとみなされると同時に力ともみなされる傷つきやすさではなく、むしろ快楽〔喜び〕である。だからといって、われわれが否定性の問題を考察しないということではない。反対にわれわれは、ジッドとともに、生の内在と豊饒さを称揚することは、「病み上がりの人間」からの贈り物であると言うことができる。(7)

広大な原よ、私はお前たちが曙の白々とした光を浴びているのを見た。青い湖よ、私はお前たちの波を浴びた。

――笑いさざめく大気に愛撫されるたびに私はほほえんだものだ。ナタナエル、こういうことを私は飽くことなく

繰り返して君に言うだろう。君に熱情を教えてやろう。(8)

注

序論

（1）Emmanuel Levinas, *Les Carnets de captivité*, *Œuvres*, t. I, Paris, Grasset, 2009, p. 193.〔レヴィナス「捕囚手帳（一九四〇－一九四五）」『レヴィナス著作集一　捕囚手帳ほか未刊著作』所収、三浦直希・渡名喜庸哲・藤岡俊博訳、法政大学出版局、二〇一四年〕

（2）Maurice Merleau-Ponty, *La Structure du comportement*, Paris, PUF, 1977, p. 137.〔メルロ＝ポンティ『行動の構造』滝浦静雄訳、みすず書房、一九六四年〕

（3）アングロ＝サクソン系の環境倫理学は、統一的な潮流からはほど遠い。この環境倫理学の主要な代表例をフランス語で紹介したものとしては、Hicham-Stéphane Afeissaによって翻訳された次の論文集を参照のこと。*Éthique de l'environnement. Nature, valeur, respect*, Paris, Vrin, « Textes clés », 2007.

（4）Cornelius Castoriadis, « Un monde à venir. Entretien avec O. Morel, 18/06/1993 », publié sous le titre « La montée de l'insignifiance » dans *Les Carrefours du labyrinthe*, vol. 4, *La Montée de l'insignifiance*, Paris, Seuil, « Points Essais », 2007, p. 112.〔カストリアディス「意味を見失った時代」『意味を見失った時代　迷宮の岐路Ⅳ』所収、江口幹訳、法政大学出版局、一九九九年〕

（5）資本主義はリベラリズムとは区別される。本書の後の箇所、特にロックが問題になる第二部第一章で、われわれはこの点にもう一度触れるだろう。

（6）André Gorz, « Leur écologie et la nôtre », in André Gorz et Michel Bosquet, *Écologie et politique*, Paris, Seuil, « Points Politique », 1978, p. 12, 14 et *passim*. ゴルツにとって、資本主義とは、諸個人を分裂させる人間学に結びついており、またマーケティングを通じて機能する。このマーケティングは、一定の名声が付与されていて、しかもみんなが手に入れられるのではないモノを追い求めるよう、諸個人を駆り立てる。そしてそのようにして、よりエネルギー消費量の少ない公共サービスを利用する代わりに、私有財の購買を奨励し、過度に手が込んだ商品の生産と消費を助長するのである。

（7）Corine Pelluchon, *L'Autonomie brisée. Bioéthique et philosophie*, Paris, PUF, « Quadrige », 2014 ; *Éléments pour une éthique de la vulnérabilité. Les hommes, les animaux, la nature*, Paris, Cerf, « Humanités », 2011.

（8）économieがécologieと語源上同じ根をもつことを思い起こすなら、次のことが判明する。すなわち、経済（économie）は、家中の人々（maisonnée）と家内領域（sphère domestique）の管理を指示している――そしてその後で、都市国家へと、また国内及び国家間の生産関係と交易へと拡大された——のだから、原理上、自らの実存の物質的諸条件と他の生物たちに対するわれわれの依存を考慮に入れなければならない、ということである。他の生物を商業的財として扱う経済が、自然環境面及び社会面で破壊的な効果を生み出すというだけではなく、それに加えて、経済は、「大地に住まうこと」が意味していることを見誤ることによって、自己自身を裏切っているのである。

(9) Thierry Paquot, « Habiter pour exister pleinement », in Thierry Paquot, Michel Lussault et Chris Younès (dir.), *Habiter, le propre de l'humain. Villes, territoires et philosophie*, Paris, La Découverte, « Armillaire », 2007, p. 8-11.

(10) *Ibid.*, p. 9. 著者が参照しているのは次の著書である。Max Sorre, *Les Fondements de la géographie humaine*, Paris, Armand Colin, 1948.

(11) Hicham-Stéphane Afeissa, *Nouveaux fronts écologiques. Essais d'éthique environnementale et de philosophie animale*, Paris, Vrin, « Pour demain », 2012, p. 24.

(12) Aldo Leopold, *Almanach d'un comté des sables*, trad. A. Gibson, Paris, Flammarion, « GF », 2000, p. 145.

(13) Cornelius Castoriadis, « La force révolutionnaire de l'écologie », *Une société à la dérive. Entretiens et débats (1974-1997)*, Paris, Seuil, « La couleur des idées », 2005, p. 314.

(14) Emmanuel Levinas, *Totalité et infini*, Paris, LGF, « Biblio Essais », 1994, p. 114.〔レヴィナス『全体性と無限——外部性についての試論』合田正人訳、改訂版、国文社、二〇〇六年〕

(15) *Ibid.*, p. 156.

(16) *Ibid.* 次の著作も参照されたい。Emmanuel Levinas, *De l'existence à l'existant*, Paris, Vrin, « Bibliothèque des textes philosophiques », 1993, p. 68.〔レヴィナス『実存から実存者へ』西谷修訳、ちくま学芸文庫、二〇〇五年〕

(17) *Id.*, *Les Enseignements*, *Œuvres*, t. II, Paris, Grasset, 2011, p. 192.〔レヴィナス「教え」『レヴィナス著作集二 哲学コレージュ講演集』所収、藤岡俊博・渡名喜庸哲・三浦直希訳、法政大学出版局、二〇一六年〕

(18) *Ibid.*, p. 183-184. この主題については、次の拙論を参照されたい。Corine Pelluchon, « Le monde des nourritures chez Levinas : de la jouissance à la justice », in Emmanuel Housset et Rodolphe Calin (dir.), *Levinas : au-delà du visible. Études sur les inédits de Levinas, des Carnets de captivité à* Totalité et infini, Caen, PUC, 2012, p. 283-302.

(19) 「私の隣人の物質的欲求は、私にとっての精神的欲求である」(Emmanuel Levinas, *Du sacré au saint. Cinq nouvelles lectures talmudiques*, Paris, Minuit, « Critique », 1977, p. 20〔レヴィナス『タルムード新五講話——神聖から聖潔へ』内田樹訳、人文書院、一九九〇年〕)。レヴィナスは、ラビのイスラエル・サランテール師によってなされた、他人に対するアブラハムの義務についての解説を引用している。

(20) *Id.*, *De Dieu qui vient à l'idée*, Paris, Vrin, « Bibliothèque des textes philosophiques », 2002, p. 262.〔レヴィナス『観念に到来する神について』内田樹訳、国文社、一九九七年〕

(21) J. Baird Callicott, « Les implications métaphysiques de l'écologie », *Éthique de la terre*, éd. B. Lanaspeze, « Domaine sauvage », Paris, Wildproject, 2010, p. 104.

(22) Emmanuel Levinas, *Totalité et infini*, *op. cit.*, p. 136.

(23) この語は翻訳し難い語で、魂や精神と同義とはみなせない。この語は感覚についての身体的意識や自己触発へ送り返すものであり、永続的で、かつすべての能力の行使を条件づけているような、魂の性向を指している。

(24) *Id.*, *Difficile liberté. Essais sur le judaïsme*, Paris, LGF, « Biblio Essais », 2010, p. 10〔レヴィナス『困難な自由 増補版・定本全訳』合田正人監訳、三浦直希訳、法政大学出版局、二〇〇八年〕, et *Du sacré au saint*, *op. cit.*, p. 16.

(25) *Id.*, *Totalité et infini*, *op. cit.*, p. 113.

(26) *Id.*, *De l'existence à l'existant*, Paris, Vrin, 1993, p. 65-68, en particulier p. 67.

(27) *Id.*, *Totalité et infini*, *op. cit.*, p. 142.

(28) Fernand Braudel, *La Méditerranée et le monde méditerranéen à l'époque de Philippe II*, Préface, Paris, Armand Colin, 1949, p. 13-14.〔ブローデル『環境の役割 地中海I』浜名優美訳、藤原書店、一九九一年〕

(29) Emmanuel Levinas, *Totalité et infini*, *op. cit.*, p. 142. 次も参照のこと。*Les Nourritures*, *Œuvres*, t. II, *op. cit.*, p. 162.

(30) Rodolphe Calin, « Le corps et la responsabilité : sensibilité, corporéité et subjectivité », *Études philosophiques*, nº 3, juillet 2006, p. 297-316. 著者は『時間と他者』の次の一節を引用している。「このように身体を」、精神が身体という墓場へと偶発的に転落することとしてではなく、「物質性——自我と自己の関わりの具体的出来事——から出発して理解すること」は、「それ〔身体〕を一つの存在論的出来事へと立ち戻らせることである」(Emmanuel Levinas, *Le Temps et l'Autre*, Paris, PUF, «Quadrige», 1995, p. 37.〔レヴィナス『時間と他者』原田佳彦訳、法政大学出版局、一九八六年〕)。

(31) *Id.*, *Totalité et infini*, *op. cit.*, p. 138. 元基的なもの(l'élémental)とは、海や大地や都市や光のような、この「包み込むもの、あるいは含み込むものであり、しかも〔それ自体は〕含み込まれえず、あるいは包み込まれえない、所有不可能なもの」である。それは、私が浸っていて、私を充足させる元基である。それと同時に、元基はどこでもないところから到来するものであり、私が——自らの「我が家」から出発して知覚を組織化するために家を建て、その異他性を支配し、自らが生きるために必要とするものを所有するために労働することによって――乗り越えたり家内化〔飼いならすこと〕したりしようと試みるものでもある。『全体性と無限』における用法としては、「内面性とエコノミー」と題された第一部の一一〇-一二〇頁を参照のこと。

(32) Jean-Jacques Rousseau, *Du contrat social*, Paris, Flammarion, « GF », 2001, Livre II, chap. 12, p. 94.〔ルソー『社会契約論』桑原武夫・前川貞次郎訳、岩波文庫、一九五四年〕

(33) *Ibid.*, Livre IV, chap. 1, p. 144.

第I部第I章

(1) Erwin Straus, *Du sens des sens. Contribution à l'étude des fondements de la psychologie*, trad. G. Thinès et J.-P. Legrand, Grenoble, J. Millon, « Krisis », 2000, chap. 6, p. 371 ; chap. 7, p. 376.

(2) *Ibid.*, chap. 9, p. 418.

(3) Emmanuel Levinas, « La ruine de la représentation », *En découvrant l'existence avec Husserl et Heidegger*, Paris, Vrin, « Bibliothèque des textes philosophiques », 2001, p. 125-135.〔レヴィナス「表象の没落」『実存の発見』所収、佐藤真理人・小川昌宏・三谷嗣・河合孝昭訳、法政大学出版局、一九九六年〕

(4) *Id.*, *Totalité et infini*, *op. cit.*, p. 141.

(5) *Ibid.*, p. 136 ; p. 143. デカルトにおいて感性的なものは、真なるものではなく、有用なものに属するが、とはいえそれは、趣向性の体系へ送り返すハイデガー的な道具とまったく関係がない。感性的質が指しているのは、私にとって都合がよく、私が好むものである――愛はただ一つの本質しかもっておらず、それは、自分にとって都合がよいと思うものと意志的に一体化するよう私を仕向ける情動である。したがって、食料は私の愛の対象だが、鳥、木、私の子どもたち、そして神もまた、私の愛の対象なのである。次を参照のこと。*Les Passions de l'âme*, § 79, et la Lettre à Chanut du 1 er février 1647, *Œuvres philosophiques*, éd. F. Alquié, t. III, *1643-1650*, Paris, Classiques Garnier, 1973, p. 1012-1013 et p. 719.

(6) Raoul Moati, *Événements nocturnes*, Paris, Hermann, « Le Bel aujourd'hui », 2012, p. 107.

(7) Emmanuel Levinas, *Totalité et infini*, *op. cit.*, p. 135.

(8) *Ibid.*, p. 114.

(9) *Ibid.*

(10) *Ibid.*, p. 149-151 ; p. 159.

(11) *Ibid.*, p. 154.

(12) *Ibid.*, p. 141-142.

(13) Michel Onfray, *La Raison gourmande. Philosophie du goût*, Paris, LGF, « Biblio Essais », 2005, p. 246.

(14) Paul Ricœur, *Philosophie de la volonté*, t. I, *Le Volon-*

taire et l'Involontaire, Paris, Seuil, « Points Essais », 2009, p. 157.〔リクール『意志的なものと非意志的なものⅠ』滝浦静雄・箱石匡行・竹内修身訳、紀伊國屋書店、一九九三年〕

(15) Emmanuel Levinas, *Totalité et infini*, *op. cit.*, p. 141.

(16) *Ibid.*

(17) *Ibid.*

(18) *Id.*, « La ruine de la représentation », *op. cit.*, p. 130. R. Moati, *op. cit.*, p. 113-114.

(19) Emmanuel Levinas, *Le Temps et l'Autre*, *op. cit.*, p. 45.

(20) Étienne Bonnot de Condillac, *Traité des sensations*, Paris, Fayard, « Corpus des œuvres de philosophie en langue française », 1984. 第二部第五章を参照のこと。

(21) *Ibid.*, troisième partie, chap. 10.

(22) Maine de Biran, *Mémoire sur la décomposition de la pensée*, *Œuvres*, vol. 3, Paris, Vrin, « Bibliothèque des textes philosophiques », 1988, chap. 1, notamment p. 135-137, chap. 2, p. 147 *sq.*, p. 154.

(23) Michel Henry, *Auto-donation. Entretiens et conférences*, Saint-Mandé, Prétentaine, 2002, p. 92-93. 次も参照のこと。*L'Essence de la manifestation*, Paris, PUF, « Épiméthée », 2011, et *Incarnation. Une philosophie de la chair*, Paris, Seuil, 2000, § 26, p. 195-206.〔アンリ『受肉』中敬夫訳、法政大学出版局、二〇〇七年〕

(24) *Id.*, *Incarnation*, *op. cit.*, § 27, p. 205-208.

(25) *Ibid.*, § 31, p. 227-236.

(26) Erwin Straus, *Du sens des sens*, *op. cit.*, p. 437.

(27) Paul Ricœur, *Le Volontaire et l'Involontaire*, *op. cit.*, p. 422.

(28) Erwin Straus, *Du sens des sens*, *op. cit.*, p. 32-34. Henri Maldiney, « Le dévoilement de la dimension esthétique dans la phénoménologie d'Erwin Straus », *Regard, parole, espace*, Paris, Cerf, « Bibliothèque du Cerf », 2012, p. 188-190.

(29) Henri Maldiney, *Regard, parole, espace*, *op. cit.*, p. 191.

(30) *Ibid.*, p. 189.

(31) *Ibid.*, p. 176.

(32) Maine de Biran, *op. cit.*, p. 205-207.

(33) *Ibid.*, p. 205.

(34) ミシェル・アンリは、『存在と時間』の第七節を引用している。この中でハイデガーは、ファイネスタイ、すなわち現れることとは光の中に位置づけられることであると言う(*Incarnation*, *op. cit.*, § 1, p. 35-39)。

(35) このことから、『意志的なものと非意志的なもの』においてポール・リクールは、ビランの哲学と知覚を能動へ結びつけるあらゆる思想は限界に達すると述べる(*Le Volontaire et l'Involontaire*, *op. cit.*, p. 422)。われわれはエルヴィン・

シュトラウスにならって、感覚することを、対象へ関わる知覚から区別した。だがわれわれの分析は、リクールの分析と一致する。この章の最後で、誕生と、誕生がわれわれの実存の中心に位置づける間主観性が問題になる際、われわれはリクールの分析を再度見ることになる。

(36) Roger Dadoun, « La bouche d'Éros », in Catherine N'Diaye (dir.), *La Gourmandise. Délices d'un péché*, Paris, Autrement, « Mutations », 1993, p. 54.

(37) Jean Anthelme Brillat-Savarin, *Physiologie du goût ou Méditations de Gastronomie Transcendante, Ouvrage théorique, historique et à l'ordre du jour, dédié aux Gastronomes parisiens, par un Professeur, membre de plusieurs sociétés littéraires et savantes*, Paris, Flammarion, « Champs », 2009, p. 46.〔ブリア＝サヴァラン『美味礼讃』上巻、関根秀雄・戸部松実訳、岩波文庫、一九六七年〕

(38) *Ibid.*

(39) *Ibid.*, p. 47.

(40) *Ibid.*

(41) *Ibid.*, p. 67 et p. 168-172.

(42) *Ibid.*

(43) *Ibid.*, p. 141 ; p. 303.

(44) *Ibid.*, p. 141.

(45) *Ibid.* また、次のことも注記しておこう。イギリス人やアメリカ人は、食通の人について語るとき、食通がするようなやり方で評価してしかるべき一皿について語るとき、フランス語の「グルメ」という語を用いる。

(46) *Ibid.*

(47) Jacques Derrida, « "Il faut bien manger" ou le calcul du sujet », *Points de suspension. Entretiens*, Paris, Galilée, « La philosophie en effet », 1992, p. 297.〔デリダ「「正しく食べなくてはならない」あるいは主体の計算」鵜飼哲訳、『主体の後に誰が来るのか？』所収、現代企画室、一九九六年〕

(48) Claude Lévi-Strauss, « L'art de donner du goût », *Le Courrier de l'Unesco*, n° 5, 2008, p. 36.

(49) Jean Anthelme Brillat-Savarin, *op. cit.*, p. 303.

(50) *Ibid.*, p. 297.

(51) *Ibid.*

(52) David Le Breton, *Anthropologie du corps et modernité*, Paris, PUF, 2008, « Quadrige », p. 177.

(53) Charles Fourier, « Manuscrit », Cahier 54, cote 9, in René Scherer, *L'Écosophie de Charles Fourier. Deux textes inédits*, Paris, Anthropos, « Anthropologie », 2001, p. 155 : 「料理はすべての技法の中で〈調和〉において最も尊ばれる技法である。料理は農業労働と教育のサロンの要《かなめ》なのである」。

(54) *Ibid.* フーリエは「主要な聖人たち、あるいは美食学者（Gastrosophe）たちを、洗練された美食家たちからなる寄生階級から」区別している。

(55) Pierre Bourdieu, *La Distinction. Critique sociale du jugement*, Paris, Minuit, « Le sens commun », 1979, p. 200–208.〔ブルデュー『ディスタンクシオン――社会的判断力批判Ⅰ・Ⅱ』石井洋二郎訳、藤原書店、一九九〇年〕
(56) *Ibid.*, p. 215.
(57) *Ibid.*, p. 210.
(58) Jean Anthelme Brillat-Savarin, *op. cit.*, p. 163–168.
(59) Kakuzô Okakura, *Le Livre du thé*, trad. C. Atlan et Z. Bianu, Arles, P. Picquier, « Picquier Poche », 2006, p. 26.〔岡倉天心『茶の本―― the Book of Tea』浅野晃訳、講談社インターナショナル、二〇〇八年〕
(60) *Ibid.*, p. 84.
(61) *Ibid.*, p. 91–92.
(62) *Ibid.*, p. 147.
(63) Claude Lévi-Strauss, « L'art de donner du goût », *op. cit.*, p. 38. 著者〔レヴィ＝ストロース〕は太平洋岸北西部に住むチムシアン・インディアンのレシピの一つを紹介している。「魚を干す。それを水で満たした容器に入れ、火で熱した石を浸して茹でる。脂が浮いてくるのに応じて掬い取る。残留物〔茹でた魚〕は、容器の上に設置された濾過器へ並べられ、乳房を露わにした老いた女性がそれをありったけの力で圧搾し、脂を取り除く。この作業を男性がすることは厳密に禁止されている。次に、魚の搾りかすを部屋の片隅に積み上げる。搾りかすは腐敗し、虫が群がる。耐え難い悪臭になるが、それを捨てることは禁じられている。その上参加者は誰も体を洗う権利をもっておらず、みんな二、三週間続くこの仕事が終わるまで、汚物まみれのままでいなければならない。さもなければ、『辱められた』魚が戻ってくることはもうないだろう」。
(64) Bernard de Clairvaux, *De la considération*, trad. P. Dalloz, Paris, Cerf, « Sagesses chrétiennes », 2012, Livre II, 7, p. 49 et Livre II, 8, p. 50（すでに次の拙著において引用した。Corine Pelluchon, *Éléments pour une éthique de la vulnérabilité*, *op. cit.*, p. 302–306）.
(65) Paul Ricœur, *Soi-même comme un autre*, Paris, Seuil, « L'Ordre philosophique », 1990, p. 178.〔リクール『他者のような自己自身』久米博訳、法政大学出版局、二〇一〇年〕
(66) Edmund Husserl, *La terre ne se meut pas*, trad. D. Franck, D. Pradelle et J.-F. Lavigne, Paris, Minuit, « Philosophie », 1989, p. 27.〔フッサール『自然の空間性の現象学的起源に関する基礎研究』新田義弘・村田純一訳、『講座・現象学』第三巻所収、弘文堂、一九八〇年〕
(67) *Ibid.*, p. 22.
(68) *Ibid.*, p. 27.
(69) *Ibid.*, p. 27–28.
(70) *Ibid.*, p. 18.
(71) *Ibid.*, p. 27.
(72) *Ibid.*, p. 19 et p. 27.

(73) Emmanuel Levinas, *Totalité et infini, op. cit.*, p. 146.
(74) *Id., En découvrant l'existence avec Husserl et Heidegger, op. cit.*, p. 50.
(75) 次章で見るように、一九五四年のテキスト「建てること、住まうこと、思惟すること」は住まうことについての真正の思惟を証言している。次の著作を参照のこと。*Essais et conférences*, trad. A. Préau, Paris, Gallimard, 1958, p. 170-193.〔ハイデガー「建てること、住むこと、考えること」『技術とは何だろうか——三つの講演』所収、森一郎編訳、講談社学術文庫、二〇一九年〕
(76) Emmanuel Levinas, *Totalité et infini, op. cit.*, p. 162-164.
(77) *Id., Pouvoirs et origine, Œuvres*, t. II, *op. cit.*, p. 109-150.〔レヴィナス「力能と起源」『レヴィナス著作集二』所収〕
(78) *Ibid.*, p. 109-110.
(79) *Ibid.*
(80) Erwin Straus, *Du sens des sens, op. cit.*, p. 437.
(81) *Ibid.*
(82) *Ibid.*, p. 337.
(83) *Ibid.*
(84) *Ibid.*, p. 371.
(85) *Ibid.*
(86) *Ibid.*,
(87) *Ibid.*
(88) *Ibid.*, p. 378.
(89) Henri Maldiney, *Aux déserts que l'histoire accable. L'art de Tal Coat*, Paris, Cerf, « Bibliothèque du Cerf », 2013, p. 24.
(90) Erwin Straus, *Du sens des sens, op. cit.*, p. 378.
(91) *Ibid.*, p. 422.
(92) *Ibid.*, p. 427.
(93) *Ibid.*, p. 424.
(94) *Ibid.*, p. 428.
(95) Emmanuel Levinas, *Totalité et infini, op. cit.*, p. 167-171.
(96) *Ibid.*, p. 165.
(97) *Ibid.*, p. 299-302.
(98) この一節は、次章において、われわれが和辻哲郎独自の倫理観をハイデガーの世界内存在に対置するとき、また、この著作の第二部第三章の冒頭で原子爆弾へ結びついた殲滅の脅威と共通世界の定義が問題になるとき、補足されることになる。
(99) Paul Ricœur, *Le Volontaire et l'Involontaire, op. cit.*, p. 542.
(100) *Ibid.*
(101) *Ibid.*, p. 552.
(102) *Ibid.*, p. 542.

(103) *Ibid.*, p. 543.

(104) *Ibid.*, p. 544.

(105) *Ibid.*

(106) *Ibid.*

(107) *Ibid.*, p. 549.

(108) *Ibid.*, p. 553.

(109) *Ibid.*, p. 552.

第Ⅰ部第二章

(1) Éric Dardel, *L'Homme et la Terre*, Paris, CTHS, « CTHS format », 1990, p. 2.

(2) Martin Heidegger, « Bâtir, habiter, penser », *op. cit.*, p. 182-183.

(3) Augustin Berque, « Entretien avec Stéphane Audeguy », *Nouvelle revue française*, n° 599-600, mars 2012, « Du Japon », p. 33-55.

(4) *Ibid.*

(5) Augustin Berque, Préface à Tetsurô Watsuji, *Fûdo. Le milieu humain*, trad. A. Bergue, P. Couteau et K. Akinobu, Paris, CNRS Éditions, « Réseau Asie », 2011, p. 21.

(6) Augustin Berque, *Écoumène. Introduction à l'étude des milieux humains*, Paris, Belin, 1987, p. 185.

(7) Cité par Augustin Berque, *ibid.*, p. 155-159 ; p. 170.

(8) *Ibid.*, p. 281.

(9) *Ibid.*, p. 30-35.

(10) Jacques Derrida, *Khôra*, Paris, Galilée, 1993, p. 63.〔デリダ『コーラ――プラトンの場』守中高明訳、未來社、二〇〇四年〕

(11) *Ibid.*, p. 74-76.

(12) Tetsurô Watsuji, *Fûdo*, *op. cit.*, p. 36.〔『風土』、『和辻哲郎全集』第八巻所収、岩波書店、一九八九年〕

(13) *Ibid.*, p. 34.

(14) *Ibid.*, p. 50.

(15) *Ibid.*, p. 49. 次も参照のこと。« La signification de l'éthique en tant qu'étude de l'être humain », dont un extrait est traduit par B. Stevens, avec l'assistance de T. Takada, dans la revue *Philosophie*, n° 79, sept. 2003, p. 5-24.〔「人間の学としての倫理学の意義」『倫理学』上巻、『和辻哲郎全集』第一〇巻所収、岩波書店、一九六二年〕

(16) Tetsurô Watsuji, *Fûdo*, *op. cit.*, p. 50.

(17) *Id.*, « La signification de l'éthique en tant qu'étude de l'être humain », *op. cit.*, p. 10.

(18) *Ibid.*, p. 11.

(19) *Ibid.*

(20) *Ibid.*, p. 12.

(21) *Ibid.*, p. 13.

(22) *Ibid.*

(23) *Ibid.*, p. 14.

(24) *Ibid.*, p. 15-16.

(25) *Ibid.*

(26) *Ibid.*, p. 15.

(27) *Ibid.*, p. 17.

(28) *Ibid.*, p. 18.

(29) *Id.*, *Fûdo*, *op. cit.*, p. 54-57.

(30) *Ibid.*, p. 55.

(31) *Ibid.*, p. 54.

(32) *Ibid.*, p. 56.

(33) *Ibid.*, p. 58.

(34) *Ibid.*, p. 65.

(35) Emmanuel Levinas, *De l'existence à l'existant*, *op. cit.*, p. 119-122.

(36) Martin Heidegger, *op. cit.*, p. 173.

(37) *Ibid.*, p. 176, p. 188-189.

(38) 「門で閉じられた共同体」と訳せるこのアメリカの言葉は、富裕層のものであれ貧困層のものであれ、出入りが規制され、共有空間が私有化されている住宅地を指している。

(39) Jean-Marc Besse, « Vues de ville et géographie au XVIe siècle : concepts, démarches cognitives, fonctions », in Frédéric Poussin (dir.), *Figures de la ville et construction des savoirs. Architecture, urbanisme, géographie*, Paris, CNRS Éditions, 2005, p. 27.

(40) Martin Heidegger, « Bâtir, habiter, penser », *op. cit.*, p. 191.

(41) Olivier Mongin, *La Condition urbaine. La ville à l'heure de la mondialisation*, Paris, Seuil, 2005, p. 133-138.

(42) « Art, architecture, urbain : rencontre avec Henri Maldiney », in Chris Younès (dir.), *Art et philosophie, ville et architecture*, Paris, La Découverte, « Armillaire », 2003, p. 14. 次も参照のこと。« Rencontre avec Henri Maldiney : éthique et architecture », in Chris Younès et Thierry Paquot (dir.), *Éthique, architecture, urbain*, Paris, La Découverte, « Armillaire », 2000, p. 10-23.

(43) Henri Maldiney, « L'esthétique des rythmes », *Regard, parole, espace*, *op. cit.*, p. 220-221.

(44) *Ibid.*, p. 208.

(45) Ivan Illich, *La Convivialité*, *Œuvres complètes*, t. I, Paris, Fayard, 2004, p. 479.〔イリイチ『コンヴィヴィアリティのための道具』渡辺京二・渡辺梨佐訳、ちくま学芸文庫、二〇一五年〕

(46) *Id.*, « L'art d'habiter », *Dans le miroir du passé*, *Œuvres complètes*, t. II, Paris, Fayard, 2005, p. 755.〔イリイチ「住まいとガレージ——住人と居住者をどう区別するか」、『生きる思想』所収、桜井直史訳、藤原書店、一九九一年〕

(47) Silvia Grünig Iribarren, *Ivan Illich. La ville convivia-*

le, thèse de doctorat dirigée par Thierry Paquot, Université Paris-Est, 2013, p. 219.

(48) Olivier Mongin, *op. cit.*, p. 215.

(49) Claude Lévi-Strauss, *Tristes tropiques*, Paris, Presses-Pocket, 1984, p. 155-156.〔レヴィ＝ストロース『悲しき熱帯I』川田順造訳、中央公論新社、二〇一六年〕次の著作がこの箇所を引用している。Olivier Mongin, *op. cit.*, p. 168 *sq.*

(50) Olivier Mongin, *op. cit.*, p. 133-134.

(51) Ivan Illich, *La corruption du meilleur engendre le pire*, entretiens avec David Cayley, trad. D. de Bruycker et J. Robert, Arles, Actes Sud, « Spiritualité », 2007, p. 294 ; « L'histoire des besoins », *La Perte des sens*, Paris, Fayard, « Documents spirituels », 2004, p. 76-77.

(52) *Id.*, « L'art d'habiter », *op. cit.*, p. 764.

(53) シルヴィア・グルニッヒ・イリバーレンは、彼女の博士論文の中で (*Ivan Illich. La ville conviviale*, *op. cit.*, p. 23)、イルデフォンソ・セルダー（一八一五―一八七六年）の言葉を引用している。彼はバルセロナのアシャンプラ地区の立案者であり、『都市構築理論 (*Teoría de la Construcción de Ciudades*)』の中で初めて「都市化」について語った人物である。この語で、彼は建造物を統合しその働きを規制しようとするあらゆる行為を指しているだけでなく、建造物が個人的福祉と集団的福祉を増大させるのに役立つために適用されるべき諸原則と諸規則の総体も指していた。

(54) Ivan Illich, *La Convivialité*, *op. cit.*, p. 456.「一定の限界を超えると、道具は、しもべから暴君に変わる〔……〕。社会は学校になり、病院になり、刑務所になる。このときひどい幽閉状態が始まる」。

(55) *Id.*, *La Perte des sens*, *op. cit.*, p. 76-77.

(56) アンリ・マルディネは、特に『人間と狂気を考える (*Penser l'homme et la folie*)』の中で、しばしば次のヘラクレイトスの断片を引用している。「期待しなければ、期待しがたいものは見いだされないであろう。それは、見いだしえないもの、到達しえないものだから」(Héraclite, *Fragments*, éd. M. Conche, Paris, PUF, « Épiméthée », 1986, p. 245, 66 (18)).〔ヘラクレイトス「著作断片」第一八、内山勝利訳、内山勝利編『ソクラテス以前哲学者断片集』第I分冊所収、岩波書店、一九九六年〕。

(57) 超受動性の例として、ルートヴィヒ・ビンスワンガーの著作のある一節 (Ludwig Binswanger, *Mélancolie et manie*, trad. J.-M. Azorin et Y. Totoyan, Paris, PUF, « Psychiatrie ouverte », 1987, p. 59 *sq*) について考えることもできる。この箇所で彼は、患者の一人ブルーノ・ブラントの生活上のエピソードを報告している。ブラントが自殺するつもりで森の中へ出かけ、サスペンダーで首を吊ろうとしたその瞬間、一匹のイイブナが、世界の底からやってきたように、目の前に現れた。「お前はこれまでイイブナを見たことがない。もう少し待て」と自分に言い聞かせ、この動物を観察しているうちに、彼は自殺したいという自分の気持ちが、もはや以前ほど差し迫ったものではないことに気づいた。そこで彼はクリニックに戻った。何かしらのものが彼の注意を占め、それが彼に、予期しえたどんなものとも異なる一つの固定点を与え、自分の実存を感じることを可能にしたのである。

(58) Ivan Illich, « L'art d'habiter », *op. cit.* 次も参照のこと。*Dans le miroir du passé, op. cit.*, p. 749.

(59) *Id.*, « Surveiller son regard à l'ère du show », *La Perte des sens, op. cit.*, p. 187-231.

(60) Ivan Illich, Sigmar Groeneveld, Lee Hoinacki *et al.*, *Declaration on Soil*, déc. 1960.

(61) Silvia Grünig Iribarren, *op. cit.*, p. 373.

(62) *Ibid.*

(63) Joan Tronto, *Un monde vulnérable. Pour une philosophie du care*, trad. H. Maury, Paris, La Découverte, « Philosophie pratique », 2009, p. 143.これがジョアン・トロントによるケアの包括的な定義である。

(64) Michel Serres, *Les Cinq Sens*, Paris, Grasset, 1985, p. 260.〔セール『五感——混合体の哲学』米山親能訳、法政大学出版局、一九九一年〕

(65) Jean-Marc Besse, « Les cinq portes du paysage. Essai d'une cartographie des problématiques paysagères contemporaines », *Le Goût du monde. Exercices de paysage*, Arles, Actes Sud, « Paysage », 2009, p. 15-70.

(66) *Ibid.*, p. 64.

(67) *Ibid.*, p. 65.

(68) *Ibid.*, p. 64.

(69) Emmanuel Pezrès, « La permaculture au sein de l'agriculture urbaine : du jardin au projet de société », *VertigO-la revue électronique en sciences de l'environnement*, vol. 10, n° 2, sept. 2010.

(70) Masanobu Fukuoka, *La Révolution d'un seul brin de paille. Une introduction à l'agriculture sauvage*, trad. B. Prieur Dutheillet de Lamothe, Paris, G. Trénadiel, 2005〔福岡正信『自然農法——わら一本の革命』春秋社、二〇〇四年〕; *L'Agriculture naturelle. Art du non-faire*, trad. Th. Piélat, Paris, G. Trédaniel, 1989.〔福岡正信『無Ⅲ——自然農法』春秋社、二〇〇四年〕

(71) Yvan Besson, « Une histoire d'exigences : philosophie et agrobiologie. L'actualité de la pensée de l'agriculture biologique pour son développement contemporain », *Innovations agronomiques*, n° 4, 2009, p. 329-362.

(72) Michel Serres, *Hermès III. La traduction*, Paris, Minuit, « Critique », 1974, p. 246.〔セール『翻訳　ヘルメスⅢ』豊田彰・輪田裕訳、法政大学出版局、一九九〇年〕

(73) Erwin Straus, *Du sens des sens, op. cit.*, p. 234.

(74) エトムント・フッサールは『デカルト的省察』(*Méditations cartésiennes*, Paris, Vrin, « Bibliothèque des textes

philosophiques », 1980.〔フッサール『デカルト的省察』浜渦辰二訳、岩波文庫、二〇〇八年〕）第五省察の中で、精神的なものを個別的なものとして準現在化するのは行為であることを示している。

（75） *Id.*, « Le monde et nous. Le monde environnant des hommes et des bêtes », *Beilage X du Hua XV, Zur Phänomenologie der Intersubjektivität, Husserliana XV*, Dordrecht, M. Nijhoff, 1973, traduit dans la revue *Alter*, n° 3, 1995, p. 194 :「獣は自我構造のようなものを有している。」

（76） Jacques Derrida, *L'animal que donc je suis*, Paris, Galilée, « La philosophie en effet », 2006, p. 31.〔デリダ『動物を追う、ゆえに私は（動物で）ある』鵜飼哲訳、筑摩書房、二〇一四年〕デリダは、多くの人間が動物によって見られていることを見ておらず、動物が自分たちを眼差すことができるという事実を決して勘案していないと述べている。

（77） Georges Canguilhem, *La Connaissance de la vie*, Paris, Vrin, « Problèmes et controverses », 1985, p. 147.〔カンギレム『生命の認識』杉山吉弘訳、法政大学出版局、二〇〇二年〕

（78） Edmund Husserl, « Phénoménologie statique et génétique. Le monde familier et la compréhension de l'étranger. La compréhension des bêtes », *Alter*, *op. cit.*, p. 218.〔フッサール「静態的現象学と発生的現象学」村田憲郎訳、『間主観性の現象学――その方法』所収、ちくま学芸文庫、二〇一二年〕

（79） *Ibid.*

（80） Jacob von Uexküll, *Mondes animaux et monde humain*, trad. P. Muller, Paris, Denoël, 1965.〔ユクスキュル／クリサート『生物から見た世界』日高敏隆・羽田節子訳、岩波文庫、二〇〇五年〕環境世界についての分析として、拙著の次の箇所を参照されたい。*L'Autonomie brisée*, *op. cit.*, deuxième partie, chap. 4, p. 389-401.

（81） Maurice Merleau-Ponty, *La Structure du comportement*, *op. cit.*, p. 136.

（82） *Ibid.*, p. 137. 生物学における意義のカテゴリーの重要性については、メルロ＝ポンティの次の著作を参照のこと。*La Nature. Notes de cours du Collège de France*, Paris, Seuil, « Traces écrites », 1995. このメルロ＝ポンティの著作は、彼が着想を得た動物行動学者たちのテキストとともに、拙著*L'Autonomie brisée*の先に引用された箇所の中で分析されている。

（83） Edmund Husserl, « Normalité et espèces animales », *Sur l'intersubjectivité*, trad. N. Depraz, t. II, Paris, PUF, « Épiméthée », 2001, p. 249-263.

（84） Jean-Claude Monod, « Why I talk to my Dog. Extensions of intersubjectivity », *Environmental Philosophy*, vol. 11, issue 1, printemps 2014, p. 17-26.

(85) まさにこの意味で、動物には諸々の水準の感情移入があるのであり、他の動物の困窮に対して、標的型の援助を与えることによって応答する能力は、すべての動物にあるわけではない。Frans de Waal, *L'Âge de l'empathie. Leçons de la nature pour une société solidaire*, trad. M.-F. de Palomera, Paris, Les Liens qui libèrent, 2010, p. 139.

(86) *Ibid.*, p. 124.

(87) Edmund Husserl, « Normalité et espèces animales », *op. cit.*, p. 257.

(88) *Id.*, *Méditations cartésiennes*, *op. cit.*, V, § 55, p. 106.

(89) Maurice Merleau-Ponty, *La Structure du comportement*, *op. cit.*, p. 111. フッサールとハイデガーにおける動物についての考え方は、拙著の次の箇所でより詳細に分析されている。*L'Autonomie brisée*, *op. cit.*, p. 374-385.

(90) この著作は、拙著*Éléments pour une éthique de la vulnérabilité* (*op. cit.*) の第二部の中で分析の対象となっている。

(91) Max Scheler, *Nature et formes de la sympathie. Contribution à l'étude des lois de la vie affective*, trad. M. Lefebvre, Paris, Payot, « Petite Bibliothèque », 2003.〔シェーラー『同情の本質と諸形式』青木茂・小林茂訳、白水社、一九七七年〕

(92) Jean-Claude Monod, « Why I talk to my Dog », *op. cit.*

(93) Philippe Devienne, *Penser l'animal autrement*, Paris, L'Harmattan, « Ouverture philosophique », 2010.

(94) Claude Lévi-Strauss, *Anthropologie structurale deux*, Paris, Plon, 1973, p. 49-55. Jean-Jacques Rousseau, *Discours sur l'origine et les fondements de l'inégalité parmi les hommes*, Paris, Flammarion, « GF », 1971, p. 198.

(95) Erwin Straus, *Du sens des sens*, *op. cit.*, p. 242.

(96) *Ibid.*, p. 243.

(97) Jocelyne Porcher, *Éleveurs et animaux, réinventer le lien*, Paris, PUF, « Partage du savoir », 2002, p. 227.

(98) Maurice Merleau-Ponty, *Phénoménologie de la perception*, Paris, Gallimard, « Tel », 1979, p. 294.〔メルロ＝ポンティ『知覚の現象学二』竹内芳郎・木田元・宮本忠雄訳、みすず書房、一九七四年〕

(99) Jocelyne Porcher, *ibid.*, p. 105-132.

(100) 次のドキュメンタリー映画を参照のこと。Manuela Frésil, *Entrée du personnel*, 2013.

(101) 二〇一〇年七月二七日に議会によって可決された「農業漁業近代化法（Loi de modernisation de l'agriculture et de la pêche）」（LMAP）の、特に条項L230-5を参照のこと。この法律は、学校及びその他の集団的給食サービスにおいて提供される食事の栄養価に関する規定を、政府がデクレによって制定することを認める。例えば、デクレn°. 2011-1227、及び、学校給食の枠組みにおいて提供される食事の栄養価に関する二〇一一年九月三〇日のアレテがそれである。肉と魚を一定して提供する義務は、このアレテの第一条に出てくる。

(102) Éric Baratay, *Le Point de vue animal. Une autre version de l'histoire*, Paris, Seuil, « L'univers historique », 2012.

(103) カトリーヌ・ラレールとラファエル・ラレール、及びベアード・キャリコットによって擁護されるこの議論の紹介と反駁については、次を参照のこと。Clare Palmer, « Le contrat domestique », trad. H.S. Afeissa, in Hicham-Stéphane Afeissa et Jean-Baptiste Jeangène-Vilmer, *Philosophie animale. Différence, responsabilité et communauté*, Paris, Vrin, « Textes clés », 2010, p. 333-373.

(104) 「ゾーオポリス」という用語は、一九九八年にジェニファー・ウルチによって作られた。彼女はこれによって、動物たちと人間たちによって形成された混成的共同体に関する統合的な見方を促進する都市環境倫理を記述していた。スー・ドナルドソンとウィル・キムリッカの著作（*Zoopolis. A Political Theory of Animal Rights*, New York, Oxford University Press, 2011.〔スー・ドナルドソン、ウィル・キムリッカ『人と動物の政治共同体――「動物の権利」の政治理論』青木仁志・成廣孝監訳、尚学社、二〇一六年〕）におけるのと同じように、ゾーオポリスについてのわれわれの考え方には、動物に関する問題の政治化が含まれている。換言すれば、獣たちの利益が共通善の定義の中に入るということ、そして、動物たちの権利と彼らに対するわれわれの義務を規定することによって、動物たちに対する正義について考えるための手段を手に入れるべきだということが含まれている。

(105) Baird Callicott, *Genèse. La Bible et l'écologie*, trad. D. Bellec, Paris, Wildproject, « Domaine sauvage », 2009. 著者は、人間が万物の尺度ではないこと、神は諸存在と家畜をそれらの種に従って創造し、このようにして「人間に対して外的な価値論的準拠点」を表しているのだということを想い起こさせる。さらに、ヤハウェ資料の、創造に関する二つ目の物語は、著者によれば、管理のモデル、ないし神の番人としての人間のモデルを超える解釈を可能にしている。この解釈は、エコロジカル・シティズンシップのモデルに等しく、生物共同体について語っていたアルド・レオポルドの土地倫理に近いものである。次の拙著も参照のこと。Corine Pelluchon, *Éléments pour une éthique de la vulnérabilité*, *op. cit.*, p. 64-65.

(106) Thierry Gontier, « Descartes ou les raisons d'un refus », in Thierry Gontier (dir.), *Animal et animalité dans la philosophie de la Renaissance et de l'âge classique*, Louvain/Paris, Peeters, « Bibliothèque philosophique de Louvain », 2005, p. 107-128. 著者は、この動物機械論が道徳に関するものではなく、デカルトのエピステーメーの枠組みに結びついたものであることを見事に示している。

(107) René Descartes, lettre à Élisabeth du 15 septembre

1645, *Œuvres philosophiques*, *op. cit.*, p. 606.〔「520 デカルトからエリザベトへ エフモント・ビンネン一六四五年九月十五日」山田弘明訳、『デカルト全書簡集』第六巻所収、知泉書館、二〇一五年〕次も参照のこと。La lettre à Chanut du 6 juin 1647, *Œuvres philosophiques*, *op. cit.*, p. 738-739〔「624 デカルトからシャニュへ ハーグ一六四七年六月六日」山田弘明訳、『デカルト全書簡集』第七巻所収、知泉書館、二〇一五年〕, et *Principia philosophiae*, *Œuvres philosophiques*, *op. cit.*, p. 222-223〔『哲学原理』山田弘明・吉田健太郎・久保田進一・岩佐宣明訳、ちくま学芸文庫、二〇〇九年〕.

(108) Ronald Dworkin, *Taking Rights Seriously*, Cambridge (Mass.), Harvard University Press, 1977, p. xi.〔ドゥウォーキン『権利論』増補版、木下毅・小林公・野坂泰司訳、木鐸社、二〇〇三年〕

(109) デヴィット・デグラジアと、彼ほどではないが、マーサ・C・ヌスバウムの立場がこれである。彼らは同じようにウィル・キムリッカとスー・ドナルドソンの著作の中で批判されている。

(110) Robert Nozick, *Anarchie, État et utopie*, trad. É. d'Auzac de Lamartine, Paris, PUF, « Quadrige », 2008.〔ノージック『アナーキー・国家・ユートピア』嶋津格訳、木鐸社、二〇〇四年〕

(111) Sue Donaldson et Will Kymlicka, *op. cit.*, p. 48.

(112) これは、人間の協働を可能にすると同時に必要なものとする諸状況の総体のことである。

(113) アマンディーヌ・フェノによるドキュメンタリー『アダック(*Adak*)』を参照のこと。このドキュメンタリーは、トルコの専門施設において儀礼的な仕方で喉を掻き切られる羊たちを映している。

(114) ウィル・キムリッカとスー・ドナルドソンは、彼らの著作の第三章で、次の論文を参照させている。Leslie P. Francis et Anita Silvers, « Liberalism and Individuality Scripted ideas of the Good : Meeting the Challenge of Dependent Agency », *Social Theory and Practice*, 33/2, 2007, p. 311-334. この節でわれわれが着想を得ているのは、むしろ次の論文である。Agnieska Jaworska, « Respecting the Margins of Agency : Alzheimer's Patients and the Capacity to Value », *Philosophy and Public Affairs*, vol 28, issue 2, avril 1999, p. 105-138. この論文は、すでに次の拙著で引用している。Corine Pelluchon, *L'Autonomie brisée*, *op. cit.*, p. 67-69.

(115) このやり方は、その後で肉を販売する動物の場合も含め、ドイツとオーストリアでは合法である。これに対しフランスでは、農場での屠殺は、例えば個人的な消費のために豚が殺されるような場合を除けば、禁止されている。しかしながら、自分たちの動物の生活条件を気遣う一部の畜産農家は、自分たちの農場に屠殺場を設置すること、屠殺用トラックの利用を可能にすることを要求している。

(116) Emmanuel Housset, *L'Intelligence de la pitié. Phénoménologie de la communauté*, Paris, Cerf, « La nuit surveillée », 2003, p. 43-53.

(117) *Ibid*., p. 101.

(118) *Ibid*.

(119) *Ibid*., p. 109 et 111.

(120) Émile Zola, « L'amour des bêtes », *Le Figaro*, 24 mars 1896, repris dans *Nouvelle campagne*, Paris, Bibliothèque-Charpenthier, 1987, p. 87-97.〔ゾラ「動物への愛」小倉孝誠・菅野賢治編訳『時代を読む　1870-1900　ゾラ・セレクション一〇』所収、藤原書店、二〇〇二年〕

(121) *Ibid*.

(122) 文学はこのつながりについて証言している。特にアイザック・B・シンガーの小説を参照のこと。彼の小説では、元抑留民たちや、ナチスによる迫害や人種差別によって苦しめられたことのある人々が、動物たちを苦しめることに耐えられなくなって、シンガー自身のように、菜食主義者になるのが見られる。なかでもとりわけ、『敵――ある愛の物語』〔『愛の迷路』〕(*Ennemies. Une histoire d'amour*, trad. G. Chahine, Paris, Stock, 1998〔『愛の迷路』田内初義訳、角川書店、一九七四年〕)を、そして有名な小説『手紙を書く人(*The Letter Writer*)』(*The Collected Stories of Isaac Bashevis Singer*, New York, Farrar, Straus and Giroux, 1982〔「手紙を書く人」木原善彦訳、若島正編『ベスト・ストーリーズⅡ　蛇の靴』所収、早川書店、二〇一六年〕)を参照のこと。後者では、ナチスによって家族を虐殺されたハーマン・ゴンバイナーは、彼の家を住処に選んだハツカネズミ、ハルダーに対して愛情を感じている。重い病気にかかった後、彼は糧をやれなかったハルダーを想って気がかりになる。そしてまさにその瞬間彼は、人間たちと動物たちのあいだの完全な非対称性を告発しながら、有名な次の一節を発するのである。「動物たちにとって、これは永遠のトレブリンカだ」(p. 271〔『ベスト・ストーリーズⅡ　蛇の靴』一〇八頁〕)。

(123) エマニュエル・レヴィナスは、彼の著作において、動物を他人とみなしていない。動物はわれわれの責任の対象ではないし、動物には、強い意味で、われわれに対する責任がない〔応答可能ではない〕。たとえ、レヴィナスがいた労働収容所の囚人が家に帰ってくるのを見て鳴く、「ナチス・ドイツの最後のカント主義者」こと、犬のボビーのように、動物がこうした存在〔囚人〕に対して、まだ彼らは人間であることを証言することができるとしても、そうなのである。レヴィナスの次の論考を参照のこと。« Nom d'un chien ou le droit naturel », repris dans *Difficile liberté, op. cit*., p. 231-235.〔レヴィナス「ある犬の名前、あるいは自然権」『困難な自由　増補版・定本全訳』所収〕レヴィナスと動物問題との関係については、特に次を参照のこと。Tamra Wright, Peter Hughes et Alison Ainley, « Le paradoxe de la

moralité : un entretien avec Emmanuel Levinas », trad. A. Benjamin et T. Wright, *Philosophie*, n° 112, hiver 2011, p. 12-22.

(124) Corine Pelluchon, *Tu ne tueras point. Réflexions sur l'actualité de l'interdit du meurtre*, Paris, Cerf, « Passages », 2013, p. 42-46 et 75-78.

(125) *Ibid.*, p. 85.

(126) われわれはここで、工場畜産と工場屠殺に結びついた暴力を、ホモサイド（homocide）から区別する。ただし動物たちの支配を享楽するために動物たちに暴力をふるい虐待する一定の人間が存在することを忘れてはいない。

(127) Plutarque, *Trois traités pour les animaux*, trad. Aymot, Paris, POL, « É. Badinter », 1992, p. 106-107.〔プルタルコス『モラリア一二』三浦要・中村健・和田利博訳、京都大学学術出版会、二〇一八年〕

(128) Jacques Derrida, « "Il faut bien manger" ou le calcul du sujet », *op. cit.*, p. 294 ; *L'animal que donc je suis*, *op. cit.*, p. 144. また、次を参照のこと。Patrick Llored, *Jacques Derrida. Politique et éthique de l'animalité*, Mons, Sils Maria, « 5 concepts », 2013.

(129) 『レビ記』二三章四三節〔二八節〕を参照のこと。また、この箇所に関するマイモニデスによる注解がある。Cf. Moïse Maïmonide, *Le Guide des égarés. Traité de théologie et de philosophie*, trad. S. Munk, Paris, Maisonneuve et Larose, 1981, Livre III, chap. 48, p. 399.

(130) Gérard Charollois, *Pour en finir avec la chasse. La mort-loisir, un mal français*, Paris, Éd. IMHO, « Essais », 2013, p. 131-144.

(131) 動物に対し虐待を行う人々の刑事上の責任を免除する刑法五二一条〔第一項〕第七段落を適用するなら闘牛と闘鶏は、「絶え間ない地域的伝統」が認められる一部の場所において、例外とされる。だが、〔フランスの〕国土の九〇％では、動物たちへの拷問をもたらすこれらの娯楽に耽る人々は、軽犯罪者とみなされるのである。

(132) Éric Baratay, *ibid.*, p. 232-233.

(133) *Ibid.*

(134) これは、アマンディーヌ・フェノのドキュメンタリー『アダック』の中で、宗教的屠殺を実施するある人物の言葉である。

第一部第三章

(1) Aharon Appelfeld, *Histoire d'une vie*, trad. V. Zenatti, Paris, Éd. de l'Olivier, 2004, p. 115.

(2) 飢えが引き起こす心理的不調と身体的不調のあらましを掴むには、次の著作が参考になる。Knut Hamsun, *La Faim*, trad. G. Sautreau, Paris, LGF, « Biblio roman », 2012.〔ハムスン『飢え』宮原晃一郎訳、『世界文学全集』第三期一五巻所収、河出書房新社、一九五七年〕

（3）　ＦＡＯはこの『世界の食糧不安の現状』に関する報告書を、国際農業開発基金（ＦＩＤＡ）と世界食糧計画（ＷＥＰ）との共同で発表している。

（4）　Jean Ziegler, *L'Empire de la honte*, Paris, Fayard, 2005, p. 127. 著者は、社会学者のマリオ・ド・コスモ・ソアレス・デ・フレイタスとブラジルのバイーア連邦大学の協力者によってサルヴァドールのペラ・ポルコ地区で行われた調査を参照させている。これは、飢えた人々自身が彼らの状況の中でどのように生きているかを理解するための調査であった。恥、屈辱、飢え――それは身体を蝕み精神に取り憑いているのに、ときには「物」と呼ばれ、自己の外へ締め出される――によって迫害されているという感情、これらが、いずれも一つの状況の特徴的要素として表出する。諸個人は、是が非でもこの状況に抵抗し、あるいはそこから抜け出そうと試みながら、ゴミ捨て場を漁り、埋め合わせの夢を、そして幻覚を見るのである。

（5）　クワシオルコルとは、カロリーとタンパク質の不足に起因する病気である。この病気の特徴は、腹部の膨張と手足のむくみ、髪と肌の異常、歯の脱落、筋萎縮である。

（6）　ユニセフと世界銀行による次の報告を参照。*Vitamin and Mineral Deficiency. A Global Assessment Report*, New York, Genève, 2004.

（7）　「隠れた飢餓」は、世界の人口の三〇％に及んでいる。Cf. Jean Ziegler, *ibid.*, p. 128 et 118. 毎年世界で死去する六億二〇〇〇万人のうち、二〇〇三年には三億六〇〇〇万人が、空腹や微量栄養素の不足に起因する病気によって命を落としている。

（8）　Jean Ziegler, *Droits économiques, sociaux et culturels. Le droit à l'alimentation*, Commission économique et sociale des Nations Unies, 2001, p. 8 (http://www.droitshumains.org/alimentation/pdf/fev_01.pdf).

（9）　Amartya Sen et Jean Drèze, *Hunger and Public Action*, Oxford, Oxford University Press, 1989.

（10）　Amartya Sen, *Poverty and Famines. An Essay on Entitlement and Deprivation*, New York, Oxford University Press, 1981, chap. 6.〔セン『貧困と飢饉』黒崎卓・山崎幸治訳、岩波書店、二〇〇〇年〕

（11）　Thomas R. Malthus, *Essai sur le principe de population*, Paris, Flammarion, « GF », 1992.〔マルサス『人口論』永井義雄訳、中公文庫、一九七三年〕

（12）　Amartya Sen, *Un nouveau modèle économique. Développement, justice, liberté*, trad. M. Bessières, Paris, O. Jacob, 2000, p. 216.〔セン『自由と経済開発』石塚雅彦訳、日本経済新聞社、二〇〇〇年〕

（13）　Mathieu Clément, « Amartya Sen et l'analyse socio-économique des famines : portée, limites et prolongements de l'approche par les *entitlements* », Université Montesquieu Bordeaux IV, *Cahiers du GREThA*, n° 2009-25, p.

12-14.

（14） この点については、ここ数年来、世界的食糧危機についての国連の考え方に変化があったことが伺える。二〇〇八年五月から国連人権理事会で食料への権利のための特別報告者を務めているオリビエ・デシューターの報告書、例えば二〇一四年三月の報告書（http://www.srfood.org/images/stories/pdf/officialreports/20140310_finalreport_fr.pdf）を参照のこと。

（15） Jean Ziegler, *op. cit.*, p. 245. 飢えと負債は、大陸の向こう側の大企業五〇〇社に利益をもたらしているのだ、と付言することができる。これらの企業は雪だるま式に膨れ上がる利益を本社へ還流させる。例えば、ブラジルのような国の中央銀行の外貨準備は、ネスレ社の影響を受けている。アヴェンティス社［サノフィ社の前身の一つ］、モンサント社、パイオニア・ハイ＝ブレッド社、あるいはシンジェンタ社のようなアグリフード分野の他の巨大企業について言えば、これらの企業は、二〇〇四年の種子のグローバル市場の三分の一を支配している。こうした種子は、企業によって毎年農家に販売される。あるいは、農家は、過去の収穫物から次の年に使う種子を採取するために、種子の代金を支払わなければならない。このことは、例えば一九九八年から二〇〇四年にかけて、インドのアーンドラ・プラデーシュ州で起こったように、大陸の向こう側のこうした企業の［発展途上国における］現地支社に対し過剰な負債を負った農家を、自殺に追い込むことがある。

（16） Marcel Mazoyer, Laurence Roudart, *Histoire des agricultures du monde. Du néolithique à la crise contemporaine*, Paris, Seuil, « Points Histoire », 2002, p. 639-643.

（17） これは例えばモザンビークにおいて起きていることである。

（18） Bruno Parmentier, *Nourrir l'humanité. Les grands problèmes de l'agriculture mondiale au XXIe siècle*, Paris, La Découverte, « Cahiers libres », 2007, p. 185.

（19） Marie-Anne Frison-Roche, *Les 100 mots de la régulation*, Paris, PUF, « Que sais-je ? », 2011.

（20） Bruno Parmentier, *ibid.*, p. 201.

（21） *Synhedrin 104 b*, Rabbi Yochanan, cité par Emmanuel Levinas dans *Totalité et infini*, *op. cit.*, p. 219.

（22） この指摘は、ニューロン間の情報伝達を可能にする神経伝達物質の一部の機能不全、特にセロトニンの機能不全を評定する研究の重要性を減じるものではない。セロトニンは、食の制御において重要な役割を果たしている。

（23） Michelle Le Barzic et Marianne Pouillon, *La Meilleure Façon de manger. Les désarrois du mangeur moderne*, Paris, O. Jacob, 1998, p. 172-173.「体内化（incorporation）から取り入れ（introjection）への移行は本質的である。取り入れが確立されるのは、乳児が、なかなか母乳で満たされない自分の口腔の中の空虚の感覚を経験するときである。

空虚はそのとき叫び声に満たされ、この叫び声は母親を現れさせる。『言葉で口腔の空虚を満たすことを学ぶこと、これが取り入れの最初のパラダイムである』。『十分によい』母親は、乳児を見放すことなく待たせることができるがゆえに、この進化を保証するのである。〔乳児の〕期待の範囲は、彼女の生身の現前、及び彼女の声による現れによって培われる。そして『かくして原初的な空虚は、発話的共同体との言語的関係への転換によって、自分のあらゆる不足に対する打開策を見出す。欲望、苦痛、状況を取り入れることは、これらを言語によって、空虚な口腔の交わりの中で伝えることである』」。〔この引用文中で〕引用されている一節は、次の論考を参照している。Nicolas Abraham et Maria Torok, « Introjecter-incorporer. Deuil ou mélancolie », *Nouvelle revue de psychanalyse*, n° 6, 1972, p. 111-112.

(24) Jean-Daniel Lalau, *En finir avec les régimes. Vers une alliance du corps et de l'esprit*, Paris, Éd. Nouvelles François Bourin, 2012, p. 9-10 et 114.

(25) Ginette Raimbault et Caroline Eliacheff, *Les Indomptables. Figures de l'anorexie*, Paris, O. Jacob, 1980〔『天使の食べものを求めて——拒食症へのラカン的アプローチ』加藤敏監修、向井雅明監訳・佐藤鋭二訳、三輪書店、二〇一二年〕; Bernard Brusset, *Psychopathologie de l'anorexie mentale*, Paris, Dunod, « Psychismes », 2008, p. 77, et *L'Assiette et le Miroir. L'anorexie mentale de l'enfant et de l'adolescent*, Toulouse, Privat SAS, 1991.

(26) Michelle Le Barzic et Marianne Pouillon, *ibid.*, chap. 3, notamment p. 106-107, 111-117.

(27) *Ibid.*, p. 34-35.

(28) 二〇一四年一月二四日にインタビューに応じてくださったアミアン大学病院の栄養学教授ジャン＝ダニエル・ラロー氏に対して、ここで感謝の意を表したい。

(29) Bernard Brusset, *Psychopathologie de l'anorexie mentale*, *op. cit.*, p. 228-238.

(30) *Ibid.*, p. 62. 戦争のあいだも依然として無食欲症に苦しむひとたちはいたが、戦争が食料不足をもたらすと無食欲症はなくなったと、ベルナール・ブリュセは書いている。

(31) *Ibid.*, p. 179.

(32) 次のこともまた同様である。体重を落とすことができず、糖尿病や高血圧のような病気をもつ肥満症の人々にとっては、外科処置が助けとなりうる。だが、この場合、彼女自身と彼女の諸表象に対して何の働きかけもないし、食に対する関係、つまり自己への、身体への、他者への、彼女の衝動への関係に何の変化も起こらない。だから患者はこの関係から抜け出せない。たとえ彼女が手術を受け、もはやサンドウィッチをがつがつ食べることはできなくなるとしても、彼女は依然、無節操に食べることができるから、甘い飲み物を飲んで太り続けるのである。

(33) Ludwig Binswanger, *Introduction à l'analyse existenti-*

elle, trad. J. Verdeaux et R. Kuhn, Paris, Minuit, « Arguments », 1989.

(34) 次の著作でアンリ・マルディネは、ルートヴィヒ・ビンスワンガーに言及している。*Regard, parole, espace*, *op. cit.*, p. 137 *sq.*

(35) *Ibid.*, p. 137.「一つの行動、振る舞い、発言は、世界の内に存在する一定の仕方、一定の住まい方を構成している[……]。その意味は、〈いかに〉(*comment*) において暴かれる[……]。意味が〈何〉に応えるように、スタイルは〈いかに〉に応える」。

(36) Jean-Daniel Lalau, *ibid.*, p. 251-257, p. 266-268.

(37) Franz Kafka, *Un artiste de la faim et autres récits*, éd. dir. et trad. Cl. David, Paris, Gallimard, « Folio Classique », 1990, p. 173-229.〔カフカ『変身・断食芸人』山下肇・山下萬里訳、岩波文庫、二〇〇四年〕

(38) 無食欲症のひとは絶食の効果にも依存していることがある。絶食はホルモンの分泌を活発にするからである。

(39) Evelyne Kestemberg, Jean Kestemberg et Simone Decobert, *La Faim et le Corps. Une étude psychanalytique de l'anorexie mentale*, Paris, PUF, 1972. この著作の二三一―二三二頁で、神経性無食欲症についての彼らの精神分析上の立場が総括されている。〔彼らによれば〕神経性無食欲症は、次のものの全体である。すなわち「〔第一に〕大切に扱われていない身体の痛ましい状態の陰で作用している一つの誇大妄想。その快楽は、〔主体によって〕追求される飢えの無言の恍惚状態の中に、そしてそれだけでなく、主体によって制御される諸欲求を支配することの陶酔状態の中に集中している。〔第二に〕誇大妄想によって拒否された、融和の太古的体験。〔第三に〕この拒否が命じる身体の拒絶。〔第四に〕この身体の拒否とそれに内属する他人の扱い方に見出される倒錯した充足感。〔第五に〕飢えた身体の中に見出される快楽」。

(40) Bernard Brusset, *Psychopathologie de l'anorexie mentale*, *op. cit.*, p. 176-177. 著者はある「偽の自己」(faux self)」が作られる過程について語っている。

(41) Jacques Maître, *Anorexies religieuses, anorexie mentale. Essai de psychanalyse sociohistorique* (*de Marie de l'Incarnation à Simone Weil*), Paris, Cerf, « Sciences humaines et religions », 2000. 同じ著者の次の論考も参照のこと。« Façons anorectiques d'être au monde : anorexie mystique et anorexie mentale », *Socio-Anthropologie*, 1999/5 (en ligne).

(42) Franz Kafka, *Un artiste de la faim*, *op. cit.*, p. 202.

(43) これはラロー教授の患者、ロールの言葉である。ラロー教授は彼女の文書を次の箇所で引用している。Jean-Daniel Lalau, *En finir avec les régimes. Vers une alliance du corps et de l'esprit*, *op. cit.*, p. 229-230.

(44) Jean-Daniel Lalau, *ibid.*, p. 228-229.

(45) *Ibid.*, p. 230.

(46) 無食欲症患者たちは、常に自分があまりに太っているように見えている。たとえ細い、とは言っても彼女らより体重が少なくともプラス一〇キロはある道行く女性について、彼女らが「あのひとはスタイルがいいね」と言うとしても、そうである。同様に、彼女らの腕、太もも、ウエストの写真を撮り、さらに、無食欲症患者の美的基準（一六五センチメートルに対し五〇キロ以下）の範囲に入る別の細い女性の腕と太ももを写真に撮ると、〔それを見た〕彼女らは、〔自分と理想的な女性の〕体つきの違いに驚くことになる。無食欲症患者たちは、彼女らが〔実際に〕そうあるように自分を見ていない。彼女たちが鏡の中に見るものは、われわれが鏡の中に見るものとまったく同じではないのである。この点で写真は、鏡よりも、特に体重計よりも、教育的である。というのは、無食欲症患者は数字によって苦痛を感じるからで、四〇キロや四二キロを超えた体重はしばしばタブーになっていのである。

(47) M. Le Barzic et M. Pouillon, *op. cit.*, p. 103. われわれはここで、古代ローマ人たちの〔宴の〕慣行を話題にしない。確かにそれは、人々を暴飲暴食へ至らせていたが、それは病理よりも宴会に属するものであった。

(48) ラロー教授は、無食欲症患者にとっては表現行為が容易であるのに対して、過食症患者と肥満症患者は困難を抱えているという、両者の対比関係を強調している。無食欲症患者は、多くの場合入院中に日記をつけている。そして自分が感じたことを記述する機会や、自己イメージと食のイメージに向き合う機会を与えてくれるような訓練に、実に意欲的に参加する。それに対して、過食症患者と肥満症患者の表現はずっと貧しく、まるで彼女らが有する自己自身と他者たちへの関係が、堆積する脂肪の下に埋められてしまったかのようである。われわれは次の点を付言しておこう。現代の先進諸国では、肥満症はとりわけ貧困層に多く、ほとんど教育を受けられない貧しい人々は、他の人々よりも会話や筆記による自己表現に必ず困難を抱えているのである。

(49) Charles Fourier, *Le Nouveau Monde amoureux*, Paris, Anthropos, 1967, p. 126-127, 133.〔フーリエ『愛の新世界』福島知己訳、作品社、二〇一三年〕開花をもたらす調和的な知恵と、料理に関するサドの放縦との対立関係が、ノエル・シャトレによって示唆されている。Cf. Noëlle Châtelet, *Le Corps à corps culinaire*, Paris, Seuil, 1998, p. 154-155.

第二部第一章

(1) Hicham-Stéphane Afeissa, *La Fin du monde et de l'humanité. Essai de généalogie du discours écologique*, Paris, PUF, « L'écologie en questions », 2014, chap. 2. 次も参照のこと。Jonathan Schell, *Le Destin de la terre*, trad. L. Murail et N. Zimmerman, Paris, Albin Michel, 1982, p. 194, 134-135.

（2） Michel Serres *La Guerre mondiale*, Paris, Le Pommier, « Essais et documents », 2008, p. 137-139.〔セール『世界戦争』秋枝茂夫訳、二〇一五年〕問題は「万人の、世界に対する戦争〔……〕、われわれ人類全体の、地球環境に対する戦争」である。

（3） Thomas Hobbes, *Léviathan*, trad. F. Tricaud, Paris, PUF, 1971, chap. 17, p. 175-177.〔ホッブズ『リヴァイアサン』第二巻、水田洋訳、岩波文庫、一九九二年〕ホッブズはたえずアリストテレスに対立しているのだが、そこでホッブズは、群棲動物の〔自然的〕社会と、案出されたもの、ないし人為的でしかありえない人間共同体とのあいだに、単に程度の区別ではなく、本質の区別を立てている。アリストテレス『政治学』第一巻第二章（1253 a7-9, 18）も参照。

（4） Épicure, « Maximes capitals XXXIII », p. 205, dans *Lettres, maxims, sentences*, trad. J-F. Balaudé, Paris, Le Livre de Poche, 1977.〔エピクロス「主要教説三三」『教説と手紙』所収、出隆・岩崎允胤訳、岩波文庫、一九五九年〕「正義は、それ自体で存在するものではない。それはむしろ、いつどんな場所でにせよ、人間の相互的な交通の際に、互いに加害したり加害されたりしないことに関して結ばれる一種の契約である」。次も参照のこと。Lucrère, *De natura rerum*, V, 925-1457, trad. J. Kany-Turpin, Paris, Flammarion, « GF », 1997.

（5） Corine Pelluchon, *Éléments pour une éthique de la vulnérabilité*, *op. cit.*, p. 101-104.

（6） Virgile, *Énéide*, XI, 320-321. 次の箇所で引用されている。Jean-Jacques Rousseau, *Du contrat social*, *op. cit.*, p. 37.

（7） 還元とはフッサールが用いた現象学的方法であり、表象を括弧で括ることで、現象を、それがわれわれに現前するままに記述することを要請する。食や〈住まうこと〉などにおいて見てきたように、われわれが記述してきたものは意識によって構成されるのではなく、非構成的現象学に帰せられるものである。

（8） David Hume, « Du contrat primitif », *Essais et traité sur plusieurs sujets*, vol. 2, *Essais moraux, politiques et littéraires* (*Deuxième partie*), trad. M Malherbe, Paris, Vrin, « Bibliothèque des textes philosophiques », 2009, p. 209, 211-213.〔ヒューム「原始契約について」『道徳・政治・文学論集』所収、田中敏弘訳、名古屋大学出版会、二〇一一年〕

（9） *Ibid.*, p. 216.

（10） Emmanuel Kant, « Sur le lieu commun : il se peut que ce soit juste en théorie, mais, en pratique, cela ne veut rien », *Œuvres philosophiques*, éd. dir. F. Alquié, t. III, Paris, « Bibliothèque de la Pléiade », 1986, p. 279.〔カント「理論と実践——理論では正しいかもしれないが実践の役には立たない、という通説について」北尾宏之訳、『カント全集一四』所収、岩波書店、二〇〇〇年〕

(11) Jean Starobinski, *Jean-Jacques Rousseau, La transparence et l'obstacle*, Paris, Gallimard, « Bibliothèque des idées », 1971, p. 44-48.〔スタロバンスキー『ルソー――透明と障害』山路昭訳、みすず書房、一九九三年〕次章では民主主義の転換の条件について論じ、ルソーの提起する社会契約の主要問題を取り上げる。それは、社会道徳は法を変え、法もまた社会道徳を変えるという循環の問題である。こうしたアプローチが示唆しているのは、われわれは、カントのルソー解釈にも通じる第二の道の方を評価するということである。次の点も注記しておこう。すなわち、この循環は、政治理論に付随する約束を果たすためには、道徳的性向が涵養可能であるかどうかを検討することを求めており、したがって、徳倫理学の導入を求めているということである。いずれにせよ、本論の主眼は社会契約の術語を改めて作り出すことであり、そのためにまず、こうした概念的枠組みに依拠することを正当化しておく必要がある。

(12) Thomas Hobbes, *Léviathan*, *op. cit.*, chap. 13, p. 120-123. 次も参照。*Éléments de la loi naturelle et politique*, trad. D. Weber, Paris, LGF, « Classiques de Poche », 2003, chap. 9, p. 129-131 et chap 14, p. 176-182.

(13) *Id.*, *Léviathan*, *op. cit.*, chap. 17, p. 173 : « And Convenants, without the Sword, are but Words, and of no strength to secure a man at all »（「そして剣を伴わない契約は、ただの言葉にすぎず、ひとを守る力をまったくもたない。」）.

(14) したがってわれわれのプローチは、すでに『傷つきやすさの倫理の基本原理』第一部でわれわれが提示したように、『責任という原理』で「善意の専制」について語るハンス・ヨナスによって勧められる解決とは一線を画す。

(15) Hobbes, *Ibid.*, chap. 14, p. 132-136.

(16) *Ibid.*, chap. 13, p. 126.

(17) *Ibid.*, chap. 16, *op. cit.*, p. 161-162.

(18) *Ibid.*, chap. 17, *op. cit.*, p. 177.

(19) *Ibid.*, chap. 16, p. 166.

(20) *Ibid.*, chap. 17, p. 177.

(21) *Ibid.*, chap. 13, p. 124.

(22) *Ibid.*, chap. 21. p. 220.

(23) Jean-Jacques Rousseau, *Du contrat social*, *op. cit.*, Livre II, p. 94.

(24) Arne Næss, *Écologie, communauté et style de vie*, trad. Ch. Ruelle, Bellevaux, Éditions Dehors, 2013, p. 60-65.〔ネス『ディープ・エコロジーとは何か――エコロジー・共同体・ライフスタイル』斎藤直輔・開龍美訳、文化書房博文社、一九九七年〕

(25) John Locke, *Second traité du gouvernement civil*, trad. D. Mazel, Paris, Flammarion, « GF », 1992, chap. 2, § 6, p. 144-146.〔ロック『完訳　統治二論』加藤節訳、岩波文庫、二〇一〇年〕

(26) *Ibid.*, chap. 11, § 137-138.
(27) *Ibid.*, chap. 2, § 5, § 12-13; chap. 9, § 123-127.
(28) *Ibid.*, chap. 8, § 95-99.
(29) *Ibid.*, chap. 13-14.
(30) *Ibid.*, chap. 19, § 211-217.
(31) *Ibid.*, chap. 19, § 218-222.
(32) *Ibid.*, chap. 19, § 224-225, § 230.
(33) *Ibid.*, chap. 15, § 171.
(34) *Ibid.*, chap. 5, § 25.
(35) *Ibid.*, chap. 5, § 28, § 44-46.
(36) *Ibid.*, chap. 5, § 30-31.
(37) *Ibid.*, chap. 5, § 34および§ 31.
(38) *Ibid.*, chap. 5, § 34.
(39) Robert Nozick, *Anarchie, État et utopie*, *op. cit.*
(40) Catherine Audard, *Qu'est-ce que le libéralisme ? Éthique, politique, société*, Paris, Gallimard, « Folio Essais », 2009, p. 398-400. 彼女にとって、ウルトラ・リベラリズムは「魔術化」であって、それは「アダム・スミスやジョン・スチュアート・ミルだけでなくロックの教義をも歪曲した『古典的リベラリズム』の構築」に結びついているのである。
(41) Jean-Jacques Rousseau, *Du contrat social*, *op. cit.*, Livre I, chap. 6, p. 56.
(42) John Rawls, *La justice comme équité. Une reformation de Théorie de la justice*, trad. B. Guillarme, Paris, La Découverte, « La Découverte poche », 2008, p. 20.〔ロールズ『公正としての正義――再説』田中成明・亀本洋・平井亮輔訳、岩波書店、二〇〇四年〕
(43) 社会契約は、法が、国民全体の統一的意志に基づいて生じうるような形で制定されることを求める。公法の正当性を評価するこうした基準によって、理性の理念には実践的リアリティが与えられる。その際、このような法制定の端緒となる出来事が国民の歴史の中に実在したことを証明する必要はない。次を参照のこと。Emmanuel Kant, *Sur le lieu commun...*, *op. cit.*, p. 279.
(44) Jean-Jacques Rousseau, *Du contrat social*, *op. cit.*, Livre II chap. 8, p. 82.
(45) *Ibid.*, Livre II, chap. 12, p. 94.
(46) *Ibid.*, Livre IV, chap. 1, p. 145.
(47) *Ibid.*, p. 144.
(48) *Ibid.*, Livre II, chap. 7, p.82.
(49) *Ibid.*, Livre IV, chap. 1, p. 144.
(50) *Ibid.*
(51) *Ibid.*, Livre I, chap. 6, p. 57.
(52) John Dewey, *Le Public et ses problèmes*, trad. J. Zask, Paris, Gallimard, « Folio Essais », 2010, p. 95.〔デューイ『公衆とその諸問題――現代政治の基礎』阿部齊訳、ちくま学芸文庫、二〇一四年〕
(53) *Ibid.*, chap. 4, p. 230, 235-236.

(54) John Rawls, *La Justice comme équité*, *op. cit.*, p. 58.

(55) Gérald Hess, *Éthiques de la nature*, Paris, PUF, « Éthique et philosophie morale », 2013, p. 357-359. 次を参照のこと。Val Plumwood, *Environmental Culture. The Ecological Crisis of Reason*, Londres, Routledge, 2001.

(56) 『傷つきやすさの倫理の基本原理』においてわれわれは、他の人間や他の生物種、環境を尊重するのを後押ししてくれる、厳密な責任概念を構築しようと試みたのだが、そこで明らかにしたのは、この責任は誇張的（hyperbolique）だということである。それは、単にわれわれの行動様式が変化した、すなわちわれわれの技術力が変化した（ハンス・ヨナス）という点で誇張的というだけでなく、われわれの責任が自分たちの表象能力や識別能力をはるかに超えているという点で誇張的なのである。例えば、（広島の被曝者に関してギュンター・アンダースが述べているように）犠牲者の数があまりにも膨大で表象しきれない場合や、（生態系や樹木など〔の破壊〕のように）犠牲者がわれわれの憐憫を誘わない場合がそうである。

(57) 次著では、徳倫理学が論じられる予定である。この場合の徳倫理学とは、〈〜によって生きる〉の哲学に対応する倫理学であり、新たな社会契約に結びついた義務感をいかにして人々のあいだで培っていけばよいのかを明らかにする倫理学である。

(58) Paul Ricœur, *Soi-même comme un autre*, *op. cit.*, p. 336.

(59) John Rawls, *Théorie de la justice*, trad. C. Audard, Paris, Seuil, « Empreintes », 1987, p. 30.〔ジョン・ロールズ『正義論——改訂版』川本隆史・福間聡・神島裕子訳、紀伊國屋書店、二〇一〇年〕

(60) *Ibid.*, § 11-14.

(61) *Id.*, *La justice comme équité*, *op. cit.*, p. 69-70.

(62) *Id.*, *Théorie de la justice*, *op. cit.*, § 24, p. 168-174.

(63) *Ibid.*, p. 47-48, 71-75, 153.

(64) Amartya Sen, *Rationalité et liberté en économie*, trad. M.P. Iribane-Jaawane, Paris, O. Jacob, « Économie », 2005, p. 13, 65-66, 122.〔セン『合理性と自由』（上）若松良樹・須賀晃一・後藤玲子監訳、勁草書房、二〇一四年〕

(65) Martha C. Nussbaum, *Frontiers of Justice. Disability, Nationality, Species Membership*, Cambridge, The Belknap Press of Harvard University Press, 2006.〔ヌスバウム『正義のフロンティア——障碍者・外国人・動物という境界を越えて』神島裕子訳、法政大学出版局、二〇一二年〕

(66) *Ibid.*, 205. 次も参照のこと。Corine Pelluchon, *Éléments pour une éthique de la vulnérabilité*, *op. cit.*, p. 292-302.

(67) 社会契約に対するカントの考え方によれば、ホッブズとは違い、社会契約が創設されたとしても、正義は何か客観的なものやそれ自体で真なるものと合致している。

(68) Mark Rowlands, *Animal Rights, Moral Theory and*

Practice, New York, Palgrave Macmillan, 2009, p. 131-162.

（69） John Rawls, *Théorie de la justice*, *op. cit.*, p. 543-544, 550.

（70） このような主張は、ロールズやカントの考えには収まらない。カントの想定では、われわれは獣に対して間接的な義務しか負っていない。このことが意味するのは、獣に対する虐待はそれ自体で悪はなく、それがわれわれにはふさわしくないということ、そしてそれが根底において他の人間にまで及ぶということである。次を参照のこと。Emmanuel Kant, *Doctrine de la vertu*, § 17, *Œuvres philosophiques*, t. III, *op. cit.*, p. 733-734.

（71） Mark Rowlands, *Animal Rights*, *op. cit.*, p. 155-158.

（72） Emmanuel Levinas, *De Dieu qui vient à l'idée*, *op. cit.*, p. 262.

（73） John Rawls, *Théorie de la justice*, *op. cit.*, p. 609.

（74） *Ibid.*, p. 161-162. 及び、§ 44, p. 324-333.

（75） Axel Gosseries, « Nations, Generations and Climate Justice », *Global Policy*, vol. 5, n° 1, févr. 2014, p. 96-102.

（76） Hannah Arendt, *Condition de l'homme moderne*, tr. G. Fradier, Paris, Calmann-Lévy, « Liberté de l'esprit », 1983, p. 95.〔アレント『人間の条件』志水速雄訳、ちくま学芸文庫、一九九四年〕

（77） Emmanuel Kant, *Anthropologie du point de vue pragmatique*, AK II, 332, *Œuvres philosophiques*, t. III., *op. cit.*, p. 1143-1144.〔カント『実用的見地における人間学』渋谷治美訳、『カント全集一五』所収、岩波書店、二〇〇三年〕

（78） 例えばこの原理によれば、大人同士の合意で金額を設定した性的関係については犯罪として扱わない、ということになる。しかしながら、売春の例に見られるように、この議論には限界がある。というのは、仮にセックスワーカーの中には、金儲けのために自ら性的サービスを提供することを選んだと明言する者がいたとしても、その大部分は実際には売春を強いられ、このシステムから脱出することが難しい場合が多いからである。要するに、この原理は選好の誘導について考慮していないのである。ところで、ひとが一方を選んで他方をあえて選ばないとき、こうした同意は、当人が被っている支配を覆い隠すことがある。というのは、当人がコンプレックスを抱いている自己表象、十分な自尊心をもてないような何らかの自己表象を、当人が表に出さないからである。

（79） Corine Pelluchon, *L'Autonomie brisée*, *op. cit.*, première partie.

（80） Ruwen Ogien, *L'Influence de l'odeur des croissants chauds sur la bonté humaine et autres questions de philosophie morale expérimentale*, Paris, Grasset, « Essai », 2011.

（81） コリーヌ・ペリュション「死の帮助についてのコンセンサスに至ることはできるか」(« Peut-on arriver à un consensus sur l'aide active à mourir ? »)。これはインターネットサイトTerra novaにて二〇一四年三月四日に公開した、無料でダウンロードできる文章である。最小限の倫理を超える問題、この発表された文章で明示された旧来の対立に帰着する問題について、適切な立法に至るための方法は、勧告以上の意味をもつ。

（82）「科学的な目的のために使用される動物の保護に関する二〇一〇年九月二二日の欧州議会及び理事会指令2010/63」の遵守は、すでに大きな一歩であろう。

第二部第二章

（1）Montesquieu, *De l'esprit des lois*, t. II, Livre XXIII, chap. 29, Paris, Flammarion, « GF », 1979, p. 134.〔モンテスキュー『法の精神』上巻、野田良之・稲本洋之助・上原行雄・田中治男・三辺博之・横田地弘訳、岩波書店、一九八七年〕

（2）引用元は以下。Dominique Bourg (dir.), *Pour une 6e République écologique*, Paris, O. Jacob, 2011, p. 136.

（3）例えば、環境に関する国連会議において採択された、一九七二年のストックホルム宣言を参照。

（4）Thomas Piketty, *Le Capital au XXIe siècle*, Paris, Seuil, « Les livres du nouveau monde », 2013.〔ピケティ『二一世紀の資本』山形浩生・守岡桜・森本正史訳、みすず書房、二〇一四年〕

（5）Dominique Bourg (dir.), *Pour une 6e République écologique, op. cit.*, p. 61.

（6）*Ibid.*, p. 48.

（7）*Ibid.*, p. 53.

（8）*Ibid.*, p. 48.

（9）CFCとは、ハロゲン化アルキルの一部をなすフッ素を含む化合物。ハロゲン化アルキルとは、水素原子を塩素やフッ素で置換した、アルカン由来の化合物である。一九三〇年代にまず冷媒として使用され、続いて噴射剤のガスとして、有機化合物を合成する際の原材料として、溶媒として、消火剤として、プラスチック発泡剤として、活用された。CFCは、高い高度（成層圏）に達すると、高エネルギーの紫外線により分解され、地表を保護しているオゾン層を破壊するため、温室効果の一因となる。一九八七年にはモントリオールで、CFCとハロンを製造している主な国々が、製造停止を決定した。ヨーロッパでは二〇〇〇年一〇月以来、CFCは市場に流通していない。

（10）フランシュ＝コンテ大学の行為理論研究所におけるセミナー「倫理・自然環境・健康」の一環として行われたブール氏の講演を参照。Dominique Bourg, « Quelles issues démocratiques face à l'impossiblité de se représenter moralement et de représenter politiquement les questions écologiques? »（二〇一四年一月二二日）.

（11）Dominique Bourg (dir.), *Pour une 6e République écologique, op. cit.*, p. 57-60.

（12）Thomas F. Stocker, « The Closing Door of Climate

Targets », *Science*, vol. 339, 18 janvier 2013, p. 280-282.

(13) Pierre Rosanvallon, « Le souci du long terme », in Dominique Bourg et Alain Papaux, *Vers une société sobre et désirable*, Paris, PUF, « Développement durable et innovation institutionnelle », 2010. Dominique Bourg (dir.), *Pour un 6e République écologique*, *op. cit.*, p. 165-174.

(14) Yves Charles Zarka, *L'Inappropriabilité de la terre*, Paris, Armand Colin, « Émergences », 2013, p. 79-80.

(15) Dominique Bourg (dir.), *Pour une 6e République écologique*, *op. cit.*, p. 175-179.

(16) 生命倫理に関して言及したいくつかの問題が委ねられる機関としては、生物医学の機関を考えることができる。この機関は特に、マーストリヒト分類でカテゴリーⅢに該当する患者、すなわち脳死状態にはないが治療停止決定の対象となる患者の、臓器摘出の可能性について判断を下す。

(17) ここで重要なことは、科学と専門的調査とを区別し、暫定的な形で任命された委員会メンバーの地位とはどのようなものであるかを理解することである。専門員は、科学者であるか、あるいはある分野において国内外の様々な学術機関や研究機関からその学識を認められている人々である。専門的調査の目的は公正性であるとしても、その公正性は、単に同じテーマに取り組む科学者同士による議論以上に、力関係や政治的争点の方が重要であることを意味していることに変わりはない。このことがより一層明らかとなるのは、様々な分析ツールや方法論——このことが同一の現象のもつ多様な側面を強調することになる——によって進められる各分野の研究を一つにまとめて報告しなければならないときである。科学者は、専門員になると、研究室にいるときとは別の衣装をまとうのである。Corine Pelluchon, « Penser la place de l'expertise et de la délibération éthique dans la politique. Réflexions sur les conditions d'une plus grande innovation en matière d'action environnementale et en bioéthique », in Thierry Martin (dir.), *Éthique de la recherche et risques humains*, Besançon, Presses Universitaires de Franche-Comté, « Les Cahiers de la MSH Ledoux », 2014, p. 85-101.

(18) 国家レベルでも、地方レベルでも、欧州レベルでも、兼任を禁止し、選出者の欠席の常態化を——減給や罷免によって——罰することもまた不可欠である。

(19) この指摘は、国家元首にはある種のカリスマがあることを前提としてもいる。というのも、ジャン＝クロード・モノが詳述しているように、民主主義はあらゆるカリスマを排除するのではなく、むしろそれを必要とする場合があるからである（Jean-Claude Monod, *Qu'est qu'un chef en démocratie ? Politiques du charisme*, Paris, Seuil, « L'Ordre philosophique », 2012 を参照のこと）。

(20) 熟議民主主義という概念が初めて登場したのは次の論文においてである。Joseph M. Bessette, « Deliberative Demo-

cracy : The Majority Principle in Republican Government », in Robert A. Godwin et William A. Schambra (dir.), *How Democratic is the Constitution ?*, Washington (D.C.), AEIPPR, p. 102-116. 主要著作のうち、以下のものを挙げることができる。James Bohman, *Public Deliberation. Pluralism, Complexity, and Democracy*, Cambridge, MIT Press, 1996 ; John Dryzek, *Deliberative Democracy and Beyond. Liberals, Critics, Contestations*, New York, Oxford University Press, 2000 ; Jon Elster (dir.), *Deliberative Democracy*, Cambridge, Cambridge University Press, 1998 ; James S. Fishkin, *Democracy and Deliberation*, New Haven, Yale University Press, 1995, *The Voice of The People. Public Opinion and Democracy*, New Haven, Yale University Press, 1995, *When the People Speak. Deliberative Democracy and Public Consultation*, Oxford, Oxford University Press, 2009 ; Amy Gutmann et Denis Thompson, *Democracy and Disagreement*, Cambridge (Mass.), Harvard University Press, 1999, *Why Deliberative Democracy ?*, Princeton, Princeton University Press, 2004 ; また、Bruce Ackerman, Simone Chambers, Joshua Cohen, Robert Goodin, Jane Mansbridgeその他数多くの著者のテキストのいくつかの仏訳は、Charles Girard et Alice Le Goff (dir.), *La Démocratie délibérative. Anthologie de textes fondamentaux*, Paris, Hermann, « L'avocat du diable », 2010にある。フランスでは、Loïc Blondiaux, Yves Sintomer, Marie-Hélène Bacquéの著作が参加民主主義について論じており、広く認められている。ハーバーマスの主要著作でわれわれが参照しているのは、*L'Espace public. Archéologie de la publicité comme dimension constitutive de la société bourgeoise*, trad. M. de Launay, Paris, Payot, « Critique de la politique », 2003〔ハーバーマス『公共性の構造転換　市民社会の一カテゴリーについての探究』細谷貞雄・山田正行訳、未來社、一九九四年〕と、*Droit et démocratie. Entre faits et normes*, trad. C. Bouchindhomme et R. Rochlitz, Paris, Gallimard, « NRF Essais », 1997〔ハーバーマス『事実性と妥当性』河上倫逸・耳野健二訳、未來社、二〇〇二年〕である。最後に、John Rawls, *Théorie de la justice*, *op. cit.*と、*Libéralisme politique*, trad. C. Audard, Paris, PUF, « Philosophie morale », 1997も参照のこと。

(21) James S. Fishkin, *The Voice of The People*, *op. cit.*, p. 89 et p. 162.

(22) Jon Elster, « Argumenter et négocier dans deux assemblées constituantes », *Revue française de science politique*, vol. 44, n° 2, 1994, p. 187-256. 引用元は以下。Bernard Manin, « Comment promouvoir la délibération démocratique ? », *Raisons politique*, n° 42, 2011, p. 86.

(23) Simone Chambers, « Rhetoric and the Public Sphere: Has Deliberative Democracy Abandoned Mass Democra-

cy ?», *Political Theory*, vol. 37, n° 3, juin 2009, p. 323-350.

(24) « Vers un système délibératif mondial ? », entretien avec John Dryzek, conduit par C. Girard, J. Talpin et S. Topçu, *Participations*, n° 2, 2012/1, p. 168-180.

(25) Yves Sintomer, « Délibération et participation : affinité élective ou concepts en tension ? », *Participations*, n° 1, 2011/1, p. 253-254.

(26) Yves Sintomer, « La démocratie délibérative, de Jürgen Habermas à la théorie politique anglo-saxonne », in Marie Frédérique Bacqué et Yves Saintomer (dir.), *La Démocratie participative. Histoire et généalogie*, Paris, La Découverte, « Recherches », 2011, p. 124.

(27) 公共性（Öffentlichkeit）〔publicité〕とは、理性の公共的行使、及び公共的議論を行う事実を意味する。それはハーバーマスにおいては、公共圏を、また英語で言うpublic sphere（公共圏）やドイツ語で言うPublikum（あるいはフランス語で言うpublic）の意味でのpublic（公共）を、指し示している。広告（Werbung）〔publicité〕とは何の関係もない。

(28) *Ibid.*

(29) Émile Benvéniste, « Les deux modèles linguistiques de la cité », in Jean Pouillon et Pierre Maranda (dir.), *Échanges et communications. Mélanges offerts à Claude Lévi-Strauss*, Mouton, 1970, p. 589-596.〔バンヴェニスト「都市国家の二つの言語的モデル」『言葉と主体——一般言語学の諸問題——』所収、阿部宏監訳、岩波書店、二〇一三年〕

(30) 二〇〇四年、抽選で無作為に選出された市民によって構成される市民議会は、投票方式改革を案出する任務を負い、翌年この提案は国民投票に委ねられたが、国民によって退けられた。次を参照のこと。Gordon Gibson, « L'Assemblée citoyenne de Colombie britannique », in Yves Sintomer (dir.), « La Démocratie participative », *Problèmes politiques et sociaux*, Paris Documentation française, n° 959, avril 2009, p. 62-63.

(31) Nancy Fraser, « Repenser l'espace public. Une contribution à la critique de la démocratie réellement existante », *Qu'est-ce que la justice sociale ? Reconnaissance et redistribution*, Paris, La Découverte, « Politique et sociétés », 2005, p. 107-144.

(32) Alexis de Tocqueville, *De la démocratie en Amérique*, Livre I, deuxième partie, chap. 8, Paris, Gallimard, « Folio Histoire », 1986, p. 4, p. 410.〔トクヴィル『アメリカのデモクラシー』第一巻（下）、松本礼二訳、岩波文庫、二〇〇五年〕

(33) *Ibid.* Livre II, deuxième partie, chap. 2, p. 143-144.

(34) *Ibid.* deuxième partie, chap. 14, p. 197.

(35) Carsten Herzberg, Anja Röcke et Yves Sintomer, *Les Budgets participatifs en Europe. Des services publics au*

service du public, Paris, La Découverte, « Recherches », 2008. フランスでは地区議会に加えて参加型機関があり、それには公開討論国家委員会が付帯している。

(36) こうしてグレイ・デイヴィスは去り、アーノルド・シュワルツェネッガーが当選することとなった。

(37) Melvin Josse, « La nécessaire transformation du mouvement animalier », *Revue semestrielle de droit animalier*, 2/2013, p. 387-402 ; *Militantisme, politique et droits des animaux*, Gagny, Droits des animaux, 2013. 次も参照。Dirk-Jan Verdonk, « Mutualiser les ressources ? La coalition pour les animaux : l'expérience des Pays-Bas », *Revue semestrielle de droit animalier, op. cit.*, p. 411-425. オーストリアでは、動物工場廃止を掲げるＶＧＴ（Verein Gegen Tierfabriken反工場畜産協会）が、工場畜産廃止を目指す団体や動物福祉を目指す団体の過半数を味方につけることに成功した。これら二種類の団体は、異なる目標を目指してはいるが、補完的な切り札をもっている——後者は権力と対話することができる一方で、前者は継続中の闘争が妥協によって変質してしまわないように注意を払っている。

(38) Jürgen Habermas, *L'Espace public, op. cit.*, p. 172.

(39) *Ibid.*, p. 171.

(40) Diego Gambetta, « "Claro !" : An Essay on Discursive Machism », in Jon Elster (dir.), *Deliberative Democracy, op. cit.*, p. 19-43.

(41) *Ibid.*, p. 24.

(42) *Ibid.*

(43) *Ibid.*, p. 29.

(44) *Ibid.*, p. 34.

(45) *Ibid.*, p. 37-41.

(46) *Ibid.*, p. 41.

(47) Michel Foucault, *Dits et écrit*, t. I, Paris, Gallimard, « Quarto », 2001, p. 1655.〔フーコー「ラジオスコピー」石田久仁子訳、『ミシェル・フーコー思考集成V　権力／処罰』所収、蓮實重彥・渡辺守章監修、小林康夫・石田英敬・松浦寿輝編集、筑摩書房、二〇〇〇年〕これは、次の箇所で引用されている。Denis Kambouchner, *L'École, question philosophique*, Paris, Fayard, « Histoire de la pensée », 2013, p. 312.

(48) Thierry Paquot, *L'Espace public*, Paris, La Découverte, « Repères », 2009, p. 41-45.

(49) *Ibid.*, p. 37-41.

(50) ロデレール伯爵の引用が、次の著作の中にある。Roger Picard, *Les Salons littéraires et la société française. 1610-1789*, Paris, Brentanos, 1943, p. 39. またその抜粋が次の著作にある。Thierry Paquot, *op. cit.*, p. 39.

(51) Montesquieu, *De l'esprit des lois, op. cit.*, Livre I, chap. 2, p. 126.

（1） ルソーはこの『政治制度論』を早くも一七四三年には構想しその計画を立てていたが、この論考はついに日の目を見なかった。

（2） Jean-Jacques Rousseau, *Du contrat social*, *op. cit.*, p. 180.

（3） *Id.*, *Émile ou De l'éducation*, Paris, Flammarion, « GF », 1966, Livre I, p. 39.〔ルソー『エミール』上巻、今野一雄訳、岩波文庫、一九六二年〕「世界市民を信用しないように。彼らは著書の中で義務について論究しているが、自分の身近でその義務を果たすことについては軽んじている。そのような哲学者は、自分の隣人を愛する代わりに、タタール人を愛するのである」。

（4） Emmanuel Kant, *Projet de paix perpétuelle*, *Œuvres philosophiques*, *op. cit.*, p. 342-343.

（5） Jonathan Schell, *Le Destin de la terre*, *op. cit.*, p. 214.

（6） これが、カントの計画に対するハーバーマスの批判の核心となる。Jürgen Habermas, *La paix perpétuelle. Le bicentenaire d'une idée kantienne*, trad. R. Rochlitz, Paris, Cerf, « Humanités », 1996, p. 22-26.〔ハーバーマス「二百年後から見たカントの永遠平和という理念」紺野茂樹訳、ボーマン、ルッツ-バッハマン編『カントと永遠平和——世界市民という理念について』所収、未來社、二〇〇六年〕

（7） Hicham-Stéphane Afeissa, *La Fin du monde et de l'humanité*, *op. cit.*, chap. 4.「大地（terre）」、「地球（planète）」、「世界（monde）」の区別については、ミシェル・リュソーの著作 *L'Avènement du monde. Essai sur l'habitation humain de la terre*, Paris, Seuil, « La couleur des idées », 2013——特にアフェサが引用している五五頁——を参照のこと。第一に「地球」とは、生物の科学や物質の科学の意味での自然を構成する、生物学的、物質的なシステム（生態系、生物共同体とその非生物的環境、人間も含む生物全体）を指しており、第二に、「大地」（土地）とは、人類によって占領され、人類によって文化的な面で整備された地球である。最後に、「世界」とは、人間の活動によって構築されたもの全体であり、大地や地球はその可能性の条件である。

（8） われわれはこの「核のホロコースト」という表現を、ジョナサン・シェルに負っている（*Le Destin de la terre*, *op. cit.*, p. 214）。この表現は、「核戦争」というのは言葉の誤用だということを示している。というのも、核戦争は自滅を意味しているからである。現行の核爆弾の破壊能力が、広島や長崎に投下された核爆弾の破壊能力に比べて無限に大きい今日においては、特にそうである。

（9） *Ibid.*, p. 135.

（10） *Ibid.*, p. 140, 194.

（11） *Ibid.*, p. 174.

（12） *Ibid.*, p. 196.

（13） Karl Jaspers, *La Bombe atomique et l'avenir de*

l'homme, trad. E. Saget, Paris, Buchet Chastel, 1963, p. 21.〔カール・ヤスパース『現代の政治意識』上巻、飯島宗享・細尾登訳、理想社、一九六六年〕

(14) Michel de Montaigne, *Essais*, éd. Pierre Villey, Paris, PUF, « Quadrige », 1988, Livre II, chap. 12, p. 575.〔モンテーニュ『エセー』第三巻、原二郎訳、岩波書店、一九六六年〕

(15) 一九五五年三月一日、庶民院にてなされた演説。「安全は恐怖の丈夫な子どもであり、生存は絶滅の双子の弟である」。Winston S. Churchill, *His Complete Speeches* (*1897-1963*), éd. dir. R. Rhodes James, New York, R. R. Broker, 1974, p. 8629-8630.〔『チャーチルは語る』マーティン・ギルバート編、浅岡政子訳、河出書房新社、二〇一八年〕

(16) Jonathan Schell, *ibid.*, p. 196.

(17) Jost Delbrück, « Die Auseinandersetzungen über das ethische Problem der atomaren Kriegführung in den Vereinigten Staaten und der Bundesrepublik Deutschland », *Abschreckung und Entspannung*, Veröffentlichungen des Instituts für Internationaler Recht an der Universtät Kiel, Berlin, Duncker & Humblot, 1977, p. 95-147. 次を参照のこと。Karl Barth, *Les Cahiers du renouveau*, t. V, *La Guerre et la Paix*, trad. J. de Senardens, Genève, Labor et Fides, 1951, p. 11. これは、次の著作で引用されている。Pierre Hassner, *La Violence et la Paix. De la bombe atomique au nettoyage ethnique*, Paris, Seuil, « Points Essais », 2000, p. 135.。

(18) 引用符を付した表現は、ウィンストン・チャーチルの一九五五年三月一日の演説（*His Complete Speeches, op. cit.*, p. 8629-8630）を参照している。

(19) Hicham-Stéphane Afeissa, *La Fin du monde et de l'humanité, op. cit.*, p. 53-54.

(20) Ulrich Beck, *Qu'est-ce que le cosmopolitisme ?*, trad. A. Duthoo, Paris, Aubier, « Alto », 2006, p. 51-67 ; *Pouvoir et contre-pouvoir à l'ère de la mondialisation*, trad. A. Duthoo, Paris, Aubier, « Alto », 2003, p. 89-90.

(21) *Ibid.*, p. 95.

(22) Hannah Arendt, *Vies politiques*, trad. E. Adda, J. Bontemps, B. Cassin *et al.*, Paris, Gallimard, 1986, p. 96.〔ハンナ・アーレント『暗い時代の人々』阿部齊訳、ちくま学芸文庫、二〇〇五年〕

(23) Ulrich Beck, *Pouvoir et contre-pouvoir à l'ère de la mondialisation, op. cit.*, p. 513-515.

(24) *Id.*, « Le nouveau visage du cosmopolitisme », propos recueillis par C. Halpern, *Sciences humaines*, n° 176, nov. 2006.

(25) Louis Lourme, *Le Nouvel Âge de la citoyenneté mondiale*, Paris, PUF, 2014, p. 57-68.

(26) Diogène Laërce, *Vies et doctrines des philosophes il-*

lustres, VI, 63.〔ディオゲネス・ラエルティオス『ギリシア哲学者列伝』(中) 加来彰俊訳、岩波文庫、一九八九年〕

(27) Ulrich Beck, *Pouvoir et contre-pouvoir à l'ère de la mondialisation*, *op. cit.*, p. 88-89.

(28) Arnold Wolfers, « The actors in international politics », *Discord and Collaboration*, Baltimore, The Johns Hopkins University Press, 1962, p. 19 *sq.* これは、次の著作で引用されている。Louis Lourme, *op. cit.*, p. 61.

(29) Ulrich Beck, *ibid.*, p. 89.

(30) Emmanuel Kant, *Doctrine du droit*, § 62, *Œuvres philosophiques*, t. III, *op. cit.*, p. 625-627.〔「人倫の形而上学」『カント全集一一』所収、樽井正義・池尾恭一訳、岩波書店、二〇〇二年〕; *Projet de paix perpétuelle*, *Œuvres philosophiques*, t. III, *op. cit.*, p. 350-353.〔「永遠平和のために」『カント全集一四』所収、遠山義孝訳、岩波書店、二〇〇〇年〕

(31) Yves Charles Zarka, *Refonder le cosmopolitisme*, Paris, PUF, « Intervention philosophique », 2014, p. 25.

(32) Michel Foucault, *Le Gouvernement de soi et des autres. Cours au Collège de France (1982-1983)*, Paris, Seuil/Gallimard, « Hautes études », 2008, p. 19-20.〔フーコー『自己と他者の統治　コレージュ・ド・フランス講義一九八二－一九八三年度　ミシェル・フーコー講義集成XII』阿部崇訳、筑摩書房、二〇一〇年〕なお、次を参照のこと。Emmanuel Kant, *Le Conflit des facultés en trois sections*, *Œuvres philosophiques*, t. III, *op. cit.*, p. 898.〔「諸学部の争い――三学部からなる」『カント全集一八』所収、角忍・竹山重光訳、岩波書店、二〇〇二年〕

(33) Jürgen Habermas, *La Paix perpétuelle*, *op. cit.*, p. 76-77.

(34) *Ibid.*, p. 57.

(35) John Dryzek, Richard B. Norgaard, Davis Schlosberg, *Climate-Challenged Society*, Oxford, Oxford University Press, 2013.

(36) Yves Charles Zarka, *Refonder le cosmopolitisme*, *op. cit.*, p. 24-25.

(37) Emmanuel Kant, *ibid.*, p. 889-894.

(38) *Id.*, *Doctrine du droit*, § 62, Conclusion, *op. cit.*, p. 629.

(39) *Ibid.*

(40) 二〇〇〇年代中頃から見られるようになったトランジション・タウンは、個人や共同体を巻き込んだ運動である。それは、石油ピークや気候変動に見られるような諸問題に直面する都市が、経済的または環境的な危機を抱えている場合、それを乗り越える彼らの潜在能力に訴えたものである。この運動の独創的な点は、こうした危機によってもたらされる心理学的また実存的な帰結についての問いかけをも含んでいる点にある。

(41) Louis Lourme, *op. cit.*, p. 110.

(42) Jürgen Habermas, *Droit et démocratie*, *op. cit.*, p. 394.
(43) Daniele Archibugi, *La Démocratie cosmopolitique. Sur la voie d'une démocratie mondiale*, trad. L. Lourme, Paris, Cerf, « Humanités », 2009.
(44) David Held, *Un nouveau contrat mondial. Pour une gouvernance social-démocrate*, trad. R. Bouyssou, Paris, Presses de Sciences Po, « Nouveaux débats », 2005.
(45) Cornelius Castoriadis, *L'Institution imaginaire de la société*, Paris, Seuil, « Cité prochaine », 1975, p. 174.〔コルネリュウス・カストリアディス『社会主義の再生は可能か――マルクス主義と革命理論』江口幹訳、三一書房、一九八七年〕
(46) *Ibid.*, p. 190.
(47) *Ibid.*, p. 236-237.
(48) *Ibid.*, p. 159.
(49) Paul Ricœur, *L'Idéologie et l'Utopie*, Paris, Seuil, « La couleur des idées », 1997, p. 396, 408.〔リクール『イデオロギーとユートピア――社会的想像力をめぐる講義』川崎惣一訳、ジョージ・H・テイラー編、新曜社、二〇一一年〕
(50) *Ibid.*, p. 380.
(51) *Ibid.*, p. 409, 411.
(52) *Ibid.*, p. 333.
(53) *Ibid.*, p. 378.
(54) Michaël Fœssel, *Après la fin du monde. Critique de la raison apocalyptique*, Paris, Seuil, « L'Ordre philosophique », 2012, p. 65-71, 275-281.

結　論

(1) François Furet, *Le Passé d'une illusion. Essai sur l'idée communiste au XXe siècle*, Paris, LGF, 2003, p. 808 および p. 809.〔フュレ『幻想の過去 二〇世紀の全体主義』楠瀬正浩訳、バジリコ、二〇〇七年〕
(2) *Ibid.*, p. 809.
(3) *Ibid.*
(4) Bertrand Russell, *Le Monde qui pourrait être*, trad. M. de Cheveigné, Montréal, Lux Éditeur, 2014, p. 263.
(5) Pual Éluard, « La dernière nuit », *Poèmes d'amour et de liberté*, Paris, Temps des cerises, 1995, p. 53-56.〔エリュアール「最後の夜」『エリュアール詩集』宇佐美斉訳、小沢書店、一九九四年〕
(6) 約束は強制や脅しの下で取りつけられても有効である、とするホッブズの考えに対して反対するスピノザにとっては、契約は、いつでも強制、恐怖や危険を孕んだ状況下で成立するものである。そのことが契約の妥当性を減ずるのである。Baruch Spinoza, *Traité politique*, trad. Ch. Appuhn, Paris, Flammarion, « GF », 1966. 次のキャロル・ペイトマンの著作も参照のこと。*Le Contrat sexuel*, trad. C. Nordmann, Paris, La Découverte/Institut Émile du Châtelet, « Textes

à l'appui », 2010.

（7） André Gide, *Les Nourritures terrestres*, Paris, Gallimard, « Folio », 2012, Préface à l'éditon de 1927, p. 11.〔アンドレ・ジッド『地の糧』二宮正之訳、『アンドレ・ジッド集成Ⅰ』筑摩書房、二〇一五年〕。「『地の糧』は、要するに病人が書いた本ではないにしても、少なくとも病み上がりの人間、病気から快復した人間、――病気だったことのある人間の書いた本だ。この書中に散見するあの叙情性のうちには、危うく一度失いかけたものとして、生を抱擁する者の誇張がある」。

（8） *Ibid.*, p. 23.

謝辞

ミカエル・フェッセルとジャン＝クロード・モノが監修するL'Ordre philosophiqueという名高い叢書の中に、本書を加えてくれたスイユ出版に深く感謝する。本書の執筆は、大学での講義や講演とは別の時間を費やして行われたが、出版社が本書の計画を承諾してくれたときから、不安を抱くことなく順調に執筆を進めることができた。そして、出版社側から寄せられた信頼のおかげで、私は、ぜひとも最善を尽くしたいと考えていた。当初、本書は三部作の予定であった。本書の第一部と第二部は、前者が第一哲学に属し、後者が政治学に属すが、それぞれが別々に出版される予定であった。なお、それに続く予定の第三部は、本書の中でも告知されているが、道徳哲学と徳倫理学の面から本書を補完するものである。私は、幸運にもジャン＝クロード・モノと意見を交わすことができた。彼が本書を詳細に読んだ上で与えてくれたコメントや批判は、私にとって実に有益であった。同じく、ミカエル・フェッセルにも感謝する。彼は私を説得して、この計画の二つの部分を一冊にまとめて出版することを提案した。私が本質的な問題へと向かい、可能な限り明晰な形で現象学と政治哲学とをつなぎ合わせることができたのは、彼のおかげである。最後に、イザベル・クルゾには限りない感謝の念を感じている。彼女の気品と友情は、私の人生を麗しいものにしてくれた。本書を彼女に、そして私の母ジャクリーヌ・ペリュションに捧げる。

訳者あとがき

本書は、Corine Pelluchon, *Les Nourritures. Philosophie du corps politique*, Éditions du Seuil, 2015 の全訳である。

翻訳のタイトルは、原題通り、『糧——政治的身体の哲学——』とした。この「糧」という語がもつ日本語の響きから誤解を招くかもしれないが、本書は、動植物や生態系も含めた、あらゆる他者を尊重する社会の哲学的基礎づけを企図した書である。分類としては、政治哲学の分野に入るだろう。ただ、議論の対象は、現象学から現代倫理学、社会学、地理学にまで及んでおり、多彩な領域を横断的に論じた学際的な書と言える。

著者のコリーヌ・ペリュションは、レオ・シュトラウスの研究から出発した政治哲学者である。近年は、レヴィナスやマルディネら現代フランス哲学の諸成果を踏まえた独自の視点から、動物倫理をはじめとする応用倫理学にも研究領域を広げている。二〇〇三年にパリ第一大学にてシュトラウス研究で博士号取得後、二〇〇六年にボストン大学で研究に従事し、二〇〇八年ポワチエ大学准教授、二〇一三年フランシュ＝コンテ大学教授を経て、二〇一六年よりパリ東大学ハンナ・アーレント政治学研究学際センター（ＬＩＰＨＡ）教授をつとめている。

彼女の著作の中では初の邦訳となる本書は、フランスではすでに一定の評価を得ており、フランス学士院の一角を占める道徳政治科学アカデミーからエドゥアール・ボヌフ賞を受賞した。今年（二〇一九年）二月には英語版が出版され、他の著作も、すでに各国語に翻訳されている。これまでの著作は以下の通りである。

● *Leo Strauss, Une autre raison d'autres Lumières. Essai sur la crise de la rationalité contemporaine*, Vrin,

2005.

- *La raison du sensible, Entretiens autour de la bioéthique*, Artège, 2009.
- *L'autonomie brisée, Bioéthique et philosophie*, PUF, 2009 ; « Quadrige », 2014.
- *Eléments pour une éthique de la vulnérabilité. Les hommes, les animaux, la nature*, Cerf, 2011.
- *Tu ne tueras point. Réflexions sur l'actualité de l'interdit du meurtre*, Cerf, 2013.
- *Les Nourritures. Philosophie du corps politique*, Seuil, 2015.（本書）
- *Manifeste animaliste. Politiser la cause animale*, Alma éditeur, 2017.
- *Éthique de la considération*, Seuil, 2018.

その他にも小説を二冊出版している。

- *La Flamme ivre*, Desclée de Brouwer, 1999.
- *Comment va Marianne ?*, François Bourin, 2012.

本書は、謝辞にも記されている通り、もともと第一部と第二部を分け、二冊の本として出版される予定であった。そのため、第一部と第二部とでは、取り上げられるテーマが大きく異なっている。第一部は、現象学を起点にして「食」、「動物」、「環境」の問題を論じ、第二部は、政治哲学の視点から「社会契約」や「民主主義」の問題を論じている。もちろん内容は連続しているが、読者の関心に応じて、第二部から読み進めても支障はないと思われる。

また、各章のテーマは独立しており、選択的に読み進めることも可能である。抽象的な主題を取り上げた部分と具体的で時事的な主題を取り上げた部分とでは、記述の密度に大きな違いがあり、読者を選ぶだろう。特に、第一部第一章や第二章には、現象学の専門的な内容に踏み込んだ部分がある。現象学に馴染みのない読者は、場合によっては、この部分を後回しにすることもできるだろう。

［内容概観］

本書の出発点は、エコロジーの問題である。特に、レオポルドやキャリコットらの環境倫理学が、エコロジーの土台となる「実存」の構造について問わず、存在論的基盤を欠いている点、また、エコロジーをいかに政治において現実化するかについて具体的道筋を示していない点を問題視する。これを解決することが本書の目的である。そのために、二つの課題に取り組む。第一に、動植物や生態系を含めたあらゆる他者を尊重する「実存」の構造を存在論的に明らかにすることである。第二に、このような「実存」によって形成される社会を具体的に実現する政治制度とその理念を描き出すことである。

こうした試みにおける特徴的な点は、この尊重すべき「他者」が、最大限広い意味で捉えられる点にある。それは、世代、地域、さらには種によって限定されない。「他者」とは、過去・現在・未来の他の人間であり、遠く離れたところに生きるあらゆる人間であり、人間以外の生物種、さらには生態系、大地、風土など、自然の全体を含んだ、ありとあらゆる存在である。

仮にこの他者を「最広義の他者」と呼ぶとすれば、こうした最広義の他者への尊重を組み込んだ実存と社会の構造が論じられていく。第一部では、最広義の他者を尊重する実存の存在論的構造を、フッサール、ハイデガー、そしてとりわけレヴィナスとの対話を通して明らかにしていく。第二部では、第一部で示した実存概念に基づき、最広義の他者を尊重する社会の実現に必要な諸条件について、ホッブズ、ロック、ルソー、ロールズ、さらにはカントとの対話を通して提示していく。こうして最広義の他者への尊重の義務を組み込んだ社会の理念が、「新たな社会契約」の名の下に構想される。以下、概観しておこう。

第一部では、まず現象学の議論を踏まえながら、主体の構造が描き出される。そこでのキーワードが、多様な意味をもつ「糧」(nourriture) という語である。この語の多義性が、本書全体のテーマの多様性を支えているとも言える。

フランス語でnourritureとは、第一に、生命維持に必要な物（食べ物・栄養）やその行為（食事）を指し、第二に、精神を豊かにするもの（心の糧）、さらにはその過程（教育）を指すこともある。また、動詞形（nourrir）で用いられる場合、「栄養を与える」という意味に加えて、「授乳する」、人間を「教育し涵養する」、何かを「豊かにする」等といった意味も含まれる。

この糧の多義性を踏まえて、ペリュションは、糧という語を、三つの側面から捉える。第一にそれは、フランス語の第一の語義に対応し、まず「食べ物」や「食」であり、そこから食をめぐる様々な問題（食肉、工場畜産、食糧危機、農業、摂食障害）が扱われる。ただそれは、食べ物にとどまらず、あらゆる動植物、さらには非生物も含めた生態系、大地といった、いわば「自然」全体を含んでいる。ここから、エコロジーをめぐる様々な問題（自然環境、風土、風景、土地開発、都市計画）が取り上げられることになる。第二に、糧は、フランス語の第二の語義に対応し、個人の生を豊かにするものである。ここから、「よく生きること」、「幸福」、「快楽」、「芸術」、「陶冶」についても論じられることになる。

さらに、ペリュションにとって糧は、こうした字義通りの経験的意味をもつだけではない。第三に、糧には存在論的意味も含まれる。本書にとってこの意味こそ、糧概念の中核をなす意味である。ペリュションは、それをレヴィナスから継承する。レヴィナスにとって「糧」は、単なる対象ではない。対象とは、主体が思惟や表象の働きによって関係するものの総体である。思惟は対象を自分の外に立てることによって、対象と距離を置き、対象に対して自由に振る舞う。現象学の用語によって、主体と対象との関係を「構成するもの」と「構成されるもの」との関係として捉えた場合、思惟においては、前者が後者に対して優位にあると理解される。

それに対して、糧は、思惟や表象ではなく、「身体」を通じて関係するものの総体である。食べ物を欲求する身体は、常に「飢え」に苛まれ、糧なしでは生きられず、糧に一方的に依存する。つまり、糧において決定的な点は、「構成するもの」と「構成されるもの」との関係が逆転する点である。この点を理解するには、身体が「思惟」の主体ではなく、「感覚」の主体であることを踏まえる必要がある。ここで感覚は、単なる刺激の受容能力を意味するわけではない。感覚は、レヴィナスの感受性（sensibilité）概念に基づいて理解されなければならない。詳論は避けるが、レヴィナスは、フッサールによる原印象やキネステーゼ感覚の分析を手がかりに、感受性を、構成するものと構成されるものとの関係逆転が生じる特権的な場とみなす。そこで、構成するものは、構成されるものと距離を置くことができず、それを受動的に被るとともに、それに条件づけられるために、主体の優位が失われるからである。ペリュションはまずこのレヴィナスの感受性概念に照らして、糧の存在論的意味を把握する。

レヴィナスは、感受性を「享楽の仕方」と表現する。享楽は、糧に対する身体の直接的で依存的な関係を表現したものである。それと同時に、享楽は、身体が糧に対して、何か別の目的のための手段（道具）としてではなく、それ自体を目的として関係するあり方を表現したものでもある。その意味で、糧は、身体が依存しつつ目的として直接的に享楽するものの総体を指す。つまり、動植物や自然が、手段（本書では「資財」と呼ぶ）ではなく目的として扱われたとき、それはまさに「糧」と呼ぶにふさわしいものとなる。

主体は、身体である限り、自然を思惟し表象する前に、あらゆる二元論の手前で、自然を糧として直接的に享楽し、糧によって生きている。主体は、常にすでに糧に取り囲まれた存在であり、不可避的にこの（私ならざる）糧に依存する。また、糧は、主体が身を置く「場所」や「環境」としての広がりをもち、糧への依存は、主体の局所化として捉え直される。こうした糧との依存関係に常にすでに巻き込まれた主体、糧によって生きる身体を、ペリュションは「実存」と呼ぶ。

実存は、身体である以上、感覚の主体である。ペリュションは、この感覚のモデルを、伝統的な視覚ではなく、またレヴィナスのように触覚でもなく、「味覚（goût）」に求めている。ここで味覚は、味蕾からなる生理学的機能ではない。フランス語の goût は、「味覚」に加えて、「味」、「意欲」、さらに「センス」、「趣味」といった幅広い意味を含む。ペリュションは、「味覚」を、カントを意識しつつ、goût が含意する、利害関心を離れた無私の能力として、感覚の質、つまり（広義の）快楽（喜び）を感じる美的感性的（esthétique）な能力として捉える。

したがって、実存概念の中心に位置づけられるのは、味覚である。ペリュションはこうした考え方を「味覚の中心性」と呼ぶ。実存は、糧を、「自己保存」に必要なものとしてだけでなく、「快楽」や「幸福」に必要なものとして受け取る。つまり、糧を享楽する実存は、糧を味わう実存、「グルメなコギト」として理解されなければならない。このグルメなコギトを、最広義の他者を尊重する実存の構造として示すことが、本書の主眼の一つである。ペリュションはこの試みを「糧の現象学」と名づけている。

ところで、ペリュションは、この味覚概念を、レヴィナスの感受性概念よりもむしろ、マルディネが〈感覚すること〉（本書ではsentirを一般的な感覚概念から区別するためにこう訳した）と呼ぶ能力に引きつけて理解している。確かに、レヴィナスにとって、享楽は、対象を道具として扱う利害関心から離れた能力であり、また、糧の享楽は私に幸福と充足をもたらし、それは世界の質を示すものでもある。その点では、ペリュションの「味覚」と変わりはない。しかし重要な点は、レヴィナスにとって、糧の享楽は実存の「エゴイズム」を強化する点である。実存は、一方で糧の他性によって宙吊りにされるが、他方で、実存はこの糧をもっぱら自分のために享楽する。それに対して、ペリュションは、実存の根底に「味覚」を据えることによって、糧の享楽が、エゴイズムを強化するどころか、むしろ抑制するとみなしている。

ここにペリュション固有の視点がある。〈感覚すること〉は、一方で、それ自体ですでに、自分だけでなく、〈感覚を備えた〉他者の幸福と喜び、あるいは不幸と苦痛を感じる能力、つまり「共感」や「憐れみ」の能力をも組み込んだ情感的能力である。糧を味わうとき、実存は、こうした他者と〈感覚すること〉の次元でつながることができる。他方で、〈感覚すること〉には、「感情移入」と呼ばれる悟性の能力も含まれる。つまり、実存は、〈感覚すること〉によって、他者との情感的つながりを感じながら、他者との越えられない差異や隔たりを認識することができる。この隔たりの認識が契機となって、実存は、自己の有限性、とりわけ自己の自由が無際限ではなく、制限されるべきことを知ることができる。

実際、レヴィナスの感受性は「共感」ではなく、「悟性の能力」でもない。さらにレヴィナスにとって、エゴイズムの制限は、「他人の顔」との出会いによって初めて可能となる。それに対して、ペリュションは、この「他人の顔」については何も語らず、レヴィナスの感受性を、〈感覚すること〉へと拡張することを選ぶ。その意味で、ペリュションの「糧の現象学」は、レヴィナスの現象学を言い換えたものではなく、それを固有の視点から捉え直したものである。

エゴイズムの制限に関して、倫理をめぐる、レヴィナスとペリュションとのあいだのもう一つの相違も浮かび上がるだろう。実際、糧との関係は、単なる依存の関係にとどまらない。それは責任の関係でもある。レヴィナスの場合、われわれは確かに糧に「依存」してはいるが、しかし、糧に対して「責任」を負っているわけではない。責任が生じるのは、「人称性」を備えた他者、つまり「他人」との関係においてである。他人との関係が、糧との関係にすでに孕まれているとしても、糧に対する責任は決して生じない。それに対して、ペリュションは、責任を糧に対しても求めていく。実存は、糧、すなわち、動植物、風土や環境を含めたあらゆる「自然」に対して、責任を負うことになる。もちろんそこには、糧を通じてつながる（過去・現在・未来の）他の人間も含まれる。こうした最広義の他者への責任が、「配慮（considération）」や「尊重（respect）」という言葉で繰り返し語られる、実存に課せられた義務である。したがって、ペリュションにとって、実存は、糧を食べざるをえないだけではない。このグルメなコギトは、糧を「正しく食べなければならない」のである。

なお、ペリュションは、他者の中でも、感覚能力を備えているものとそうでないものとを区別して論じている。動物に対する責任と動物以外の存在に対する責任は、同じ次元には属していない。動物に対しては、一定の積極的権利を有することを認め、人間はそれを尊重しなければならない。というのも、ペリュションは、動物にも人称性、「人格」を認め、特に「味覚」、つまり「快楽」を感じる能力を認めるからである。そのため、人間は動物の単なる身体的生存を保証するだけでなく、動物の幸福や「よき生」――ペリュションはこれを徳倫理学の用語を用いて動物の「開花繁栄（épanouir/flourish）」と表現する――を保証しなければならない。動物以外の存在に対しては、他の人間や動物の生活環境を悪化させるような破壊が制限される。自然は、風景〔景観〕の保存、生物の生息環境の保存という観点から、適切に整備されなければならない。こうしたあらゆる他者を尊重した幸福な共生の理念を、ペリュションは、イリイチとともに「コンヴィヴィアリティ」と名づける。

では、動物であれそれ以外の存在であれ、それを糧として捉え、コンヴィヴィアリティを目指すとき、人間はそれを「正しく食べなければならない」とすれば、その「正しさ」、「善」の基準は、どこに求められるのだろうか。また、「正しく食べなければならない」という「義務」は、どのようにして個人に課されるのだろうか。

レヴィナスにとって、他者への責任を支える「善」は、主体が決定するものではない。それは、あらかじめ与えられた超越的・絶対的な審級である。それに対して、ペリュションにとっての善は、人々の「熟議」を通じて作為的に創出〔制定〕されるべき「ア・ポステリオリな善」、すなわち「共通善」として捉えられる。さらに「義務」についても、それは、実存に対して外側から課されるものではない。レヴィナスにとって、他者への責任は、拒絶しえない仕方で主体に課せられる。そこに主体の自由な意思決定の余地、「イニシアティヴ」は残されていない。それはいわば、存在論的な義務である。それに対して、ペリュションにとっての他者への責任は、確かに義務であるが、それは、あくまでも各個人の自律に基づく経験的な義務である。つまり、他者に責任を負うべきであるとしても、個人にその義務を課すにあたっては、あくまでも彼の「合意」が必要なのである。そしてこの合意には、ペリュションが、レヴィナスの感受性に付け加えた「共感」と「悟性の能力」が必要となるはずである。

以上のように、ペリュションは、一方で、レヴィナスの感受性に依拠することによって、最広義の他者を尊重する実存の存在論的構造を、糧によって生きる身体として示す。他方で、感受性を〈感覚すること〉へと拡張することによって、レヴィナスから離れ、実存が、存在論的次元から現実の社会的政治的次元へ移行する準備が整えられることになる。レヴィナスからその超越的で宗教的な性格が脱色され、いわば世俗化されたとき、そこには「存在論から政治へ」というペリュション固有の道が開かれることになる。

ペリュションは、「糧の現象学」による実存の記述が、契約説における自然状態の仮構と同じ役割を果たすことを強調している。つまり、第一部で展開された実存をめぐる存在論的な記述は、ペリュションにとって自然状態の記述に相当する。この自然状態において、糧や他人との関係は、所与のものとして与えられている。〈感覚すること〉の次元において、実存は、事物と共に存在し、他者と共に存在する。しかし、彼らに対する義務は、所与ではない。この義務を、いかに人々の合意によって構築するかが、第二部の問題となる。実際、第二部では、主体を指す術語として、「実存」の代わりに「個人」や「市民」が用いられる。自然状態を脱して、現実の社会に置かれた主体を論じることによって、義務を現実化する条件が論究される。

実際、義務は、個人の自由を制限することを求める。その際自由は、強制ではなく、各個人の合意によって、「契約」によって制限されなければならない。ただ、契約は、それが法や制度に反映されなければ、実効性をもたない。しかも、この法や制度は、あくまでも民主的なプロセスによって制定されることを求める。こうして「自ら課した法に従う」という個人の自由を堅持しつつ、最広義の他者を尊重する法や制度と、それを自ら選択する個人を形成するための条件を明らかにすることが、第二部の目的である。

ペリュションは、ホッブズの契約説から出発する。それは、ホッブズが、社会秩序を、所与ではなく作為の結果として捉え、社会的紐帯を自然的ではなく人為的なものとして自覚したからである。しかし、個人の自律を社会契約の核に位置づけるペリュションは、ホッブズの権威主義に与することなく、ロックのリベラリズムに向かう。ロックは、社会契約に際して、国家への自然権の全面譲渡を求めず、たえず個人の自律を重視するからである。ただ、そこで人格と自然権を保持するのは、個人、あるいは市民に限定される。そこには「未来世代、他の生物種」は含まれない。

したがってペリュションは、いかに自律的個人が、最広義の他者の利益を侵害しない範囲に、自分の自由を制約する法や制度の制定に合意するかを問う。

なお、ここで求められている最広義の他者の利益を尊重する原理は、「糧の共有としての正義」と呼ばれる。その基本的な部分は第一部ですでに「コンヴィヴィアリティ」として描かれたが、それは、未来世代や動植物に対して、政治的、経済的、文化的な側面から、彼らが最大限幸福を享受することを保証し、生態系や大地が無秩序に破壊されないことを保証する原理である。しかし、現実の社会では利己的に振る舞う主体が、どのようにしてこうしたいわば極度に利他的な原理に同意するのだろうか。主体は、どのようにしてこの「糧の共有としての正義」を「共通善」として承認するのだろうか。

この「新たな社会契約」の成立条件に関して、ペリュションは、一般意志の声に耳を傾ける市民を描いたルソーを評価する。ルソーは、自己利益の最大化をはかる人間が、一般利益の最大化をはかる存在へと変容する契機を、個人の内的な変容に求めたからである。ただ、ペリュションは、市民宗教や立法者によってこうした変容が可能となるとは考えない。むしろ個人の「陶冶」という道を選ぶことによって、右の問いに答えようとする。それは、フランス語のnourritureが含む意味を反映したものである。糧を得ることは、精神的な成長を遂げることでもある。それは、自分のライフスタイルやセンス（goût）を洗練させ、教養と節度を身につけることである。こうした個人の内面の涵養、陶冶という視点は、本書全編を貫いている。

ここから、個人の内的な変容を可能にする陶冶の具体的手段が提示される。それが、「民主主義の再構築」という名の下で、ハーバーマスを参照しながら描き出される熟議民主主義の諸制度である。個人は、国家やエリートといった代表者に意思決定を委ねてしまうのではなく、熟議によってたえず政治参加し、公共政策の決定に関与し続ける必要がある。このたえざる熟議と政治参加が、個人を公共圏へと連れ出し、共通善へと導く契機となる。そして、個人にこの熟議と政治参加を促すために、第三議会、ミニ・パブリックス、討論会等、様々な仕組みが提案される。さらに、メディア、教育、文化の役割も強調される。こうして多角的な視点から、他者を尊重する義務に同意する個人を形成する方法が示されていく。

以上のような陶冶の過程において形成される主体は、国内の公共政策への意思決定を担うだけではない。さらにそれは、国家間の関係に関わる対外政策にも関与しなければならない。しかも、その場合の対外政策の目的は、国益の最大化には限定されない。対外政策は、国益と同時に、「共通善」、つまり未来世代、動植物、生態系の利益の最大化をも追求すべきである。こうした「糧の共有としての正義」に基づく「共通善」を、グローバルな次元で実現する熟議民主主義を、ペリュションは、「コスモポリタン・デモクラシー」として提示する。そして、主権国家の枠組みを超えて志向される共通善の理念が反映された法を、ペリュションはカントとともに「世界市民法」と名づける。

この法は、確かに理念的ではある。しかし、ペリュションは、カントの歴史哲学を参照しながら、こうした理念へと漸進的に接近する「啓蒙」のプロジェクトと、それを担う個人の公共的理性に賭けている。ただ、この場合の公共的理性は、カントと同じではない。それは、一方で〈感覚すること〉の次元における他者との前反省的なつながりに支えられている。それは他方で、こうした他者との共生が具体的に現実化される「ユートピア」を思い描く「想像力」によっても支えられている。こうして拡張された公共的理性の働きこそ、自律的個人による共通善の実現を可能にするものである。

「世界市民法」としての法の下、最広義の他者が尊重されるユートピアを想像しつつ政治参加する自律的主体。こうした主体が、熟議を通じて陶冶され、自身の自由の制限に同意するまでに成熟したときに初めて、個人は、その自律を失うことなく、「糧の共有としての正義」を共通善として追求する義務を引き受けることになる。以上のような「新たな社会契約」への壮大な道程こそ、糧によって生きる身体的実存が目指すべき「存在論から政治へ」の道であり、エコロジーの政治的現実化を可能にする道である。

以下、本書の議論を踏まえ、次の二点を指摘しておこう。

第一に、本書の副題である「政治的身体（corps politique）」の意味である。フランス語の「corps」は、（英語と同様）身体と団体、さらに物体をも意味する。このことは、ペリュションが強調する実存の「個人的次元」と「集団的次元」に密接に関連する。というのも、糧に依存し飢える実存は、「身体」である限り、〈感覚すること〉を通じて、喜びを感じるとともに、あらゆる動植物と共感するからである。またこの実存は「物体」（物質）でもある限り、〈ここ〉に局所化されるとともに、大地や環境に住まい、その一部をなすからである。

こうした身体が、副題では「政治的身体」と呼ばれる。本書でこの表現は、三度用いられただけで、文脈上、訳語としては「政治的身体」ではなく「政治体」を当てた。なぜ身体が政治的なのか。本書で明示的な説明はないが、本書の記述から、その理由は次のように理解できるだろう。まず、動植物とつながりつつ、彼らを食べざるをえない存在である身体は、どの糧をどう食べるかによって、糧に対して何らかの立場を取らざるをえないが、この立場が食料需要を支え、農業・経済・外交の諸政策に間接的影響を及ぼすからである。また、身体を集団的存在とみなしたとき、それは単に所与の集団としてだけではなく、契約を介した人為的な集団として捉えなければならないからである。この場合、政治的身体は、「政治体」、つまり国家や政府、さらには世界市民からなる共同体を指す。

この政治体が、カントーロヴィチ『王の二つの身体』の用法、すなわち、キリストの神秘体を世俗化した中世王権における法的擬制としての身体、可死的な「自然的身体」と対置される不可死の「政治的身体」の用法を踏まえたものかどうかは定かではない。むしろペリュションは、「政治共同体」を語る際に、ルソーと同様、政治体の伝統的語義（civitas）を参照し、これをコンヴィヴィアリティとみなしている。こうしたことから、彼女の政治的身体は、新たな社会契約によって実現されるコンヴィヴィアリティと同義の概念とみなすことができるように思われる。

そうであるなら、ペリュションの身体は、個人（実存）から社会（政治体）へ至る「存在論から政治へ」の道程を一語で体現する概念として捉えることができるだろう。身体はいわば、個人的で集団的であると同時に、存在論的で政治的なのである。こうした身体概念は、冒頭に示した本書の目的、すなわちエコロジーの存在論的基盤を与えると同時に、その政治的現実化の道を示す概念でもあると言える。その意味で、「政治的身体」は、本書全体を総括する表現でもある。

第二に、この身体が、思惟と取り結ぶ関係について指摘しておきたい。本書で、ペリュションがレヴィナスとともに糧概念を構築する際に起点としたのは、思惟ではなく身体であった。身体は、思惟の手前にあるからこそ、構成の関係逆転が生じ、糧の享楽が導出されたのである。しかしペリュションは、この身体から、思惟、すなわち「理性」や「悟性」を完全に切り離すわけではない。むしろ、理性や悟性の働きは、「存在論から政治へ」という試みの中で、感情移入、熟議、公共的理性という形で積極的に利用される。そもそも実存の構造は、身体であると同時に、グルメなコギトなのである。

では、身体と思惟の関係をどう理解すればよいのか。レヴィナスにとって、身体における理性の位置づけは「両義性」の問題として一貫して自覚され続けた困難である。第三者や正義をめぐるレヴィナスの紆余曲折は、こうした困難の一端を示している。ペリュションもまた、この困難に対応せざるをえない。実際、理性や悟性に依拠することは、身体の次元でのみ見出される、構成の関係逆転の次元を離れることを意味するからである。それは、糧を対象へと連れ戻しかねない。理性や悟性を、糧の現象学に組み込むことは決して容易ではない。

この点に関して、おそらくマルディネの存在が重要となるだろう。ペリュションは、二〇一九年五月に来日し、同志社大学で訳者らに自身の哲学的背景について語った際、自身が影響を受け、高く評価するのは、マルディネであると話した。実際、糧の議論において〈感覚すること〉は、レヴィナスよりも、マルディネの美学的な感覚概念に限りなく近い。特にマルディネにおいては、身体と精神との両義的関係が、この〈感覚すること〉や詩的言語、開かれ（Ouvert）という概念に反映されている。マルディネに依拠することによって、レヴィナスの困難が解消されるかどうか。今後の議論に委ねたい。

もちろん、マルディネの存在によって、本書におけるレヴィナスの重要性が薄らぐことはない。レヴィナスの現象学を政治に結びつけ、その可能性を最大限引き出すことは、本書を貫くモチーフである。確かに、ペリュションのレヴィナス解釈は多くの点で議論の余地を残している。また、すでに多くの研究があるレヴィナスの政治哲学への応用については、ペリュションの「文脈依存的な普遍主義」と、レヴィナス自身の政治思想、特にユダヤ教の特殊主義に基づく普遍主義との比較、両者の「多元主義」の比較が求められるだろう。とはいえ、いずれにしても、本書の野心的な試みは、今後のレヴィナス研究に新たな視座を提供するはずである。

なお、ペリュションは、レヴィナスやマルディネ以外に、政治哲学の分野ではキムリッカも高く評価すると話していた。本書との関連で言えば、動物倫理をシティズンシップ理論によって政治の次元で具体化しようとするキムリッカらの試みは、レオポルドやキャリコットらの環境倫理を、「新たな社会契約」によって政治の次元で具体化しようとするペリュションの試みの先駆とみなすこともできるだろう。実際、ペリュションは、キムリッカとドナルドソン『人と動物の政治共同体』の仏訳版に、後書（postface）を寄せていることを最後に付言しておく。

本書は、前任の監訳者が数年前から注目し、共訳者の樋口、平とともに長年翻訳に取り組んできたものである。しかし、前任の監訳者が突如病魔に襲われ、翻訳出版が危ぶまれたため、監訳者の切実な求めに応じ、服部が急遽、共訳を引き受けることとなった。服部は決してペリュションのよき読者とは言えないが、約三ヶ月というきわめて限られた期間の中で、共訳者と共に翻訳作業に全精力を傾注した。ただ、思わぬ誤読が残っているかもしれない。読者諸賢の御叱正を乞う次第である。

翻訳の分担は、以下の通りである。まず、第一部の下訳を樋口が、第二部の下訳を平が作成した。次に、第一部については、服部が改めて原文と照合しつつ全体に手を入れた。第二部については当初、佐藤が担当予定であったが、諸般の事情により第一章途中で離脱を余儀なくされたため、最終的には服部が第二部も担当するとともに、訳稿全体の表現の統一をはかった。なお、「参考文献」は樋口、「人名索引」「事項索引」は平の作成による。
翻訳作業に際しては、多くの方々から御助力を頂戴した。ペリュション教授には、訳者たちの様々な疑問に答えていただいた。同僚のヴァンサン・ジロー氏（同志社大学文学部助教）からは、フランス語の細かいニュアンスや解釈についても貴重な助言をいただいた。また、本書の完成に至るまでには、萌書房の白石徳浩氏から並々ならぬ御配慮をいただいた。特に、不自然な日本語や表記の揺れ、誤記の修正は、氏の丹念な校正に負うところが大きい。記して深甚の謝意を表したい。

二〇一九年七月

訳者を代表して
服部 敬弘

人名索引

マ　行

ヤ・ラ・ワ　行

事項索引

ア　行

カ　行

サ　行

タ　行

ナ　行

ハ　行

マ　行

ヤ・ラ　行

参考文献

Abraham, Nicolas, et Torok, Maria, « Introjecter-incorporer. Deuil ou mélancolie », *Nouvelle revue de psychanalyse*, n° 6, 1972, p. 111-112.

Afeissa, Hicham-Stéphane, *Nouveaux fronts écologiques. Essais d'éthique environnementale et de philosophie animale*, Paris, Vrin, « Pour demain », 2012.

—, *La Fin du monde et de l'humanité. Essai de généalogie du discours écologique*, Paris, PUF, « L'écologie en questions », 2014.

Afeissa, Hicham-Stéphane (éd.), *Éthique de l'environnement. Nature, valeur, respect*, Paris, Vrin, « Textes clés », 2007.

Appelfeld, Aharon, *Histoire d'une vie*, trad. V. Zenatti, Paris, Éd. de l'Olivier, 2004.

Archibugi, Daniele, *La Démocratie cosmopolitique. Sur la voie d'une démocratie mondiale*, trad. L. Lourme, Paris, Cerf, « Humanités », 2009.

Arendt, Hannah, *Condition de l'homme moderne*, trad. G. Fradier, Paris, Calmann-Lévy, « Liberté de l'esprit », 1993.〔ハンナ・アレント『人間の条件』志水速雄訳，ちくま学芸文庫，1994年〕

—, *Vies politiques*, trad. E. Adda, J. Bontemps, B. Cassin *et al.*, Paris, Gallimard, « Tel », 1986.〔『暗い時代の人々』阿部齊訳，ちくま学芸文庫，2005年〕

Audard, Catherine, *Qu'est-ce que le libéralisme ? Éthique, politique, société*, Paris, Gallimard, « Folio Essais », 2009.

Baratay, Éric, *Le Point de vue animal. Une autre version de l'histoire*, Paris, Seuil, « L'Univers historique », 2012.

Barth, Karl, *Les Cahiers du renouveau*, t. V, *La Guerre et la Paix*, trad. J. de Senardens, Genève, Labor et Fides, 1951.

Beck, Ulrich, *Pouvoir et contre-pouvoir à l'ère de la mondialisation*, trad. A. Duthoo, Paris, Aubier, « Alto », 2003.〔ウルリヒ・ベック『ナショナリズムの超克――グローバル時代の世界政治経済学』島村賢一訳，NTT出版，2008年〕

—, *Qu'est-ce que le cosmopolitisme ?*, trad. A. Duthoo, Paris, Aubier, « Alto », 2006.

—, « Le nouveau visage du cosmopolitisme », propos recueillis par C. Halpern, *Sciences humaines*, n° 176, nov. 2006.

Benvéniste, Émile, « Les deux modèles linguistiques de la cité », in Pouillon, Jean, et

Maranda, Pierre (dir.), *Échanges et communications. Mélanges offerts à Claude Lévi-Strauss*, Mouton, 1970, p. 589-596.〔エミール・バンヴェニスト「都市国家の二つの言語的モデル」『言葉と主体――一般言語学の諸問題――』所収，阿部宏監訳，前島和也・川島浩一郎訳，岩波書店，2013年〕

Berque, Augustin, *Écoumène. Introduction à l'étude des milieux humains*, Paris, Belin, 1987.〔オギュスタン・ベルク『風土学序説――文化をふたたび自然に，自然をふたたび文化に』中山元訳，筑摩書房，2002年〕

—, « Entretien avec S. Audeguy », *Nouvelle revue française*, n° 599-600, mars 2012, « Du Japon », p. 33-55.

Besse, Jean-Marc, « Les cinq portes du paysage. Essai d'une cartographie des problématiques paysagères contemporaines », *Le Goût du monde. Exercices de paysage*, Arles, Actes Sud, « Paysage », 2009.

Bessette, Joseph M., « Deliberative Democracy : The Majority Principle in Republican Government », in Goldwin, Robert A., et Schambra, William A. (éds.), *How Democratic is the Constitution ?*, Washington (D.C.), AEIPPR, 1980, p. 102-116.

Besson, Yvan, « Une histoire d'exigences : philosophie et agrobiologie. L'actualité de la pensée de l'agriculture biologique pour son développement contemporain », *Innovations agronomiques*, n° 4, 2009, p. 329-362.

Binswanger, Ludwig, *Introduction à l'analyse existentielle,* trad. J. Verdeaux et R. Kuhn, Paris, Minuit, « Arguments », 1989.

—, *Mélancolie et manie. Études phénoménologiques*, trad. J.-M. Azorin et Y. Totoyan, Paris, PUF, « Psychiatrie ouverte », 1987.〔ルートヴィヒ・ビンスワンガー『うつ病と躁病』山本巌夫・宇野昌人・森山公夫訳，みすず書房，1972年〕

Biran, Maine de, *Mémoire sur la décomposition de la pensée*, in *Œuvres*, vol. 3, Paris, Vrin, « Bibliothèque des textes philosophiques », 1988.

Bohman, James, *Public Deliberation. Pluralism, Complexity, and Democracy*, Cambridge, MIT Press, 1996.

Bonnot de Condillac, Étienne, *Traité des sensations*, Paris, Fayard, « Corpus des œuvres de philosophie en langue française », 1984.〔エティエンヌ・コンディヤク『感覚論』全2巻，加藤周一・三宅徳嘉訳，創元社，1948年〕

Bourdieu, Pierre, *La Distinction. Critique sociale du jugement*, Paris, Minuit, « Le Sens commun », 1979.〔ピエール・ブルデュー『ディスタンクシオン――社会的判断力批判』全2巻，石井洋二郎訳，藤原書店，1990年〕

Bourg, Dominique (dir.), *Pour une 6ᵉ République écologique*, Paris, O. Jacob, 2011.

Bourg, Dominique, et Whiteside, Kerry, *Vers une démocratie écologique. Le citoyen, le savant, le politique*, Paris, Seuil, « La République des idées », 2010.

Braudel, Fernand, *La Méditerranée et le monde méditerranéen à l'époque de Philippe II*, Paris, Armand Colin, 1949.〔フェルナン・ブローデル『環境の役割 地中海Ⅰ』浜名優美訳，藤原書店，1991年〕

Brillat-Savarin, Jean Anthelme, *Physiologie du goût*, Paris, Flammarion, « Champs », 2009.〔ブリア＝サヴァラン『美味礼讃』全2巻，関根秀雄・戸部松実訳，岩波文庫，1967年〕

Brusset, Bernard, *L'Assiette et le Miroir. L'anorexie mentale de l'enfant et de l'adolescent*, Toulouse, Privat SAS, 1991.

—, *Psychopathologie de l'anorexie mentale*, Paris, Dunod, « Psychismes », 2008.

Calin, Rodolphe, « Le corps et la responsabilité : sensibilité, corporéité et subjectivité », *Études philosophiques*, n° 3, juillet 2006, p. 297-316.

Callicott, J. Baird, *Genèse. La Bible et l'écologie*, trad. D. Bellec, Paris, Wildproject, « Domaine sauvage », 2009.

—, *Éthique de la terre*, éd. B. Lanaspeze, Paris, Wildproject, « Domaine sauvage », 2010.

Canguilhem, Georges, *La Connaissance de la vie*, Paris, Vrin, « Problèmes et controverses », 1985.〔ジョルジュ・カンギレム『生命の認識』杉山吉弘訳，法政大学出版局，2002年〕

Castoriadis, Cornelius, *L'Institution imaginaire de la société*, Paris, Seuil, « Cité prochaine », 1975.〔コルネリュウス・カストリアディス『社会主義の再生は可能か――マルクス主義と革命理論』江口幹訳，三一書房，1987年〕

—, « La force révolutionnaire de l'écologie », *Une société à la dérive. Entretiens et débats (1974-1997)*, Paris, Seuil, « La couleur des idées », 2005, p. 303-315.

—, « Un monde à venir. Entretien avec O. Morel, 18/06/1993 », publié sous le titre « La montée de l'insignifiance » dans *Les Carrefours du labyrinthe*, vol. 4, *La Montée de l'insignifiance*, Paris, Seuil, « Points Essais », 2007, p. 96-121.〔『意味を見失った時代』〈迷宮の岐路Ⅳ〉江口幹訳，法政大学出版局，1999年〕

Charollois, Gérard, *Pour en finir avec la chasse. La mort-loisir, un mal français*, Paris, Éd. IMHO, « Essais », 2013.

Châtelet, Noëlle, *Le Corps à corps culinaire*, Paris, Seuil, 1998.

Churchill, Winston S., *His Complete speeches (1897–1963)*, éd. dir. Robert Rhodes James, New York, R. R. Broker, 1974.〔ウィンストン・チャーチル『チャーチルは語る』マーティン・ギルバート編，浅岡政子訳，河出書房新社，2018年〕

Clairvaux, Bernard de, *De la considération*, trad. P. Dalloz, Paris, Cerf, « Sagesses chrétiennes », 2012.

Clément, Mathieu, « Amartya Sen et l'analyse socio-économique des famines : portée, limites et prolongements de l'approche par les *entitlements* », Université Montesquieu-Bordeaux IV, *Cahiers du GREThA*, n° 2009-25, p. 1-21.

Dadoun, Roger, « La bouche d'Éros », in N'Diaye, Catherine (dir.), *La Gourmandise. Délices d'un péché*, Paris, Autrement, « Mutations », 1993, p. 54-60.

Dardel, Éric, *L'Homme et la Terre*, Paris, CTHS, « CTHS format », 1990.

Delbrück, Jost, « Die Auseinandersetzungen über das ethische Problem der atomaren Kriegführung in den Vereinigten Staaten und der Bundesrepublik Deutschland », *Abschreckung und Entspannung*, Veröffentlichungen des Instituts für Internationaler Recht an der Universität Kiel, Berlin, Duncker & Humblot, 1977, p. 95-147.

Derrida, Jacques, « "Il faut bien manger" ou le calcul du sujet », *Points de suspension. Entretiens*, Paris, Galilée, « La philosophie en effet », 1992.〔ジャック・デリダ「「正しく食べなくてはならない」あるいは主体の計算」鵜飼哲訳，ジャン＝リュック・ナンシー編『主体の後に誰が来るのか？』所収，現代企画室，1996年〕

—, *Khôra*, Paris, Galilée, 1993.〔『コーラ――プラトンの場』守中高明訳，未來社，2004年〕

—, *L'animal que donc je suis*, Paris, Galilée, « La philosophie en effet », 2006.〔『動物を追う，ゆえに私は（動物で）ある』鵜飼哲訳，筑摩書房，2014年〕

Descartes, René, *Principia philosophiae*, *Œuvres philosophiques*, éd. F. Alquié, t. III, *1643-1650*, Paris, Classiques Garnier, 1973, p. 81-525.〔ルネ・デカルト『哲学原理』山田弘明・吉田健太郎・久保田進一・岩佐宣明訳，ちくま学芸文庫，2009年〕

—, *Les Passions de l'âme*, *Œuvres philosophiques*, éd. F. Alquié, t. III, *1643-1650*, Paris, Classiques Garnier, 1973, p. 939-1103.〔『情念論』谷川多佳子訳，岩波文庫，2008年〕

—, « Lettre à Élisabeth du 15 septembre 1645 », *Œuvres philosophiques*, éd. F. Alquié, t. III, *1643-1650*, Paris, Classiques Garnier, 1973, p. 605-609.〔「520 デカルトからエリザベトへ　エフモント・ビンネン 1645年9月15日」山田弘明訳，『デ

カルト全書簡集第六巻』所収，知泉書館，2015年〕

—, « Lettre à Chanut du 6 juin 1647 », *Œuvres philosophiques*, éd. F. Alquié, t. III, 1643-1650, Paris, Classiques Garnier, 1973, p. 736-742.〔「624 デカルトからシャニュへ　ハーグ1647年6月6日」山田弘明訳，『デカルト全書簡集第七巻』所収，知泉書館，2015年〕

Devienne, Philippe, *Penser l'animal autrement*, Paris, L'Harmattan, « Ouverture philosophique », 2010.

Dewey, John, *Le Public et ses problèmes*, trad. J. Zask, Paris, Gallimard, « Folio Essais », 2010.〔ジョン・デューイ『公衆とその諸問題——現代政治の基礎』阿部齊訳，ちくま学芸文庫，2014年〕

Dryzek, John S., *Deliberative Democracy and Beyond. Liberals, Critics, Contestations*, New York, Oxford University Press, 2000.

—, « Vers un système délibératif mondial ? », entretien avec John S. Dryzek conduit par C. Girard, J. Talpin et S. Topçu, *Participations*, n° 2, 2012/1, p. 168-180.

Dryzek, John S., Norgaard, Richard B., et Schlosberg, David, *Climate-Challenged Society*, Oxford, Oxford University Press, 2013.

Dworkin, Ronald, *Taking Rights Seriously*, Cambridge (Mass.), Harvard University Press, 1977.〔ロナルド・ドゥウォーキン『権利論』増補版，木下毅・小林公・野坂泰司訳，木鐸社，2003年，『権利論II』小林公訳，木鐸社，2001年〕

Elster, Jon (dir.), *Deliberative Democracy*, Cambridge, Cambridge University Press, 1998.

Éluard, Paul, « La dernière nuit », *Poèmes d'amour et de liberté*, Paris, Temps des cerises, 1995, p. 53-56.〔ポール・エリュアール『エリュアール詩集』〈双書・20世紀の詩人12〉宇佐美斉編訳，小沢書店，1994年〕

Épicure, *Lettres, maximes, sentences*, trad. J.-F. Balaudé, Paris, LGF, 1997.〔エピクロス『教説と手紙』出隆・岩崎允胤訳，岩波文庫，1959年〕

Fishkin, James S., *Democray and deliberation*, New Haven, Yale University Press, 1995.

—, *The Voice of The People. Public Opinion and Democracy*, New Haven, Yale University Press, 1995.

—, *When the People Speak. Deliberative Democracy and Public Consultation*, Oxford, Oxford University Press, 2009.〔ジェイムズ・S・フィシュキン『人々の声

が響き合うとき——熟議空間と民主主義 』岩木貴子訳，早川書房，2011年〕

Fœssel, Michaël, *Après la fin du monde. Critique de la raison apocalyptique*, Paris, Seuil, « L'Ordre philosophique », 2012.

Foucault, Michel, *Dits et écrits*, t. I, Paris, Gallimard, « Quarto », 2001.〔ミシェル・フーコー『ミシェル・フーコー思考集成』I－V，蓮實重彦・渡辺守章監修，小林康夫・石田英敬・松浦寿輝編集，筑摩書房，1998-2000年〕

—, *Le Gouvernement de soi et des autres. Cours au Collège de France (1982-1983)*, Paris, Seuil/Gallimard, « Hautes études », 2008.〔『自己と他者の統治——コレージュ・ド・フランス講義1982-1983年度』〈フーコー講義集成XII〉阿部崇訳，筑摩書房，2010年〕

Fourier, Charles, *Le Nouveau Monde amoureux*, Paris, Anthropos, 1967.〔シャルル・フーリエ『愛の新世界　増補新版』福島知己訳，作品社，2013年〕

—, « Manuscrit », Cahier 54, cote 9, in Scherer, René, *L'Écosophie de Charles Fourier. Deux textes inédits*, Paris, Anthropos, « Anthropologie », 2001.

Francis, Leslie P., et Silvers, Anita, « Liberalism and Individuality Scripted ideas of the Good : Meeting the Challenge of Dependent Agency », *Social Theory and Practice*, n° 33/2, 2007, p. 311-334.

Fraser, Nancy, « Repenser l'espace public. Une contribution à la critique de la démocratie réellement existante », *Qu'est-ce que la justice sociale ? Reconnaissance et redistribution*, Paris, La Découverte, « Politique et sociétés », 2005, p. 107-144.

Frison-Roche, Marie-Anne, *Les 100 mots de la régulation*, Paris, PUF, « Que sais-je ? », 2011.

Fukuoka, Masanobu, *L'Agriculture naturelle. Art du non-faire*, trad. Th. Piélat, Paris, G. Trédaniel, 1989.〔福岡正信『無III ——自然農法』春秋社，2004年〕

—, *La Révolution d'un seul brin de paille. Une introduction à l'agriculture sauvage*, trad. B. Prieur Dutheillet de Lamothe, Paris, G. Trédaniel, 2005.〔福岡正信『自然農法——わら一本の革命』春秋社，2004年〕

Furet, François, *Le Passé d'une illusion. Essai sur l'idée communiste au XXe siècle*, Paris, LGF, 2003.〔フランソワ・フュレ『幻想の過去——20世紀の全体主義』楠瀬正浩訳，バジリコ，2007年〕

Gambetta, Diego, « "Claro !" : An Essay on Discursive Machism », in Elster, Jon (dir.), *Deliberative Democracry*, Cambridge, Cambridge University Press, 1998, p.

19-43.

Gibson, Gordon, « L'Assemblée citoyenne de Colombie britannique », in Sintomer, Yves (dir), « La Démocratie participative », *Problèmes politiques et sociaux*, Paris, Documentation française, n° 959, avril 2009, p. 62-63.

Gide, André, *Les Nourritures terrestres*, Paris, Gallimard, « Folio », 2012.〔アンドレ・ジッド『地の糧』二宮正之訳,『アンドレ・ジッド集成 I』所収, 筑摩書房, 2015年〕

Girard, Charles, et Le Goff, Alice (dir.), *La Démocratie délibérative. Anthologie de textes fondamentaux*, Paris, Hermann, « L'avocat du diable », 2010.

Gontier, Thierry, « Descartes ou les raisons d'un refus », in Gontier, Thierry (dir.), *Animal et animalité dans la philosophie de la Renaissance et de l'âge classique*, Louvain/Paris, Peeters, « Bibliothèque philosophique de Louvain », 2005, p. 107-128.

Gorz, André, « Leur écologie et la nôtre », in Gorz, André, et Bosquet, Michel, *Écologie et politique*, Paris, Seuil, « Points Politique », 1978.

Gosseries, Axel, « Nations, Generations and Climate Justice », *Global Policy*, vol. 5, n° 1, févr. 2014, p. 96-102.

Grünig Iribarren, Silvia, *Ivan Illich. La ville conviviale*, thèse de doctorat dirigée par Thierry Paquot, Université Paris-Est, 2013.

Gutmann, Amy, et Thompson, Denis, *Democracy and Disagreement*, Cambridge (Mass.), Harvard University Press, 1999.

—, *Why Deliberative Democracy ?*, Princeton, Princeton University Press, 2004.

Habermas, Jürgen, *L'Espace public. Archéologie de la publicité comme dimension constitutive de la société bourgeoise*, trad. M. de Launay, Paris, Payot, « Critique de la politique », 2003.〔ユルゲン・ハーバーマス『公共性の構造転換――市民社会の一カテゴリーについての探究』第2版, 細谷貞雄・山田正行訳, 未來社, 1994年〕

—, *Théorie de l'agir communicationnel*, t. I, *Rationalité de l'action et rationalisation de la société*, trad. J.-M. Ferry, Paris, Fayard, « L'espace du politique », 1987 ; t. II, *Pour une critique de la raison fonctionnaliste*, trad. J.-L. Schlegel, Paris, Fayard, « L'espace du politique », 1987.〔『コミュニケイション的行為の理論』全3巻,(上巻)川上倫逸・M. フーブリヒト・平井俊彦訳,(中巻)岩倉正博・藤沢賢一郎・徳永恂・平野嘉彦・山口節郎訳,(下巻)丸山高司・丸山徳次・厚東洋輔・森

田数実・馬場孚瑳江・脇圭平訳，未來社，1985-1987年〕
—, *Droit et démocratie. Entre faits et normes*, trad. C. Bouchindhomme et R. Rochlitz, Paris, Gallimard, « NRF Essais », 1997.〔『事実性と妥当性——法と民主的法治国家の討議理論にかんする研究』全2巻，河上倫逸・耳野健二訳，未來社，2002-2003年〕
—, *La Paix perpétuelle. Le bicentenaire d'une idée kantienne*, trad. R. Rochlitz, Paris, Cerf, « Humanités », 1996.〔「二百年後から見たカントの永遠平和という理念」紺野茂樹訳，ボーマン，ルッツ＝バッハマン編『カントの永遠平和——世界市民という理念について』所収，未來社，2006年〕
Hamsun, Knut, *La Faim*, trad. G. Sautreau, Paris, LGF, « Biblio roman », 2012.〔クヌート・ハムスン『飢え』宮原晃一郎訳，〈世界文学全集〉第3期15巻，所収，河出書房新社，1957年〕
Hassner, Pierre, *La Violence et la Paix. De la bombe atomique au nettoyage ethnique*, Paris, Seuil, « Points Essais », 2000.
Heidegger, Martin, « Bâtir, habiter, penser », *Essais et conférences*, trad. A. Préau, Paris, Gallimard, 1958, p. 170-193.〔マルティン・ハイデガー「建てること，住むこと，考えること」『技術とは何だろうか——3つの講演』所収，森一郎訳，講談社学術文庫，2019年〕
Held, David, *Un nouveau contrat mondial. Pour une gouvernance social-démocrate*, trad. R. Bouyssou, Paris, Presses de Sciences Po, « Nouveaux débats », 2005.〔デヴィッド・ヘルド『グローバル社会民主政の展望——経済・政治・法のフロンティア』中谷義和・柳原克行訳，経済評論社，2005年〕
Henry, Michel, *L'Essence de la manifestation*, Paris, PUF, « Épiméthée », 2011.〔ミシェル・アンリ『現出の本質』全2巻，北村晋・阿部文彦訳，法政大学出版局，2005年〕
—, *Incarnation. Une philosophie de la chair*, Paris, Seuil, 2000.〔『受肉』中敬夫訳，法政大学出版局，2007年〕
—, *Auto-donation. Entretiens et conférences*, Saint-Mandé, Prétentaine, 2002.
Héraclite, *Fragments*, éd. M. Conche, Paris, PUF, « Épiméthée », 1986.〔ヘラクレイトス「著作断片」内山勝利訳，内山勝利編『ソクラテス以前哲学者断片集　第I分冊』所収，岩波書店，1996年〕
Herzberg, Carsten, Röcke, Anja, et Sintomer, Yves, *Les Budgets participatifs en Europe. Des services publics au service du public*, Paris, La Découverte, « Recher-

ches », 2008.

Hess, Gérald, *Éthiques de la nature*, Paris, PUF, « Éthique et philosophie morale », 2013.

Hobbes, Thomas, *Léviathan*, trad. F. Tricaud, Paris, PUF, 1971.〔トマス・ホッブズ『リヴァイアサン』全4巻，水田洋訳，岩波文庫，1992年〕

―, *Éléments de la loi naturelle et politique*, trad. D. Weber, Paris, LGF, « Classiques de Poche », 2003.〔『法の原理――自然法と政治的な法の原理』高野清弘訳，行路社，2016年〕

Housset, Emmanuel, *L'Intelligence de la pitié. Phénoménologie de la communauté*, Paris, Cerf, « La nuit surveillée », 2003.

Hume, David, « Du contrat primitif », *Essais et traités sur plusieurs sujets*, vol. 2, *Essais moraux, politiques et littéraires* (*Deuxième partie*), trad. M. Malherbe, Paris, Vrin, « Bibliothèque des textes philosophiques », 2009, p. 209-226.〔デヴィッド・ヒューム「原始契約について」『道徳・政治・文学論集』所収，田中敏弘訳，名古屋大学出版会，2011年〕

Husserl, Edmund, «Normalité et espèces animales », *Sur l'intersubjectivité*, trad. N. Depraz, t. II, Paris, PUF, « Épiméthée », 2001, p. 249-263.

―, « Phénoménologie statique et génétique. Le monde familier et la compréhension de l'étranger. La compréhension des bêtes », in *Husserliana XV*, trad. R. Brandmeyer, N. Depraz et A. Montavont, Dordrecht, M. Nijhoff, 1973, p. 613-627 ; *Alter*, n° 3, 1995, p. 205-219.〔エトムント・フッサール「静態的現象学と発生的現象学」村田憲郎訳，『間主観性の現象学――その方法』所収，浜渦辰二・山口二郎監訳，ちくま学芸文庫，2012年〕

―, « Le monde et nous. Le monde environnant des hommes et des bêtes », *Beilage X du Hua XV*, *Zur Phänomenologie der Intersubjektivität*, *Husserliana XV*, Dordrecht, M. Nijhoff, 1973 ; trad. in *Alter*, n° 3, 1995, p. 189-203.〔「世界と私たち――人間の環境世界と動物の環境世界」村田憲郎訳，『間主観性の現象学――その方法』所収，浜渦辰二・山口二郎監訳，ちくま学芸文庫，2012年〕

―, *La terre ne se meut pas*, trad. D. Franck, D. Pradelle et J.-F. Lavigne, Paris, Minuit, « Philosophie », 1989.〔「自然の空間性の現象学的起源に関する基礎研究――コペルニクス説の転覆」新田義弘・村田純一訳，『講座・現象学3――現象学と現代思想』所収，弘文堂，1980年〕

―, *Méditations cartésiennes*, trad. G. Peiffer et E. Levinas, Paris, Vrin, « Bibliothèque

des textes philosophiques », 1980.〔『デカルト的省察』浜渦辰二訳，岩波文庫，2008年〕

Illich, Ivan, *La Convivialité, Œuvres complètes*, t. I, Paris, Fayard, 2004, p. 451-582.〔イヴァン・イリイチ『コンヴィヴィアリティのための道具』渡辺京二・渡辺梨佐訳，ちくま学芸文庫，2015年〕

―, « L'art d'habiter », *Dans le miroir du passé, Œuvres complètes*, t. II, Paris, Fayard, 2005, p. 755-766.〔「住まいとガレージ――住人と居住者をどう区別するか」，『生きる思想』所収，桜井直史訳，藤原書店，1991年〕

―, *La corruption du meilleur engendre le pire*, entretiens avec David Cayley, trad. D. de Bruycker et J. Robert, Arles, Actes Sud, « Spiritualité », 2007.〔『生きる希望――イバン・イリイチの遺言』臼井隆一郎訳，藤原書店，2006年〕

―, « L'histoire des besoins », *La Perte des sens*, Paris, Fayard, « Documents spirituels », 2004, p. 71-105.〔(縮約版)「ニーズ」初川宏子・三浦清隆訳，ヴォルフガング・ザックス編『脱「開発」の時代――現代社会を読解するキイワード辞典』所収，晶文社，1996年〕

―, « Surveiller son regard à l'ère du show », *La Perte des sens*, Paris, Fayard, « Documents spirituels », 2004, p. 187-231.

―, *La Perte des sens, Paris*, Fayard, « Documents spirituels », 2004.

Illich, Ivan, Groeneveld, Sigmar, Hoinacki, Lee *et al.*, *Declaration on Soil*, déc. 1990.

Jaspers, Karl, *La Bombe atomique et l'avenir de l'homme*, trad. E. Saget, Paris, Buchet Chastel, 1963.〔カール・ヤスパース『現代の政治意識』全2巻，飯島宗享・細尾登訳，理想社，1966-1976年〕

Jaworska, Agnieszka, « Respecting the Margins of Agency : Alzheimer's Patients and the Capacity to Value », *Philosophy and Public Affairs*, vol. 28, issue 2, avril 1999, p. 105-138.

Josse, Melvin, « La nécessaire transformation du mouvement animalier », *Revue semestrielle de droit animalier*, 2/2013, p. 387-402.

―, *Militantisme, politique et droits des animaux*, Gagny, Droits des animaux, 2013.

Kafka, Franz, *Un artiste de la faim et autres récits*, éd. dir. et trad. Cl. David, Paris, Gallimard, « Folio Classique », 1990.〔フランツ・カフカ『変身・断食芸人』山下肇・山下萬里訳，岩波文庫，2004年〕

Kambouchner, Denis, *L'École, question philosophique*, Paris, Fayard, « Histoire de la pensée », 2013.

Kant, Emmanuel, *Sur le lieu commun : il se peut que ce soit juste en théorie, mais, en pratique, cela ne vaut rien*, *Œuvres philosophiques*, éd. dir. F. Alquié, t. III, Paris, Gallimard, « Bibliothèque de la Pléiade », 1986, p. 249-300.〔イマヌエル・カント「理論と実践――理論では正しいかもしれないが実践の役には立たない，という通説について」北尾宏之訳，『カント全集14』所収，岩波書店，2000年〕

―, *Anthropologie du point de vue pragmatique*, AK II, 332, *Œuvres philosophiques*, éd. dir. F. Alquié, t. III, Paris, Gallimard, « Bibliothèque de la Pléiade », 1986, p. 937-1144.〔『実用的見地における人間学』渋谷治美訳，『カント全集15』所収，岩波書店，2003年〕

―, *Doctrine de la vertu*, *Œuvres philosophiques*, éd. dir. F. Alquié, t. III, Paris, Gallimard, « Bibliothèque de la Pléiade », 1986, p. 651-791.〔「徳論の形而上学的定礎」『人倫の形而上学』，『カント全集11』所収，樽井正義・池尾恭一訳，岩波書店，2002年〕

―, *Projet de paix perpétuelle*, *Œuvres philosophiques*, éd. dir. F. Alquié, t. III, Paris, Gallimard, « Bibliothèque de la Pléiade », 1986, p. 327-383.〔「永遠平和のために」遠山義孝訳，『カント全集14』所収，岩波書店，2000年〕

―, *Le Conflit des facultés en trois sections*, *Œuvres philosophiques*, éd. dir. F. Alquié, t. III, Paris, Gallimard, « Bibliothèque de la Pléiade », 1986, p. 803-930.〔「諸学部の争い――三学部からなる」角忍・竹山重光訳，『カント全集18』所収，岩波書店，2002年〕

Kestemberg, Évelyne, Kestemberg, Jean, et Decobert, Simone, *La Faim et le Corps. Une étude psychanalytique de l'anorexie mentale*, Paris, PUF, 1972.

Kymlicka, Will, et Donaldson, Sue, *Zoopolis. A Political Theory of Animal Rights*, New York, Oxford University Press, 2011.〔スー・ドナルドソン，ウィル・キムリッカ『人と動物の政治共同体――「動物の権利」の政治理論』青木人志・成廣孝監訳，尚学社，2016年〕

Laërce, Diogène, *Vies et doctrines des philosophes illustres*, Paris, LGF, « La Pochothèque », 2009.〔ディオゲネス・ラエルティオス『ギリシア哲学者列伝』全3巻，加来彰俊訳，岩波文庫，1984-1994年〕

Lalau, Jean-Daniel, *En finir avec les régimes. Vers une alliance du corps et de l'esprit*, Paris, Éd. Nouvelles François Bourin, 2012.

Le Barzic, Michelle, et Pouillon, Marianne, *La Meilleure Façon de manger. Les désarrois du mangeur moderne*, Paris, O. Jacob, 1998.

Le Breton, David, *Anthropologie du corps et modernité*, Paris, PUF, « Quadrige », 2008.

Leopold, Aldo, *Almanach d'un comté des sables*, trad. A. Gibson, Paris, Flammarion, « GF », 2000.〔アルド・レオポルド『野生のうたが聞こえる』新島義昭訳，講談社学術文庫，1997年〕

Levinas, Emmanuel, *De l'existence à l'existant*, Paris, Vrin, « Bibliothèque des textes philosophiques », 1993.〔エマニュエル・レヴィナス『実存から実存者へ』西谷修訳，ちくま学芸文庫，2005年〕

—，*Totalité et infini*, Paris, LGF, « Biblio Essais », 1994.〔『全体性と無限——外部性についての試論』改訂版，合田正人訳，国文社，2006年〕

—，*En découvrant l'existence avec Husserl et Heidegger*, Paris, Vrin, « Bibliothèque d'histoire de la philosophie », 2001.〔『実存の発見』佐藤真理人・小川昌宏・三谷嗣・河合孝昭訳，法政大学出版局，1996年〕

—，*Le Temps et l'Autre*, Paris, PUF, « Quadrige », 1995.〔『時間と他者』原田佳彦訳，法政大学出版局，1986年〕

—，*Difficile liberté. Essais sur le judaïsme*, Paris, LGF, « Biblio Essais », 2010.〔『困難な自由』増補版・定本全訳，合田正人監訳，三浦直希訳，法政大学出版局，2008年〕

—，*Du sacré au saint. Cinq nouvelles lectures talmudiques*, Paris, Minuit, « Critique », 1977.〔『タルムード新五講話——神聖から聖潔へ』内田樹訳，人文書院，1990年〕

—，*De Dieu qui vient à l'idée*, Paris, Vrin, « Bibliothèque des textes philosophiques », 2002.〔『観念に到来する神について』内田樹訳，国文社，1997年〕

—，*Les Carnets de captivité*, *Œuvres*, t. I, Paris, Grasset, 2009, p. 47-198.〔「捕囚手帳（1940-1945）」『捕囚手帳ほか未刊著作』，〈レヴィナス著作集1〉所収，三浦直希・渡名喜庸哲・藤岡俊博訳，法政大学出版局，2014年〕

—，*Pouvoirs et origine*, *Œuvres*, t. II, Paris, Grasset, 2011, p. 109-150.〔「権力と起源」『哲学コレージュ講演集』，〈レヴィナス著作集2〉所収，藤岡俊博・渡名喜庸哲・三浦直希訳，法政大学出版局，2016年〕

—，*Les Enseignements*, *Œuvres*, t. II, Paris, Grasset, 2011, p. 173-198.〔「教え」『哲学コレージュ講演集』，〈レヴィナス著作集2〉所収，藤岡俊博・渡名喜庸哲・三浦直希訳，法政大学出版局，2016年〕

—，*Les Nourritures*, *Œuvres*, t. II, Paris, Grasset, 2011, p. 151-172.〔「糧」『哲学コレ

ージュ講演集』，〈レヴィナス著作集2〉所収，藤岡俊博・渡名喜庸哲・三浦直希訳，法政大学出版局，2016年〕

Levinas, Emmanuel, Wright, Tamra, Hughes, Peter, et Ainley, Alison, « Le paradoxe de la moralité : un entretien avec Emmanuel Levinas », trad A. Benjamin et T. Wright, *Philosophie*, n° 112, hiver 2011, p. 12-22.

Lévi-Strauss, Claude, *Tristes tropiques*, Paris, Presses-Pocket, 1984.〔クロード・レヴィ＝ストロース『悲しき熱帯』全2巻，川田順造訳，中央公論新社，2001年〕

—, *Anthropologie structurale deux*, Paris, Plon, 1973.

—, « L'art de donner du goût », *Le Courrier de l'Unesco*, n° 5, 2008, p. 35-38.

Llored, Patrick, *Jacques Derrida. Politique et éthique de l'animalité*, Mons, Sils Maria, « 5 concepts », 2013.

Locke, John, *Second traité du gouvernement civil*, trad. D. Mazel, Paris, Flammarion, « GF », 1992.〔ジョン・ロック『完訳　統治二論』加藤節訳，岩波文庫，2010年〕

Lourme, Louis, *Le Nouvel Âge de la citoyenneté mondiale*, Paris, PUF, 2014.

Lucrèce, *De natura rerum*, trad. J. Kany-Turpin, Paris, Flammarion, « GF », 1997.〔ルクレーティウス『物の本質について』樋口勝彦訳，岩波文庫，1973年〕

Lussault, Michel, *L'Avènement du monde. Essai sur l'habitation humaine de la terre*, Paris, Seuil, « La couleur des idées », 2013.

Maïmonide, Moïse, *Le Guide des égarés. Traité de théologie et de philosophie*, trad. S. Munk, Paris, Maisonneuve et Larose, 1981.

Maître, Jacques, *Anorexies religieuses, anorexie mentale. Essai de psychanalyse sociohistorique (de Marie de l'Incarnation à Simone Weil)*, Paris, Cerf, « Sciences humaines et religions », 2000.

—, « Façons anorectiques d'être au monde : anorexie mystique et anorexie mentale », *Socio-Anthropologie*, 1999/5 (en ligne).

Maldiney, Henri, « Art, architecture, urbain : rencontre avec H. Maldiney », in Younès, Chris (dir.), *Art et philosophie, ville et architecture*, Paris, La Découverte, « Armillaire », 2003, p. 9-25.

—, « Rencontre avec H. Maldiney : éthique et architecture », in Younès, Chris, et Paquot, Thierry (dir.), *Éthique, architecture, urbain*, Paris, La Découverte, « Armillaire », 2000, p. 13-25.

—, *Penser l'homme et la folie*, Bernin, J. Millon, « Krisis », 1997.

—, *Regard, parole, espace*, Paris, Cerf, « Bibliothèque du Cerf », 2012.

—, *Aux déserts que l'histoire accable. L'art de Tal Coat*, Paris, Cerf, «Bibliothèque du Cerf », 2013.

Malthus, Thomas R., *Essai sur le principe de population*, Paris, Flammarion, « GF », 1992.〔トマス・マルサス『人口論』永井義雄訳, 中公文庫, 1973〕

Mazoyer, Marcel, et Roudart, Laurence, *Histoire des agricultures du monde. Du néolithique à la crise contemporaine*, Paris, Seuil, « Points Histoire », 2002.

Merleau-Ponty, Maurice, *La Structure du comportement*, Paris, PUF, 1977.〔モーリス・メルロ＝ポンティ『行動の構造』全2巻, 滝浦静雄・木田元訳, みすず書房, 2014年〕

—, *Phénoménologie de la perception*, Paris, Gallimard, «Tel », 1979.〔『知覚の現象学』全2巻, (第1巻) 竹内芳郎・小木貞孝訳, みすず書房, 1967年, (第2巻) 竹内芳郎・木田元・宮本忠雄訳, みすず書房, 1974年〕

—, *La Nature. Notes de cours du Collège de France*, Paris, Seuil, « Traces écrites », 1995.

Moati, Raoul, *Événements nocturnes*, Paris, Hermann, « Le Bel aujourd'hui », 2012.

Mongin, Olivier, *La Condition urbaine. La ville à l'heure de la mondialisation*, Paris, Seuil, 2005.

Monod, Jean-Claude, *Qu'est-ce qu'un chef en démocratie ? Politiques du charisme*, Paris, Seuil, « L'Ordre philosophique », 2012.

—, « Why I talk to my Dog. Extensions of intersubjectivity », *Environmental Philosophy*, vol. 11, issue 1, printemps 2014, p. 17-26.

Montaigne, Michel de, *Essais*, éd. P. Villey, Paris, PUF, « Quadrige », 1988.〔ミシェル・ド・モンテーニュ『エセー』全6巻, 原二郎訳, 岩波文庫, 1965-1967年〕

Montesquieu, Charles Louis de Secondat de, *De l'esprit des lois*, Paris, Flammarion, « GF », 1979.〔シャルル・ド・モンテスキュー『法の精神』全3巻, 野田良之・稲本洋之助・上原行雄・田中治男・三辺博之・横田地弘訳, 岩波文庫, 1989年〕

Næss, Arne, *Écologie, communauté et style de vie*, trad. Ch. Ruelle, Bellevaux, Éditions Dehors, 2013.〔アルネ・ネス『ディープ・エコロジーとは何か——エコロジー・共同体・ライフスタイル』斎藤直輔・開龍美訳, 文化書房博文社, 1997年〕

Nozick, Robert, *Anarchie, État et utopie*, trad. É. d'Auzac de Lamartine, Paris, PUF, « Quadrige », 2008.〔ロバート・ノージック『アナーキー・国家・ユートピア——国家の正当性とその限界』嶋津格訳, 木鐸社, 2004年〕

Nussbaum, Martha C., *Frontiers of Justice. Disability, Nationality, Species Member-*

ship, Cambridge, The Belknap Press of Harvard University Press, 2006.〔マーサ・C・ヌスバウム『正義のフロンティア――障碍者・外国人・動物という境界を越えて』神島裕子訳，法政大学出版局，2012年〕

Ogien, Ruwen, *L'Influence de l'odeur des croissants chauds sur la bonté humaine et autres questions de philosophie morale expérimentale*, Paris, Grasset, « Essai », 2011.

Okakura, Kakuzô, *Le Livre du thé*, trad. C. Atlan et Z. Bianu, Arles, P. Picquier, « Picquier poche », 2006.〔岡倉天心『茶の本―― the Book of Tea』浅野晃訳，講談社インターナショナル，2008年〕

Onfray, Michel, *La Raison gourmande. Philosophie du goût*, Paris, LGF, « Biblio Essais », 2005.

Palmer, Clare, « Le contrat domestique », trad. H.-S. Afeissa, in Afeissa, Hicham-Stéphane, et Jeangène-Vilmer, Jean-Baptiste, *Philosophie animale. Différence, responsabilité et communauté*, Paris, Vrin, « Textes clés », 2010, p. 333-373.

Paquot, Thierry, *L'Espace public*, Paris, La Découverte, « Repères », 2009.

Paquot, Thierry, Lussault, Michel, et Younès, Chris (dir.), *Habiter, le propre de l'humain. Villes, territoires et philosophie*, Paris, La Découverte, « Armillaire », 2007.

Parmentier, Bruno, *Nourrir l'humanité. Les grands problèmes de l'agriculture mondiale au XXIe siècle*, Paris, La Découverte, « Cahiers libres », 2007.

Pateman, Carole, *Le Contrat sexuel*, trad. C. Nordmann, Paris, La Découverte/Institut Émilie du Châtelet, « Textes à l' appui », 2010.〔キャロル・ペイトマン『社会契約と性契約――近代国家はいかに成立したのか』中村敏子訳，岩波書店，2017年〕

Pelluchon, Corine, *L'Autonomie brisée. Bioéthique et philosophie*, Paris, PUF, « Léviathan », 2009, « Quadrige », 2014.

―, *Éléments pour une éthique de la vulnérabilité. Les hommes, les animaux, la nature*, Paris, Cerf, « Humanités », 2011.

―, *Tu ne tueras point. Réflexions sur l'actualité de l'interdit du meurtre*, Paris, Cerf, « Passages », 2013.

―, « Peut-on parvenir à un consensus sur l'aide active à mourir ? », note pour Terra Nova, 4 mars 2014 (http://www.tnova.fr/note/peutparvenir-un-consensus-sur-laide-active-mourir).

—, « Penser la place de l'expertise et de la délibération éthique dans la politique. Réflexions sur les conditions d'une plus grande innovation en matière d'action environnementale et en bioéthique », in Martin, Thierry (dir.), *Éthique de la recherche et risques humains*, Besançon, Presses Universitaires de Franche-Comté, « Les Cahiers de la MSHE Ledoux », 2014, p. 85-101.

Pezrès, Emmanuel, « La permaculture au sein de l'agriculture urbaine : du jardin au projet de société », *VertigO-la revue électronique en sciences de l'environnement*, vol. 10, n° 2, sept. 2010.

Picard, Roger, *Les Salons littéraires et la société française. 1610-1789*, Paris, Brentanos, 1943.

Piketty, Thomas, *Le Capital au XXIe siècle*, Paris, Seuil, « Les livres du nouveau monde », 2013.〔トマ・ピケティ『21世紀の資本』山形浩生・守岡桜・森本正史訳，みすず書房，2014年〕

Plumwood, Val, *Environmental Culture. The Ecological Crisis of Reason*, Londres, Routledge, 2001.

Plutarque, *Trois traités pour les animaux*, trad. Aymot, Paris, POL, « É. Badinter », 1992.〔プルタルコス『モラリア12』三浦要・中村健・和田利博訳，京都大学学術出版会，2018年〕

Porcher, Jocelyne, *Éleveurs et animaux, réinventer le lien*, Paris, PUF, « Partage du savoir », 2002.

Poussin, Frédéric (dir.), *Figures de la ville et construction des savoirs. Architecture, urbanisme, géographie*, Paris, CNRS Éditions, 2005.

Raimbault, Ginette, et Eliacheff, Caroline, *Les Indomptables. Figures de l'anorexie*, Paris, O. Jacob, 1980.〔RAIMBAULT，ELIACHEFF『天使の食べものを求めて——拒食症へのラカン的アプローチ』加藤敏監修，向井雅明監訳，佐藤鋭二訳，松本卓也解説，三輪書店，2012年〕

Rawls, John, *Théorie de la justice*, trad. C. Audard, Paris, Seuil, « Empreintes », 1987.〔ジョン・ロールズ『正義論』改訂版，川本隆史・福間聡・神島裕子訳，紀伊國屋書店，2010年〕

—, *Libéralisme politique*, trad. C. Audard, Paris, PUF, « Philosophie morale », 1997.

—, *La Justice comme équité. Une reformulation de* Théorie de la justice, trad. B. Guillarme, Paris, La Découverte, « La Découverte poche », 2008.〔『公正としての正義——再説』田中成明・亀本洋・平井亮輔訳，岩波書店，2004年〕

Ricœur, Paul, *Philosophie de la volonté*, t. I, *Le Volontaire et l'Involontaire*, Paris, Seuil, « Points Essais », 2009.〔ポール・リクール『意志的なものと非意志的なもの』全3巻，滝浦静雄・箱石匡行・竹内修身訳，紀伊國屋書店，1993-1995年〕

—, *Soi-même comme un autre*, Paris, Seuil, « L'Ordre philosophique », 1990.〔『他者のような自己自身』久米博訳，法政大学出版局，2010年〕

—, *L'Idéologie et l'Utopie*, Paris, Seuil, « La couleur des idées », 1997.〔『イデオロギーとユートピア——社会的想像力をめぐる講義』ジョージ・H・テイラー編，川崎惣一訳，新曜社，2011年〕

Rosanvallon, Pierre, « Le souci du long terme », in Bourg, Dominique, et Papaux, Alain, *Vers une société sobre et désirable*, Paris, PUF, « Développement durable et innovation institutionnelle », 2010, p. 151-162.

Rousseau, Jean-Jacques, *Discours sur l'origine et les fondements de l'inégalité parmi les hommes*, Paris, Flammarion, « GF », 1971.〔ジャン＝ジャック・ルソー『人間不平等起源論』坂倉裕治訳，講談社学術文庫，2016年〕

—, *Du contrat social*, Paris, Flammarion, « GF », 2001.〔『社会契約論』桑原武夫・前川貞次郎訳，岩波文庫，1954年〕

—, *Émile ou De l'éducation*, Paris, Flammarion, « GF », 1966.〔『エミール』全3巻，今野一雄訳，岩波文庫，1962-964年〕

Rowlands, Mark, *Animal Rights, Moral Theory and Practice*, New York, Palgrave Macmillan, 2009.

Schell, Jonathan, *Le Destin de la terre*, trad. L. Murail et N. Zimmerman, Paris, Albin Michel, 1982.〔ジョナサン・シェル『地球の運命』斎田一路・西俣総平訳，朝日新聞社，1982年〕

Schutter, Olivier de, ONU, rapport de mars 2014 : http://www.srfood.org/images/stories/pdf/officialreports/20140310_finalreport_fr.pdf

Sen, Amartya, *Poverty and Famines. An Essay on Entitlement and Deprivation*, New York, Oxford University Press, 1981.〔アマルティア・セン『貧困と飢饉』黒崎卓・山崎幸治訳，岩波書店，2000年〕

—, *Un nouveau modèle économique. Développement, justice, liberté*, trad. M. Bessières, Paris, O. Jacob, 2000.〔『自由と経済開発』石塚雅彦訳，日本経済新聞社，2000年〕

—, *Rationalité et liberté en économie*, trad. M.-P. d'Iribane-Jaawane, Paris, O. Jacob, « Économie », 2005.〔『合理性と自由』全2巻，若松良樹・須賀晃一・後藤玲子監訳，

勁草書房，2014年〕

Sen, Amartya, et Drèze, Jean, *Hunger and Public Action*, Oxford, Oxford University Press, 1989.

Serres, Michel, *Hermès III. La traduction*, Paris, Minuit, « Critique », 1974.〔ミシェル・セール『翻訳』〈ヘルメスIII〉豊田彰・輪田裕訳，法政大学出版局，1990年〕

—, *Les Cinq Sens*, Paris, Grasset, 1985.〔『五感——混合体の哲学』米山親能訳，法政大学出版局，1991年〕

—, *La Guerre mondiale*, Paris, Le Pommier, « Essais et documents », 2008.〔『世界戦争』秋枝茂夫訳，法政大学出版局，2015年〕

Singer, Isaac B., *Ennemies. Une histoire d'amour*, trad. G. Chahine, Paris, Stock, 1998.〔アイザック・B・シンガー『愛の迷路』田内初義訳，角川書店，1974年〕

—, « The Letter Writer », *The Collected stories of Isaac Bashevis Singer*, New York, Farrar, Straus and Giroux, 1982, p. 250-276.〔「手紙を書く人」木原善彦訳，若島正編『ベスト・ストーリーズII 蛇の靴』所収，早川書店，2016年〕〕

Sintomer, Yves, « Délibération et participation : affinité élective ou concepts en tension ? », Participations, n° 1, 2011/1, p. 239-276.

—, « La démocratie délibérative, de Jürgen Habermas à la théorie politique anglo-saxonne », in Bacqué, Marie-Frédérique, et Sintomer, Yves (dir.), *La Démocratie participative. Histoire et généalogie*, Paris, La Découverte, « Recherches », 2011.

Spinoza, Baruch, *Traité politique*, trad. Ch. Appuhn, Paris, Flammarion, « GF », 1966.〔スピノザ『国家論』畠中尚志訳，岩波文庫，1976年〕

Starobinski, Jean, *Jean-Jacques Rousseau. La transparence et l'obstacle*, Paris, Gallimard, « Bibliothèque des idées », 1971.〔ジャン・スタロバンスキー『ルソー——透明と障害』山路昭訳，みすず書房，1993年〕

Stocker, Thomas F., « The Closing Door of Climate Targets », *Science*, vol. 339, 18 janvier 2013, p. 280-282.

Straus, Erwin, *Du sens des sens. Contribution à l'étude des fondements de la psychologie*, trad. G. Thinès et J.-P. Legrand, Grenoble, J. Millon, « Krisis », 2000.

Tocqueville, Alexis de, *De la démocratie en Amérique*, Paris, Gallimard, « Folio Histoire », t. II, 1986, t. I, 1991.〔アレクシス・ド・トクヴィル『アメリカのデモクラシー』全4分冊，松本礼二訳，岩波文庫，2005-2008年〕

Tronto, Joan, *Un monde vulnérable. Pour une philosophie du* care, trad. H. Maury, Paris, La Découverte, « Philosophie pratique », 2009.

Uexküll, Jacob von, *Mondes animaux et monde humain*, trad. P. Muller, Paris, Denoël, 1965.〔ユクスキュル，クリサート『生物から見た世界』日高敏隆・羽田節子訳，岩波文庫，2018年〕

Verdonk, Dirk-Jan, « Mutualiser les ressources ? La coalition pour les animaux : l'expérience des Pays-Bas », *Revue semestrielle de droit animalier*, 2/2013, p. 411-425.

Waal, Frans de, *L'Âge de l'empathie. Leçons de la nature pour une société solidaire*, trad. M.-F. de Palomera, Paris, Les Liens qui libèrent, 2010.〔フランス・ドゥ・ヴァール『共感の時代へ——動物行動学が教えてくれること』柴田裕之訳，紀伊國屋書店，2010年〕

Watsuji, Tetsurô, « La signification de l'éthique en tant qu'étude de l'être humain », trad. B. Stevens et T. Takada, *Philosophie*, n° 79, sept. 2003, p. 5-24 (extrait).〔和辻哲郎「人間の学としての倫理学の意義」『倫理学』上巻，〈和辻哲郎全集第10巻〉所収，岩波書店，1989年〕

—, *Fûdo. Le milieu humain*, trad. A. Bergue, P. Couteau et K. Akinobu, Paris, CNRS Éditions, « Réseau Asie », 2011.〔『風土』〈和辻哲郎全集第8巻〉岩波書店，1989年〕

Wolfers, Arnold, « The actors in international politics », *Discord and Collaboration*, Baltimore, The Johns Hopkins Press, 1962, p. 3-24.

Zarka, Yves Charles, *L'Inappropriabilité de la terre. Principe d'une refondation philosophique face aux enjeux de notre temps*, Paris, Armand Colin, « Émergences », 2013.

—, *Refonder le cosmopolitisme*, Paris, PUF, « Intervention philosophique », 2014.

Ziegler, Jean, *L'Empire de la honte*, Paris, Fayard, 2005.

—, *Droits économiques, sociaux et culturels. Le droit à l'alimentation*, Commission économique et sociale des Nations Unies, 2001 (http://www.droitshumains.org/alimentation/pdf/fev_01.pdf).

Zola, Émile, « L'amour des bêtes », *Le Figaro*, 24 mars 1896, repris dans *Nouvelle campagne*, Paris, Bibliothèque-Charpenthier, 1897, p. 85-97.〔エミール・ゾラ「動物への愛」，小倉孝誠・菅野賢治編訳『時代を読む——1870-1900』〈ゾラ・セレクション10〉所収，藤原書店，2002年〕

■著者略歴

コリーヌ・ペリュション (Corine Pelluchon)

1967年フランス生まれ。2003年パリ第一大学にてレオ・シュトラウス研究により博士号取得。現在パリ東大学教授。レヴィナスを中心とするフランス現象学の諸成果を，英米の応用倫理学や政治哲学へと架橋する試みを続ける。著書は各国語に翻訳され，2012年にはアカデミー・フランセーズからモロン賞を受賞するなど，高く評価されるとともに，近年は，動物倫理を論じた『動物主義者宣言』(2017年) によってフランス内外から注目を集めている。2013年初来日，2019年5月には同志社大学と慶應義塾大学で講演を行った。最新作は，『コンシデラシオンの倫理』(2018年，ドイツ語版2019年)。

■訳者略歴

服部 敬弘 (はっとり　ゆきひろ)

1981年生まれ。パリ西大学博士課程修了。現在，同志社大学文学部助教。**[主要業績]** "L'universel et l'individu : L'héritage de l'idéalisme dans l'œuvre de Michel Henry" (『文化学年報』 第68輯，2019年)。 D.フランク『他者のための一者』(共訳：法政大学出版局，2015年)。

佐藤 真人 (さとう　まさと)

1971年生まれ。パリ・ソルボンヌ大学博士課程修了。現在，日本学術振興会・特別研究員PD。**[主要業績]**「『規則論』 は断絶した著作か――自然学と神の問題における『規則論』 の方法」(『理想』 第699号，2017年9月)。「無限か広大無辺か――デカルト形而上学の一極点の考察」(『国際哲学研究』 第8号，東洋大学国際哲学研究センター，2019年)。

樋口 雄哉 (ひぐち　ゆうや)

1984年生まれ。同志社大学大学院博士後期課程修了。現在，同志社大学研究開発推進機構及び文学部特別任用助手。**[主要業績]**「レヴィナスにおける倫理と公正」(『倫理学研究』 第44 号，関西倫理学会，2014年)。「レヴィナスにおける倫理的関係と『他』 ――『他の痕跡』(1963年) を中心に――」(『哲学論究』 第30号，同志社大学哲学会，2016年)。

平　光佑 (たいら　こうすけ)

1991年生まれ。同志社大学大学院法学研究科政治学専攻博士前期課程修了。現在，同志社大学大学院文学研究科哲学専攻博士後期課程在学中。

糧——政治的身体の哲学——

2019年 8 月20日　初版第 1 刷発行

訳　者　服部敬弘・佐藤真人
　　　　樋口雄哉・平　光佑

発行者　白 石 徳 浩

発行所　有限会社 萌《きざす》 書 房
　　　　〒630-1242　奈良市大柳生町3619-1
　　　　TEL (0742) 93-2234 / FAX 93-2235
　　　　[URL] http://www3.kcn.ne.jp/~kizasu-s
　　　　振替　00940-7-53629

印刷·製本　モリモト印刷株式会社

ISBN 978-4-86065-133-6